Andreas Gatzemann

Die Erziehung zum „neuen" Menschen im Jugendwerkhof Torgau

Diktatur und Widerstand

herausgegeben von

Prof. Dr. Manfred Wilke
Mitbegründer und ehemaliger Leiter
des Forschungsverbundes SED-Staat,
den er nach seiner Pensionierung 2006
verlassen hat

Band 14

LIT

Andreas Gatzemann

Die Erziehung zum „neuen“ Menschen im Jugendwerkhof Torgau

Ein Beitrag zum kulturellen Gedächtnis

LIT

gewidmet
den Opfern gewaltsamer Umerziehung
im Jugendwerkhof Torgau
von 1964 bis 1989

IHNEN SIND WIR SCHULDIG, DASS WIR LERNEN ZU VERSTEHEN,
GEMEINSAM IM KULTURELLEN GEDÄCHTNIS,
ALS TEIL DER DEUTSCHEN IDENTITÄT.

Es handelt sich bei dieser vorliegenden Arbeit um eine
von der Philosophischen Fakultät der Universität Passau
angenommene Dissertation.

Erstgutachter: Prof. Dr. Winfried Becker
Zweitgutachter: Prof. Dr. Norbert Seibert

Tag der Disputation: 18. 06. 2008, Universität Passau

Bibliografische Information der Deutschen Nationalbibliothek
Die Deutsche Nationalbibliothek verzeichnet diese Publikation in der Deutschen Nationalbibliografie; detaillierte bibliografische Daten sind im Internet über http://dnb.d-nb.de abrufbar.

ISBN 978-3-8258-1599-8
Zugl.: Passau, Univ., Diss., 2008

Verlagskontakt:
Fresnostr. 2 D-48159 Münster
Tel. +49 (0) 251-620320 Fax +49 (0) 251-9226099
e-Mail: lit@lit-verlag.de http://www.lit-verlag.de

Auslieferung:
Deutschland: LIT Verlag Fresnostr. 2, D-48159 Münster
Tel. +49 (0) 251-620 32 22, Fax +49 (0) 251-922 60 99, e-Mail: vertrieb@lit-verlag.de
Österreich: Medienlogistik Pichler-ÖBZ, e-Mail: mlo@medien-logistik.at
Schweiz: B + M Buch- und Medienvertrieb, e-Mail: order@buch-medien.ch

Inhalt

Vorbemerkungen

Diese Arbeit soll nach dem deutschen Vereinigungsprozess die Erinnerungen daran wach halten, wie unter menschenunwürdigen Bedingungen Jugendliche in der DDR zwangsweise erzogen wurden. Die unter Gewalt vollzogene totalitäre Umerziehung junger Menschen im Geschlossenen Jugendwerkhof Torgau steht für die Mahnung zukünftiger deutscher Generationen.

Die Untersuchung baut neben umfangreichen Recherchen des Aktenmaterials aus dem Bundesarchiv auf Studien und Erhebungen im Bereich der Biografieforschung gewaltauffälliger Kinder und Jugendlicher auf. Mit Hilfe soziologischer und hermeneutischer Methoden sollen neue Erkenntnisse über eines der dunkelsten Kapitel der ehemaligen DDR, der Kinder- und Jugenderziehung im Jugendwerkhof Torgau, gewonnen werden. Obwohl seit 1998 eine Erinnerungs- und Begegnungsstätte im ehemaligen Geschlossenen Jugendwerkhof Torgau besteht, gerät dieser Teil der DDR-Erziehung zunehmend in Vergessenheit. Zwar hat nach der Wende die Enquete-Kommission des Deutschen Bundestages „Aufarbeitung von Geschichte und Folgen der SED-Diktatur in Deutschland“ auch die Vorgänge im Jugendwerkhof Torgau in verschiedenen Expertisen ansatzweise beleuchtet, jedoch blieben danach konzeptionelle Forschungsarbeiten weitgehend aus, die sich speziell mit den Vorgängen in Torgau auseinandersetzen müssten. In der Zeit nach dem Erscheinen meiner Untersuchung zu Ursachen und Bedingungen aggressiven Verhaltens von Kindern und Jugendlichen (2000) [1] begann ich mit den Arbeiten zur Erforschung des Geschlossenen Jugendwerkhofs Torgau. Nach dem Studium der Dokumente und Arbeitsunterlagen der Enquete-Kommission des Deutschen Bundestages „Aufarbeitung von Geschichte und Folgen der SED-Diktatur in Deutschland“ begann ich mit ersten Befragungen von Zeitzeugen.

In der Erinnerungs- und Begegnungsstätte in Torgau stellten mir die Mitarbeiter dankenswerter Weise allgemeine biografische Notizen ehemaliger Insassen, Entwicklungsberichte, Berichte über besondere Vorkommnisse und auch Arbeits- und Dienstpläne zur Verfügung. Das Bundesarchiv in Berlin stellte mir dankenswerter Weise eine Fülle an Aktenmaterial zur Verfügung.

---

[1] Gatzemann, Andreas (2000): Schule und Gewalt, Rekonstruktion der Biografie eines aggressiven und gewaltauffälligen Schülers und mögliche Handlungskonzepte im Umgang mit gewaltbereiten Kindern und Jugendlichen, Bamberg 2000.

Das gesamte erforschte Quellenmaterial aus dem Bundesarchiv habe ich der Erinnerungs- und Begegnungsstätte zur Verfügung gestellt.

Leider konnten mir aus Datenschutzgründen von der Erinnerungsstätte personenbezogene Aktenbestände zu Biografien und Anschriften von ehemaligen Insassen nicht zugänglich gemacht werden. So stand ich vor der größten Herausforderung und der schwierigsten Phase der Untersuchung, aktuelle Anschriften ehemaliger Insassen und Erzieher ausfindig zu machen, um diese zu interviewen. Die Phase des Zugangs zu den Betroffenen brauchte Zeit und vor allem Vertrauen. Die Erfahrungen der letzten Jahre bei biografischen Untersuchungen von Kindern und Jugendlichen kamen mir hierbei zur Hilfe, wie u. a. die Interviews ehemaliger Schüler mit devianten Karrieren und deren Familienangehörigen. Hinzu kam, dass ich im Schulsystem der DDR aufgewachsen bin und als Pädagoge in der ehemaligen DDR Teilnehmer in der biografischen Skizzierung war. So meinte schon der amerikanische Soziologe J. P. Dean 1954: „Man wird als teilnehmender Beobachter mehr akzeptiert wegen der Art der Person, als die man sich aus der Sicht der Feldkontakte erweist, als der vermeintlichen Art der Forschung wegen“.[2] Während der Interviews sprachen die Betroffenen voller Vertrauen mit mir. Ich wurde akzeptiert und es ergab sich die Notwendigkeit, mich so tief wie möglich in die Welt der Ereignisse in Torgau und in die heutigen Probleme der Betroffenen hineinzudenken. Der Kontakt ist nach den Interviews nicht abgebrochen. Lutz M. habe ich u. a. unterstützt, den Rehabilitationsantrag beim Landesgericht Berlin zu stellen. Stefan Lauter, als Sprecher der ehemaligen Insassen, gibt mir weiterhin wertvolle Hinweise und Beschreibungen im Umgang mit den heutigen Rehabilitationsverfahren.

Besonders möchte ich Dietrich Sengbusch für seine Unterstützung danken, der als freier Journalist tätig ist und zwischen 1991 bis 1995 über die Vorgänge in Torgau recherchiert hat. Bisher unveröffentlichte Interviews aus seinem Privatarchiv dienten zusätzlich als Quelle biografischen Materials. Herrn Prof. Dr. Winfried Becker an der Universität Passau danke ich für die abschließende Betreuung dieses Forschungsprojektes, so auch Herrn Prof. Dr. Norbert Seibert vom Lehrstuhl für Schulpädagogik an der Universität Passau für das Zweitgutachten.

Das mir entgegengebrachte Vertrauen der interviewten ehemaligen Insassen des Jugendwerkhofes Torgau verbinde ich mit der Hoffnung auf Bewahrung unseres kulturellen Gedächtnisses in Erinnerung an die über 4000 Opfer des Jugendwerkhofes.

---

[2] Vgl. Dean, John, P. (1954): Participant observation and interviewing; in: Doby J. T. (ed.): An introduction to social research, Harrisburg-Pennsylvania 1954, S. 233.

Vorbemerkungen

Dem LIT-Verlag danke ich für die Drucklegung und dem nordamerikanischen Wissenschaftsverlag Transaction Publishers für die englische Übersetzung.

Von ganzem Herzen danke ich Dr. Lilian Friedberg von der University of Illinois in Chicago für die Übersetzung der Interviews.

In Dank an die Freude und Kraft, die ich durch meine liebe Familie, Dorit und Arno, während der Forschungsjahre erhielt.

In Dank an Marcus, der mir beim Layout beratend zur Seite stand.

Passau, 18.06.2008
Andreas Gatzemann

Einleitung

Die vorliegende Arbeit verfolgt das forschungsleitende Interesse, das Konzept der Erziehung zum „neuen Menschen“ in der DDR als einen Baustein des kulturellen Gedächtnisses aufzuarbeiten. Kulturelles Gedächtnis erhält sich nicht von selbst. Vielmehr bedarf es Mühe, das Vergangene zu erinnern.

1. Fragestellung und Untersuchungsgegenstand

Die Arbeit untersucht die Grundlagen, Intentionen und Wirkungen der Erziehung zum „neuen Menschen“ in der DDR anhand der Umsetzung dieses Konzepts im Jugendwerkhof Torgau. Sie möchte mit der Aufarbeitung von Aspekten der DDR-Pädagogik einen Beitrag zur empirischen, qualitativen Bildungsforschung leisten. Nach der Definition des Deutschen Bildungsrates bezieht sich Bildungsforschung im weiteren Sinne auf das Bildungswesen und seine Reform im Kontext von Staat und Gesellschaft. [1] Ihr Gegenstand berücksichtigt demnach auch die Lebensweise, die Erziehung im Alltag und die Bedeutung von Einrichtungen sozialer Arbeit. Bildung umfasst somit auch solche Themen, die den alltäglichen Prozess der Sozialisation umfassen und greift über Schule, Unterricht und öffentliche Erziehung hinaus die Lebensformen, in denen Heranwachsende ihr Leben organisieren bzw. organisieren müssen: Arbeit und Beruf, Freizeit, Alltag und Politik. [2]

Bildungsforschung wird nach diesem Verständnis im historischen Wirkungszusammenhang gesehen. Damit stellt sich die Frage, ob die Pädagogik überhaupt aus der Geschichte lernen kann. Gibt es historische Lehren, die sich in die Praxis übersetzen lassen? Unstrittig dürfte es sein, dass die Geschichte die heute Lebenden über die Mittel belehrt, denen sich der Mensch bedient, um seine Welt zu gestalten. Hierzu zählt auch die Pädagogik. Zwar lassen sich aus der Geschichte

---

1 Siehe: Deutscher Bildungsrat (1974): Empfehlungen der Bildungskommission. Aspekte für die Planung der Bildungsforschung, Stuttgart, S. 16. Im Sinne der qualitativen Bildungsforschung wird die subjektive Bedeutung des Gegenstandes für die Handelnden wie für die Betroffenen untersucht. Vgl. Dörpinghaus, Andreas/ Poenitsch, Andreas/ Wigger, Lothar (2006): Einführung in die Theorie der Bildung, Darmstadt, S. 132 ff.

2 Böhm, Günther/Tenorth, Heinz-Elmar (1990): Einführung in die historische Pädagogik, Darmstadt, S. 35 ff.

pädagogischer Konzepte allein die gegenwärtigen Aufgaben nicht ermitteln. Aber die geschichtliche Dimension der Pädagogik ist „als das Feld kritischer Erörterung der in der Gegenwart zentrierten Ansprüche und Möglichkeiten auf Zukunft hin“ [3] zu betrachten. Aus der Beschäftigung mit der historischen Pädagogik „lernen wir das richtige pädagogische Fragen, dem wir Antworten zu geben haben, die nicht unreflektiert aus der Geschichte übernommen werden können. (...) Wir lernen aus der Geschichte, was unsere gegenwärtige Einsicht uns aus der Geschichte zu lernen erlaubt; und wir lernen aus der Geschichte, was andere lernen konnten.“ [4]

Die spezifische Leistung des Erschließens von Geschichte ist es, dem Sinn von Geschichte Geltung zu verschaffen. Indem man das Gültige aus der Geschichte herausfiltert und in die Gegenwart einholt, erwächst zugleich Bildungswissen, das zur Bewältigung gegenwärtiger Fragen und Probleme dient. [5] Solchermaßen historisches Bewusstsein erschließt sich mittels der drei Momente des Verstehens, des Auslegens und des Anwendens im hermeneutischen Verfahren.

Hans-Georg Gadamer fordert eine sinngebende Auseinandersetzung mit der Geschichte. Der Bereich des historischen Verstehens des Horizontes umfasse und umschließe alles, was von einem Punkt aus sichtbar sei. Wir bedürfen des Horizontes, „wenn wir den Anspruch erheben [...], jede Vergangenheit in ihrem eigenen Sein zu sehen, nicht von unseren zeitgenössischen Maßstäben und Vorurteilen aus, sondern in ihrem eigenen geschichtlichen Horizont. Die Aufgabe des historischen Verstehens schließt die Forderung ein, jeweils den historischen Horizont zu gewinnen, damit sich das, was man verstehen will, in seinem wahren Maße darstellt. Wer es unterlässt, derart sich in den historischen Horizont zu versetzen aus dem Überlieferung spricht, wird die Bedeutung der Überlieferungsinhalte missverstehen.“ [6] Da der historische Horizont immer in Bewegung ist, bedeutet das nicht, einen fremden Horizont zu gewinnen, indem man sich in eine historische Situation versetzt, vielmehr muss man Horizont haben, um sich

---

[3] Nicolin, Friedhelm (1975): Die „historische Dimension“ der Pädagogik, in: Winfried Böhm/Jürgen Schriewer (Hrsg.): Geschichte der Pädagogik und systematischen Erziehungswissenschaft. Festschrift zum 65. Geburtstag von Albert Reble, Stuttgart 1975, S. 102.

[4] Böhm, Günther/Tenorth, Heinz-Elmar (1990): Einführung in die historische Pädagogik, a.a.O., S. 19.

[5] Günther Böhm und Heinz-Elmar Tenorth bemängeln, dass „die Erziehungswissenschaft noch über kein konsolidiertes historisches Bewusstsein verfügt, vielmehr relativ kriterienlos innerhalb der Gesamtheit der Überlieferung Traditionen schulenspezifisch stiftet und das belastende Erbe ignoriert oder verdrängt“ (a.a.O., S. 30) Das gilt nicht nur für die Auseinandersetzung über die Rolle der Erziehungswissenschaft vor und zur Zeit des Nationalsozialismus sondern auch für die Rolle der DDR-Pädagogik in der SED-Diktatur.

[6] Gadamer, Hans-Georg (1972): Das Prinzip der Wirkungsgeschichte, in: Hermeneutische Philosophie, hrsg. von Otto Pöggeler, München 1972, S. 140 f.

in eine solche Situation versetzen zu können. Das Sichversetzen in eine andere historische Situation bedeutet, „Von-sich-absehen“ (Hans-Georg Gadamer), sich deren Andersheit dadurch bewusst zu werden, dass man sich in diese Lage versetzt. Jedoch sieht ein wahrhaft historisches Bewusstsein „die eigene Gegenwart immer mit, und zwar so, dass es sich selbst wie das geschichtlich Andere in den richtigen Verhältnissen sieht.“ [7]

Verstehen bedeutet im Kontext der vorliegenden Arbeit den historischen Horizont der DDR- Gesellschaft zu erschließen. Da in dieser Lebenswelt die Legitimation allen gesellschaftlichen und politischen Handelns aus der Geschichts- und Gesellschaftstheorie des Marxismus-Leninismus abgeleitet ist, eröffnet sich der Zugang zu ihr – und damit auch zur DDR-Pädagogik – über das politisch-ideologische Umfeld. Nach dem Selbstverständnis der marxistisch-leninistischen Gesellschaftstheorie ist die Pädagogik wie alle Wissenschaften ein Instrument, das der Aufrechterhaltung und Sicherung der Herrschaft der Partei zu dienen hat. Alle Inhalte schulischer und außerschulischer Bildung sind Gegenstände gesellschaftlicher Entscheidungen und werden als solche von der marxistisch-leninistischen Partei festgelegt, die für sich beansprucht, im Besitz der wahren Erkenntnis zu sein. Unter Anleitung und Kontrolle durch die SED wurde deshalb nach dem Prinzip der Einheit von Bildung und Lehre in der DDR Wissen mit dem Ziel vermittelt, auf der Grundlage eines klaren Klassenstandpunktes zu politischem Handeln erziehen.

Dieses Selbstverständnis bestimmt Funktion und Intention des Erziehungssystems in der DDR. Fragen nach ihrer Funktion richten sich auf die Wirkungen etwa des Unterrichts und auf das Ineinandergreifen von Schule und Staat. Die Intention, die ein Erziehungssystem verfolgt oder die ihm zugeschrieben wird, fragt nach dem Sinn, der einer Pädagogik innewohnt oder ihr gegeben wird und nach dem Selbstverständnis der Pädagogik. Das Erziehungssystem der DDR hatte mit dem Erziehungsziel der allseitigen sozialistischen Persönlichkeit die Intention, mittels der Erziehung im Kollektiv und durch das Kollektiv im Geiste der marxistisch-leninistischen Weltanschauung einen „neuen Menschen“ zu schaffen. Alle Menschen sollten entsprechend erzogen bzw. umerzogen werden. Dieser Anspruch galt auch für nach diesem Selbstverständnis verhaltensauffällige Jugendliche. War aber die Kollektiverziehung überhaupt geeignet, ein pädagogisch wirksames Konzept für diese Problemgruppe zu entwickeln? Ließ die starre Anwendung der Kollektiverziehung noch Raum für individuelle Problemlösungen zu? Das führt zur weiteren Frage, ob in der Pädagogik – wie es im einheitlichen Bildungswesen der

[7] Gadamer, Hans-Georg (1972): Das Prinzip der Wirkungsgeschichte, a.a.O., S. 143.

DDR weitgehend geschehen ist – auf individuelle Problemlösungen verzichtet werden kann.

Kritisch zu untersuchen sind weiterhin die in der DDR-Pädagogik zur Erreichung des Erziehungsziels angewandten Mittel. Bisher vorliegende Indizien lassen den Schluss zu, dass die intendierten Ziele und Aufgaben der Erziehung in der sozialistischen Gesellschaft der DDR, zu stereotypen ideologischen Floskeln verkümmert sind und in formelhaft verwendete Begriffe wie Disziplin, Autorität, Kollektivität, Ordnung oder Pflicht gepresst wurden. Hieraus ergibt sich die Frage, ob und inwieweit die ideologisch geprägten Erziehungsmittel den Handlungsspielraum für pädagogische Konzepte und deren Weiterentwicklung einengten. Die ständige Indoktrination, das Verwenden von dichotomischen Feindbildern und die Schwarz-Weiß-Klischees lassen den hypothetischen Schluss zu, dass sie zur Konfliktunfähigkeit geführt haben; d.h. Konflikte als aushandelbare und auszuhandelnde Interessenunterschiede wahrzunehmen.

Die Analyse der politisch-ideologischen Rahmenbedingungen, denen die Pädagogik in der DDR unterworfen war, schließt auch die Frage ein, inwiefern dieses Erziehungskonzept durch die Pädagogik der Sowjetunion geprägt war. Das gilt insbesondere für die Heimerziehung, die sich expressis verbis in ihrem Bemühen, den „neuen Menschen“ zu schaffen, auf Elemente der Pädagogik Makarenkos beruft; d. h. sie gründet die Umerziehung von erziehungsschwierigen und straffälligen Jugendlichen auf den vier Säulen der Kollektiverziehung Makarenkos. Die Arbeit geht in diesem Kontext auch der Frage nach, ob die pädagogische Konzeption Makarenkos nur schematisch und verkürzt auf die DDR-Pädagogik übertragen wurde. Sie untersucht, ob der „kategorische Imperativ“ (Makarenko) des Kollektivs und die allgemeine Orientierung an kollektiven Denkfiguren und Verhaltensmustern geeignet sind, um die intendierten Ziele zu erreichen.

Den historischen Horizont des SED-Staates kann man jedoch nicht nur aus der Sicht der politisch Handelnden verstehen. Das pädagogische Konzept, das der Erziehung zum „neuen Menschen“ in der DDR zugrunde gelegt wurde, die intendierten Erziehungsziele, die Lehr- und Unterrichtspläne, die Bildungs- und Ausbildungsinhalte der Erziehung in den Schulen und Heimen und die politisch-ideologischen Handlungsanweisungen der SED eröffnen zwar den Zugang zum Verstehen. Sie bedürfen aber der Ergänzung durch die subjektive Lage der Menschen, die davon betroffen sind. Wie haben die Betroffenen die angestrebte Erziehung zum „neuen Menschen“ damals empfunden? Welche psychischen oder physischen Folgen hatte das Erziehungssystem für sie? Wie bewerten sie gegenwärtig die Erziehungsmaßnahmen?

Aus dem Horizont des Betrachtenden in der Gegenwart, der durch die Erfahrungen in einer repräsentativen Demokratie geprägt ist, stellt sich der SED-Staat als ein totalitäres Herrschaftssystem dar, das gekennzeichnet ist durch ein „monistisches Machtzentrum mit unbegrenztem und ausschließlichem Machtanspruch und Machtbereich" sowie einer „Ideologie mit Ausschließlichkeitscharakter." [8] Der absolute Führungsanspruch der SED umfasste alle Bereiche des politischen und gesellschaftlichen Lebens. Er bestimmte somit auch das einheitlich strukturierte Erziehungssystem der DDR, dessen Erziehungsziel die allseits entwickelte sozialistische Persönlichkeit war.

Verstehen schließt nicht nur Auslegen ein, sondern beinhaltet auch Applikation als eines integrierenden Momentes alles Verstehens. Es stellt sich damit die Frage nach dem Warum. Warum sollen wir uns den in der Pädagogik wie auch in der Philosophie nicht einmaligen Versuch, einen „neuen Menschen" zu erziehen, vergegenwärtigen? Warum ist es notwendig, die Instrumentalisierung der Pädagogik im totalitären Herrschaftssystem der DDR aufzuarbeiten? Und schließlich, welche Lehren können wir hieraus ziehen?

Die Arbeit versucht zu zeigen, dass das Verstehen der Erziehung zum „neuen Menschen" in der DDR ein wichtiger Bestandteil des kollektiven Gedächtnisses sein muss. Inhaltlich bestimmte, sprachlich artikulierte und befestigte Traditionen konstituieren jede Gegenwart. Aus ihnen ist jedes Verständnis gespeist. Ohne Erinnerung gibt es kein Verstehen, kein Dasein ohne Tradition. Das kulturelle Gedächtnis erschließt langjährige Erinnerungsräume. Es hat die Funktion, Erfahrungen und Wissen über die Generationenschwellen hinweg zu transportieren. Es bewahrt als oberste Ebene des Gedächtnisses [9] Wissen, Erinnerungen und Erfah-

---

8 Schroeder, Klaus (1994): Geschichte und Transformation des SED-Staates. Beiträge und Analysen, Berlin, S. 13. Eine umfassende Definition liefert Siegfried Mampel: „Ein totalitäres Herrschaftssystem bedeutet die Behauptung des Monopols auf politische Macht, die ungehemmt, unkontrolliert und auf die Dauer angelegt auf Staatsapparat und Gesellschaft bis hinein in das Denken der Menschen unter Berufung auf eine Ausschließlichkeit beanspruchende Heilslehre, mittels Rechtsbruch und Instrumentalisierung des Rechts und ständiger Aufsicht über alle Lebensbereiche sowie mit Hilfe spezifischer Instrumente (Partei besonderen Typs, Terrorsystem, Indoktrination einschließlich des Medienmonopols, geplante und gelenkte Wirtschaft) ausgeübt wird." Mampel, Siegfried (2001): Totalitäres Herrschaftssystem. Schriftenreihe der Gesellschaft für Deutschlandforschung, Bd. 78, Berlin 2001, S. 43.

9 Vgl. Assmann, Aleida (2001): Vier Formen von Gedächtnis. Von individuellen zu kulturellen Konstruktionen der Vergangenheit, in: Wirtschaft & Wissenschaft 9 (2001), Heft 4, S. 34 – 45. Aleida Assmann unterscheidet zwischen dem individuellen Gedächtnis mit den Merkmalen perspektivischer, fragmentarischer und labiler Erinnerungen als Ergebnis individueller und zugleich verbindender und gemeinschaftsbildender Wahrnehmung, dem sozialen Gedächtnis, das die jedes Individuum prägende Schlüsselerfahrungen (Überzeugungen. Haltungen, Weltbilder, gesellschaftliche Wertmaßstäbe und kulturellen Deutungsmuster) beinhaltet und durch den Horizont des Generationengedächtnisses bestimmt ist, dem Identität stiftenden kollektiven Ge-

rungen einer Gesellschaft umfassend. Das kulturelle Gedächtnis ist komplex, pluralistisch, umgreift eine Menge von Raum und Zeit verschiedener Bindungsgedächtnisse und Wir-Identitäten und bezieht aus dieser Spannung und Widersprüchen seine Dynamik. [10]

Die gelebte und durch Zeitzeugen verkörperte Erinnerung, das kommunikative Gedächtnis, entsteht in der Zeit und vergeht mit ihr. [11] Geschieht Erinnerung nicht mehr über autorisierte Zeitzeugen, sondern benötigt Vermittlungsmedien, dann geht das kommunikative in das kulturelle Gedächtnis über. Es ist „institutionell geformte und gestützte Erinnerung" (Jan Assmann). Dabei kommt der Schrift, die unabhängig von tragenden Personen oder Gruppen Wissen weitergibt, die entscheidende Rolle zu. Im Medium Schrift sprengen die Erinnerungsbestände den Horizont des unmittelbar gebrauchten Vergangenheitswissens. Werden die Inhalte des kulturellen Gedächtnisses in Institutionen wie Bibliotheken, Archive oder Museen gleichsam ausgelagert, besteht die Gefahr, dass sich Wissen und Erinnerungen einer Gesellschaft vom lebendigen Bewusstsein entfernen. Ein kulturelles Bewusstsein kann jedoch nur dann entstehen, wenn Wissen, Erinnerung und Erfahrung von den Menschen wahrgenommen und für wertvoll gehalten werden – wenn sie also geistiger Besitz werden.

Aus der forschungsleitenden Fragestellung und der Festlegung des Rahmens und der Inhalte des Untersuchungsgegenstandes wird folgende, zentrale Arbeitshypothese abgeleitet:

Die Erziehung zum neuen, sozialistischen Menschen mittels des Umerziehungsprozesses, wie er exemplarisch am Jugendwerkhof Torgau aufgezeigt wird, stützt sich auf ein pädagogisches Konzept, das den selbst gesetzten Ansprüchen nicht gerecht wurde. Das Konzept hat jedoch gleichsam als Negativfolie einen hohen Erkenntniswert innerhalb der Bildungstheorien der Gegenwart. Es ist ein zu bewahrender Baustein des kollektiven Gedächtnisses; denn Verstehen und Applikation des Erziehungskonzepts ist ein Teil der deutschen Identität.

---

dächtnis, das sich Institutionen und Körperschaften mittels Zeichen und Symbolen (wie Texte, Bilder, Riten, Praktiken, Orten und Monumenten) schaffen, und dem kulturellen Gedächtnis, das im Unterschied zum sozialen Gedächtnis die Funktion hat, Wissen, Erinnerungen und Erfahrungen einer Gesellschaft umfassend und systematisch zu bewahren, zu pflegen, zu deuten und zu vermitteln.

[10] Gadamer, Hans-Georg (1965): Wahrheit und Methode. Grundzüge einer philosophischen Hermeneutik, Kapitel III. 3 „Sprache als Horizont einer hermeneutischen Ontologie", Tübingen.

[11] Assmann, Jan (2005): Das kulturelle Gedächtnis. Schrift, Erinnerung und politische Identität in frühen Hochkulturen, 5. Aufl., München, S. 48 ff.

2. Stand der Forschung

Es liegen mehrere Untersuchungen zur Jugendhilfe, zur Heimerziehung und auch zum Jugendwerkhof Torgau vor. Die Enquete-Kommission des Deutschen Bundestages „Aufarbeitung von Geschichte und Folgen der SED-Diktatur in Deutschland“ hat sich zwar intensiv mit ideologischen Aspekten des Bildungs- und Erziehungssystems der DDR [12] und mit den Jugendwerkhöfen der DDR beschäftigt. Jedoch sind die beiden Expertisen von Martin Hannemann [13] und Dietrich Sengbusch [14], die sich mit Aspekten der Heimerziehung befassen, weitgehend deskriptiv angelegt. Ansatzweise versucht Martin Hannemann in seiner Expertise die Heimerziehung in das einheitliche Erziehungskonzept der DDR einzubetten, indem er „die Umerziehung als Erziehungsmethode und als Prototyp der Erziehung der Jugend“ charakterisiert und knapp skizziert, dass auch die Umerziehung ein integraler Bestandteil der Erziehung zur sozialistischen Persönlichkeit war. [15] Wie Dietrich Sengbusch untersucht der Sozialpädagoge Gerhard Jörns den Jugendwerkhof innerhalb des Systems der Jugendhilfe. [16] Die Dissertation stützt sich dabei vor allem auf die Diplomarbeiten des Lehrstuhls für „Jugendhilfe und Heimerziehung“ an der Humboldt-Universität Berlin. Die für das gesamte Erziehungssystem zentrale „politisch-ideologische Erziehung“ wird jedoch lediglich am Rande als eine der vier Säulen der Umerziehung behandelt. Generell lässt sich feststellen, dass die vorliegenden Arbeiten zum gesamten Bereich der Jugendhilfe, zur Jugendkriminalität und zur Sozialfürsorge in der DDR Forschungslücken aufweisen hinsichtlich der Frage, wie die Erziehung im Geschlossenen Jugendwerkhof Torgau innerhalb des einheitlichen Erziehungskonzepts der DDR zu bewerten ist.

Es fehlt weiterhin die Auseinandersetzung damit, welchen Stellenwert die Heimerziehung in der Politik und Ideologie der SED hatte. Insbesondere wird nicht und nur am Rande der Frage nachgegangen, ob das Konzept der Heimerziehung nicht geradezu exemplarisch für den im gesamten Erziehungssystem an-

---

12 Vgl. Fischer, Bernd-Reiner (1995): Das Bildungs- und Erziehungssystem der DDR – Funktion, Inhalte, Instrumentalisierung, Freiräume, in: Materialien der Enquete-Kommission „Aufarbeitung von Geschichte und Folgen der SED-Diktatur in Deutschland“, herausgegeben vom Deutschen Bundestag, Band III, 2, Baden-Baden, S. 852 – 875; Margedant, Udo (1995): Das Bildungs- und Erziehungssystem der DDR – Funktion, Inhalte, Instrumentalisierung, Freiräume, in: Materialien der Enquete-Kommission, a.a.O., Band III, 3, S. 1489 – 1529.

13 Vgl. Hannemann, Martin (1995): Heimerziehung in der DDR, in: Materialien der Enquete-Kommission, a.a.O., Band III, 2, S. 1207 – 1222.

14 Sengbusch, Dietrich (1995): Das System der Jugendwerkhöfe in der DDR, in: Materialien der Enquete-Kommission, a.a.O., Band III, 3, S. 1812 – 1843.

15 Hannemann, Martin: Heinerziehung in der DDR, a.a.O., S. 1209 ff.

16 Vgl. Jörns, Gerhard (1995): Der Jugendwerkhof im Jugendhilfesystem der DDR, Göttingen.

gelegten intensiven Zugriff des Staates auf Kinder und Jugendliche ist. Dieses Forschungsdefizit gilt auch teilweise für die jüngst erschienene Arbeit von Verena Zimmermann. [17] In ihrer Dissertation hat es sich Verena Zimmermann zur Aufgabe gemacht, Devianz und Kriminalität von Jugendlichen in der DDR sowie damit zusammenhängende staatliche Definitionen, Präventionsmaßnahmen und Reaktionen zu untersuchen. Zugleich richtet sich ihr Untersuchungsinteresse auf Funktionsweisen, Tagesabläufe und Erziehungsmaßnahmen von Jugendwerkhöfen. Die Darlegungen zur Umerziehung zur sozialistischen Persönlichkeit sind – ähnlich wie bei Gerhard Jörns [18] – allzu schematisch angelegt. [19] Es entsteht der Eindruck, dass die Einrichtungen der Jugendhilfe (Heimerziehung, Jugendwerkhof, Geschlossener Jugendwerkhof Torgau, Arbeitshaus, Jugendarrest, Jugendhäuser und Jugendstrafvollzug) eindeutig voneinander abgegrenzt und kaum aufeinander abgestimmt gewesen seien. Die Stärke der Arbeit von Vera Zimmermann liegt darin, dass sie in ihrer Arbeit umfängliches Archivmaterial aufarbeitet. [20] Kritisch anzumerken bleibt jedoch, dass dieser ergiebige Fundus allzu punktuell ausgewertet wurde und damit die Einbettung in das Gesamtsystem der DDR-Erziehung zu sehr in den Hintergrund getreten ist. Die breit angelegte Untersuchung der Praxis in allen Jugendwerkhöfen geht nur am Rande auf Spezifika des Geschlossenen Jugendwerkhofs Torgau ein.

Speziell zum Jugendwerkhof Torgau liegen einige informative Publikationen vor, die Quellensammlungen darbieten, aber bislang noch wenig zur Aufarbeitung dieses Kapitels der Jugendhilfe beigetragen haben. Zu nennen ist hier vor allem „Einweisung nach Torgau. Texte und Dokumente zur autoritären Jugendfürsorge in der DDR“ [21], die das Land Brandenburg 1997 herausgeben hat. Der unter dem viel versprechenden Titel veröffentlichte Sammelband „Das Torgau-Tabu“ beinhaltet lediglich die Geschichte dieser Einrichtung und ihrer unterschiedlichen Funktionen als Wehrmachtsstrafsystem, NKWD-Speziallagers und

[17] Vgl. Zimmermann, Verena (2004): „Den neuen Menschen schaffen“ – Die Umerziehung von schwererziehbaren und straffälligen Jugendlichen in der DDR (1945 – 1990), Köln.

[18] Vgl. Jörns, Gerhard: Der Jugendwerkhof im Jugendhilfesystem der DDR, a.a.O., Kap. 2.5, S. 98 ff.

[19] Das tritt vor allem in dem Kapitel 5 „Politisch-ideologische Erziehung“ zutage, in dem vielfältige Einzelmaßnahmen akribisch aufgelistet werden, aber an keiner Stelle deutlich gemacht wird, was denn eigentlich das Ziel dieses Erziehungskonzepts sei. Vgl. auch die Darlegungen in Kap. 3, S. 187 ff.

[20] Den Hauptquellenbestand bilden die Akten des Ministeriums für Volksbildung, Abteilung Jugendhilfe/Heimerziehung, aus den Jahren 1945 bis 1989/90.

[21] Ministerium für Bildung, Jugend und Sport des Landes Brandenburg (1997) (Hrsg.): Einweisung nach Torgau. Texte und Dokumente zur autoritären Jugendfürsorge in der DDR, Berlin.

DDR-Strafvollzugsanstalt.[22] Es fehlt jedoch ein umfassendes Werk über die Entstehungsgeschichte und die Hintergründe der Einrichtung des Geschlossenen Jugendwerkhofs Torgau. Dies bestätigte im November 2005 auf einem Forum der Birthler-Behörde die Historikerin Claudia Linke vom Torgauer Dokumentations- und Informationszentrum (DIZ).

3. Quellenlage

Die Quellen zur Heimerziehung und zu den Jugendwerkhöfen sind unvollständig. Die vorliegenden wissenschaftlichen Untersuchungen haben sich vorwiegend auf Ministerial- und Verwaltungsakten aus dem Ministerium für Volksbildung gestützt, dem die Jugendwerkhöfe unterstellt waren. Die nur teilweise erschlossenen Akten des Ministeriums für Volksbildung, Abteilung Jugendhilfe/Heimerziehung enthalten u. a. Inspektionsberichte, Maßnahmepläne, Anweisungen, Protokolle und Dokumente über den Schriftverkehr des JWH Torgau, Lageberichte und Pläne zur Verbesserung der politischen Arbeit am JWH, Anordnungen des Staatssekretariats für Berufsbildung, des Ministeriums des Innern, der SED – Bereich Jugend und Staats- und Rechtsfragen.[23]

Wichtige Hinweise für die vorliegende Arbeit enthalten zahlreiche Briefdokumente von Eberhard Mannschatz, dessen Karriere 1952 als Abteilungsleiter im Ministerium für Volksbildung für Jugendhilfe/Heimerziehung begann und ihn bis zum Leiter der Sektion Pädagogik „F. A. W. Diesterweg“ an der Humboldt- Universität zu Berlin führte. Mannschatz hat das Konzept der Kollektiverziehung von Makarenko adaptiert und dessen Erfahrungen bei der Resozialisierung straffälliger Jugendlicher auf die Verhältnisse in der DDR zu übertragen versucht, indem er verschiedene Elemente der pädagogischen Technik Makarenkos übernahm.

Ergiebig war außerdem in den Akten des Ministeriums für Volksbildung eine Korrespondenz des Generalstaatsanwaltes der DDR, Gruppe Jugend, mit den Räten der Bezirke zu Vorkommnissen in Torgau. In den Akten des Ministeriums der Justiz findet sich ebenso wie in denjenigen des Ministeriums für Staatssicherheit und den Akten des FDJ abgesehen von Einschätzungen zur Lage der Jugendlichen in der DDR und zur Jugendkriminalität wenig Ergiebiges.[24] Da die wesentlichen

---

22 Haase, Norbert/Oleschinski, Brigitte (Hrsg.): Das Torgau-Tabu, Leipzig 1993. Der Beitrag von Bettina Klein und Hagen Rösner „I HASS you Torgau!“ schildert lediglich knapp die Lebensverhältnisse in dem Geschlossenen Jugendwerkhof in essayistischer Form.

23 Von den Aktenbeständen des Ministeriums für Volksbildung im Bundesarchiv wurden die folgenden Akten untersucht: DR 2 A12110, 12201, 12293, 12294, 12329, A2293, A2295, A2295a, 23477, 23480, 28176, A8174.

24 Stichproben haben – wie nicht anders zu erwarten war – ergeben, dass diese in den Akten des

Materialien des Staatsapparates immer an den Parteiapparat weitergeleitet wurden, sind für die Fragestellung der Arbeit insbesondere die Bestände des Büros Egon Krenz hinsichtlich der Wirksamkeit der politisch-ideologischen Erziehung von Interesse sowie Kurzbiografien und Beurteilungen von Erziehern aus Torgau wichtig. [25]

Weitere Quellen stellen Schriftstücke und Arbeitsunterlagen dar, die von der Stiftung zu Aufarbeitung der SED-Diktatur und von Gutachtern der ehemaligen Enquete-Kommission des Deutschen Bundestages zur Aufarbeitung von Geschichte und Folgen der SED-Diktatur zur Verfügung gestellt worden sind. Besonders hilfreich waren hier die Materialien und Informationen von Dietrich Sengbusch.

Das Quellenmaterial in der Erinnerungs- und Begegnungsstätte im ehemaligen JWH Torgau enthält vorwiegend biografische Notizen ehemaliger Insassen, Personalunterlagen, Entwicklungsberichte, Berichte über besondere Vorkommnisse, Arbeitsverordnungen und Belehrungen, Arbeitspläne, Gruppenpläne, Dienstpläne, interne Maßnahmepläne und Anweisungen des Referates Jugendhilfe und des Ministeriums für Volksbildung, Chroniken und Bildmaterial. Wertvolle Hinweise enthält der ebenfalls vom Torgauer Dokumentations- und Informationszentrum (DIZ) zur Verfügung gestellte Abschlussbericht des unabhängigen Untersuchungsausschusses zu Vorgängen im ehemaligen JWH Torgau aus dem Jahre 1990. Die personenbezogenen Aktenbestände in Torgau sind allerdings aus Datenschutzgründen nicht zugänglich. Die Ermittlungsakten des Landeskriminalamtes Dresden, das gegen etwa ein Dutzend Erzieher des Jugendwerkhofs Torgau Ermittlungen eingeleitet hat, enthalten die Aussagen von etwa 150 befragten Zeugen. Die Unterlagen enthalten, soweit Rückschlüsse aus einem Gespräch mit einem Ermittlungsbeamten dies abschließend zulassen, jedoch wenig für die Themenstellung der Arbeit neue, relevante Erkenntnisse.

Eine wichtige Publikation zum pädagogischen Selbstverständnis und zur politisch-ideologischen Erziehung ist die Diplomarbeit des ehemaligen Leiters des JWH Torgau Horst Kretzschmar. Die unter dem Titel „Die Entwicklung des Jugendwerkhofes Torgau und die sozialpädagogische Aufgabenstellung“ 1972 vorgelegte Arbeit beinhaltet die Umsetzung des von Mannschatz aus dem Gedankengut Makarenkos abgeleiteten Konzepts der Umerziehung im Jugendwerkhof Torgau.

Staatsapparates niedergelegten Einschätzungen zur Lage der Jugend und zur Jugendkriminalität sich in den Archivbeständen des ZK der SED wieder finden.

[25] Akten des ZK der SED, Bereich Jugend: SAPMO DY 30/IV 2/2.039, Band 233, 263, 237 und 246, u. a. auch Berichte des Zentralinstituts für Jugendforschung an das Büro Krenz.

Für die Fragestellung der Arbeit kommt die Perspektive der Betroffenen ein hoher Stellenwert zu; deshalb stehen neben den Archivbeständen die Interviews und biografischen Berichte von Insassen, Erziehern, Angestellten und Zeitzeugen im Mittelpunkt der für die Untersuchung herangezogenen Quellen. Da die bislang vorliegenden wenigen Interviews, Erfahrungsberichte und biografischen Zeugnisse jedoch nicht sehr aussagekräftig sind, wurden mittels des sozialwissenschaftlichen Erhebungsverfahrens der narrativen Erzählung neue Befragungen ehemaliger Insassen und Erzieher des Jugendwerkhofs Torgau durchgeführt.

4. Methodisches Vorgehen und Aufbau der Untersuchung

Die Arbeit ist im Bereich der empirischen, qualitativen Bildungsforschung anzusiedeln. Sie wendet dabei verschiedene Methoden an, um der Komplexität des Gegenstandes und seiner Differenziertheit gerecht zu werden. Hierzu ist es erforderlich, die Forschungsgegenstände „in ihrer Komplexität und Ganzheit in ihrem alltäglichen Kontext" zu untersuchen. [26] Dabei wird auch der Frage nachgegangen, welche subjektive Bedeutung der Gegenstand für die Handelnden und Betroffenen hat. Die Arbeit befasst sich vorrangig mit der Ebene des Makrobereichs, also den Institutionen, den Bildungseinrichtungen in der DDR, dem ihnen zugrunde liegenden Bildungskonzept sowie der sozialistischen Gesellschaft als Ganzem. Angesichts der Komplexität des Untersuchungsgegenstandes werden als ein weiterer Zugang zur Erziehungsgeschichte auch Aspekte der erziehungswissenschaftlichen Biografieforschung mittels des sozialwissenschaftlichen Erhebungsverfahrens der narrativen Erzählung [27] einbezogen. Dabei sollen die Akteure – im vorliegenden Falle die Erzieher und die Zöglinge im Jugendwerkhof Torgau – selbst und zudem in ihrer eigenen Sprache zu Worte kommen. Die Biografieforschung, deren Interesse auf die Rekonstruktion von Lebensgeschichten gerichtet ist, [28] kann einen wichtigen Beitrag für die Ebene des Makrobereichs leisten, obwohl deren Bedeutung für die Analyse der sozialen Strukturen und Institutionen und die Frage der Generalisierung der Ergebnisse von Einzelfallstudien problematisch ist. [29]

---

[26] Flick, Uwe (2002): Qualitative Sozialforschung. Eine Einführung, 6. verbesserte Auflage, Reinbek, S. 17.

[27] „Das narrative Interview ist ein sozialwissenschaftliches Erhebungsverfahren, welches den Informanten zu einer umfassenden und detaillierten Stegreiferzählung persönlicher Ereignisentwicklungen und entsprechende Erlebnisse im vorgegebenen Themenbereich veranlasst." Schütze, Fritz (1987): Das narrative Interview in Interaktionsfeldstudien, Hagen: Studienbrief, S. 49.

[28] Vgl. Krüger, Heinz-Hermann; Marotzki, Winfried (1995): Erziehungswissenschaftliche Biografieforschung, Opladen.

[29] Vgl. Dörpinghaus, Andreas (2006): Einführung in die Theorie der Bildung, a.a.O., S. 134.

Die Arbeit verwendet vor allem die hermeneutische Methode wissenschaftlicher Auslegung von Texten, das Verstehen von Sinnzusammenhängen, um auf diesem Wege historisches Bewusstsein zu erschließen. Jede Begegnung mit der Überlieferung, die mit historischem Bewusstsein vollzogen wird, erfährt an sich das Spannungsfeld zwischen Text und Gegenwart. [30] Verstehen, Auslegen und Applikation oder Anwendung des Textes sind die integralen Bestandteile der hermeneutischen Methode.

Im Kapitel A *„Grundlagen der marxistischen Erziehung zum ‚neuen Menschen'“* werden zunächst pädagogische, philosophische und politische Theorien eines „neuen Menschen“ skizziert und das pädagogische Konzept der Umerziehung von Makarenkos vorgestellt, auf das sich die DDR-Pädagogik als Vorbild des eigenen Anspruchs beruft, neue, sozialistische Menschen zu schaffen. Der Zugang zum historischen Horizont der DDR-Pädagogik wird im nächsten Schritt über die Ideologie des Marxismus-Leninismus erschlossen. Dabei wird zunächst den Fragen nachgegangen, welche Funktion der Pädagogik insgesamt innerhalb der marxistischen Ideologie zugeordnet wurde, welche Aufgaben ihr zugewiesen wurden und inwieweit sie dem Primat der Politik untergeordnet war. Die Analyse des Erziehungsziels in der DDR, durch kollektive Erziehung einen „neuen Menschen“, die sozialistische Persönlichkeit, zu schaffen, fragt nach den Intentionen des Erziehungskonzepts. Der Schwerpunkt dieses Kapitels befasst sich mit den pädagogischen Aspekten der Umerziehung verhaltensauffälliger Kinder und Jugendlicher in Heimen zu sozialistischen Persönlichkeiten. In diesem Kontext ist die Pädagogik Makarenkos und ihre Bedeutung für die Heimerziehung kritisch zu untersuchen. Abschließend wird eine erste, pädagogische Zwischenbilanz gezogen.

Kapitel B *„Der Jugendwerkhof Torgau im Erziehungssystem der DDR“* untersucht die Funktion dieser Einrichtung im Rahmen der Jugendhilfe innerhalb des einheitlichen Bildungswesens. Den Ausgangspunkt bildet die Darstellung des Aufbaus, der Aufgaben und der Zielstellung der Jugendhilfe. Die Spezialkinderheime – insbesondere die Jugendwerkhöfe – waren die Einrichtungen innerhalb des einheitlichen Bildungssystems. Trotz intensiver Bemühungen seitens der SED-Parteiführung und des Staatsapparates konnten sie jedoch zu keiner Zeit weder unter ideologischen noch unter pädagogischen Aspekten in dem sozialistischen Erziehungssystem zur Zufriedenheit der Staats- und Parteiführung verankert werden. Dabei wird der Frage nachgegangen, warum die immer wieder auftauchenden Probleme mit Jugendlichen abweichenden Verhaltens mit den angewandten pädagogischen Mitteln nicht gelöst werden konnten. Die Arbeit sucht

[30] Gadamer, Hans-Georg (1972): Das Prinzip der Wirkungsgeschichte, a.a.O., S. 144.

nachzuweisen, dass die ganzheitliche, ideologisch ausgerichtete Pädagogik, die sich an kollektiven Denkfiguren und Verhaltensweisen orientierte und abweichendes Verhalten als Relikt des Kapitalismus bezeichnete, sonderpädagogische Problemfälle nicht lösen konnte. Auch die Einrichtung des Geschlossenen Jugendwerkhofes Torgau, die der Versuch war, über die höchste Stufe der Disziplinierung einen Ausweg aus dem Dilemma zu finden, konnte vom Ansatz her – ungeachtet der eingesetzten pädagogischen Mittel – keinen Lösungsweg bieten.

In Torgau angewandte Erziehungsmaßnahmen, das zeigt Kapitel C *„Pädagogischer Alltag im Jugendwerkhof Torgau"*, waren Vollzug zentraler Anweisungen des Staates bzw. der staatstragenden Partei und Befolgung von Vorschriften und Anordnungen mit dem Ziel, systemkonformes Verhalten zu erreichen. Die pädagogischen Intentionen und angewandten Maßnahmen standen unter dem Primat der Politik und wurden der marxistisch-leninistischen Ideologie untergeordnet. Aus einer 1991 durchgeführten Untersuchung über ostdeutsche Heimeinrichtungen für Jugendliche vor der Wende geht hervor, dass auch ehemalige Heimleiter, darunter auch einige Direktoren von Jugendwerkhöfen, mittlerweile selbstkritisch die Bevormundung, Reglementierung, politisch-ideologische Überfrachtung und die mangelnde Ausrichtung der Heimpädagogik an der Individualität der Betroffenen als ärgste Hindernisse ihrer Erziehungsarbeit ansahen. [31]

Kapitel D *„Der ‚Heilsame Schock' aus Sicht der Betroffenen – Biografien und Interviews mit ehemaligen Insassen, Erziehern und Zeitzeugen"* der Arbeit befasst sich mit den Wirkungen des Umerziehungsprozesses zum neuen sozialistischen Menschen im Jugendwerkhof Torgau. Die aus der Biografieforschung – der Befragung von Lebensgeschichten der Insassen im JWH – gewonnenen Erkenntnisse ergänzen die auf der Makroebene gewonnenen Erkenntnisse auf sinnvolle und anschauliche Weise. Nach dem sozialwissenschaftlichen Erhebungsverfahren der narrativen Erzählung sind ehemalige Insassen und Erzieher des Jugendwerkhofs Torgau befragt worden. Aus erziehungswissenschaftlicher Sicht sollen diese Personen in ihren Bezügen zur alltäglichen Lebenswelt im Jugendwerkhof verstanden werden. „Wissenschaftliche Objektivität bedeutet demnach nicht, mit irgendwelchen quantifizierenden Messinstrumenten zu arbeiten, sondern in diese Wirklichkeiten, die den Individuen in deren Lebenswelt das Handeln vorgeben, tatsächlich vorzustoßen." [32] Im narrativen Interview erhält der Informant also die Möglichkeit, entlang eines selbst gewählten roten Fadens seine Lebensgeschich-

---

[31] Vgl. Lange, K. (1992): Heimerfahrungen, in: Institut für zeitgeschichtliche Jugendforschung (Hrsg.), Jahresbericht 1992, Berlin, S. 189 – 191.

[32] Voges, Wolfgang (1987): Methoden der Biografie und Lebenslaufforschung, Opladen; S. 323.

te zu erzählen.[33] Neben den ehemaligen Insassen und Erziehern konnten auch Zeitzeugen befragt werden, die sich u. a. nach der Wende 1990 in Verbindung mit dem Untersuchungsausschuss in Torgau, dem Landeskriminalamt in Dresden und der Enquete-Kommission des Deutschen Bundestages mit den Vorgängen in Torgau beschäftigten.[34] Auch Interviews mit und Berichte von Mitarbeitern der Erinnerungs- und Begegnungsstätte im ehemaligen Geschlossenen Jugendwerkhof Torgau lieferten zusätzliche Hintergrundinformationen.

Das Schlusskapitel E *„Autoritäre, die Würde des Menschen missachtende Erziehung im Jugendwerkhof Torgau – ein Beitrag zum kulturellen Gedächtnis"* analysiert zusammenfassend, warum der Anspruch der DDR-Pädagogik – unabhängig vom Scheitern der SED-Diktatur – nicht erfolgreich sein konnte, einen neuen, sozialistischen Menschen mittels einer einheitlichen, kollektiven Erziehung zu erziehen bzw. umzuerziehen. Die Arbeit sucht nachzuweisen, dass hierfür mehrere Ursachen verantwortlich waren: Das Erziehungskonzept war weniger von pädagogischen Ansichten als vielmehr von politisch-ideologischen Erwägungen geleitet, die mit dem beanspruchten Erkenntnismonopol der marxistisch-leninistischen Partei, der SED, begründet wurden. Die strikt angewandte und zweckgebundene Kollektiverziehung und damit das Fehlen jeglicher individueller Zuwendung, die Verhinderung, Konflikte als aushandelbare und auszuhandelnde Interessenunterschiede wahrzunehmen und damit die Unmöglichkeit der Konfliktbearbeitung, aber auch der autoritäre Erziehungsstil und die von ideologischen Erwägung geleitete Auswahl der Lerninhalte kennzeichnen das Erziehungssystem in der DDR als ein Instrument, das zur Aufrechterhaltung einer totalitärer Herrschaft missbraucht wurde.

Aber auch Konzepte, „neue Menschen" mittels pädagogischer Intentionen oder moralischer Bildung zu formen, können allenfalls idealtypisch sein; denn es entsteht dabei immer das Problem, wie es Kant formulierte: „Wie kultiviere ich die Freiheit mit dem Zwange?"

Aus dem Horizont des Betrachtenden in der Gegenwart gehören die negativen Erfahrungen mit der SED-Herrschaft und deren Versuch, neue Menschen auch durch zwangsweise Umerziehung zu schaffen, zum kulturellen Gedächtnis, das für die folgenden Generationen nicht nur in Deutschland bewahrt werden sollte. Das Experiment, den neuen, sozialistischen Menschen zu schaffen, ist ein Lehr-

---

33 Vgl. Krüger, Heinz-Hermann/ Marotzki, Winfried (1995): Erziehungswissenschaftliche Biografieforschung, Opladen, S. 62.

34 So stand zum Beispiel dankenswerter Weise Dietrich Sengbusch, gegenwärtig freier Journalist und für die Enquete-Kommission des Deutschen Bundestages als Gutachter tätig, für ein Interview zur Verfügung. Er recherchierte in den Jahren 1991 bis 1995 über die Vorgänge in Torgau.

beispiel dafür, dass einerseits Pädagogik im Dienste einer Ideologie ihren Auftrag verfehlt und andererseits allen pädagogischen Intentionen dort Grenzen gesetzt sind, wo sie die Selbstbestimmung jedes einzelnen über seine individuellen Lebensbeziehungen und Sinndeutungen, über seine Fähigkeit zur Mitbestimmung und zur Solidarität einschränken. [35]

Im Sinne der Hermeneutik Gadamers ist dies die Applikation dessen, was wir aus der Zeit der SED-Herrschaft in der DDR in die Gegenwart einholen und bewahren sollten.

[35] Klafki, Wolfgang (1996): Neue Studien zur Bildungstheorie und Didaktik. Zeitgemäße Allgemeinbildung und kritisch-konstruktive Didaktik, Weinheim, 5. Aufl., S. 52.

A. Grundlagen der marxistischen Erziehung zum „neuen Menschen“ in der DDR

Unter dem Anspruch, „neue Menschen“ zu erziehen oder durch pädagogisches Einwirken Menschen so zu bilden, dass sie zu einer höheren Form von Sittlichkeit aufsteigen oder sich geistig und auch körperlich weiter entwickeln, lässt sich eine Vielzahl unterschiedlicher Konzepte subsumieren.

1. Neue Menschen formen – ein Anspruch von Pädagogik und Philosophie

In der Philosophie, der Pädagogik und der Theologie finden sich hierfür viele Beispiele. Vielfach sind Ansprüche, einen neuen Menschen zu bilden, in gesellschaftspolitische Überlegungen eingebunden. Reflexionen über die Kunst der rechten Staatsführung und solche über die Erziehung des Menschen stehen in einem engen Zusammenhang. Philosophische und politische Theorien eines gut regierten Staates werden ebenso wie pädagogisches und ethisches Suchen nach einem neuen Menschen in der bewussten Auseinandersetzung mit den bestehenden gesellschaftlichen Verhältnissen entwickelt.

1.1. Philosophisch, pädagogisch und politisch motivierte Reflexionen über den „neuen Menschen“

Platon entwickelt sein Bildungskonzept im Kontext des idealen Staates. Im Höhlengleichnis der „Politeia“ [1] vollzieht Platon die pädagogische Befreiung von Unbildung mittels der Einsicht in die Notwendigkeit, sein Leben umzustellen und sich der Einsicht in das höchste Ideal, die „Idee des Guten“ zuzuwenden. Platon zeigt im Bildnis des Höhlengleichnisses Bildung als Umwendung des Menschen und Aufstieg zum Wissen. Der solchermaßen Gebildete kehrt dann in die Gemeinschaft zurück und ist befähigt die „Politeia“ zu regieren, da er nunmehr Teil hat an Wissen, Einsicht und Bildung.

Jean-Jacques Rousseau hat sein pädagogisches Konzept als Gegenentwurf zum denaturierten Leben des Menschen unter den bestehenden gesellschaftlichen

---

[1] Platon: Politeia 514a – 521b, in: Platon. Werke in acht Bänden. Bd. IV, Darmstadt 1971, S. 555 ff.

Bedingungen entwickelt. Die pädagogische Umkehr in seinem Erziehungsroman „Émile“ bedeutet die Rückkehr zur Natur. Rousseau sucht alle Einflüsse der Gesellschaft vom Kind fernzuhalten und überlässt seine Entwicklung dem Zusammenspiel von Natur und ursprünglichen menschlichen Anlagen. Gleiches gilt für die pädagogischen Intentionen in der sozialkritischen Utopie einer eigentumslosen Gesellschaft in der „Utopia“ von Thomas Morus.[2]

Einen neuen Menschen durch moralische Bildung zu erziehen, ist auch das Anliegen von Immanuel Kant: In seiner Schrift „Über Pädagogik“[3] geht er der Frage nach, wie der Mensch durch Erziehung Mensch werden kann; denn der Mensch „ist nichts, als was die Erziehung aus ihm macht.“[4] Da im Menschen nur der Keim zum Guten liegt und daher auch mit dem Bösen gerechnet werden muss, hat die Erziehung zum Ziel, die Anlagen des Menschen „proportionierlich und zweckmäßig“ zu entwickeln. Der Mensch muss diszipliniert, kultiviert und zivilisiert werden. Letztlich muss seine moralische Bildung aus ihm selbst kommen. Die Disziplinierung, die bei der moralischen Erziehung im engeren Sinne eine propädeutische Rolle zukommt, „ändert die Tierheit in die Menschheit“, erzeugt Gesetzesbewusstsein, führt in das Denken ein und soll der Wegbereiter zur höheren Form der Sittlichkeit sein. Sie eröffnet Vernünftigkeit und damit Freiheit; sie zielt auf Emanzipation. Die Kultivierung bei Kant beinhaltet Unterweisung, Bildung und Belehrung. Sie erschließt das, was in der Pädagogik „Bildungswelt“ genannt wird. Im Unterschied zu Kultivierung ist die Zivilisierung auf die „soziale Wertsphäre“ (Erwin Hufnagel) bezogen. Sie lässt den Menschen zu einem Mitglied der Gesellschaft werden. Das größte Problem der Erziehung besteht bei Kant in der Frage, „wie man die Unterwerfung unter den gesetzlichen Zwang mit der Fähigkeit, sich seiner Freiheit zu bedienen, vereinigen könne. Denn Zwang ist nötig! Wie kultiviere ich die Freiheit mit dem Zwange?“[5] Eine Auflösung der Verschränkung von Freiheit und Zwang sieht Kant darin, das Kind frei sein zu lassen – außer da, wo es sich schadet. Das Kind müsse erleben, dass der auferlegte Zwang zum besseren Gebrauch der eigenen Freiheit führe. Die moralische

---

2 Zu fiktiven, politischen Zukunftsentwürfen als Reaktion auf sozio-politische Verhältnisse, siehe: Saage, Richard (1991): Politische Utopien der Neuzeit, Darmstadt.

3 Kant, Immanuel (1981): Werke in zehn Bänden, hrsg. von Wilhelm Weischedel, Darmstadt, Bd. 10: Über Pädagogik, S. 691 ff. Zur Interpretation, siehe: Kauder, Peter (1999): Immanuel Kant über Pädagogik. Sieben Studien, Baltmannsweiler; Hufnagel, Erwin (1988): Kants pädagogische Theorie. Kantstudien 79, S. 43 – 56: Dörpinghaus, Andreas (2001): Das radikal Böse bei Immanuel Kant. Zu einem Problem der Grundlegung pädagogischer Anthropologie, in: Andreas Dörpinghaus (Hrsg.): Denken und Sprechen in Vielfalt. Festschrift für Karl Helmer zum 65. Geburtstag. Würzburg, S. 9 – 23.

4 Kant, Immanuel (1981): Werke, a.a.O., Bd. 10, S. 699.

5 Kant, Immanuel (1981): Werke, a.a.O., Bd. 10, S. 711.

Bildung ist nach Kant eine „neue Schöpfung" des Menschen. Sie geht „von der Umwandlung der Denkungsart" und „von der Gründung eines Charakters" aus. Der Entschluss des Menschen, das moralische Gesetz zur Lebensmaxime zu machen, kann von außen durch Disziplinierung, Kultivierung und Zivilisierung begleitet werden, sofern sich diese auf den Gebrauch der Freiheit des Menschen ausrichten. Letztlich liegt die moralische Bildung bei jedem Einzelnen.

Friedrich Nietzsches ästhetische Bildung setzt sich bewusst von der dekadenten und inflationären Massenbildung seiner Zeit ab, die für ihn eine unzeitgemäße Bildung ist, die nur der Erreichung politischer und ökonomischer Zwecke diene. Sein Bildungsideal ist der schöpferische Mensch, der durch die Sprache die Welt deutet, sich seine Wirklichkeit schafft und gestaltet. Sein gebildeter Mensch ist elitär und privilegiert:

> „Also nicht Bildung der Massen kann unser Ziel sein: sondern Bildung der einzelnen ausgelesenen, für große und bleibende Werke ausgerüsteten Menschen."[6] Dabei wendet er sich „gegen eine Elite, die unter dem Leitstern von Staat, Politik und Ökonomie ausgebildet wird und gesellschaftliche Hierarchien verfestigt. Ihm geht es um eine Elite, die sich an kritischem Denken sowie an künstlerischem Schaffen orientiert und bedeutende kulturelle Werke hervorbringt, die die Zeit überdauern. Anders formuliert: Er stellt eine andere Ordnung vor, in der sich die so genannte Elite positioniert."[7]

Im Unterschied zu den bislang skizzierten Beispielen ist das Streben nach einem neuen Menschen im Nationalsozialismus und in Russland nach der Oktoberrevolution von politisch-ideologischen Erwägungen geleitet. Dabei konnte sich der Nationalsozialismus mit Einschränkungen durchaus auf Nietzsche berufen, der z. B. in seiner Schrift „Götterdämmerung" das Christentum aus jüdischer Wurzel als die antiarische Religion par excellence bezeichnet hat.[8] Nietzsches höchstes Individuum, den „Übermenschen", ausschließlich politisch als den Herrenmenschen des Nationalsozialismus zu deuten, geht jedoch an den Intentionen Nietzsches vorbei. Die Vision des neuen Menschen im Nationalsozialismus beinhaltete vielmehr die Züchtung einer „neuen und glücklichen Rasse", der arischen

---

6 Nietzsche, Friedrich (1980): Sämtliche Werke. Kritische Studienausgabe in 15. Bänden. Bd. 1: Über die Zukunft unserer Bildungsanstalten, München/New Jork, S. 698.

7 Dörpinghaus, Andreas/Poenitsch, Andreas/Wigger, Lothar (2006): Einführung in die Theorie der Bildung, Darmstadt, S. 98.

8 In „Menschliches, Allzumenschliches" wird das Christentum als Gift für junge Völker bezeichnet; denn in die Helden-, Kinder- und Tierseele des alten Deutschen die Lehre von der Sündhaftigkeit und Verdammnis hinzupflanzen, heißt, sie zu vergiften. Siehe hierzu: Schoeps, Hans-Joachim (1960): Was ist der Mensch. Philosophische Anthropologie als Geistesgeschichte der neuesten Zeit. Kap. IV: Friedrich Nietzsche oder das Ringen um eine neue Welt, Göttingen, S. 97 ff.

„Herrenrasse“. Der Nationalsozialismus förderte zu diesem Zweck die Eugenetik als wissenschaftliches und bevölkerungspolitisches Programm, das verbunden wurde mit der Euthanasie und der Vernichtung angeblich minderwertiger Rassen.

Der Sozialismus in der Sowjetunion wollte gestützt auf die Erkenntnisse der Anthropologie, Biologie, Physiologie und Psychologie mit Hilfe der Wissenschaft einen neuen Menschen hervorbringen. Der Mensch sollte im Sozialismus körperlich und geistig weiter entwickelt werden. Einer „neuen und glücklichen Rasse“ (Leo Trotzki) sollte der Weg geebnet werden. Bereits kurz nach der Oktoberrevolution hatten die Bolschewiki auf Pawlows Entdeckung des „bedingten Reflexes“ zurückgegriffen und sie zu realisieren versucht. Pawlow war der Ansicht, mit der Konditionierung die Nerventätigkeit des Menschen durchschaut zu haben. Mittels experimenteller Physiologie wollte er den neuen Menschen schaffen. Dieser sollte – im Rückgriff auf das christliche Ideal des Apostel Paulus – ein disziplinierter und asketischer Mensch sein, der seine Triebe beherrscht. [9] Solche Überlegungen fanden jedoch nur geringen Eingang in das sozialistische Bildungswesen, das vielmehr aus der Ideologie des Marxismus-Leninismus abgeleitet und gestaltet wurde. Eine besondere Relevanz für die ideologisch-pädagogische Erziehung bzw. Umerziehung zum „neuen Menschen“ in der DDR erlangte das von Anton Semjonowitsch Makarenko entwickelte und in der „Gorki-Kolonie“ erprobte erzieherische Konzept zur Disziplinierung und Resozialisierung straffällig gewordener Jugendlicher in der Sowjetunion.

1.2. Das Umerziehungskonzept Makarenkos – das historische Vorbild für die DDR-Pädagogik?

Makarenkos Pädagogik geht von einer allgemeinen und einheitlichen Erziehungsmethode aus, die jeder Persönlichkeit die Möglichkeit zur Entfaltung bieten sollte. Jede Forderung einer „individualistischen Erziehung“ und „individueller Wege“ im Erziehungsprozess lehnte er strikt ab. [10] Sein angestrebtes Ideal war der kommunistische „neue Mensch“. Entsprechend der damaligen Sozialstruktur in Russland sah ihn Makarenko im „kultivierten Arbeiter“ auf einem höheren Bildungsniveau („möglichst Mittelschulbildung“) mit einer Berufausbildung, der zur Disziplin erzogen und „ein politisch entwickeltes und treues Mitglied der Arbeiterklasse“ ist. Diesen neuen Menschen zeichnen u. a. die Eigenschaften Kollektiv-

9 Rüting, Thorsten (2002): Pavlov und der Neue Mensch. Diskurse über Disziplinierung in Sowjetrussland, München.

10 Makarenko, Anton Semjonowitsch: Über kommunistische Ethik, in: Werke Bd. 5, Berlin-Ost 1956, S. 87 ff.

bewusstsein, Arbeitseifer, Disziplin, Verantwortungsbewusstsein und Parteilichkeit aus. [11]

In seinem Hauptwerk „Ein pädagogisches Poem“ stellt er idealtypisch sein pädagogisches Konzept dar, das er während seiner Tätigkeit als Leiter der Gorki-Kolonie 1920 – 1928 [12] in der Praxis erprobt hatte. Makarenkos Forderung, „man muss den neuen Menschen auf neue Weise schaffen“, [13] die an Lenins Forderung anknüpfte, die Erziehung der Jugend von Grund auf umzugestalten, deckte sich im Ziel mit den vielfältigen Reformansätzen und -konzepten der Sowjetpädagogik in den ersten Jahren nach der Oktoberrevolution, wich jedoch hinsichtlich des Weges, auf dem Erziehungsziel erreicht werden sollte, von diesen erheblich ab. [14]

Seine besondere Aufmerksamkeit galt der Umerziehung von jungen, schwererziehbaren Menschen mit Defekten sozialer Beziehungen, „mit Störungen der Beziehungen zwischen der Persönlichkeit und der Gesellschaft“. Ein schwerwiegendes Problem dieser Zielgruppe sah Makarenko „in der Verletzung der gesellschaftlichen Disziplin“. [15] Aus der Überzeugung von der „absoluten unbegrenzten Macht der pädagogischen Einwirkung“ ging er davon aus, dass grundsätzlich jeder erziehbar sei, denn sozial auffällig geworden sei ein Mensch nur, „weil er sich

---

11 Makarenko, Anton Semjonowitsch: Pädagogen zucken die Achseln, in: Pädagogische Werke, Bd. 1, Berlin-Ost 1988, S. 215 f.

12 Makarenko, der 1917 seine Ausbildung zum Lehrer der „Höheren Elementarschule“ als Jahrgangsbester abgeschlossen hatte, wurde 1920 die Leitung des „Hauptkinderheimes für moralisch defekte Kinder Nr. 7“ übertragen, das später in „Gorki-Kolonie“ umbenannt wurde. Nach anfänglichen Schwierigkeiten entwickelte Makarenko dort sein erzieherisches Konzept zur Disziplinierung und Resozialisierung straffällig gewordener Jugendlicher, das sich durch seine paramilitärische Formen und Disziplinierungsmaßnahmen deutlich von Konzepten der Revolutionspädagogik abhob, die stärker an der Reformpädagogik orientiert waren. Sein Ziel war es, junge Menschen mit Defekten sozialer Beziehungen, mit Störungen der „Beziehungen zwischen der Persönlichkeit und der Gesellschaft“, zu „neuen Menschen“ zu erziehen. Vor allem die Anwendung militärischer Umgangsformen und die strikte Durchsetzung von Ordnung und Disziplin stießen zunehmend auf Kritik, so dass Makarenko 1928 seines Amtes als Leiter der Gorki-Kolonie enthoben wurde.

Kritisch zu diesem Erziehungskonzept, siehe: Kobelt, Anton (1996): Anton Makarenko – ein stalinistischer Pädagoge. Interpretationen auf dem Hintergrund der russisch-sowjetischen Bildungspolitik, Frankfurt/Main u. a.; Furrer, Hans (1988): Mut zur Utopie. Zur Pädagogik A. S. Makarenkos, Frankfurt/Main.

13 Makarenko, Anton Semjonowitsch: Ein pädagogisches Poem. Der Weg ins Leben, in: Pädagogische Werke, Bd. 3, Berlin-Ost 1988, S. 14.

14 Zu den Reformkonzepten, siehe: Furrer, Hans (1988): Mut zur Utopie. Zur Pädagogik A. S. Makarenkos, Frankfurt/Main, S. 74 – 90.

15 Makarenko, Anton Semjonowitsch: Thesen zum Referat „Die Organisierung der Erziehung schwieriger Kinder“, in: Pädagogische Werke, Bd. 1, Berlin-Ost 1988, S. 88.

in einer schlechten sozialen Struktur, unter schlechten Bedingungen befand“. [16] Da sich Schwererziehbarkeit für Makarenko in der Störung sozialer Beziehungen äußerte, sei die Aufgabe des Erziehers die „Wiederherstellung normaler Beziehungen zwischen Persönlichkeit und Gesellschaft“. [17]

Die Kollektiverziehung Makarenkos hängt eng mit dem marxistischen Verständnis produktiver Arbeit zusammen. Nur, wie es Karl Marx im „Kapital“ ausgedrückt hat, die Verbindung von produktiver Arbeit, Unterricht und Gymnastik sei „die einzige Methode zur Produktion vollseitig entwickelter Menschen“ [18] In der sozialistischen Gesellschaft war für Makarenko die industrielle Produktion die angemessene Form der Arbeit. Nach dem Vorbild der Stachanow-Bewegung [19] sah er unter industriellen Produktionsbedingungen die Voraussetzung dafür gegeben, dass sich Fähigkeiten (Organisationstalent, Ausdauer, Verantwortungsbewusstsein, Ausdauer) optimal entfalten könnten. Folglich bezog Makarenko die Jugendlichen in betriebliche Prozesse ein. Im Kollektiv sollten deshalb produktive Arbeit und schulische Bildung miteinander verzahnt werden.

In der Gorki-Kolonie wurden die Zöglinge in Arbeits-, Lern-, Freizeit- und Erziehungsgruppen eingeteilt und als „Kollektiv“ zu einem einheitlichen Ganzen zusammengefasst, in dem alle „nach den gleichen kollektiven Normen und Regeln lebten und arbeiteten.“ „Man stellt sich ein Kollektiv nicht richtig vor, wenn man bloß an eine Summe einzelner Individuen denkt. Das Kollektiv ist ein sozialer, lebendiger Organismus. Es ist deshalb ein Organismus, weil es Organe besitzt: Es gibt Vollmachten und Verantwortlichkeit, wechselhafte Beziehungen und ein gegenseitiges Abhängigkeitsverhältnis.“ [20]

Makarenko stellte seine Grundkollektive – die kleinsten Einheiten, die zwischen sieben und 15 Personen umfassten – nach der jeweiligen ökonomischen Tätigkeit zusammen. Er wies ihnen gewisse Aufgaben und Pflichten und eine gewisse Verantwortung zu. [21] Jede Gruppe erhielt einen für seine Abteilung verantwortlichen „Kommandeur“. Der Rat der Kommandeure bildete dann ein kollektives Leitungsgremium. Das höchste Organ des Gesamtkollektivs, die Vollver-

---

16 Makarenko, Anton Semjonowitsch: Schöne Literatur über Kindererziehung, in: Werke, Bd. 5, Berlin-Ost 1956, S. 361.

17 Makarenko, Anton Semjonowitsch: Schöne Literatur über Kindererziehung, a.a.O., S. 88.

18 Marx, Karl: Das Kapital, in: MEW, Bd. 23, Berlin-Ost 1977, S. 508.

19 Die so genannte Stachanow-Bewegung war eine unter Stalin propagierte Methode zur Erhöhung der Arbeitsproduktivität. Außerordentliche Leistungen von Werktätigen wurden den anderen als vorbildlich vorgestellt und dienten zur Leistungsstimulierung.

20 Makarenko, Anton Semjonowitsch: Einige Schlussfolgerungen aus meiner pädagogischen Erfahrung (Vortrag Makarenkos in Leningrad 1938), in: Werke, Bd. 5, Berlin-Ost 1956, S. 239.

21 Makarenko, Anton Semjonowitsch: Über meine Erfahrungen, in: Werke, Bd. 5, Berlin-Ost 1956, S. 265 f.

sammlung aller Mitglieder, traf die wesentlichen Entscheidungen: Es trat bei Verletzungen der Disziplin zusammen. Da es neben den Kommandeuren zeitweilig Bevollmächtigte gab, die während eines begrenzten Zeitraums die Verantwortung übernahmen, entstand „ein sehr verflochtenes Netz von gegenseitigen Abhängigkeiten in der Kolonie und den einzelnen Kolonisten war es dabei nicht möglich, sich eine besondere Stellung zu verschaffen und sich über das Kollektiv zu stellen.“ [22]

Makarenko unterschied mehrere Phasen der Kollektiventwicklung: [23] In der ersten Entwicklungsstufe, der „diktatorischen“ Phase, ordnet der Erzieher verbindliche Verhaltensnormen ohne Diskussion an. Die zweite Stufe ist erreicht, wenn eine Kerngruppe im Kollektiv „bewusst die Disziplin“ unterstützt. In der dritten Stufe sorgt das Kollektiv selbst für die Durchführung der Forderungen des Erziehers und „stellt selbst die Forderungen“.

Dieses Konzept der Kollektiverziehung konnte nach Makarenko nur durch eine strenge Disziplin erreicht werden, denn die „äußere Straffheit, das Gefühl für die Form bestimmt auch das innere Wesen des Verhaltens.“ [24] „Ein Befehl wird gegeben und ausgeführt, eben das ist Disziplin.“ [25] Die „unbeugsame, klare, unmittelbare, kategorische Forderung“ muss daher auch „ohne Zugeständnisse“ [26] durchgesetzt werden, auch mittels Strafen, denn „Strafen ist nicht nur ein Recht, sondern in den Fällen, wo es notwendig ist, auch eine Pflicht.“ [27]

Wenn die Ausführung eines Befehls ausbleibe, müsse – ganz im Sinne des „demokratischen Zentralismus“ – „jene Kraft gefunden werden, die die Ausführung notwendig macht und die nachteiligen Folgen eines Verstoßes gegen die Disziplin bestimmt.“ [28] Wie in jeder Gesellschaft, in Staat und Partei beruhe Disziplin „ausschließlich auf dem System der Vollmachten, die von umfassenderen Organi-

---

[22] Vgl. Makarenko Anton Semjonowitsch: Ein pädagogisches Poem, in Pädagogische Werke, Bd. 3, Berlin-Ost 1988, S. 196 ff.

[23] Vgl. Makarenko Anton Semjonowitsch: 2. Vorlesung: Disziplin, Ordnung, Bestrafung und Ansporn, in: Werke, Bd. 5., Berlin-Ost 1956, S. 152 ff.

[24] Makarenko Anton Semjonowitsch: 4. Vorlesung: Arbeitserziehung, Beziehungen, Stil und Ton im Kollektiv, in: Werke, Bd. 5, Berlin-Ost 1956, S. 224.

[25] Vgl. Makarenko Anton Semjonowitsch: 2. Vorlesung: Disziplin, Ordnung, Bestrafung und Ansporn, in: Werke, Bd. 5., Berlin-Ost 1956, S. 146.

[26] Makarenko, Anton Semjonowitsch: Einige Schlussfolgerungen aus meiner pädagogischen Erfahrung, in: Werke, Bd. 5, Berlin-Ost 1956, S. 179 ff.

[27] Makarenko Anton Semjonowitsch: 2. Vorlesung: Disziplin, Ordnung, Bestrafung und Ansporn, in: Werke, Bd. 5, Berlin-Ost 1956, S. 160 und S. 162.

[28] Ebenda, S. 146.

sationen an eingeengtere weitergegeben werden."[29] Dieses Verständnis von Disziplin beinhaltet eine Form des politischen und moralischen Bewusstseins. Hierzu tragen auch Dinge des pädagogischen Alltags wie Sauberkeit und Ordnung bei.

Als letzte Möglichkeit, „den Vorrang der Interessen des Kollektivs" zu wahren, blieb die „Explosionsmethode": „Niemals habe ich evolutionären Wegen besonderes Gewicht beigemessen. Auf Grund meiner Erfahrung bin ich zu der Überzeugung gekommen, dass man sich bei einem noch so gesund, fröhlich und richtig lebenden Kollektiv niemals nur auf den heilsamen Einfluss allein der Evolution, auf das allmähliche Werden des Menschen verlassen darf. Jedenfalls können die schwierigsten Charaktere, die schlimmsten Gewohnheitskomplexe niemals auf evolutionärem Wege geändert werden. Durch die Evolution verdichten sich, bereiten sich gewisse Dispositionen vor, zeichnen sich Veränderungen in der geistigen Struktur ab; zu ihrer Realisierung bedarf es jedoch stärkerer Momente, Explosionen, Erschütterungen".[30]

Der Konflikt zwischen Persönlichkeit und Kollektiv sollte mittels der Explosionsmethode bis auf die „äußerste Spitze" getrieben werden. So werde für eine „Reinigung" der angespannten Atmosphäre gesorgt.[31] Die Umerziehung oder die „Korrektur des Charakters" sollte also durch die „plötzliche Einwirkung, die alle Wünsche des Menschen, alle seine Bestrebungen von unterst nach oberst kehrt", erfolgen.[32]

In Makarenko kollektivem Erziehungssystem, das durch äußerste Disziplin, militärische Kommandostrukturen und Arbeitserziehung geprägt ist, war kein Platz für „eine Erziehung, die sich speziell auf die Einzelperson richtet, auf das berüchtigte ‚Kind', dem die Sorge der Pädagogik gilt. Wir sind der Meinung, dass der Einfluss der einzelnen Persönlichkeit auf eine einzelne Persönlichkeit ein zu enger und beschränkter Faktor ist. Als Objekt unserer Erziehung betrachten wir das ganze Kollektiv, und an die Adresse des Kollektivs richten wir den organisierten pädagogischen Einfluss."[33] Dafür, dass persönliche Freiräume in Makarenkos Erziehungssystem keinen Raum hatten, sorgte auch die äußere Form der Disziplin, die ihren Ausdruck in Appellen und militärischen Übungen fand.[34]

---

[29] Makarenko, Anton Semjonowitsch: Überblick über die Arbeit der Poltawaer Maxim-Gorki-Kolonie, in: Pädagogische Werke, Bd. 1, Berlin-Ost 1988, S. 86.

[30] Makarenko, Anton Semjonowitsch, in: Werke, Bd. 5, Berlin-Ost 1956, S. 526.

[31] Makarenko, Anton Semjonowitsch: Eine pädagogisches Poem, a.a.O., S. 24 f.

[32] Makarenko, Anton Semjonowitsch: Über meine Erfahrungen, in: Werke, Bd. 5, Berlin-Ost 1956, S. 261 f.

[33] Makarenko, Anton Semjonowitsch: Pädagogen zucken die Achseln, in: Pädagogische Werke, Bd. 1, Berlin-Ost 1988, S. 217.

[34] Vgl. hierzu die kritische Einschätzung von Furrer, Hans (1988): Mut zur Utopie. Zur Pädagogik

2. Marxistisch-leninistische Erziehung zum neuen Menschen in der DDR

Nach dem Zusammenbruch der nationalsozialistischen Herrschaft bestand in Deutschland zunächst ein politisches Vakuum, das die Voraussetzungen auch für gesellschaftspolitische Veränderungen lieferte. Die Besatzungsmächte suchten in den politischen Neuaufbau in ihren Besatzungszonen ihre gesellschaftlichen Ordnungen einzubringen. In der SBZ leitete die russische Besatzungsmacht zusammen mit der Deutschen Kommunistischen Partei, der späteren SED, sofort nach Kriegsende erste Schritte ein zur Umgestaltung der Gesellschaft in Richtung auf eine sozialistische Gesellschaftsordnung marxistisch-leninistischer Prägung nach dem Vorbild der Sowjetunion. Vor diesem Hintergrund erschließt sich der Zugang zur Pädagogik in der DDR, zu ihren Intentionen und zu ihrer Funktion, über den Marxismus-Leninismus, aus dessen Geschichts- und Gesellschaftstheorie die Legitimation allen gesellschaftlichen und politischen Handelns abgeleitet wird.

2.1. Pädagogik unter den Prämissen der marxistischen Gesellschaftstheorie

Die Gesellschaftstheorie des Marxismus, die sich über Marx' Vorwort von „Zur Kritik der politischen Ökonomie" erschließt, geht von der Gesamtheit der Produktionsverhältnisse als ökonomischer Struktur und Basis der Gesellschaft aus, über der sich der juristische und politische Überbau erhebt: „Die Produktionsweise des materiellen Lebens bedingt den sozialen, politischen und geistigen Lebensprozess überhaupt. Es ist nicht das Bewusstsein des Menschen, das ihr Sein, sondern umgekehrt ihr gesellschaftliches Sein, das ihr Bewusstsein bestimmt."[35]

Nach dem marxistischen Menschenbild ist die Entwicklung des Menschen als Persönlichkeit eine Erscheinung des ideologischen Überbaus und damit eine Widerspiegelung der konkreten gesellschaftlichen Praxis.[36] Erst in der Ge-

A. S. Makarenkos, Frankfurt/Main, S. 128 und von Zimmermann, Verena (2004): Den neuen Menschen schaffen, Köln, S. 68 ff.

35 Karl Marx/Friedrich Engels: Werke (MEW), Band 13, Berlin-Ost 1972, S. 8 – 9.

36 Marx; Karl/Engels, Friedrich: Die deutsche Ideologie, in: MEW, Bd. 3, Berlin-Ost 1978, S. 166 ff.; vgl. Sève, Lucien (1973): Marxismus und Theorie der Persönlichkeit, Berlin-Ost, S. 11 ff. und 113. ff.

meinschaft hat das Individuum die Mittel, „seine Anlagen nach allen Seiten hin auszubilden.“ [37] Die sozialen Beziehungen sind in den Produktions- und Klassenverhältnisse begründet und konkret-historisch bestimmt. In der sozialistischen Gesellschaft ist das Kollektiv die grundlegende Lebensform, das entscheidende Glied der sozialen Organisation. Aber auch in dieser Gesellschaftsformation bestehen zunächst noch weiterhin Klassen und Klassengegensätze, daher beansprucht die kommunistische Partei den uneingeschränkten Führungsanspruch, da nur sie über die wissenschaftlichen Einsichten und notwendigen Erfahrungen im Klassenkampf verfüge. Die kommunistische Partei vermittelt nach diesem Selbstverständnis die Einsicht in die Gesetzmäßigkeiten der historischen Entwicklung der Menschheit und das marxistische Gesellschaftsbild. Dadurch erhalten auch alle Wissenschaften ihre maßgebende Methode.

Nach der marxistischen Ideologie wird der Pädagogik die Aufgabe zugewiesen, „prinzipiell neue Lösungen für das Verhältnis von Individuum und Gemeinschaft im Erziehungsprozess“ zu entwickeln: „Kommunistische Erziehung kann nicht anders theoretisch verstanden und praktisch gestaltet werden als Erziehung der Persönlichkeit im Kollektiv und durch das Kollektiv.“ [38] Kinder und Jugendliche „eignen sich im Kollektiv die marxistisch-leninistische Weltanschauung und kommunistische Moral an, entwickeln vielfältige Tätigkeiten und prägen ihre Individualität aus.“ [39] Dass die sozialistische Erziehung politisch-ideologisch ausgerichtet sein muss, hatte Lenin bereits im Entwurf des Programms der Russischen Kommunistischen Partei im März 1919 formuliert: „Die Schule muss ein Werkzeug der Diktatur des Proletariats werden; d. h., sie soll nicht nur die Prinzipien des Kommunismus im allgemeinen vermitteln, sondern sie muss auch dem ideologischen, organisatorischen und erzieherischen Einfluss des Proletariats auf die halbproletarischen und nichtproletarischen Schichten der werktätigen Massen Geltung verschaffen, um die völlige Unterdrückung des Widerstands der Ausbeuter und die Verwirklichung der kommunistischen Ordnung zu ermöglichen.“ [40]

Für die Gestaltung des Bildungswesens in der SBZ/DDR spielt das komplizierte Verhältnis zur Sowjetpädagogik eine zentrale Rolle, die in den dreißiger

---

37 Marx, Karl; Engels, Friedrich: Die deutsche Ideologie, in: MEW, Bd. 3, Berlin-Ost 1978, S. 74.

38 Pädagogik (1989), a.a.O., S. 30.

39 Pädagogik (1989), a.a.O., S. 209. Margot Honecker wies in ihrer Rede auf dem VIII. Pädagogischen Kongress der DDR 1978 Kollektiven, in denen jeder gefordert und gefördert werde, in denen eine offene und vertrauensvolle Atmosphäre herrsche, in denen jeder spüre, dass er gebraucht werde und seine Meinung geachtet sei, in der jeder Verantwortung wahrnehmen könne, Passivität nicht gefragt sei und Mängel nicht geduldet würde, eine starke Erziehungswirkung zu. Honecker, Margot (1979): Der gesellschaftliche Auftrag unserer Schule, in: VIII. Pädagogischer Kongress der DDR 1978. Protokoll. Berlin-Ost, S. 101.

40 W. I. Lenin: Werke, Bd. 29, Berlin Ost, 1969, S. 116.

und vierziger Jahren unter den Bedingungen der stalinistischen Machtstrukturen geprägt worden war und einen zentralistischen, autoritären Typ von Pädagogik verkörperte. [41] Bis zum Ende der DDR blieb die Pädagogik eng an die Sowjetpädagogik angelehnt, [42] obwohl ab Mitte der achtziger Jahre Erziehungswissenschaftler aus der DDR eine Eigenständigkeit des DDR-Bildungssystems reklamierten. [43]

Die enge Anlehnung an die Sowjetpädagogik ist in den Phasen des Aufbaus und der Gestaltung des Erziehungssystems der DDR nachvollziehbar. Unmittelbar nach Kriegsende wurden die ersten Schritte für ein „modernes, deutsches, demokratisches Erziehungswesen“ eingeleitet. [44] Nach der kurzen Phase kritischer Auseinandersetzung mit der „spätbürgerlichen Reformpädagogik“ [45] wurde in den Jahren 1949 bis 1955 die sozialistische, marxistisch-leninistische Pädagogik als Wissenschaft [46] begründet. Nach Werner Dorst, Direktor des Deutschen Pädagogischen Zentralinstituts, sind Gegenstand und Aufgabe dieser Pädagogik:

1. „Möglichst genaue Bestimmung durch Abgrenzung des Gegenstandes der Bildung und Erziehung als besonderer gesellschaftlicher Erscheinungen. Klärung der wichtigsten pädagogischen Begriffe.
2. Anwendung des dialektischen und historischen Materialismus als Instrument zur Erforschung dieses Gegenstandes und – auf dieser Grundlage – Herausarbeitung und Erprobung spezieller Verfahren und Methoden der pädagogischen Forschung.
3. Herausarbeitung objektiver Wahrheiten und ihre Zusammenfassung durch die wissenschaftliche materialistische Weltanschauung des Marxismus-Leninismus.

---

[41] Siehe: Uhlig, Christa (1990): Erziehung zwischen Engagement und Resignation – Gedanken zur Bildungsgeschichte in der DDR, in: Pädagogische Forschung 31/5 – 6, S. 199.

[42] Vgl. u. a.: Pädagogik (1989), hrsg. von der Akademie der Pädagogischen Wissenschaften der UdSSR und der Akademie der Pädagogischen Wissenschaften der DDR, 8. Auflage, Berlin-Ost.

[43] So hob im März 1989 der namhafte Erziehungshistoriker Karl-Heinz Günther nachdrücklich „nationale Besonderheiten unseres Erziehungssystems“ wie z. B. spezifische hochschulvorbereitende Bildungswege hervor: Günther, Karl-Heinz (1989): Gesellschaftliche Bedingungen für Erziehung in der Gegenwart, in: Pädagogik 44/1989/3, S. 197 f.

[44] Siebert, Hans: Neue Lehrer im Kampf um die Erfüllung des Zweijahrplans. Rede auf dem Aktivistentag der Lehrer in Leipzig vom 15. bis 17. November 1948, in: Zwei Jahrzehnte Bildungspolitik in der Sowjetzone Deutschlands (1966). Dokumente, Bd. 1, hrsg. von Siegfried Baske u. Martha Engelbert, Berlin-Ost, S. 85 ff.

[45] Diese Forderung erhob Mitte November 1948 Hans Siebert, der spätere Leiter der Hauptabteilung Unterricht und Erziehung in der Deutschen Verwaltung für Volksbildung, auf der Lehreraktivistenkonferenz in Leipzig.

[46] Siehe u.a. Niermann, Johannes (1972): Sozialistische Pädagogik in der DDR. Eine wissenschaftstheoretische Untersuchung. Heidelberg.

4. Unmittelbare Verbindung der Entwicklung der pädagogischen Wissenschaft mit den aktuellen Aufgaben, die die Entwicklung der Gesellschaft auf diesem Gebiet stellt.“ [47]

1951/52 wurden die ersten „marxistisch-leninistischen“ Lehrpläne eingeführt. Alle Lehrer, Kindergärtnerinnen und Heimerzieher mussten an obligatorischen Weiterbildungskonferenzen über die Grundlagen der Sowjetpädagogik teilnehmen. [48] Der Aufbau des sozialistischen Bildungswesens fand bildungsgeschichtlich mit dem 1965 verabschiedeten „Gesetz über das einheitliche sozialistische Bildungssystem“ und dem „Gesetz zur Einführung der zehnklassigen allgemein bildenden Polytechnischen Oberschule“ als Pflichtschule seinen Abschluss. 1967 wurde das Bildungswesen ausdrücklich in die gesamtgesellschaftliche Planung einbezogen und sollte eine „Schrittmacherfunktion“ erfüllen. [49]

Ab den siebziger Jahren erhob die SED den Anspruch, dass die DDR das Stadium der „entwickelten sozialistischen Gesellschaft“ mit verstärkten Wechselbeziehungen zwischen der sozialen, technisch-ökonomischen und ideologischen Entwicklung erreicht habe. [50] Die Erziehung sollte unter Beachtung der Dialektik dieser Gesellschaftsformation zum Übergang zur kommunistischen Gesellschaft beitragen. Die allgemeine Oberschulbildung für alle „Kinder des Volkes“ war nach Ansicht der SED in der DDR zu diesem Zeitpunkt bereits realisiert. Im Parteiprogramm der SED und im Bericht des ZK der SED an den X. Parteitag der SED wird ausdrücklich betont, dass jedem Schüler in Abhängigkeit von seinen Leistungen, Fähigkeiten und seiner „moralisch-charakterlichen Haltung“ der Weg zu allen Bildungsstätten offen stehe. Die physisch und psychisch Geschädigten sollten besonders gefördert werden. In der „polytechnischen Arbeitsschule“ sei über die Verbindung von produktiver Arbeit mit Unterricht und Gymnastik die Verbindung von Schule und Produktion verwirklicht. [51] Alle jungen Menschen müssten „gut darauf vorbereitet werden, die moderne Wissenschaft und Technik zu meistern, sie dem Charakter der sozialistischen Gesellschaftsordnung entsprechend zum Wohle des Menschen anzuwenden. Die wissenschaftlich-technische Revolution ist eine Herausforderung an die Jugend, an ihre Kräfte und Fähig-

---

[47] Dorst, Werner: Erziehung, Bildung, Unterricht in der deutschen demokratischen Schule; in: Zwei Jahrzehnte Bildungspolitik (1966), a.a.O., Teil I, S. 224.

[48] Abgedruckt in: Monumenta Paedagogica, Reihe C. Band VI, S. 375 – 379.

[49] Siehe Hersing, Günter (1974): Aufgaben und Probleme sozialistischer Bildungsplanung, in: Jahrbuch der Akademie der Pädagogischen Wissenschaften der DDR 1973/74, S. 489 – 504; vgl. Anweiler, Oskar (1989): Schulpolitik und Schulsystem in der DDR, Opladen, S. 79 ff.

[50] Siehe Programm der Sozialistischen Einheitspartei Deutschlands (1976), Berlin-Ost, S. 19 ff.

[51] Bericht des Zentralkomitees der Sozialistischen Deutschen Einheitspartei Deutschlands an den X. Parteitag der SED (1981), Berlin-Ost, S, 90 ff.

keiten und damit an die Qualität des Unterrichts." [52] Die Bildungseinrichtungen sollten eng mit den Betrieben und Kombinaten zusammenwirken.

Der Erziehung wurde in allen Entwicklungsphasen des DDR-Sozialismus eine „konkret-historische Funktion" zugewiesen. Die Pädagogen in der DDR betonten nachdrücklich, dass die Erziehung Klassencharakter habe und Bestandteil der sozialistischen Revolution sei. Sozialistische Erziehung sei notwendig, „um der Arbeiterklasse das Bewusstsein ihrer historischen Mission zu vermitteln, sie mit dem wissenschaftlichen Kommunismus auszurüsten und zur revolutionären Umgestaltung der gesellschaftlichen Verhältnisse zu befähigen." [53] Der Einfluss der Erziehung „auf die revolutionären Veränderungen ist groß, wenn die *Macht der Erziehung bewusst von der Arbeiterklasse und ihrer revolutionären Partei genutzt wird.*" [54]

Nach dem Prinzip der Einheit von Bildung und Lehre sollten Wissen vermittelt und gleichzeitig auf der Grundlage eines klaren Klassenstandpunktes zu politischem Handeln erzogen werden; deshalb war das Bildungswesen verpflichtet, in allen Unterrichtsfächern die fortschrittlichen Ergebnisse des Marxismus-Leninismus zu vermitteln.

2.2. Der „neue Mensch": Die sozialistische Persönlichkeit

Seit dem Beschluss über den Aufbau des Sozialismus im Juli 1952 [55] wurde bis zum Ende der DDR als Erziehungsziel die „allseitig entwickelten Persönlichkeiten" oder die „allseitige und harmonische Entwicklung der Persönlichkeit" [56] in leicht abgewandelter Form definiert und fortgeschrieben. [57] Das Erziehungsziel

---

[52] A.a.O., S. 100.

[53] Pädagogik (1989), a.a.O., S. 18.

[54] Pädagogik (1989), a.a.O., S. 19.

[55] „Zur gegenwärtigen Lage und zu den Aufgaben im Kampf für Frieden, Einheit, Demokratie und Sozialismus" (9.-12. Juli 1952), in: Dokumente der Sozialistischen Einheitspartei Deutschlands, Berlin-Ost (1949 – 1989), Bd. IV, S. 70 – 78.

[56] So die Definition in: Pädagogik (1989), S. 19.

[57] 1952 wurde als Aufgabe der Schule festgeschrieben: „Die Jugend zu allseitig entwickelten Persönlichkeiten zu erziehen, die fähig und bereit sind, den Sozialismus aufzubauen und die Errungenschaften der Werktätigen bis zum äußersten zu verteidigen" (Zur Erhöhung des wissenschaftlichen Niveaus des Unterrichts und zur Verbesserung der Parteiarbeit an allgemeinbildenden Schulen, in: Dokumente der Sozialistischen Einheitspartei, a.a.O., Bd. IV, S. 116). 1989 hieß es: „Die Aufgabe der Oberschule ist es, eine solide, polytechnisch orientierte, grundlegende Allgemeinbildung zu vermitteln. Sie dient dem im Programm der SED 1976 formulierten Ziel, allseitig entwickelte Persönlichkeiten zu erziehen und auszubilden, die ihre Fähigkeiten und Begabungen zum Wohle der sozialistischen Gesellschaft entfalten, sich durch Arbeitsliebe und Verteidigungsbereitschaft, durch Gemeinschaftsgeist und das Streben nach hohen kommu-

wird im Parteiprogramm der SED von 1972 in die verbindliche Formel der „allseitig entwickelten sozialistischen Persönlichkeit“ gefasst. Es ist aus dem marxistischen Menschenbild abgeleitet, das zugleich in ein dialektisches Verhältnis zum Menschenbild des Kapitalismus gerückt wird. Folglich ist auch das Erziehungsziel aus einer jeweils bewussten und klassenmäßigen Parteinahme für die sozialistische Gesellschaft zu bestimmen. Menschenbild und Persönlichkeit sind in jeder Epoche neu zu bestimmen, wobei jeweils von den konkreten gesellschaftlichen Verhältnissen auszugehen sei. Als wesentliche Zäsur für die Persönlichkeitsbildung gilt die Errichtung der sozialistischen Gesellschaftsordnung, da sie qualitativ neue gesellschaftliche Verhältnisse geschaffen habe bzw. herstellen werde.

Das Ziel sozialistischer Erziehung ist nach dem pädagogischen und ideologischen Selbstverständnis „konkret-historisch“ bedingt, wird unter Beachtung der „bestimmenden revolutionär-umgestaltenden Tätigkeit“ für die Erziehung realisiert, erfordert die „aktive Aneignung und Veränderung der menschlichen Kultur durch alle Menschen“, betont die „Verbindung von Unterricht, produktiver Arbeit und Gymnastik“ sowie die polytechnische Bildung. Dieses Konzept schließt die „Erziehung im Geiste der marxistisch-leninistischen Weltanschauung und der kommunistischen Moral“ ein und verwirklicht sich in der „Erziehung im Kollektiv und durch das Kollektiv“. [58]

Das wesentliche Merkmal der sozialistischen Persönlichkeit ist das politische Bewusstsein. Den Kern dieser Persönlichkeit bilden die „sozialistische Weltanschauung“, die „ideologische Bewusstheit“ und die „sozialistische Moral“, wie es Gerhart Neuner formuliert hat, der als Präsident der Akademie der Pädagogischen Wissenschaften entscheidend das Bildungs- und Erziehungskonzept in der DDR geprägt hat. Die genannten Eigenschaften sollten in der schulischen und außerschulischen Erziehung zur sozialistischen Persönlichkeiten geprägt und entfaltet werden. [59]

Konkretisiert wird das Erziehungsziel im Jugendgesetz von 1974: „Vorrangige Aufgabe bei der Gestaltung der entwickelten sozialistischen Gesellschaft ist es, alle jungen Menschen zu Staatsbürgern zu erziehen, die den Ideen des Sozialismus treu ergeben sind, als Patrioten und Internationalisten denken und handeln, den Sozialismus stärken und gegen alle Feinde zuverlässig schützen [...]. Es ist ehrenvolle Pflicht der Jugend, die revolutionären Traditionen der Arbeiterklasse und die Errungenschaften des Sozialismus zu achten und zu verteidigen, sich

---

nistischen Idealen auszeichnen“ Günther, Karl-Heinz u. a. (Hrsg.): Geschichte der Erziehung, 14. Aufl., Berlin Ost 1989, S. 47 f.

[58] Pädagogik (1989), a.a.O., S. 19.

[59] Siehe: Neuner, Gerhart (1973): Zur Theorie der sozialistischen Allgemeinbildung. Berlin-Ost, S. 35 u. a.

für Frieden und Völkerfreundschaft einzusetzen und antiimperialistische Solidarität zu üben [...]. Die jungen Menschen sollen sich durch Eigenschaften wie Verantwortungsbewusstsein für sich und andere, Kollektivbewusstsein und Hilfsbereitschaft, Beharrlichkeit und Zielstrebigkeit, Ehrlichkeit und Bescheidenheit, Mut und Standhaftigkeit, Ausdauer und Disziplin, Achtung vor den Älteren, ihren Leistungen und Verdiensten sowie verantwortungsvolles Verhalten zum anderen Geschlecht auszeichnen."[60]

Weitere, charakteristische Eigenschaften „allseitig entwickelter sozialistischer Persönlichkeiten" sind „revolutionäres Kämpfertum" und „hohes sozialistisches Bewusstsein". Sozialistische Persönlichkeiten zeichnen sich „durch die volle Entfaltung ihrer produktiven und intellektuellen, ihrer sozialen, politischen, moralischen, ihrer künstlerischen und physischen Beziehungen und Betätigungsweisen und durch eine dadurch mögliche reiche Individualität aus."[61]

> „Ihre höchste Verkörperung finden alle jene Merkmale sozialistischer Persönlichkeit vor allem in den typischen Eigenschaften proletarischer Revolutionäre, der Kommunisten, die die Avantgarde des Proletariats bilden. [...] Der geschichtliche Typus der sozialistischen Persönlichkeit ist daher in seinen grundlegenden Merkmalen nicht nur das unmittelbare Produkt der sozialistischen Gesellschaft selbst, sondern auch Ergebnis der produktiven Tätigkeit der ganzen Arbeiterklasse und der leidenschaftlichen Klassenkämpfe jener Generation revolutionärer Arbeiter, aus deren opferreichen und mutigen Kämpfen die neue, sozialistische Gesellschaft hervorgegangen ist."[62]

Auf der Grundlage der Kenntnisse des Marxismus-Leninismus in enger Verbindung mit Kenntnissen der Politik der SED entfalteten sich dann diese sozialistischen Werte: Sie bezwecken die Erziehung zur „wissenschaftlich fundierten, unverrückbaren ‚Klassenposition'" und die Parteinahme für den Sozialismus. Die Werte der sozialistischen Gesellschaft werden im Gegensatz zur kapitalistischen Gesellschaft als signifikante Merkmale der antifaschistischen Erziehung in der DDR entfaltet.

Die planmäßige Erziehung zur sozialistischen Persönlichkeit setzte im Vorschulalter ein und durchzog alle Unterrichtsfächer auf allen Stufen des einheitlichen Erziehungssystems. Nur insofern die im Erziehungsprozess vermittelten Wertorientierungen und Verhaltensweisen mit den Zielen von Partei und Staat übereinstimmten, erfüllten sie ihre Funktion, zur höheren Entwicklung der Per-

---

60 Gesetz über die Teilnahme der Jugend an der Gestaltung der entwickelten sozialistischen Gesellschaft und über ihre allseitige Förderung in der Deutschen Demokratischen Republik. Jugendgesetz der DDR vom 28. Januar 1974; in: GBl. DDR, Teil I, Nr. 5 vom 31. Jan. 1974.

61 Pädagogisches Wörterbuch (1987), hrsg. von H.-J. Laabs u. a., Berlin-Ost, S. 18.

62 Sozialismus und Persönlichkeit (1980), hrsg. von einem Autorenkollektiv unter der Leitung von Leonid Archangelski. Moskau 1979, dt. Berlin-Ost, S. 51.

sönlichkeit im Sozialismus zu führen. Die zu vermittelnde Überzeugung von der „Überlegenheit des Sozialismus“ und die damit verbundenen Werte – z. B. sein „humanistischer und demokratischer Charakter“ oder seine „Friedensliebe“ – wurden immer im Kontrast zur „untergehenden kapitalistischen Gesellschaft“ gesehen. Der Unterricht sollte mit innerer Stringenz in seinen Zielen die Auseinandersetzung mit dem Klassenfeind verfolgen, der durchgängig mit negativen Attributen versehen wurde. Die Schüler, Lehrlinge und Studenten sollten befähigt werden, eine „unverrückbare Klassenpositionen“ zu beziehen, „für die Sache des Sozialismus in jeder Situation Partei ergreifen“ und sich mit dem Klassenfeind auseinanderzusetzen.

Der Erziehung zum neuen, sozialistischen Menschen, zur sozialistischen Persönlichkeit wurde ein dichotomisches Freund-Feind-Schema zugrunde gelegt, das im Feindbild negative Vorurteile bündelte und eine differenzierte Beurteilung dessen, was man mit dem Etikett Feind versieht, unmöglich machte.[63] Das Freund-Feind-Schema erfüllte in der DDR eine doppelte Funktion. Einerseits sollte es zur Integration der Freunde beitragen, wobei mit der Existenz eines tatsächlichen oder fiktiven Feindes die Notwendigkeit der Einheit begründet wird. Andererseits erlaubte das Feindbild eigne Probleme zu projektieren. Vor der Bedrohung durch den äußeren Feind verblassten die inneren Konflikte.

Die SED suchte bis zuletzt ihr Feindbild aufrechtzuerhalten. So wehrte Kurt Hager im Oktober 1988 Veränderungen angesichts der Umgestaltungen in der Sowjetunion damit ab, dass diese sich „aus inneren Entwicklungsbedingungen“ ergäben und ihre Formen und Methoden den „Zielen, die sich die KPdSU stellt“, entsprächen und folglich „nicht auf die anderen sozialistischen Länder übertragbar“ wären.[64] Noch Ende August 1989 wurden in Vorbereitung auf den XII. Parteitag an der Parteihochschule vor Sozialkundelehrern der unversöhnliche, antagonistische Gegensatz zwischen Sozialismus und Kapitalismus als eine „wesentliche theoretische Grundfrage in der heutigen Auseinandersetzung“ bekräftigt und Empfehlungen zur Erneuerung des Sozialismus in der DDR als „Restauration des Kapitalismus“ verworfen.[65]

Mit dem Freud-Feind-Schema korrespondiert ein parteilich verwendetes Antifaschismus-Verständnis. Der Antifaschismus-Begriff, der ursprünglich jegli-

---

[63] Siehe Margedant, Udo (1988): Feindbilder sozialistischer Erziehung in der DDR, in: Aus Politik und Zeitgeschichte B 52 – 53/88; S. 24 – 33.

[64] Kurt Hager auf dem Schulräteseminar am 28. Oktober 1988 in Ludwigsfelde; in: Neues Deutschland vom 29/30. Okt. 1988, S. 9 – 11.

[65] Schneider, Wolfgang (1989): Zur Wissenschaft und Praxis des Sozialismus, in: Neues Deutschland vom 26./27.8.1989. Vgl. Hahn, Erich (1988): Feind- und andere Bilder, in: Geschichtsunterricht und Staatsbürgerkunde 30 (1988), S. 676 ff.

che Opposition gegen den Faschismus Mussolinis bezeichnete, war bereits Mitte der zwanziger Jahre zur Legitimation kommunistischen Handelns durch Semjonow umgewandelt worden, der die Auffassung vertreten hatte, dass Faschismus und Sozialdemokratie die rechte und die linke Hand des Kapitalismus seien. In der Weimarer Republik hatte die KPD folglich die Sozialdemokratie als Sozialfaschismus bekämpft. Dieser als politischer Kampfbegriff gebrauchte Antifaschismus wurde von der SED aufgegriffen und auf alle politischen und gesellschaftlichen Strömungen übertragen, welche der eigenen Politik und der Politik der Sowjetunion ablehnend gegenüber standen. Letztlich diente der Antifaschismus damit der Legitimation der SED-Herrschaft. Er war eine gleichsam übergestülpte Ideologie, die jede Kritik am eigenen System von vorneherein kriminalisierte. Die Bürger – vor allem die Jugendlichen – wurden ständig mit den faschistischen Unmenschen und deren Nachfahren im „latent faschistischen" Westdeutschland einerseits und den sozialistischen Heldengestalten andererseits konfrontiert. Dies geschah in Form der Heldenverehrung der gemordeten kommunistischen Antifaschisten, in der ständigen Vergegenwärtigung nationalsozialistischen Unrechts durch quasi religiös überhöhte Mahn- und Gedenkstätten und bei Fahnenappellen, Jugendweihen, Pioniernachmittagen oder im schulischen und außerschulischen Unterricht. Die Darstellung der DDR als antifaschistischer Hort gehörte zum Staatsritual, an dem die Jugend- und Pionierorganisationen, die Schulen und Betriebe teilnehmen mussten. [66]

3. Die Umerziehung zur sozialistischen Persönlichkeit in der DDR

Grundsätzlich hielten die Parteiführung der SED und unter ihrer „Anleitung" die Pädagogik am Konzept des einheitlichen Bildungswesens fest; dies galt auch für die „Erziehung" straffälliger Jugendlicher.

Die pädagogische Begründung der Umerziehung von Jugendlichen in der DDR, die durch abweichendes Verhalten bis hin zur Kriminalität auffällig geworden sind, unterschied sich von der allgemeinen Pädagogik dadurch, dass sich die Sonderpädagogik ausdrücklich auf Makarenkos Konzept der Umerziehung berief und hiermit erzieherische Zwangsmaßnahmen zu rechtfertigen suchte, die hinsichtlich der Disziplinierung der Schüler weit über das in der DDR übliche Maß hinausgingen.

[66] Vgl. Grunenberg, Antonia (1993): Antifaschismus – ein deutscher Mythos, Reinbek; Agethen, Manfred/Jesse, Eckhard/Neubert, Ehrhart (2002): Der missbrauchte Antifaschismus. DDR-Staatsdoktrin und Lebenslüge der deutschen Linken, Freiburg/Basel/Wien; Wilke, Manfred (1990): Antifaschismus als Legitimimation staatlicher Herrschaft in der DDR, in: Bundesminister des Innern (Hrsg.): Bedeutung und Funktion des Antifaschismus, Bonn.

3.1. Makarenkos Einfluss auf die Sonderpädagogik in der DDR[67]

Die Elemente der Kollektiverziehung, der Disziplin und Arbeitserziehung im pädagogischen Konzept Makarenkos wurden von der Sonderpädagogik in der DDR in ihren Grundzügen übernommen. In Anlehnung an Makarenko verstand die DDR-Pädagogik unter abweichendem Verhalten „Erscheinungen bei Minderjährigen, aus denen erkennbar ist, dass ihre Verhaltensweisen nicht den „gesellschaftlichen Anforderungen“ entsprechen.[68]

Der Abteilungsleiter für Jugendhilfe im Ministerium für Volksbildung, Eberhard Mannschatz,[69] stellte die grundlegenden Elemente seines pädagogischen Konzepts der Heimerziehung, in dem er ausdrücklich an Makarenko anknüpft,[70]

---

67 Vgl. u. a. Hoyer, Hans-Dieter (1988): Schöpferische Anwendung von Erkenntnissen und Erfahrungen A. S. Makarenkos, in: Sonderschule 33/4, S. 203 – 211.
Zum Vorbild Makarenko, siehe insbesondere: Zimmermann, Verena (2004): „Den neuen Menschen schaffen“, S. 49 ff.; vgl. auch aus DDR-Sicht: Steinig, Hubert (1973): Das pädagogische Erbe Makarenkos und die Heimerziehung. Bericht über ein wissenschaftliches Seminar, in: Jugendhilfe Heft 7/8, S. 227 – 238.

68 Vgl. die Definition des Psychologen Otmar Schütze, der unter abweichendem Verhalten ganz allgemein „eine von der gesellschaftlichen Norm abweichende individuelle Entwicklungstendenz“ versteht, die sich vor allem in einer „Abweichung von der Norm im Leistungsbereich und vor allen Dingen im Bereich des Sozialverhaltens“ zeige. Schütze, Otmar (1969): Zu einigen Problemen der sozialen Fehlentwicklung und der Umerziehung, in: Jugendhilfe Heft 3, S. 83. Otmar Schütze beklagt jedoch ebenso wie das Institut für Jugendhilfe, dass es keine exakte Begriffsbestimmung in der DDR gäbe. Vgl. Institut für Jugendhilfe Ludwigsfelde: Untersuchungen zum Umerziehungsprozeß vom 25.2.1965 (BArch DC4 808).

69 Eberhard Mannschatz war daneben bis zum Ende der DDR Leiter der Sektion Pädagogik „F.A.W. Diesterweg“ an der Humboldt-Universität zu Berlin und bekleidete den einzigen Lehrstuhl für Sozialpädagogik der DDR. Er entwickelte die theoretische Grundlage für die Umerziehung in Kinderheimen. 1994 erschien seine Publikation „Jugendhilfe als DDR-Nachlass“, in der im Nachhinein sein Erziehungskonzept verteidigte. In dieser Schrift wie auch in „Erziehung zwischen Anspruch und Wirklichkeit. Plädoyer für Besinnung auf angestammte Aufgaben der Erziehung“, Würzburg 1997, bekennt sich Mannschatz ausdrücklich zu seiner wissenschaftlichen Vorprägung durch Makarenko. Mannschatz weist aber auch auf die widersprüchliche Makarenko-Rezeption in der DDR hin.

70 Vgl. Mannschatz, Eberhard (1968): Die Lehre Makarenkos und die schöpferische Weiterentwicklung der Kollektiverziehung, in: Jugendhilfe, 1968, Heft 3, S. 79 – 84. In diesem Beitrag bekennt sich Mannschatz nachdrücklich zur Kollektiverziehung: „Die Sowjetpädagogik hat uns nicht nur geholfen, als wir am Anfang standen, sondern sie ist uns auch der Kompaß bei der Lösung der künftigen Aufgaben. Es gilt auch für den Bereich der Pädagogik: Mit der Sowjetunion zu gehen, heißt zu den Siegern der Geschichte zu gehören.“ Zur Adaption Makarenkos, siehe auch: Steinig, Hubert (1973): Die Lehre Makarenkos und die Heimerziehung. Bericht über ein wissenschaftliches Seminar, in: Jugendhilfe, Heft 7/8, S. 227 – 232. Mannschatz, Eberhard (1988): Das Erbe Makarenkos und weitere inhaltliche Ausgestaltung der Heimerziehung, in: Jugendhilfe, 1988, Heft 7/8. S. 177 – 187.
Im Rückblick sieht Mannschatz in Anlehnung an Makarenko in der „Defektivität der sozialen

bereits im Dezember 1952 auf einer Tagung für Erzieher in Berlin vor. Er betonte bei dieser Gelegenheit, dass das „Erziehungskollektiv" in erster Linie ein Mittel der Erziehung und erst in zweiter Linie ein Mittel zur Lösung von Arbeitsaufgaben sei. In diesem Kollektiv müsse die führende Rolle des Erziehers unbedingt gesichert sein; denn „das Erziehungskollektiv besitzt nur scheinbar eine Eigengesetzlichkeit, in Wirklichkeit wird es stets vom Erzieher gelenkt und geleitet. [...] Die Kinder und Jugendlichen müssen sich als Mitglieder eines gleichberechtigten, vollwertigen Arbeitskollektivs fühlen, sind aber in Wirklichkeit Objekte der Erziehung, Mitglieder eines Erziehungskollektivs."[71] Von Makarenko übernahm Mannschatz die „äußere Form der Disziplin" mit militärischer Ordnung und militärischen Übungen, mit Appellen und Fahnenkult, weil „die militärische Ordnung schön ist", weil „eine zweckmäßige, schöne Ordnung Voraussetzung für die Erziehung zu bewusster Disziplin ist."[72] Mannschatz versteht pädagogische Tätigkeit auch als „Bestandteil militärischer Führung, der Parteiarbeit, der massenpolitischen Arbeit in gesellschaftlichen Organisationen."[73] Die in den Kinderheimen probierten militärischen Umgangsformen wurden später auf alle Bereiche der Bildung übertragen und fanden ihren sinnfälligen Ausdruck dann im Wehrkundeunterricht.

Obwohl sich die Sonderpädagogik der DDR grundsätzlich auf Makarenko berief, standen ihm einige Erziehungswissenschaftler in der DDR auch kritisch gegenüber. Sie begründeten ihre Distanz zum Erziehungskonzept Makarenkos mit den unterschiedlichen „konkret-historischen Bedingungen" in der Sowjetunion nach den Wirren der Revolution und dem Bürgerkrieg in den zwanziger Jahren gegenüber der Phase des Aufbaus des DDR-Sozialismus und noch stärker gegenüber dem „entwickelten Sozialismus" ab Ende der sechziger Jahre. Die gewandelten gesellschaftlichen Bedingungen und deren Wirkungen auf physisch und psychisch Geschädigte erforderten entsprechend modifizierte pädagogische Konzepte.

Die bei Makarenko zu Grunde gelegte Einheit von Kollektiverziehung und Persönlichkeitsbildung ist zwar weiterhin unangetastet geblieben. Aber seine An-

---

Beziehungen" den spezifischen „sozialistischen Charakter" der Jugendhilfe darin, „die ungünstigen Erziehungsbedingungen jeweils im Einzelfall endgültig zu überwinden und die Entwicklung des Kindes vorausschauend festzulegen". Mannschatz, Eberhard (1994): Jugendhilfe als DDR-Nachlass, Münster, S. 41 f.

[71] Mannschatz, Eberhard (1953): System der Mitverantwortung, in: Heimerziehung 1953, Heft 6, Berlin-Ost 1953, S. 32.

[72] Ebenda.

[73] Mannschatz, Eberhard (1982) Thesen zur Methodologie pädagogischer Prozessgestaltung, Humboldt-Universität Berlin, internes Material der Sektion Pädagogik.

sicht, dass die Schule ein einheitliches Kollektiv sein müsse, „in dem alle Erziehungsvorgänge organisiert sind und jedes einzelne Mitglied dieses Kollektivs“ seine „Abhängigkeit von ihm, dem Kollektiv“, spüre und „dessen Interessen zu den seinen“ mache, [74] wurde von DDR-Pädagogen relativiert. Erforderlich sei ein komplexes Herangehen, das die pädagogische Orientierung an einem dynamischen Schulkollektiv voraussetze, in dem gesellschaftliche Organisationen wie die FDJ-Grundorganisation und Schulbehörden aktiv und initiativ sind. Darüber hinaus werde in der entwickelten sozialistischen Gesellschaft der DDR das Verantwortungsbewusstsein des Erziehers für die Entwicklung des Schulkollektivs durch die notwendige individuellen Fürsorge in der sonderpädagogischen Tätigkeit und die Zuwendung zu den einzelnen Schülern oder Klassen eingeschränkt. [75] Hans-Dieter Hoyer stellt auch die Wirkung der Zusammensetzung des Kollektivs bei Makarenko in Frage: „A. S. Makarenko betonte stets die Wirkung des Kollektivklimas auf die Leistungsfähigkeit jedes einzelnen Pädagogen. Die in den letzten Jahren durchgeführten psychologischen und pädagogischen Untersuchungen zum pädagogischen Können lassen erkennen, dass nicht, wie A. S. Makarenko annahm, die Zusammensetzung des Pädagogenkollektivs das Kollektivklima entscheidend bestimmt, sondern das Verantwortungsbewusstsein des einzelnen Pädagogen, mit seinem individuellen Leistungs- und Aktivitätspotential die Bewältigung aller organisatorischen und erzieherischen Belange im Schulalltag zu fördern. Das Kollektivklima wird auch ausschließlich von den Beziehungen der Pädagogen untereinander geprägt, von dem Stil und Ton des Umgangs miteinander. Einen großen Einfluss haben die materiellen und kulturellen Bedingungen an der Einrichtung.“ [76] Hans-Dieter Hoyer folgerte daraus, dass bei Makarenko keine fertigen Antworten auf die heute bewegenden Fragen in der Theorie und Praxis der Sonderpädagogik gefunden würden, zumal einzelne von Makarenko praktizierte Erziehungsformen und -methoden kaum noch zeitgemäß seien.

Kritische Stimmen warnten auch vor einer „mechanischen Anwendung“ der Lehren Makarenkos: „Ein so hoch entwickeltes und bis ins einzelne ausgebildete Kollektiv, wie es Makarenko schuf, hat die Mehrzahl der Heime – selbst in der Sowjetunion noch nicht erreicht.“ [77] Selbst Mannschatz räumt ein, dass die

74 Makarenko, Anton Semjonowitsch: 1. Vorlesung: Erziehungsmethoden, in Werke, Bd. 5, S. 123.

75 Vgl. Hoyer, Hans-Dieter (1988): Schöpferische Anwendung von Erkenntnissen und Erfahrungen A. S. Makarenkos, in: Sonderschule 33, 4, S. 205 f.

76 Ebenda, S. 206.

77 Hackethal, Martin (1955); Über einige Unklarheiten in der Heimerziehung, in: Zeitschrift für Jugendhilfe und Heimerziehung, Heft 2, S. 19.

Makarenko-Rezeption in der DDR in sich widersprüchlich war;[78] dennoch hielt er in der Heimerziehung bis zum Ende der DDR an dem Konzept Makarenkos fest.

3.2. Ziele der Heimerziehung in der DDR: neue Menschen schaffen durch „Ausmerzung" negativer Einflüsse

Eine nähere und wissenschaftliche Bestimmung dessen, was in der Sonderpädagogik der DDR unter Schwererziehbarkeit verstanden wurde, hat das Institut für Jugendhilfe Ludwigsfelde (IJL) erneut 1965 vorgelegt: „Als schwererziehbar sind solche Kinder und Jugendliche zu bezeichnen, bei denen sich durch negative, objektive und subjektive Einwirkungen, insbesondere durch falsche Erziehungs- und Betreuungspflichten und andere destruktive Einflüsse negative Verhaltensweisen herausgebildet haben. Die Verhaltensweisen und zumeist auch die Leistungen solcher Minderjährigen steht sind derart negativ ausgeprägt, dass sie in krassem Widerspruch zu den gesellschaftlichen Forderungen stehen. Die schwererziehbaren Kinder und Jugendlichen sind bereits nicht mehr in der Lage, die gesellschaftlich bedingten Anforderungen der gegenwärtigen Erziehungsumgebung zu genügen."[79] Das IJL reagierte damit auf einen Beschluss des Präsidiums des Ministerrates über die Spezialheime der Jugendhilfe vom Mai 1964, in dem festgestellt worden war, dass die Arbeit in den Spezialheimen und den Jugendwerkhöfen nicht den an sie gestellten Anforderungen genügten. Insbesondere waren vom Ministerrat angemahnt worden, dass die politisch-pädagogische Arbeit ebenso wie die Leistungsfähigkeit mangelhaft sei, dass die Kaderprobleme in den Heimen ungelöst blieben und dass Schwererziehbarkeit und Umerziehung unzureichend wissenschaftlich durchdrungen seien. Solche Kritik äußerte die Staats- und Parteiführung in der Folgezeit bis zum Ende der DDR immer wieder.[80]

Die DDR-Pädagogen stellten niemals in Frage, dass der pädagogische Erziehungsprozess unter das Primat der Politik gestellt war. Mannschatz rechtfertigt diese Unterordnung der Erziehung in seinem Beitrag „Erziehung in der entwickelten sozialistischen Gesellschaft als Grundlage und Zwecksetzung für die pädagogische Theoriebildung" (1984) damit, dass es im Erziehungsprozess immer darum gehe, „die Erziehungspraxis begrifflich so abzubilden, wie wir sie heute vorfinden,

---

78 Mannschatz, Eberhard (1997): Erziehung zwischen Anspruch und Wirklichkeit. Plädoyer für Besinnung auf die angestammte Aufgabe der Erziehung, Würzburg, S. 10.

79 Institut für Jugendhilfe Ludwigsfelde (1965): Zielstellung und Gestaltung des Heimaufenthaltes im Prozeß der Umerziehung schwererziehbarer Kinder und Jugendlicher. Beiträge zur Weiterbildung, 1965, Heft 1, S. 7.

80 Siehe hierzu, Kap. B der Arbeit.

wie sie unter den Bedingungen der entwickelten sozialistischen Gesellschaft geworden ist und entsprechend den politischen Anforderungen als reale Bewegung voranschreitet."[81] Hier zeigt sich, dass viele DDR-Pädagogen die Wirklichkeit – das Primat der Politik – mit Leerformeln verschleierten.

In das so verstandene, einheitliche Erziehungskonzept war auch die Erziehung und Umerziehung schwer erziehbarer Kinder und Jugendlicher grundsätzlich eingebunden. Mannschatz betont ausdrücklich unter Berufung auf Makarenko, dass Schwererziehbarkeit „keine schicksalhafte Bestimmung" sei, die Ursachen also „nicht anlagemäßig im Kind, sondern [...] im weitesten Sinne auf pädagogische Vernachlässigung und falsche Erziehung" zurückzuführen seien.[82] Jede Fehlentwicklung sei „eine Störung der sozialen Beziehungen" für die eine Reihe von auslösenden Faktoren in Elternhaus, Schule und Freizeitbereich verantwortlich sein konnten.[83] Anders ausgedrückt: Die DDR-Sozialpädagogik verstand Schwererziehbarkeit „als ein Erscheinungsbild (Disziplinlosigkeit, Verhaltensauffälligkeiten, kriminelles Verhalten), in dem sich Besonderheiten der Persönlichkeitsentwicklung ausdrücken, die auf pädagogische Vernachlässigung, vorrangig in der Familie, zurückzuführen sind"[84]. Die DDR-Pädagogik unterschied damit nicht eindeutig zwischen „sozial auffälligem Verhalten" und Straffälligkeit bei Jugendlichen und deren Ursachen.[85]

Die Befassung mit Schwererziehbarkeit und Kriminalität wurde von Sozialpädagogik in der DDR[86] auch als ein Mittel des Klassenkampfes eingesetzt.

---

[81] Mannschatz, Eberhard (1984): Erziehung in der entwickelten sozialistischen Gesellschaft als Grundlage und Zwecksetzung für die pädagogische Theoriebildung, in: Mannschatz, Eberhard; Salzwedel, Werner: Pädagogische Theoriebildung und Erziehungspraxis. Beiträge zur Pädagogik Nr. 32, Berlin-Ost, S. 19.

[82] Mannschatz, Eberhard (1977): Der Beitrag der Jugendhilfe zur kommunistischen Erziehung der Jugend, in: Jugendhilfe, 1977, Heft 7/8, S. 215.

[83] Mannschatz, Eberhard (1994): Jugendhilfe als DDR-Nachlass, S. 44.

[84] Diskussionspapier. Institut für Jugendhilfe Ludwigsfelde, Grundmaterial Heimerziehung, BArch DR2 A 2335.

[85] Vgl. dazu Topel, Wilhelm (1983): Der fehlentwickelte Jugendliche und seine Kriminalität, in: Jugendhilfe, 1983, Heft 2, S. 61: „Obwohl nicht jede Fehlentwicklung zur Kriminalität führen muß und nicht jede kriminelle Handlung mit einer Fehlentwicklung des Straftäters in Verbindung zu bringen ist, lassen sich diesbezüglich in vielen Fällen eindeutige Zusammenhänge nachweisen.". Müller, Wolfgang (1980): Bedingungen kriminologisch relevanter sozialer Fehlentwicklung im Kindes- und Jugendalter, in: Jugendhilfe, 1980, Heft 6, S. 161, betrachtet Kriminalität als „typische Erscheinungsform sozialer Fehlentwicklung.

[86] Neben Eberhard Mannschatz befassten sich das 1959 gegründete Institut für Jugendhilfe Ludwigsfelde (IJL), ab 1982 in Falkensee, und die „Arbeitsgemeinschaft Fehlentwicklung/Umerziehung" der „Gesellschaft für Psychologie" unter der Leitung von Otmar Schütze mit diesem sozialpädagogischen Feld. Die Akademie der Pädagogischen Wissenschaften vernachlässigte die Sozialpädagogik vollständig; im bereits erwähnte „Handbuch für Pädagogik"

Entsprechend dem dichotomischen Freundfeind-Schema wurde soziale Auffälligkeit und Kriminalität als „mit dem kapitalistischen System verhaftet" betrachtet, als ein Relikt dieser Gesellschaftsformation. Man glaubte in der DDR zumindest bis in die sechziger Jahre an die Möglichkeit, mit dem Voranschreiten der sozialistischen Gesellschaftsordnung diese Erscheinungen eindämmen und schließlich endgültig beseitigen zu können. Eberhard Mannschatz brachte diese Ansicht eindeutig in seinem Diskussionspapier „Theoretische Positionen zur Forschung über Schwererziehbarkeit und Umerziehung" zum Ausdruck. [87] Zwar räumt er dort ein, dass es „analoge Erscheinungen in kapitalistischen Ländern" gebe. Aber „in Ausmaß und Erscheinungsbild" und vor allem „vom Wesen her" seien die Grundlagen „diametral entgegengesetzt". Im Kapitalismus sei sozial auffälliges Verhalten „Ausdruck der für diese Gesellschaft typischen Lebensweise, die durch soziale Unsicherheit, gegenseitige Übervorteilung, Rücksichtslosigkeit, Perspektivlosigkeit und ideologische Verwirrung gekennzeichnet" sei, während in der sozialistischen Gesellschaft sozial auffälliges Verhalten lediglich „Ausdruck von Entwicklungsproblemen" sei, „die bei der allseitigen Durchdringung der sozialistischen Lebensweise und der Grundsätze kommunistischer Erziehung auftreten." Damit räumt er die Existenz solcher „Rudimente der kapitalistischen Gesellschaft" zwar ein, charakterisiert sie aber als „dem Sozialismus „wesensfremd und daher zum Absterben verurteilt". [88] Diese Argumentationskette schloss eine Debatte über möglicherweise auch im sozialistischen Gesellschaftssystem liegende Ursachen von vornherein aus. Erst ab Mitte der siebziger Jahre gestanden die Sozialpädagogen der DDR zu, dass es auch im Sozialismus Bedingungen für die Fehlentwicklung von Kindern und Jugendlichen geben könnte, wie auch Widersprüche in der sozialistischen Entwicklung der DDR bestehen könnten. [89] Zugleich musste die

(1989) fehlen jegliche Hinweise.

87 Mannschatz disqualifizierte die westliche Forschung als „unmarxistisch" und „nicht geeignet, die Forschung richtig zu orientieren". Siehe: Mannschatz, Eberhard (1976): Theoretische Positionen zur Forschung über Schwererziehbarkeit und Umerziehung. Diskussionspapier. Institut für Jugendhilfe Ludwigsfelde. BArch DR2 D 1054.

Die Erforschung der Ursachen sozialpädagogischer Probleme war „ideologisch stark beschränkt". Siehe hierzu: Wierlink, Dorothee (1994): Die Jugend als innerer Feind. Konflikte in der Erziehungsdiktatur der sechziger Jahre, in: Kälble, Hartmut/Zwar, Hartmut/Kocker, Jürgen (Hrsg.): Sozialgeschichte der DDR, Stuttgart, S. 417.

88 Ebenda. Zu Erklärungsansätzen für abweichendes Verhalten und Jugendkriminalität in der DDR, siehe ausführlich: Zimmermann, Verena (2004): Den neuen Menschen schaffen, a.a.O. S., 127 – 159.

89 Vgl. dazu Arnold, Jörg (1985): Jugendkriminalität in der DDR-Erscheinung, Erklärung, Bekämpfung, in: Gisela Helwig (Hrsg.): Jugendkriminalität in beiden deutschen Staaten, Köln, S. 73 – 103.

Staats- und Parteiführung einräumen, dass entgegen aller Prognosen der Anteil schwererziehbarer Kinder und Jugendlicher auch in der entwickelten sozialistischen Gesellschaft nicht zurückging. Vielmehr hatte sie bis zum Ende der DDR große Schwierigkeiten, überhaupt in ausreichendem Maße Plätze in Heimen und vor allem in den Jugendwerkhöfen bereit zu stellen.

3.3. Intentionen der Pädagogik der Heimerziehung

Kinder und Jugendliche mit abweichendem Verhalten in Form der Schwererziehbarkeit und Jugendkriminalität, die in Spezialkinderheimen und Jugendwerkhöfen untergebracht wurden, sollten mit dem Ziel umerzogen werden, „Besonderheiten in der Persönlichkeitsentwicklung zu überwinden, die Eigenheiten im Denken und Verhalten der Kinder und Jugendlichen, welche die Wirkung der positiven gesellschaftlichen Erziehungseinflüsse abschwächen zu beseitigen und damit die Voraussetzungen für eine normale Persönlichkeitsentwicklung zu schaffen."[90] Der Heimerziehung wurde damit innerhalb des ganzheitlichen Erziehungssystems der DDR die Aufgabe zugewiesen, die Einordnung der Kinder und Jugendlichen in das gesellschaftliche Leben möglich zu machen. Diese Form der Umerziehung bezeichnet Mannschatz als „einen speziellen Fall der Kollektiverziehung". Umerziehung sei deshalb zunächst einmal „hochqualifizierte normale Erziehung".[91] In seinem Beitrag „Beispiele und Übungen zur methodischen Gestaltung des Umerziehungsprozesses bei Kindern und Jugendlichen im Heim" entwickelte Mannschatz seine Methodik der Umerziehung und stellt fest: „Eigenständige Methoden der Umerziehung gibt es nicht, zumindest nicht im Sinne einer Methodik, die ausschließlich auf den Zweck der Umerziehung bezogen ist und eine abgehobene Geschlossenheit aufweist. Das für Umerziehung brauchbare methodische Vorgehen ist vielmehr der Methodik pädagogischer Prozessgestaltung insgesamt wesensverwandt. Es stellt einen speziellen Fall derselben dar, ist ihre Anwendung auf eine spezifische Zwecksetzung in spezifischen Situationen."[92]

---

90 Mannschatz, Eberhard (1976): Die Umerziehung von Kindern und Jugendlichen in den Heimen der Jugendhilfe. Institut für Jugendhilfe Ludwigsfelde, S. 13.

91 Mannschatz, Eberhard (1979): Schwererziehbarkeit und Umerziehung. Diskussionsmaterial für das Institut für Jugendhilfe Ludwigsfelde, S. 34.

92 Mannschatz, Eberhard (1984): „Beispiele und Übungen zur methodischen Gestaltung des Umerziehungsprozesses bei Kindern und Jugendlichen im Heim". Diskussionsmaterial. Institut für Jugendhilfe, Falkensee, S. 5. An anderer Stelle betont Mannschatz zwar ebenfalls, dass die Erziehungsmethoden die gleichen sein sollten wie in den Schulen oder bei der FDJ, aber in der Heimerziehung vollziehe sich „der Erziehungsprozeß unter anderen Bedingungen und Voraussetzungen." (Entschließung zur theoretischen Arbeit auf dem Gebiet der Heimerziehung; in: BArch DR2 1178).

Kriterien für Schwererziehbarkeit waren „disziplinverletzende Handlungen, Besonderheiten in der Persönlichkeitsentwicklung, Unvermögen der gegebenen Erziehungsumgebung zur Umerziehung des Kindes.“ [93] Hierzu zählt Mannschatz als Ausdruck „psychischer Besonderheiten“, die durch Elternhaus, Schule oder Betrieb nicht bekämpft werden könnten, „grobe Verletzungen der gesellschaftlichen Disziplin“ wie wiederholte Störungen der öffentlichen Ordnung, Schul- und Arbeitsbummelei, ständige Disziplinverletzungen, „Herumtreiberei“, Delikte und Straftaten. „Weltanschauliche oder charakterlich-moralische Fehleinschätzungen und Fehlhaltungen“ fielen nur dann unter Schwererziehbarkeit, sofern sie mit disziplinverletzenden Handlungen verbunden seien. Ein Kriterium für Schwererziehbarkeit sei dann gegeben, insofern ein besonderer Aufwand und besondere Maßnahmen zur Erziehung erforderlich seien, weil durch die „Verletzung der gesellschaftlichen Disziplin“ die Interessen der Gesellschaft gefährdet seien. [94] Die Grenzen zwischen Schwererziehbarkeit und Jugendkriminalität waren fließend, zumal in der DDR Abweichungen von der Norm schnell kriminalisiert wurden. [95]

Mannschatz teilt in „Theoretische Positionen zur Forschung über Schwererziehbarkeit und Umerziehung“ die Entstehung und den Verlauf von Schwererziehbarkeit in vier Phasen ein. In der „latenten Phase“ wirkten ungünstige Erziehungsverhältnisse und „falsche Erziehungspraktiken“, Besonderheiten in der Persönlichkeitsentwicklung sowie „Mängel in der Gewährleistung von Ordnung, Sicherheit und gesellschaftlicher Disziplin“ als eine Art „Nährboden“ oder Verhaltensdisposition für Schwererziehbarkeit. In der zweiten Phase erfolge eine erste „Verletzung der gesellschaftlichen Disziplin“. Die darauf bezogene gesellschaftlich-erzieherische Reaktion sieht Mannschatz als „Weichenstellung hinsichtlich der inneren Position“. Sofern diese Reaktion falsch sei, präge sich in einer dritten Phase des „Hochschaukelns“ eine „eigenartige innere Position“ aus. Diese sei mit einer Störung der sozialen Beziehungen in den „bedeutsamen Kollektiven“ des Kindes bzw. des Jugendlichen verbunden. In der vierten Phase sei dann der Prozess der Überwindung der Schwererziehbarkeit durch Umerziehung anzusetzen als „pädagogische Einwirkung mit dem Ziel, die gestörten sozialen Beziehungen

[93] Mannschatz, Eberhard (1976): Theoretische Positionen zur Forschung über Schwererziehbarkeit und Umerziehung. Diskussionsmaterial des Instituts für Jugendhilfe Ludwigsfelde. In: BArch DR2 D 1054.

[94] Ebenda. Vgl. Mannschatz, Eberhard (1979): Schwererziehbarkeit und Umerziehung. Diskussionsmaterial. Institut für Jugendhilfe Ludwigsfelde, S. 11.

[95] Das galt vor allem für das vom sowjetischen Strafrecht übernommene „Rowdytum“. Hierunter fiel z. B. die Kriminalisierung der Beat-Szene in der Mitte der sechziger Jahre.

und damit die gestörte Motivation (Interessen, Auffassungen, Bedürfnisse, Bestrebungen)“ zu überwinden bzw. zu normalisieren.[96]

Die „unangepasste“ Reaktion schwererziehbarer Kinder und Jugendlicher, die auf gesellschaftliche Anforderungen oft in maßlosen Verhaltensweisen reagierten und sich in relativ dauerhaften Schwierigkeiten in der Auseinandersetzung mit ihrer Umwelt äußerten, führten zu Konfrontationen bei der Suche nach Anerkennung und Selbstbestätigung. Diese „individualistische Gerichtetheit“ ist für Mannschatz das „Kernproblem“ der Schwererziehbarkeit.[97]

Die Umerziehung zur sozialistischen Persönlichkeit soll deshalb ein gesellschaftliches Verantwortungsbewusstsein ausbilden. Sie wird als ein Prozess der „Durchsetzung von Elementen der Disziplinierung, der Korrektur falscher Verhaltensweisen und der Aufholung von Rückständen“ angesehen.[98] Dieser pädagogische Prozess vollzog sich in den Heimen und Jugendwerkhöfen in Form der Kollektiverziehung, in die der Jugendliche mitgestaltend einbezogen sein sollte.[99] Nur auf diesem Wege sei es möglich, Menschen zu erziehen, „die sich selbstlos in den Dienst der Interessen des ganzen Volkes stellen“. Solchermaßen verstandene sozialistische Erziehung umfasst für Mannschatz entsprechend der marxistisch-leninistischen Ideologie die Vermittlung einer „wissenschaftlichen Weltanschauung“ und die „Anerziehung von Eigenschaften, die den Menschen befähigen, aktives Mitglied eines sozialistischen Kollektivs zu sein.“[100]

Hinter diesem pädagogischen Verständnis stand, wie bereits bei Makarenko, die Ansicht, dass sozial bedingte Entwicklung grundsätzlich auf dem Wege der Umerziehung zu korrigieren sei.[101] Das pädagogische Konzept der Umerziehung

---

96 Mannschatz, Eberhard (1976): Theoretische Positionen zur Forschung über Schwererziehbarkeit und Umerziehung. Diskussionsmaterial des Instituts für Jugendhilfe Ludwigsfelde; vgl. auch Mannschatz, Eberhard (1994): Jugendhilfe als DDR-Nachlass, S. 68 f. Siehe auch: Forschungskonzeption für den Zeitraum 1976 – 1980 des Instituts für Jugendhilfe und des Wissenschaftsbereichs Jugendhilfe/Heimerziehung der Humboldt-Universität Berlin, in: BArch DR2 D 1054.

97 Mannschatz, Eberhard (1979): Schwererziehbarkeit und Umerziehung, a.a.O. S. 29.

98 Forschungskonzeption für den Zeitraum 1976 – 1980 des Instituts für Jugendhilfe Ludwigsfelde und des Wissenschaftsbereichs Pädagogik der Jugendhilfe/Heimerziehung an der Humboldt-Universität Berlin, in: BArch DR2 D 1054.

99 Mannschatz, Eberhard (1977): Der Beitrag der Jugendhilfe zur kommunistischen Erziehung der Jugend, in: Jugendhilfe, 1977, Heft 7/8, S. 215: Schwererziehbarkeit sei grundsätzlich dadurch überwindbar, „dass das Kind in ein gutes Kollektiv einbezogen wird, dort an der Lösung von Aufgaben teilnimmt und die Geborgenheit in der sozialen Beziehungen erfährt.“

100 Mannschatz, Eberhard (1957): Die sozialistische Erziehung in den Heimen, in: Jugendhilfe und Heimerziehung, 1957, Heft 11, S. 22.

101 Renate Köllner spricht in diesem Zusammenhang von einem „korrekturorientierten pädagogischen Prozess“; siehe: Köllner, Renate (1984): Probleme der Fehlentwicklung und Umerzie-

nach Mannschatz orientiert sich dabei an den wesentlichen Elementen Makarenkos, also der politisch-ideologischen Erziehung, der Kollektiverziehung, der Arbeitserziehung sowie der „Erziehung zur bewussten Disziplin“. [102]

3.3.1. Extensive Anwendung der Kollektiverziehung

Die „Erziehung im und durch das Kollektiv“ bildete in enger Anlehnung an Makarenko den wichtigsten Erziehungsfaktor der Erziehungsarbeit in Heimen. [103] Oberstes Erziehungsziel war, wie in allen Bildungseinrichtungen der DDR, der „neue Mensch“, die „allseitig entwickelte Persönlichkeit“. [104] Das „sozialistische Kollektiv“ wurde als „Bindeglied zwischen Gesellschaft und Individuum“ und „Grundzelle der sozialistischen Gesellschaft“ angesehen. [105] In Anlehnung an Makarenko erfolgte auch die Einteilung der Jugendlichen in „Kernkollektiv“, „Reserven des Kernkollektivs“ und „Neulinge“ innerhalb des „Grundkollektivs“ des Heimes. Nach dem Prinzip der Arbeit in verschiedenen Abteilungen (Erziehungsgruppen) waren diese Kollektive untergliedert. Dem „Kernkollektiv“ kam dabei die wesentliche pädagogische Funktion zu; es war die „Transmission vom Pädagogen zum gesamten Kollektiv“. [106]

Makarenkos Phasen der Kollektiventwicklung wurden von der DDR-Sozialpädagogik direkt übernommen: Anordnung verbindlicher Verhaltensnormen in der ersten, diktatorischen Phase, bewusste Unterstützung der Disziplin durch eine Kerngruppe im Kollektiv in der zweiten Phase und Durchführung der Forderungen des Erziehers durch das Kollektiv selbst in der dritten Phase. Im Unterschied zu Makarenko sollten FDJ-Mitglieder die führende Rolle im Kollektiv als eine Art Avantgarde übernehmen. Sie bildeten im Rahmen des Prinzips

hung aus psychologischer und pädagogischer Sicht, in: Jugendhilfe, Heft 7/8, S. 219. Das Ziel dieses Korrekturprozesses müsse die „Umstrukturierung der subjektiven Handlungsposition in der Richtung sein, dass eigene Entscheidungen an gesellschaftlich wertvollen Normen orientiert werden.“ (ebenda, S. 213).

102 Vgl. dazu Jörns, Gerhard (1995): Der Jugendwerkhof im Jugendhilfesystem der DDR, S. 100 ff.; Zimmermann, Verena (2004): „Den neuen Menschen schaffen“, S. 275 ff.

103 „Die Erziehungsarbeit der Jugendwerkhöfe basiert auf dem politisch-organisierten und stabilen Kollektiv und schließt die Umerziehung der Jugendlichen – im Sinne der Überwindung negativer sozialer Erfahrungen und Verhaltensweisen – ein.“ Probleme der Bildungs- und Erziehungsarbeit in den Heimen der Jugendhilfe vom 27.11.1973, in: BArch DR2 A.2108.

104 Siehe Kap. A 2 der Arbeit: Erziehungsziel – sozialistische Persönlichkeit.

105 Vgl. dazu auch Mannschatz, Eberhard (1968): Die Lehre Makarenkos und die schöpferische Weiterentwicklung der Kollektiverziehung, a.a.O., S. 80; vgl. Steinig, Hubert (1973): Das pädagogische Erbe Makarenkos und die Heimerziehung, a.a.O. S. 227 – 232.

106 Vgl. Zimmermann, Verena (2004): „Den neuen Menschen schaffen“, a.a.O. S. 278 ff. und Mannschatz, Eberhard (1994): Jugendhilfe als DDR-Nachlass, a.a.O., S. 65.

der Mitverantwortung den „Kern des Kollektivs“. In der praktischen Anwendung konnte jedoch die Gefahr auftreten, dass dieser hilfreich erscheinende Faktor „in der Praxis leider all zu oft zu einem schwerwiegenden Erziehungsfehler“ degenerierte, „wenn nämlich Kontroll- und Leitungsbefugnisse der Erzieher an Jugendliche delegiert wurden, die sich auf Grund von Körperkraft, Brutalität und Unterdrückungsmaßnahmen eine dominante Position im Gruppengefüge aufgebaut hatten. Solch eine ‚Kalfaktormentalität‘, wie sie aus Strafanstalten bekannt ist, stand zwar den theoretischen Vorstellungen von Kollektiverziehung diametral entgegen, eröffnete aber manchem Erzieher die Möglichkeit, sich vieler Disziplin- und Ordnungsprobleme zu entledigen, indem er Führungspositionen in der Gruppe zum Zwecke reibungsloser Tagesabläufe nutzte.“ [107]

Das dauernde Zusammenleben mit Kollektivmitgliedern auf engem Raum und die straffen Reglementierungen, sollten die Orientierung am Kollektiv begünstigen und auf diese Weise die von Mannschatz postulierte Abkehr von der „individualistischen Gerichtetheit“, der Hauptursache der Fehlentwicklung, initiieren. Die Forderung nach „Unterordnung unter das Kollektiv“ war somit ein Kernstück sozialistischer Umerziehung. Die praktizierte Rechenschaftslegung, Selbstkritik und Kontrolle in der Kollektiverziehung dienten als – durchaus geeignete – Instrumente zur Durchsetzung der autoritären Erziehungsformen in den Jugendwerkhöfen; denn im Spannungsfeld von Kollektiv und Individuum wurden die Interessen des Kollektivs immer über die Interessen des Einzelnen gestellt.

Die eingesetzten Erziehungsmittel wurden von Mannschatz kategorisiert nach: Auftragserteilung – Belehrung, Anordnung – Kontrolle, Anregung – Beaufsichtigung oder Mitmachen – Tadel. [108]

3.3.2. Behebung von „Fehlentwicklungen“ durch politisch-ideologische Erziehung

Die in den Heimen praktizierte Kollektiverziehung war untrennbar mit der politischen Erziehung verbunden. Sie erlangte ab den sechziger Jahren sogar Vorbildfunktion für die „klassenmäßige Erziehung der Schuljugend“ in allen Bildungseinrichtungen. Eberhard Mannschatz drückte sein Verständnis vom Auftrag der politisch-ideologischen Erziehung folgendermaßen aus: „ Die politische Erziehung erfordert, dass der unmittelbare soziale Erfahrungsbereich der Kinder und Jugendlichen so strukturiert, ihr Gemeinschaftsleben so gestaltet wird, dass sie die Prinzipien des sozialistischen Zusammenlebens der Menschen in unmittelbarer

[107] Jörns, Gerhard (1995): Der Jugendwerkhof im Jugendhilfesystem der DDR, a.a.O., S. 114.

[108] Mannschatz, Eberhard (1966): Grundfragen der Kollektiverziehung, Berlin-Ost, S. 43. Im Jahr 1984 bezeichnet er diese Erziehungsmittel als „Stimulierungsarten“.

Aktion erleben. Durch die pädagogische Einflussnahme dieser Art muß die Vermittlung der Theorie des Marxismus-Leninismus, die Einführung in die wissenschaftlichen Grundlagen unserer Weltanschauung wirksam ergänzt werden." [109]

Unter Bezug auf „Aufgabenstellung des Ministeriums für Volksbildung und des Zentralrates der FDJ zur weiteren Entwicklung der staatsbürgerlichen Erziehung der Schuljugend" vom 9.4.1969 definiert Horst Kretzschmar, der Leiter des Jugendwerkhofes Torgau, in seiner Diplomarbeit [110] als Grundgedanken der politisch-ideologischen Erziehung im Jugendwerkhof Torgau: „Die politisch-ideologische Erziehung soll den Jugendlichen die sozialistischen Normen der zwischenmenschlichen Beziehungen als wichtige Voraussetzung für eine dauerhafte Einordnungsbereitschaft nahe bringen." [111] Das Erziehungskonzept des Jugendwerkhofs Torgau ist ausdrücklich darauf ausgerichtet, „den Prozeß der politisch-ideologischen Bildung und Erziehung zu gestalten." [112]

Die ideologische Beeinflussung erfolgte in den Heimen und Jugendwerkhöfen, wie in allen Bildungseinrichtungen der DDR, zunächst im Unterricht. Sie war integraler Bestandteil der Bildungsinhalte aller Fächer und wurde schwerpunktmäßig im Fach Staatsbürgerkunde vermittelt. Zusätzlich wurde auch die Freizeitgestaltung intensiv für die politisch-ideologische Schulung genutzt. In einer „Atmosphäre des Lernens" sollte somit in allen Bereichen des alltäglichen Lebens politisches Wissen erworben werden. „Dieses vorliegende Modellbild versetzt uns in die Lage, ständig und vor allem offensiv mit der Diskussion von aktuellen Problemen, wie Parteitagsbeschlüssen u. ä. zu beginnen sowie eine offensive Diskussion zu Fragen des Marxismus-Leninismus, zur Herausbildung von sozialistischen Überzeugungen zu führen." [113]

Das vorrangige Ziel der „politisch-ideologische Einwirkung" auf die Jugendlichen war es, vorhandene Fehlentwicklungen zu beheben. [114] Die dabei eingesetzten Mittel waren jedoch wenig vielfältig und beschränkten sich vor allem auf das tägliche Anhören der Nachrichten im Radio und auf die Betrachtung von ausgewählten Fernsehsendungen (Aktuelle Kamera und Polit-Sendungen) oder die Zeitungsschau (Neues Deutschland, Volksstimme, Junge Welt), in der ausgewählte

---

[109] Mannschatz, Eberhard (1966): Grundfragen der Kollektiverziehung, Berlin-Ost, S. 6.

[110] Kretzschmar, Horst (1972): Die Entwicklung des Jugendwerkhofes Torgau und die sozialpädagogische Aufgabenstellung. Berlin-Ost, Humboldt-Universität, Sektion Pädagogik, Diplom-Arbeit.

[111] Kretzschmar, Horst (1972), a.a.O., S. 24.

[112] Kretzschmar, Horst (1972), a.a.O., S. 25.

[113] Kretzschmar, Horst (1972), a.a.O., S. 77 f.

[114] „Eine Eingliederung in die Gesellschaft kann nur erreicht werden, wenn es uns gelingt, in den Köpfen der jungen Menschen Klarheit zu schaffen." Mannschatz, Eberhard (1961): Zur Verbesserung der politisch-pädagogischen Arbeit in den Jugendwerkhöfen, Referat vom 14.3.1961.

Artikel aus der Presse mit den Kindern und Jugendlichen besprochen und „ausgewertet“ werden sollten. Auch die ständige Anfertigung von Wandzeitungen zu bestimmten Themen war ein beliebtes Mittel der politischen Erziehung [115] – nicht nur in den Jugendwerkhöfen. Ab September 1961 wurde zur Verbesserung der politisch-ideologischen Arbeit der „obligatorische staatspolitische Unterricht“ eingeführt, der in der Freizeit stattfand.

Zur politisch-ideologische Erziehung gehörte auch die Wehrerziehung. Generell sei auf die Durchdringung der Erziehungsarbeit mit „militärischen Elementen“ zu achten. Im Rahmen der Vorbereitung auf den Wehrdienst und der „Entwicklung von Disziplin, Ordnung und Exaktheit“ wurde in den Jugendwerkhöfen eine vormilitärische Ausbildung bei den männlichen Jugendlichen durch die hierfür zuständigen Erzieher, die Reserve-Offiziere bzw. Unteroffiziere der NVA waren, durchgeführt. [116] Neben der „ständigen Erhöhung der Wehrbereitschaft“ sollten durch den militärischen Mehrkampf und die Schießübungen in den Jugendwerkhöfen auch die „Erziehung zur Disziplin, Ein- und Unterordnung“ unterstützt werden. [117] Die weiblichen Jugendlichen mussten eine Zivilverteidigungsausbildung absolvieren. Eindeutig zielte die militärische Erziehung jedoch auch darauf ab, die Ordnung und die Disziplin in den Heimen und Jugendwerkhöfen zu verstärken.

3.3.3. Arbeitserziehung

Die Arbeitserziehung mit dem Ziel, die „sozialistische Arbeitshaltung“ (Liebe zur körperlichen und geistigen Arbeit, Erzielen hoher individueller und kollektiver Arbeitsergebnisse und gesellschaftlich nützliche Arbeit) zu verwirklichen, war ein weiterer integraler Bestandteil der Umerziehung zum neuen, sozialistischen Menschen. Auch in diesem Punkte folgte die Sozialpädagogik der DDR dem Vorbild Makarenkos, der produktive Arbeit und schulische Bildung miteinander verzahnte. Der hohen Stellenwert der „Erziehung zur Arbeit“ wurde bereits Mitte der fünfziger Jahre auf einer Tagung der Jugendwerkhofsleiter zum Ausdruck gebracht: „Das wichtigste Mittel der Erziehung im Jugendwerkhof ist die Arbeit. Von der richtigen Organisation der Arbeit, von ihrer gesamten erzieherischen Wirkung hängt im Wesentlichen die erfolgreiche Entwicklung der Jugend-

[115] Vgl. dazu auch Jörns, Gerhard (1995): Der Jugendwerkhof im Jugendhilfesystem der DDR, S. 101 ff.

[116] Vgl. Schreiben: Betrifft vormilitärische Ausbildung der männlichen Jugendlichen in Jugendwerkhöfen vom 21.3.1979.

[117] Vgl. Einschätzung zur Situation in den Jugendwerkhöfen vom 12.11.1981.

lichen ab.“ [118] Dahinter stand die Überzeugung, dass der Erziehungsprozess von der Erkenntnis durchdrungen sein muss, „dass sich in der produktiven Arbeit wesentliche Beziehungen des Menschen zur Gesellschaft prägen. Die Erzieher haben ausgehend von der persönlichkeitsformenden Rolle der produktiven Arbeit im Bildungs- und Erziehungsprozess dazu beizutragen, dass Bestandteile sozialistischer Produktion, wie Kooperation, sozialistische Hilfe, Wettbewerbe, Brigadearbeit zu Wesensmerkmalen der Arbeit im Jugendwerkhof Torgau werden und als Methode und Ziel die Umerziehung im Produktionsbereich durchziehen. Weiterhin ist der Umerziehungsprozess der Jugendlichen im Produktionsbereich auf die Entwicklung des ökonomischen Denkens zu richten. Dabei haben die Erzieher auch materielle Mittel, zum Beispiel die Entlohnung nach dem Jugendwerkhoftarif als Leistungslohnsystem und die Beteiligung der Jugendlichen an der Leistungsfinanzierung anzuwenden und zu nutzen“. [119]

Die Arbeitserziehung innerhalb des Umerziehungsprozesses sollte primär die Jugendlichen in die „Produktion“ zurückführen, da die Mehrzahl der Jugendlichen vor der Heimeinweisung entweder eine Lehre abgebrochen oder nur Hilfsarbeiten verrichtet hatte oder wegen „Schul- und Arbeitsbummelei“ eingewiesen worden war. Die „regelmäßige arbeitsintensive produktive Tätigkeit“ wurde deshalb als ein wesentlicher Faktor im System der Umerziehungsmaßnahmen angesehen, wobei ein besonderer Wert auf „Normerfüllung, Ordnung und Sauberkeit“ gelegt wurde. Durch den Wettbewerb der einzelnen Erziehungsgruppen untereinander sollte die Arbeitseinstellung der Jugendlichen verbessert werden.

Zusätzlich zur „Ausbildung in den Werkstätten erhielten die Jugendlichen wöchentlich acht Stunden Berufsschulunterricht (1 Unterrichtstag pro Woche für jede Gruppe) zur Vertiefung der Allgemeinbildung. Neben Staatsbürgerkunde wurden je zwei Stunden Deutsch und Mathematik unterrichtet. Auf den unterschiedlichen Leistungsstand und das Alter der Jugendlichen im Jugendwerkhof wurde dabei keine Rücksicht genommen. Es erfolgte vielmehr eine generelle Unterweisung aller Jugendlichen, aufgeteilt nach Erziehungsgruppen. Ein besonderer Wert wurde in der Arbeitserziehung wie auch in der beruflichen Ausbildung neben einer „Erziehung zum Lernen“ vor allem auf Disziplin und eine „feste Ordnung“ gelegt. [120] Es gelang jedoch in der Praxis nicht, in den Jugendwerkhöfen zureichende Berufsausbildung sicher zustellen. [121]

[118] Wicht, Horst (1956): Jugendwerkhofleiter halten das Wort, in: Jugendhilfe und Heimerziehung, 1956, Heft 7, S. 279.

[119] Kretzschmar, Horst (1972), a.a.O., S. 27 f.

[120] Vgl. Arbeitsordnung des Jugendwerkhofs Torgau, siehe ausführlich Kap C Abschnitt 2.1.3 der Arbeit.

[121] Siehe Kap B der Arbeit.

3.3.4. Erziehung zur bewussten Disziplin

Ein weiterer Bestandteil der Umerziehung in Heimen und Jugendwerkhöfen war ein „straffes pädagogisches Regime“: Streng geregelter Tages- und Wochenablauf, straffe Organisation des Lernens und Arbeitens, betonte Ordnung, Sauberkeit und Disziplin sowie organisierte Freizeitgestaltung. Die Disziplin galt als „unumstößliches Prinzip des Zusammenlebens“. Eine der Methoden zur Disziplinierung der Jugendlichen war der streng verplante Tagesablauf, der die Jugendlichen möglichst den ganzen Tag mit Berufsausbildung, Schule und Gruppenstunden kontrolliert beschäftigen sollte. [122] Da falsch genutzte Freizeit „oft der Anfang einer negativen, den Klassengegner raumgebenden Entwicklung“ sei, wurde ein Freizeitkurssystem angeboten, das schwerpunktmäßig der politisch-ideologischen Erziehung diente.

4. Pädagogik im Dienste einer politischen Ideologie

Die DDR-Pädagogik hatte innerhalb des Ideologiegebäudes des Marxismus-Leninismus die Aufgabe, den dialektischen und historischen Materialismus als Instrument zur Erforschung des Gegenstandes der Bildung und Erziehung als besonderer gesellschaftlicher Erscheinungen anzuwenden. Diese Aufgabenstellung galt uneingeschränkt für das gesamte Bildungswesen und alle Bildungseinrichtungen einschließlich der Heimerziehung. Die Pädagogik blieb in allen Entwicklungsphasen der DDR ein Werkzeug zur „revolutionären Umgestaltung“ der Welt und ein verfügbares Instrument in der Hand der marxistisch-leninistischen Partei [123], die das Erkenntnismonopol und die Einsicht in die Gesetzmäßigkeiten der historischen Entwicklung beanspruchte. Obwohl die DDR-Pädagogik für sich beanspruchte, „auf gesellschaftliche Herausforderungen“ zu reagieren, hatte sie keine eigenständigen Handlungsspielräume. Sie wurde, wie es in der SED-Sprachregelung hieß, von der Partei „angeleitet“; d.h. die Staats- und Parteiführung legte alle Inhalte, Ziele der Erziehung und alle pädagogischen Maßnahmen fest. [124] In letzter Konsequenz diente das Bildungswesen als Machtinstrument der Partei der Durchsetzung der Politik der SED. Dass Erziehung zum Machterhalt

[122] Kretzschmar, Horst (1972), a.a.O., S. 48.

[123] Siehe hierzu das Referat von Kurt Hager auf der Tagung der Gesellschaftswissenschaftler am 14. Oktober 1971: Die entwickelte sozialistische Gesellschaft. Aufgaben der Gesellschaftswissenschaften nach dem VIII. Parteitag der SED, Berlin-Ost 1972, S. 3 ff.

[124] Vgl. hierzu u. a. eine Rede von Margot Honecker an der Parteihochschule 1977: Margot Honecker (1977): Die Jugend auf die Kommunistische Zukunft vorbereiten; in: Einheit 5/1977, S. 538.

der staatstragenden Partei, der SED, verkümmerte, dass sie damit instrumentalisiert wurde und dass sie „in weiten Strecken zur Indoktrination und Disziplinierung" erstarrte, räumte im Rückblick selbst der führende Sozialpädagoge der DDR, Eberhard Mannschatz, ein.[125] Die Pädagogik in der DDR war im Sinne Friedrich Nietzsches eine Form unzeitgemäßer Bildung, die nur zur Erreichung politischer und ökonomischer Zwecke diente.

Die marxistische Theorie der Pädagogik in der DDR[126] mit ihrem materialistischen Ansatz, der weitgehenden Reduktion des Menschenbildes auf ökonomische Aspekte, dem Klassencharakter der Erziehung und dem daraus abgeleiteten Erziehungsziel der sozialistischen Persönlichkeit ist insgesamt kritisch zu bewerten. Die Festlegung auf diese Weltsicht und der aus ihr abgeleitete Denk- und Handlungsweisen widerspricht einem bildungstheoretischen Verständnis, das darauf angelegt ist, „vielfältige Differenzen und widerstreitende Erfahrungen zu reflektieren und mit ihnen kritisch und experimentierend umzugehen".[127]

Diese Feststellung gilt in verstärktem Maße für die pädagogischen Intentionen der Heimerziehung in dem Konzept von Mannschatz, das der Kollektiverziehung, der Disziplinierung und der ideologischen Beeinflussung mittels eines autoritären Erziehungsstils besondere Aufmerksamkeit widmet. Mannschatz hebt als pädagogische Ziele das Verständnis pädagogischer Tätigkeit als Bestandteil der Parteiarbeit, die äußere Form der Disziplin mit militärischer Ordnung, das Verständnis schwererziehbarer Jugendlicher als Relikte des kapitalistischen Systems und damit verbunden den Einsatz der Sozialpädagogik als Mittel des Klassenkampfes hervor. Fehlentwicklungen in der Persönlichkeitsbildung, die bei Mannschatz unter die Kriterien der Schwererziehbarkeit fallen, deren Ursachen vor allem in einer Störung der sozialen Beziehungen in den „bedeutsamen Kollektiven" des Kindes gesehen werden und letztlich in „individualistischer Gerichtetheit" münden, werden als Abweichung von der Norm kriminalisiert. Die Umerziehung – verstanden als hoch qualifizierte normale Erziehung – mit Disziplinierung, verlangte die vollständige Unterwerfung unter das Kollektiv und die strikte Befolgung von Reglementierungen. Das Ziel, auch verhaltensgestörte junge Menschen so umzuerziehen, dass sie in der Lage sein würden, den Anforderungen in der sozialistischen Gesellschaft zu entsprechen, ist letztlich nicht pädagogisch son-

[125] Mannschatz, Eberhard (1997): Erziehung zwischen Anspruch und Wirklichkeit. Plädoyer für Besinnung auf die angestammte Aufgabe der Erziehung, Würzburg, S. 11.

[126] Grundsätzlich zum Selbstverständnis der DDR-Pädagogik, siehe: Pädagogik (1989), hrsg. von der Akademie der Pädagogischen Wissenschaften der UdSSR und der Akademie der Pädagogischen Wissenschaften der DDR, 8. Auflage, Berlin-Ost.

[127] Dörpinghaus, Andreas/Poenitsch, Andreas/Wigger, Lothar (2006): Einführung in die Theorie der Bildung, Darmstadt S. 126.

dern politisch-ideologisch und ökonomisch motiviert; d.h. den jungen Menschen sollten die sozialistischen Normen als wichtige Voraussetzung für eine Einordnungsbereitschaft nahe gebracht und sie sollten in die „Produktion zurückgeführt werden.

Die Frage Kants, „wie kultiviere ich die Freiheit mit dem Zwange?“, ist einem solchen Erziehungskonzept fremd, das auf individuelle Bedürfnisse und Fähigkeiten inhaltlich keine Rücksicht nimmt. Im folgenden Kapiteln wird untersucht, welche Funktion die Heimerziehung, speziell im Geschlossenen Jugendwerkhof Torgau hatte und wie das Konzept der Heimerziehung in die Praxis umgesetzt wurde.

B. Der Jugendwerkhof Torgau im Erziehungssystem der DDR

Nach den Intentionen der marxistischen Erziehung in der DDR sollte jeder Jugendliche innerhalb des einheitlichen Bildungswesens, in das auch die Jugendhilfe eingegliedert war, zur sozialistischen Persönlichkeit geführt werden. Damit wurden schwererziehbare und straffällige Kinder und Jugendliche in das einheitliche Bildungswesen einbezogen und sollten in den Einrichtungen der Jugendhilfe entsprechend erzogen bzw. umerzogen werden.

1. Das Jugendhilfesystem in der DDR

Die Jugendhilfe wurde bereits in der SBZ und in den ersten Jahren der DDR auf eine sozialistische Grundlage gestellt. 1947 war sie aus dem Sozialwesen ausgelagert und in die Volksbildung eingegliedert worden. Die Jugendhilfe wurde damit als ein Bestandteil des einheitlichen Bildungswesens in das marxistisch-leninistische Erziehungskonzept eingebunden, welches seit dem Beschluss über den Aufbau des Sozialismus 1952 ausdrücklich das Erziehungsziel der allseitig entwickelten sozialistischen Persönlichkeit anstrebte. [1]

1.1. Aufbau und Ausbau des sozialistischen Jugendhilfesystems

Die Einrichtungen der Jugendhilfe wurden über die Abteilung Jugendhilfe im Ministerium für Volksbildung zentral angeleitet, das ab 1951 für die amtlichen Bestimmungen bzw. die gesetzlichen Grundlagen der Jugendhilfe und Heimerziehung verantwortlich war. [2] Mit der „Verordnung über die Heimerziehung von Kindern und Jugendlichen" von 1951 [3] erfolgte die bis zum Ende der DDR geltende

---

1 Siehe: Kap. A, Abschnitt 2.1 der Arbeit.

2 Vgl. Neue Erziehung in Kindergarten und Heim, Berlin/Leipzig 4 (1951) 12. Beilage. Die amtlichen Bestimmungen wurden am 1.4.1953 mit der Herausgabe der Verfügungen und Mitteilungen des Ministeriums für Volksbildung (VuM. Nr. 1/1953 ff.) abgelöst.

3 Verordnung über die Heimerziehung von Kindern und Jugendlichen vom 27.11.1951, in: GBl. Nr. 140/1951, S. 1104.

Einteilung der Heime. Sie waren nach ihrer Zweckbestimmung in Normalkinderheime, Spezialkinderheime, Aufnahme- und Beobachtungsheime, Jugendwerkhöfe, Jugendwohnheime, Heime für schwererziehbare, bildungsfähige, schwachsinnige Jugendliche und Durchgangsstationen unterschieden.

Die Sonderpädagogik der DDR in der Heimerziehung wurde ausdrücklich auf das pädagogische Konzept Makarenkos [4] ausgerichtet. Auf der 1. Zentralen Konferenz der Heimerzieher am 14. und 15.12.1951 in Berlin, die unter Makarenkos Leitmotiv stand – „Den neuen Menschen muss man auf neue Weise schaffen" – wurden „auf der Grundlage der Veröffentlichungen der Sowjetpädagogik, insbesondere der Werke Makarenkos, [...] erste Gedanken und Konzeptionen über die Gestaltung der pädagogischen Arbeit in den Heimen entwickelt". [5] Die Erziehungsarbeit in den Heimen war nach einer Anweisung aus 1952 einheitlich zu planen und zu gestalten. [6] Für alle Heime wurde die Arbeit mit Jahres-, Halbjahres- und Monatsplänen verbindlich gemacht.

Ab Mitte der fünfziger Jahre verstärkten die SED-Parteiführung und die staatlichen Organe ihren Einfluss auf die politisch-ideologische Entwicklung der Jugend. So wurde 1958 auf dem 4. Plenum des ZK der SED zu Fragen der Volksbildung beschlossen, in der Jugendfürsorge „die Übereinstimmung zwischen Entscheidungen und Handlungen der Jugendhilfe und den Bedürfnissen und Notwendigkeiten der sozialistischen Wirklichkeit zu erreichen". [7]

An die Stelle der „alten Fürsorgetradition" sollte nunmehr eine enge Zusammenarbeit von Schule, FDJ und Elternhaus treten. Folglich betonte das Arbeitsprogramm zum Aufbau der „sozialistischen Jugendhilfe": „Der Hauptweg bei der Veränderung der Erziehungsverhältnisse ist die Organisation des Zusammenwirkens der gesellschaftlichen Kräfte, die auf die Erziehung des Kindes Einfluss haben." [8] Die „enge ‚private Sphäre'" müsse „durchbrochen werden", in der sich bislang die Jugendhilfe bewegt habe. Die Jugendhilfe wurde ausdrücklich mit dem Aufbau der sozialistischen Gesellschaft verbunden; denn alle Einrichtungen der Volksbildung sollten allen Kindern und Jugendlichen „eine vollwertige Ausbildung und Erziehung im Sinne der sozialistischen Zielsetzung" vermitteln. [9] Die

---

[4] Siehe Kap. A, Abschnitt 1.2.

[5] Krebs, Bernhard (1979): Stationen sozialistischer Jugendhilfe. Dokumentation, in: Jugendhilfe, 1979, Heft 7/8, S. 223.

[6] Anweisung über die einheitliche Planung der Erziehungsarbeit in allen Heimen vom 16.2.1952, in: Neue Erziehung in Kindergarten und Heim. Beilage: Amtliche Bestimmungen für Jugendhilfe und Heimerziehung 6/1952, Berlin-Ost.

[7] Schlussfolgerungen aus den Beschlüssen des 4. Plenums des ZK der SED für die sozialistische Entwicklung der Jugendhilfe, in: BArch DR 2 5231.

[8] Beratung über Jugendhilfe vom 27.5.1959, in: BArch DR 2 5231.

[9] Krebs, Bernhard (1979): Stationen sozialistischer Jugendhilfe, a.a.O., S. 224.

vollständige Einordnung der Heimerziehung in das einheitliche Bildungswesen der DDR hatte zur Folge, dass auch in den Heimen die polytechnische Bildung und Erziehung verordnet wurde.

Die Heimerziehung erhielt den Auftrag, zusammen mit der Schule und der FDJ alle Kinder zu sozialistischen Persönlichkeiten zu formen. Die Jugendhilfe habe „die sozialistische Erziehung derjenigen Kinder und Jugendlichen zu sichern, bei denen das Elternhaus aus objektiven oder subjektiven Gründen seinen Beitrag nicht leisten“ könne. [10] Charakteristisch für die neue inhaltliche Ausgestaltung der sozialistischen Jugendhilfe in den fünfziger Jahren war, dass die traditionellen Aufgaben der Jugendfürsorge an sozialistischen Bildungszielen ausgerichtet wurden und aus ideologischen Gründen den „kollektiven Erziehungsträgern“ – insbesondere den Kindereinrichtungen, der Schule und der FDJ – ein höherer Stellenwert als der familiären Erziehung eingeräumt wurde.

Die verstärkte politisch-ideologische Ausrichtung der Jugendhilfe in der DDR tritt signifikant in der „Verordnung zum Schutz der Kinder und Jugendlichen vom 26.3.1969“ zutage. Gesellschaftliche Kräfte, Organe und Einrichtungen sollten dafür sorgen, „dass Einflüsse der imperialistischen Ideologie, die insbesondere durch Druckerzeugnisse, Fernsehen und Rundfunk verbreitet werden, von Kindern und Jugendlichen ferngehalten werden“. Außerdem sollten „[...] entartete, unmoralische und asoziale Lebens- und Verhaltensweisen“ sowie „disziplinloses Verhalten“ unterbunden werden. [11]

1.2. Aufgaben und Zielstellung der Jugendhilfe

Die Maßgaben der Grundsätze des Bildungsgesetzes von 1965, wie etwa die Pflicht zum Besuch der Allgemeinbildenden zehnklassigen polytechnischen Oberschule, galten ausdrücklich auch für alle psychisch und physisch Geschädigten. [12] Das Bildungsgesetz wies der Jugendhilfe die Aufgabe zu, „elternlosen und entwicklungsgefährdeten Kindern und Jugendlichen eine positive Entwicklung im Sinne des sozialistischen Erziehungsziels [nach § 1 die Bildung und Erziehung allseitiger und harmonischer sozialistischer Persönlichkeiten] zu sichern, zusammen

[10] II. Zentrale Konferenz der Jugendhilfe vom 25. und 26.11.1959 in Weimar; in: Sozialistische Erziehung/Zeitschrift für Jugendhilfe, Hort und Heim 6, 1960/1, Beilage, S. 3.

[11] Verordnung zum Schutz der Kinder und Jugendlichen (KJSchVO) vom 26.3.1969. Einleitung und § 1 Abs. 2, in: Gbl II, S. 219.

[12] Gesetz über das einheitliche sozialistische Bildungssystem vom 25. Februar 1965 (Bildungsgesetz), § 19; in: Dokumente zur Bildungspolitik in der sowjetischen Besatzungszone (1966), hrsg. vom Bundesministerium für Gesamtdeutsche Fragen, Bonn und Berlin, S. 387 ff. Vgl. auch: Rehabilitationspädagogik (1984), hrsg. von einem Autorenkollektiv unter Leitung von K. H. Becker, Berlin-Ost, S. 79.

mit anderen gesellschaftlichen Kräften der Vernachlässigung, ,sozialen Fehlentwicklung' und Jugendkriminalität vorzubeugen, die für die Erziehung Verantwortlichen zu beraten und mit ihnen gemeinsam verbindliche Festlegungen zur Sicherung der Umerziehung von schwierigen und straffälligen Minderjährigen mit den dazu erforderlichen Maßnahmen zu treffen.“ [13] Zur Durchführung der genannten Aufgaben wurden der Jugendhilfe die „Spezialheime zur Umerziehung von erziehungsschwierigen und straffälligen Minderjährigen und Normalheime für die Unterbringung und Erziehung elternloser und entwicklungsgefährdeter Kinder und Jugendlicher“ unterstellt [14] Dieser gesetzliche Auftrag der Jugendhilfe wird in der pädagogischen Literatur der DDR kaum behandelt. In dem von der Akademie der Pädagogischen Wissenschaften herausgegebenen Überblick über das Bildungswesen der DDR [15] sind weder die Umerziehung in Heimen und Jugendwerkhöfen noch der gesetzliche Auftrag der Jugendhilfeorganisationen erwähnt. Das gleichfalls von der Akademie herausgegebene Handbuch „Pädagogik“ [16] enthält lediglich einen knappen Überblick über Methoden der Umerziehung, zählt die hierunter fallenden Gruppen Erziehungsschwieriger auf und verweist auf die Etappen der Umerziehung in Anlehnung an Makarenkos „Explosionsmethode“. In dem Kapitel „Aufbau und Struktur des Bildungssystems der DDR“ wird unter Sonderschulen und sonderpädagogischen Einrichtungen lediglich erwähnt, dass diese Einrichtungen auch „wesentliche Verhaltensgestörte“ erfassen, ohne jedoch diese Gruppe näher zu bestimmen.

Die „Verordnung über die Aufgaben und die Arbeitsweise der Organe der Jugendhilfe“ (Jugendhilfeverordnung) vom 3.3.1966 bestimmt als Tätigkeitsbereiche „die rechtzeitig korrigierende Einflussnahme bei Anzeichen der sozialen Fehlentwicklung und die Verhütung und Beseitigung der Vernachlässigung von Kindern und Jugendlichen, die vorbeugende Bekämpfung der Jugendkriminalität, die Umerziehung von schwererziehbaren und straffälligen Minderjährigen sowie die Sorge für elternlose und familiengelöste Kinder und Jugendliche.“ [17] Nach der Jugendhilfeverordnung war die Jugendhilfe zuständig für die Erziehungshilfe, das Vormundschaftswesen und den Rechtschutz von Minderjährigen. Das bedeutete, dass die traditionellen Aufgaben der Jugendfürsorge ausdrücklich mit den besonderen sozialistischen Bildungszielen vermischt wurden. Mit diesen Verordnungen waren die rechtlichen Grundlagen für den weniger pädagogisch als vielmehr

---

[13] Bildungsgesetz § 20, a.a.O.

[14] Bildungsgesetz § 20, Abs. 5, a.a.O.

[15] Siehe: Das Bildungswesen der Deutschen Demokratischen Republik, hrsg. von der Akademie der Pädagogischen Wissenschaften, Berlin-Ost 1979.

[16] Vgl. Pädagogik (1989), a.a.O., S. 268 ff. und 469 f.

[17] Jugendhilfeverordnung vom 3.3.1966, § 1, in: GBl. II, S. 215.

politisch-ideologisch begründeten Vorrang der „kollektiven Erziehungsträger“ gegenüber der Familie gegeben.

Eine weitere gesetzliche Grundlage für die Arbeit der Jugendhilfe bildete neben dem Bildungsgesetz und der Jugendhilfeverordnung das Familiengesetzbuch (FGB). Das 1966 in Kraft getretene Familiengesetzbuch legt in den einleitenden Grundsätzen zu Familie und Gesellschaft die Erziehung der Kinder als gemeinschaftliche Aufgabe von Familie und Staat fest. Die elterliche Erziehungsarbeit wird im dritten Teil des FGB – „Eltern und Kinder“ – als „eine bedeutende staatsbürgerliche Aufgabe“ (§ 42 FGB) definiert, die u. a. die Ziele einer sozialistischen Einstellung zum Lernen und zur Arbeit, der Einhaltung der Regeln des sozialistischen Zusammenlebens und des sozialistischen Patriotismus und Internationalismus beinhaltet. Die elterliche Erziehungsberechtigung kann nach dem FGB entzogen werden, wenn eine Gefährdung von Erziehung, Entwicklung oder Gesundheit des Kindes vorliege. Das Jugendhilfeorgan soll nach § 50 FGB zunächst „den Eltern oder dem Kind Pflichten auferlegen oder Maßnahmen zu seiner Erziehung treffen, die zeitweilig auch außerhalb des Elternhauses durchgeführt werden“. Verfügt das zuständige Organ der Jugendhilfe die Einweisung in Spezialkinderheime oder in Jugendwerkhöfe – einschließlich des Geschlossenen Jugendwerkhofs Torgau – ist die vorherige Zustimmung der Erziehungsberechtigten einzuholen. Zustimmungspflichtig ist gleichermaßen nach § 50 FGB der Abschluss eines Lehrvertrags, dessen Änderung oder vorzeitige Auflösung. Außerdem muss der Jugendwerkhof nach § 41 Abs. Arbeitsgesetzbuch (AGB) die vorherige schriftliche Zustimmung der Erziehungsberechtigten oder ersatzweise des zuständigen der Jugendhilfe beim Abschluss eines Arbeitsvertrags einholen. Diese im FGB und im AGB ausdrücklich festgelegten Rechte der Eltern wurden jedoch in der praktischen Anwendung nicht immer eingehalten. [18]

Ziel und Aufgabe der Jugendhilfearbeit aus pädagogischer Sicht umreißt Eberhard Mannschatz im „Leitfaden für Jugendhilfekommissionen“ des Ministeriums für Volksbildung in seinem Beitrag „Jugendhilfe als Aufgabe der sozialistischen Gesellschaft“. [19] Mannschatz stellt dort die Aufgaben der Jugendhilfe ausdrücklich in den Dienst der politisch-ideologischen Vorgaben der Staats- und Parteiführung. Maßgebend sei die Zielvorgabe des propagierten „Entwickelten Gesellschaftlichen Systems des Sozialismus“. In dieser „sozialistischen Menschengemeinschaft“, [20] welche durch die Übereinstimmung der persönlichen und

[18] Siehe zu den Rechtsverletzungen im Geschlossenen Jugendwerkhof Torgau Kap C der Arbeit.

[19] Mannschatz, Eberhard (1968): Jugendhilfe als Aufgabe der sozialistischen Gesellschaft, in: Leitfaden für Jugendhilfekommissionen, hrsg. vom Ministerium für Volksbildung, Berlin-Ost, S. 9 – 23.

[20] Das Entwickelte Gesellschaftliche System des Sozialismus (EGSS) war in der Ära Ulbricht pro-

gesellschaftlichen Interessen gekennzeichnet sei, habe die Pädagogik den Auftrag, dazu beizutragen, die Kinder und Jugendlichen zu „guten Staatsbürgern" zu erziehen und bei ihnen einen „festen Klassenstandpunkt" herauszubilden. Dieses Ziel sei Leitfunktion für die gesamte Jugendpolitik und damit auch für die Jugendhilfe. Weiterhin sei die „Jugendhilfe auch ein Beitrag zur Gewährleistung von Sicherheit und Ordnung" im sozialistischen Staat und zur „Durchsetzung der sozialistischen Gesetzlichkeit". Unter diesem Aspekt versteht Mannschatz – ganz im Sinne der politisch-ideologischen Leitlinien der SED – Jugendhilfe zugleich als „vorbeugende Arbeit zur Bekämpfung der Jugendkriminalität und eine wesentliche Bedingung für die Wiedereingliederung jugendlicher Rechtsverletzer" in die sozialistische Gesellschaft. Die Jugendhilfe fungierte nach diesem Selbstverständnis als Stabilisierungsfaktor für die bestehenden gesellschaftlichen Verhältnisse in der DDR. [21]

Dieser Aspekt tritt auch in der „Verordnung zum Schutz der Kinder und Jugendlichen" (KJSchVO) vom 26.03.1969 deutlich zutage. Einerseits sollte die Verordnung der Bedrohung von außen entgegenwirken und dafür sorgen, „dass Einflüsse der imperialistischen Ideologie, die insbesondere durch Druckerzeugnisse, Fernsehen und Rundfunk verbreitet werden, von Kindern und Jugendlichen ferngehalten werden". Andererseits sollte sie von innen den „entarteten, unmoralischen und asozialen Lebens- und Verhaltensweisen" entgegenwirken sowie „disziplinloses Verhalten" unterbinden. [22] Wesentliche Gründe für abweichendes Verhalten und Fehlentwicklungen der Kinder und Jugendlichen wurden demnach in der negativen, ideologischen Beeinflussung des kapitalistischen Lagers, [23] im schlechten Vorbild der Eltern und in negativen Einflüssen im Freizeitverhalten gesehen.

Mannschatz stellt die „sozialpädagogische Aufgabenstellung der Jugendhilfe" ausdrücklich auf die politisch-ideologische Grundlage, die von der Parteiführung vorgegeben war. Entsprechend erhält sie die Aufgabe, „eine zielgerichtete Beeinflussung der persönlichkeitsformenden Prozesse zu konzipieren und praktisch durchzuführen". [24] Eberhard Mannschatz sieht im Rückblick den spezifisch

---

pagiert worden und wurde ab 1971 durch die Entwickelte Sozialistische Gesellschaft Honeckers ersetzt.

21 Mannschatz, Eberhard (1968): Jugendhilfe als Aufgabe der sozialistischen Gesellschaft, a.a.O., S. 16.

22 Verordnung zum Schutz der Kinder und Jugendlichen (KJSchVO) vom 26.3.1969, Einleitung und § 1, in: Gbl. II, S. 555.

23 Siehe hierzu auch die Funktion des Freund-Feind-Schemas bei der Erziehung zur sozialistischen Persönlichkeit und zu sozialistischen Werten in Kap. A, Abschnitt 2 der Arbeit.

24 Mannschatz, Eberhard (1968): Jugendhilfe als Aufgabe der sozialistischen Gesellschaft, a.a.O., S. 18.

„sozialistischen Charakter“ der Jugendhilfearbeit darin, „die ungünstigen Erziehungsbedingungen jeweils im Einzelfall endgültig zu überwinden und die Entwicklung des Kindes vorausschauend festzulegen“. Ursache für die Gefährdung bei Jugendlichen sei in erster Linie – in Anlehnung an die Begrifflichkeit des Sowjetpädagogen Anton S. Makarenko – die „Defektivität der sozialen Beziehungen“ gewesen.[25]

1.3. Die Organe der Jugendhilfe

Die Jugendhilfe in der DDR wurde als „gesamtgesellschaftliches Anliegen“ verstanden und hatte eng mit den gesellschaftlichen und staatlichen Organen und Einrichtungen zusammenzuarbeiten, die für die Erziehung und Betreuung von Kindern und Jugendlichen verantwortlich waren, also mit der Schule, der FDJ, dem Kindergarten und dem Betrieb. Die Jugendhilfeorgane griffen dabei in hohem Maße auf ehrenamtliche Mitarbeiter zurück, die vor allem Aufgaben im Außendienst wie die Betreuung von Jugendlichen und Familien übernahmen.[26] Diese ehrenamtlichen Jugendhelfer setzten sich überwiegend aus Vertretern pädagogischer Berufe zusammen, die jedoch nicht in allen Fällen ausreichend qualifiziert waren. Ende der sechziger Jahre gab es etwa 1.200 Jugendfürsorger und 30.000 – 40.000 ehrenamtliche Helfer. Die kommunale Jugendhilfearbeit in den Kommunen vor Ort leisteten ausschließlich Ehrenamtliche, für die die örtlichen Räte verantwortlich waren. Die Jugendhilfekommissionen in den Gemeinden und Städten über 1.000 Einwohner hatten nach der Jugendhilfeverordnung von 1966 die Aufgabe, dazu beizutragen, die Erziehungssituation in den Familien zu verbessern. Diese Kommissionen wirkten nach § 12 der Jugendhilfeverordnung auch mit „bei der Betreuung erziehungsgefährdeter, schwererziehbarer, heim- und strafentlassener und unter Bewährung oder Erziehungsaufsicht stehender Minderjähriger“ und bei der Kontrolle, „ob und wie angeordnete Erziehungsmaßnahmen ausgeführt wurden“. Sie konnten nach § 13 außerdem bei Jugendhilfeorganen Maßnahmen gegen die Erziehungsberechtigten anregen oder sich an der Durchführung von Zwangsmaßnahmen beteiligen.

Die kommunalen Organe der Jugendhilfe, die Organe auf der Kreis- und Bezirksebene wurden nach dem Prinzip des „demokratischen Zentralismus“ angeleitet. Die nachfolgende Abbildung 1 zeigt die Organisation der Jugendhilfe.

[25] Mannschatz, Eberhard (1994): Jugendhilfe als DDR-Nachlass, Münster, S. 41 f.

[26] Die erste gesetzliche Grundlage für die gesellschaftliche Mitwirkung bei der Jugendhilfe erfolgte mit der „Verordnung über die Mitarbeit der Bevölkerung auf dem Gebiet der Jugendhilfe“ vom 11.6.1953 (in: Gbl. Nr. 79/1953, S. 816).

Quelle: Jörns, Gerhard: Der Jugendwerkhof im Jugendhilfesystem der DDR, Göttingen 1995, S. 53.

Sie unterstanden einerseits den jeweiligen Räten und andererseits den übergeordneten Jugendhilfeorganen, die ihrerseits über die Abteilung Jugendhilfe im Ministerium für Volksbildung zentral angeleitet wurden.

Hieraus ergaben sich folgende Organe der Jugendhilfe:

1. das Ministerium für Volksbildung (MfV)
   – die nachgeordneten Referate Jugendhilfe auf vier territorialen Ebenen: bei den Räten der Bezirke, der Kreise, Stadtkreise und bei den Stadtbezirken von Großstädten
2. der Zentrale Jugendhilfeausschuss beim MfV
   – die Jugendhilfeausschüsse wiederum bei den Räten der politischen regionalen Einheiten
3. die Vormundschaftsräte bei den Referaten Jugendhilfe der Räte der Kreise, Stadtkreise und Stadtbezirke.

1.4. Struktur der Einrichtungen für entwicklungsgefährdete Kinder und Jugendliche

Die Spezialkinderheime und Jugendwerkhöfe waren nach der Differenzierung der Heime in der 1. Durchführungsverordnung vom 27.11.1951 integraler Bestandteil der Einrichtungen der Jugendhilfe. Durch die „Anweisung über die einheitliche Planung der Erziehungsarbeit in allen Heimen der DDR“ vom 16.2.1952 wurden Normal- und Spezialheime dann voneinander abgegrenzt:

Die Normalheime waren zuständig für elternlose und entwicklungsgefährdete Kinder und Jugendliche, die Spezialheime dienten der Umerziehung schwererziehbarer Kinder und Jugendlicher. Die Spezialkinderheime umfassten die Durchgangsheime und -stationen bzw. später auch die Aufnahmeheime, die Spezialkinderheime und die Jugendwerkhöfe. [27] Die Jugendwerkhöfe wurden mit der „Verordnung über die Berufsausbildung und schulische Förderung der Jugendlichen

[27] 1964 kam es zur Schaffung von Sonderheimen der Jugendhilfe für stark verhaltensgestörte Kinder und Jugendliche und zum Zusammenschluss dieser Heime zu einem Kombinat, das direkt der Abteilung Jugendhilfe/Heimerziehung des Ministers für Volksbildung unterstand. Hier wurden Kinder aufgenommen, die „vormundschaftsrechtlich“ aus ihren Familien herausgenommen waren. Das Kombinat bestand aus der Aufnahmeabteilung in Berlin, dem Heim Werftpfuhl (Kreis Bernau) für Oberschüler der Klassen 4 bis 7, dem Heim Borgsdorf (Kreis Oranienburg) für Oberschüler der Klassen 2 bis 8, dem Heim Bollersdorf (Kreis Strausberg) für Oberschüler der Klassen 1 bis 4 und dem Heim Groß Köris (Kreis Königs Wusterhausen) für Hilfsschüler der Klassen 3 bis 8; ab 01.01.1987 wurden die vier Heime den Abt. Volksbildung der Räte der Bezirke Frankfurt/ Oder und Potsdam unterstellt.

in den Jugendwerkhöfen“ vom 31. Juli 1952 in die Typen A und B differenziert „nach den Gesichtspunkten der Berufsausbildung (...) auf der Grundlage des Standes der Schulbildung“. [28] Zur gleichen Zeit wurden Heime für „schwererziehbare bildungsfähige schwachsinnige Jugendliche“ eingerichtet, die zwar nicht den Jugendwerkhöfen zugeordnet waren, aber de facto einen Sondertyp des Jugendwerkhofs bildeten.

Angesichts massiver Kritik an der Arbeit in den Spezialheimen Anfang der sechziger Jahre ordnete der Ministerrat 1963 eine Überprüfung aller Spezialheime an, [29] welche die Umstrukturierung des Systems der Spezialheime der Jugendhilfe zur Folge hatte. [30] Die „Anordnung über die Spezialkinderheime der Jugendhilfe“ vom 22. April 1965 führte zu einer geänderten Differenzierung der Jugendwerkhöfe:

Typ I für Jugendliche „ deren bisherige Entwicklung und gegenwärtiges Verhalten darauf schließen lassen, dass ein kurzfristiger Aufenthalt ohne berufliche Qualifizierung die Voraussetzung für die Wiedereingliederung in das gesellschaftliche Leben schafft.“ [31] Die Aufenthaltsdauer sollte von drei bis sechs Monaten reichen. [32] Jedoch wurden nach Aussagen von Mannschatz Einrichtungen dieses Typs niemals geschaffen. [33]

Typ II der Jugendwerkhöfe galt für Jugendliche, „deren bisherige Entwicklung und deren gegenwärtiges Verhalten eine längere Umerziehung verbunden mit einer beruflichen Qualifizierung sinnvoll erscheinen“ ließen. [34] Nach der vorläufigen Heimordnung vom 1.1.1965 sollte dieser Typ „schwer erziehbare Jugendliche und jugendliche Rechtsverletzer“ aufnehmen und bei ihnen eine „Motivationsänderung“ herbeiführen. [35] Diesem Typ II wurden die bislang unter Typ C geführten Jugendwerkhöfe für Hilfsschüler zugeordnet.

Als Typ III wurde der Geschlossene Jugendwerkhof Torgau eingerichtet [36], der sich durch seine Abgeschlossenheit, besonders harten Erziehungsmethoden

---

[28] Nach § 1 der Verordnung wurden Jugendliche mit dem Wissensstand des 6.-8 Schuljahrs der Gruppe A und Jugendliche mit einem Wissensstand bis einschließlich 5. Grundschuljahr der Gruppe B zugeordnet.

[29] Siehe den nachfolgenden Abschnitt 2 der Arbeit.

[30] Beschluss des Ministerrates vom 28.5.1964.

[31] § 2 Abs. 1, 3.a der Anordnung über die Spezialheime der Jugendhilfe vom 22. April 1965.

[32] Vgl. Haubenschild, Hans (1966): Zum Persönlichkeitsstatus Jugendlicher in den Jugendwerkhöfen der Deutschen Demokratischen Republik. Berlin, Humboldt-Universität, Juristische Fakultät, Diss. Haubenschild ordnet dem Typ I die Funktion einer Bewährungseinrichtung zu (S. 18).

[33] Mannschatz, Eberhard (1994): Jugendhilfe als DDR-Nachlass, Münster; S. 59.

[34] § 2 Abs. 1, 3.b der Anordnung über die Spezialheime der Jugendhilfe vom 22. April 1965.

[35] Vorläufige Heimordnung für Jugendwerkhöfe Typ II vom 1.1.1965, S. 3.

[36] Siehe: Abschnitt 3 in diesem Kapitel der Arbeit.

und menschenrechtsverletzenden Strafnormen von den Typen I und II erheblich unterschied.

Daneben bestand das Aufnahmeheim in Eilenburg. Hier wurden die von der Jugendhilfe oder von den Gerichten eingewiesenen Kinder und Jugendlichen zunächst beobachtet und dann einem bestimmten Spezialkinderheim oder Jugendwerkhof zugewiesen. Die 1964 im Ministerium für Volksbildung in der Abteilung Jugendhilfe eingerichtete Zentralstelle für Spezialheime (ehemals Zentralstelle für Jugendhilfe) war zuständig für die Einweisung in die Spezialheime und deren Kontrolle. Ihr unterstanden direkt auch das Aufnahmeheim in Eilenburg und der Geschlossene Jugendwerkhof in Torgau.

Die „Anordnung über die Bildungs- und Erziehungsarbeit in den Heimen der Jugendhilfe – Heimverordnung“ vom 1.9.1969 schuf die allgemeine und einheitliche rechtliche Grundlage für Planung, Leitung und Gestaltung der Bildungs- und Erziehungsarbeit.

2. Spezialheime – ein Problemfall innerhalb des einheitlichen Bildungssystems

In den Spezialkinderheimen und den Jugendwerkhöfen in der DDR tauchten immer wieder Probleme auf, die nicht zuletzt systemimmanent im einheitlichen Bildungssystem begründet waren. Neben dieser grundsätzlichen Problematik bereitete in der Heimerziehung die Umsetzung der polytechnischen Bildung und die Qualifizierung der Erzieherinnen und Erzieher der Staats- und Parteiführung permanente Sorgen.

2.1. Grundsätzliche Probleme

Die ganzheitliche, ideologisch ausgerichtete Pädagogik der DDR erwies sich als unfähig, sonderpädagogische Problemfälle wie den Umgang mit schwererziehbaren Jugendlichen zu lösen. Die Gründe für das Versagen waren vielfältig. Die Zusammenarbeit der Organe der Jugendhilfe, der Bezirks- und Kreisschulräte mit dem anleitenden Ministerium für Volksbildung funktionierte nicht reibungslos. Die Einweisungen in Jugendwerkhöfe, die im Rahmen von Kontingenten erfolgten, die den Bezirken zugewiesen wurden, konnten erst nach Wartezeiten von bis zu sechs Monaten durchgeführt werden, da die Platzkapazitäten in den Jugendwerkhöfen nicht ausreichten.[37] Da die SED-Parteiführung lange Zeit davon ausging, dass die Zahl schwererziehbarer Jugendliche in der sozialistischen Gesellschaftsordnung abnehmen würde, wurden die Kapazitäten in den Spezialheimen und Jugendwerkhöfen nicht ausgeweitet. Stattdessen versuchte die Parteiführung fehlende Kapazitäten durch Umstrukturierungen und Zusammenlegungen von Einrichtungen auszugleichen.[38] Vor allem aber gelang es der SED nicht, in dem erwünschten Maße, ihre Vorgaben umzusetzen. Folglich wurden bis in die achtziger Jahre permanent Maßnahmepläne zur Verbesserung der politischen und pädagogischen Arbeit erlassen.

Nach einer Überprüfung der Jugendwerkhöfe und Spezialkinderheime zwischen Dezember 1963 und Februar 1964 auf Anordnung des Ministerrates stellte das Ministerium für Volksbildung fest, dass die dort geleistete Arbeit nicht den Anforderungen nach den Beschlüssen des VI. Parteitags der SED gerecht würden:

„Die Einrichtungen gewährleisten eine Isolierung der Minderjährigen von ihrer bisherigen Erziehungsumgebung, sichern aber nicht in allen Fällen ihre Umerziehung. Selbst Kinder und Jugendliche, die aus Heimen mit einer stabilen Erziehungsmethode entlassen werden, entwickeln sich nicht in jedem Falle positiv; und zwar dann nicht, wenn sie unzureichend auf das Leben in der Öffentlichkeit vorbereitet werden und die weitere Führung ihres Lebensweges durch gesellschaftliche Einflussnahme auf ihre Erziehungsumgebung nicht gesichert ist.

Bei einem Teil der Jugendwerkhöfe und Spezialkinderheime muss eingeschätzt werden, dass gegenwärtig dort nicht einmal die elementaren Bedingungen der Ordnung und Disziplin gewährleistet sind, geschweige denn ein Umerziehungseffekt gegeben ist.“[39]

Das Ministerium für Volksbildung räumte zum damaligen Zeitpunkt ein, dass sich Informationen „über die Anwendung der Prügelstrafe und anderer ehrverletzender Methoden als Ausdruck der Hilflosigkeit der Erzieher“ gehäuft hätten und mehrere Disziplinarverfahren und Entlassungen eingeleitet werden mussten. Außerdem war das Ministerium für Volksbildung darüber unterrichtet, dass „negati-

---

37 Siehe verschiedene Dienstbesprechungen in: BArch DR 2 A 2293. 1979 forderte die Abteilung Jugendhilfe und Heimerziehung die Bereitstellung von weiteren 500 Plätzen in den Jugendwerkhöfen, die nach Unterlagen aus dem Jahr 1985 aber nicht bewilligt wurde.

38 So blieben die Kapazitäten in den Spezialheimen Mitte der sechziger Jahre unverändert und diejenigen in den Jugendwerkhöfen wurden von 3610 im Jahr 1963 auf 3194 im Jahr 1965 zurückgefahren. Vgl. Maßnahmeplan zur Verbesserung der politischen und pädagogischen Arbeit in den Jugendwerkhöfen auf der Grundlage des Ministerbriefes vom 25.4.1963, in: BArch DR 2 23479.

39 Bericht über die Lage in den Jugendwerkhöfen und Spezialkinderheimen mit Schlussfolgerungen zur grundsätzlichen Veränderung der Arbeit in diesen Einrichtungen, in: BArch DR 2 A 8174, S. 1.

ve Jugendliche“ andere Zöglingen in den Spezialkinderheimen und Jugendwerkhöfen terrorisierten und misshandelten, wobei mehrfach Erzieher solche Handlungen stillschweigend duldeten. [40] Im ersten Halbjahr 1963 sind von insgesamt 2.300 Jugendlichen 889 aus Jugendwerkhöfen entwichen. Das Ministerium sieht die Hauptursache der mangelhaften Aufgabenerfüllung in Fehlern der Leitungstätigkeit und gesteht in dem Lagebericht von 1964 nicht nur sein Versagen in der Anleitung der nachgeordneten Organe sondern auch in der „inhaltlichen Orientierung“ ein. [41]

Diese vom Ministerium für Volksbildung geäußerte Kritik, dass die Leitungsgremien der Jugendwerkhöfe versagten, eine „falsche politische Einstellung“ zu beobachten sei und die in den Einrichtungen tätigen „Kader“ ihre Aufgaben nicht zufrieden stellend leisteten, war kein Einzelfall. Das belegt das Protokoll einer Ministerdienstbesprechung zu Entwicklungsproblemen in der Heimerziehung aus dem Jahr 1985, in der eine Vorlage zu Spezialheimen und Jugendwerkhöfen beraten wurde. [42] Die hier diskutierten Probleme entsprachen weitgehend denjenigen aus den sechziger Jahren: fehlende fachliche und pädagogische Qualifizierung der Erzieher und deren Weiterbildung; hohe Fluktuation der Erzieher vor allem in den Jugendwerkhöfen; materiell-finanzielle Probleme; Inhalte der pädagogischen Arbeit in den Heimen; Effektivität, Wirksamkeit und inhaltliche Arbeit der Zentralen Einweisungsstelle Eilenburg; nicht ausreichende Kapazitäten der Heimplätze. Diese Ministerdienstbesprechung und weitere Aussprachen mit den Räten der Bezirke [43] im Jahr 1985 verdeutlichen, dass alle Veränderungen wie auch die Strukturreform der Jugendwerkhöfe im Jahre 1965 und permanente politische und pädagogische Maßnahmepläne wirkungslos geblieben sind. Auch die Klagen von Pädagogen und Mitarbeitern der Jugendhilfe über die schleppende Bearbeitung von Jugendhilfefällen sind trotz aller Maßnahmepläne nie verstummt. [44]

---

[40] Ebenda, S. 2.

[41] Ebenda, S. 3: „Die schulpolitische Anleitung und inhaltliche Orientierung war noch zu allgemein und wurde nicht durch eine spezielle wissenschaftliche Arbeit auf dem Gebiet der Schwererziehbarkeit und Umerziehung erläutert und konkretisiert.“

[42] Diskussion in der MDB am 24.07.1984, in: BArch DR 2 A2293.

[43] Siehe hierzu ausführlich das Aktenkonvolut in: BArch DR 2 A2293. So stellt z. B. die Leitung des Ministeriums für Volksbildung in einem Schreiben vom 22.6.1981 an die Bezirksschulräte fest: „Die Leitung des Ministeriums für Volksbildung hat sich mit der Lage in Jugendwerkhöfen und Durchgangsheimen befasst. Dabei sind eine Reihe ernsthafter Mängel in der Arbeit der Einrichtungen sichtbar geworden. Es musste auch festgestellt werden, dass einige Bezirksschulräte nicht genügend sichern, dass die Spezialheime, insbesondere die Jugendwerkhöfe und Durchgangsheime, politisch, kadermäßig und inhaltlich straff geführt und kontrolliert werden.“

[44] Vgl. u. a. Aussprache im Ministerium für Volksbildung mit dem Stellvertretenden Minister für Volksbildung, Werner Engst, am 29.3.1985, S. 1, in: DR 2 A 2293.

Die bis zum Ende der DDR anhaltende Kritik der Staats- und Parteiführung an der pädagogischen und politischen Arbeit in den Spezialkinderheimen spiegelt aber auch die generelle Unzufriedenheit der SED mit der Bildungsarbeit insgesamt wider. Wiederholt und eindringlich monierte sie, dass ihre Direktiven nicht zureichend umgesetzt würden und dass die Erzieher und Lehrer an allen Einrichtungen des Bildungssystems nicht das richtige politische Bewusstsein hätten oder nicht vermittelten.

2.2. Berufsausbildung im Jugendwerkhof

Die Staats- und Parteiführung betonte zwar ständig, dass „die gesicherte Berufsausbildung der Jugend ein bedeutender Vorzug des Sozialismus" sei,[45] kritisierte aber gleichzeitig die „Auslastung des Bildungs- und Qualifikationsvermögens: „Etwa 180.000 junge Arbeiter (19,2 Prozent der Jugendlichen in der sozialistischen Wirtschaft) haben keine oder nur eine Teilzeitausbildung."[46] Sie forderte deshalb wiederholt, dass auch die Jugendlichen in den Spezialheimen und Jugendwerkhöfen eine berufliche Ausbildung erhalten und in das Berufsleben eingegliedert werden sollten. Die berufliche Bildung schwererziehbarer Jugendlicher in den Jugendwerkhöfen blieb jedoch bis zum Ende der DDR ein andauernder Problemfall.

Die Jugendlichen in den Jugendwerkhöfen hatten einen gesetzlichen Anspruch auf eine Ausbildung in Ausbildungsberufen bzw. in Teilgebieten von Ausbildungsberufen. Für den Abschluss, die Änderung und die vorzeitige Auflösung von Lehrverträgen galten die Jugendwerkhöfe als Betriebe und waren Träger der für Betriebe geregelten Rechte und Pflichten im Lehrverhältnis. Die Jugendwerkhöfe überwiesen die Jugendlichen zur berufspraktischen Ausbildung in Betriebe, mit denen sie Kooperationsverträge abgeschlossen hatten, sofern die berufspraktische Ausbildung nicht in den Ausbildungs- und Produktionswerkstätten eines Jugendwerkes erfolgen konnte.[47] Die Zentrale Einweisungsstelle Eilenburg und der Direktor des jeweiligen Jugendwerkhofs entschieden darüber, welchen Beruf

[45] Siehe u. a. BArch SAPMO, vorl. SED 27349: „Die Rolle der Jugend bei der Gestaltung der entwickelten Gesellschaft", Arbeitspapier zur Beratung der Jugendkommission des Politbüros des ZK der SED am 27. Nov. 1979.

[46] Ebenda, S. 4.

[47] Nach einem Kommentar zur Anerkennung über die Berufsausbildung Jugendlicher in Jugendwerkhöfen vom 23.07.1980 erhielten 70% der Jugendlichen die praktische Berufsausbildung in sozialistischen Betrieben der Industrie und Landwirtschaft und 30% in heimeigenen Ausbildungs- und Produktionsstätten.

der Jugendliche entsprechend dem freien Platz in der Ausbildungsgruppe zu erlernen hatte.

In diesem Verfahren wurde jedoch häufig nicht beachtet, welche Teilberufsausbildung der Jugendliche vor der Einweisung in den Jugendwerkhof begonnen hatte. Außerdem folgte die Ausbildung in vielen Fällen nicht den Rechtsvorschriften der Berufsausbildung. Die Berufsbildung entsprechend den schulischen Voraussetzungen für Abgänger aus der 8. Klasse der POS war nicht immer gewährleistet.[48] In einem Kontrollbericht von 1981 wird moniert, dass für Abgänger der 8. Klassen aus Sonderschulen „in den Jugendwerkhöfen keine Berufsausbildung durchgeführt" würde.[49] In diesem Kontrollbericht zur sozialen und beruflichen Wiedereingliederung schwererziehbarer Jugendlicher in Jugendwerkhöfen stellt die Arbeiter- und Bauerninspektion (ABI)[50] weiterhin fest, „dass die Mehrzahl der überprüften örtlichen Räte, die Leiter von Jugendwerkhöfen und Leiter von Betrieben gesetzliche Regelungen nicht einhalten und die direkte Arbeit mit den Jugendlichen im Prozess der Wiedereingliederung nicht voll wahrnehmen."[51] Kritisiert wird u. a. die Arbeitsweise der Referate für Jugendhilfe und das Zusammenwirken mit den zuständigen Abteilungen in den Räten der Kreise und Städte. Die Interessen der Jugendlichen würden nicht erfragt und beachtet: „Den Referaten Jugendhilfe in den Kreisen liegt die Übersicht über die Ausbildungsberufe in den Jugendwerkhöfen nicht vor. Nur vereinzelt sind in den Einweisungsbeschlüssen

48 Komitee der ABI Inspektion Bildung und Kultur vom 9.12.1981: Information zur Kontrolle der sozialen und beruflichen Wiedereingliederung Jugendlicher an Jugendwerkhöfen, in: BArch DR 2 A 2293, S. 3.

49 Ebenda, S. 4.

50 Die Arbeiter- und Bauerninspektion (ABI) geht auf die 1946 eingesetzten Volkskontrollausschüsse zurück, die die Selbstverwaltungs- und Ordnungsorgane bei der Bekämpfung der Wirtschaftskriminalität und ab 1948 bei der Kontrolle des Wirtschaftsplans unterstützen sollten. Nach dem Erlass des Staatsrates vom 27. Februar 1961 über Eingaben der Bürger und die Bearbeitung von Eingaben durch die Staatsorgane verlagerten sich die Aufgaben dieser Kontrollorgane auf die formale Kontrolle von Wirtschaft und Gesellschaft. Damit sollte den Bürgern ein Bild der Wahrung ihrer Rechte vermittelt werden. 1963 wurden durch einen gemeinsamen Beschluss des ZK der SED und des Ministerrates die Aufgaben in der Arbeiter- und Bauerninspektion zusammengefasst. Zentrale Organe waren das Komitee des ABI beim ZK der SED und das Komitee beim Ministerrat der DDR. Ihnen waren – nach dem Prinzip des demokratischen Zentralismus – die Bezirks-, Kreis- und Stadtkomitee sowie die gewählten Inspektionen in den zentral geleiteten Einrichtungen der Wirtschaft nachgeordnet. Auf zentraler Ebene hatte die ABI Inspektions- und Weisungsrecht. Sie konnte außerdem Disziplinar- und Ordnungsstrafen erteilen. Auf mittlerer und unterer Ebene besaß die ABI lediglich ein Vorschlagsrecht gegenüber der übergeordneten Instanz.

51 Komitee der ABI Inspektion Bildung und Kultur vom 9.12.1981: Information zur Kontrolle der sozialen und beruflichen Wiedereingliederung Jugendlicher an Jugendwerkhöfen, in: BArch DR 2 A 2293, S. 2.

Hinweise auf die Berufswahl enthalten.“ [52] Außerdem sorgten nach dem Kontrollbericht der ABI die Organe der Jugendhilfe gemeinsam mit dem Amt für Arbeit „nicht ausreichend dafür, dass für die entlassenen Jugendlichen ein der Qualifizierung entsprechender Arbeitsplatz bereitgestellt wird.“ [53]

Nicht nur der Kontrollbericht der ABI von 1981 sondern auch Beratungen und Berichte aus dem Jahre 1985 belegen, dass auch mit der neuen „Anordnung über die Berufsbildung Jugendlicher in Jugendwerkhöfen“ vom 5.5.1980 die Probleme der beruflichen Ausbildung und der beruflichen und sozialen Wiedereingliederung nicht behoben werden konnten. Der Rat des Bezirkes Potsdam, Abteilung Volksbildung, teilte – wie auch andere Bezirke – dem Ministerium für Volksbildung 1985 mit, dass es nur in wenigen Fällen (15 von 71) gelungen sei, in Zusammenarbeit zwischen dem Jugendwerkhof und den Heimatreferaten, „die Eingliederung entsprechend den gesetzlichen Vorschriften vorzunehmen. Die Reaktion der jeweiligen Referate Jugendhilfe auf die Zustellung der Unterlagen zur Vorbereitung der Wiedereingliederung der Jugendlichen erfolgt äußerst unterschiedlich.“ [54]

2.3. Die Kadersituation in Spezialheimen

Die Personalfrage oder Kaderpolitik, wie es in der DDR hieß, war ein Dauerthema im Jugendwerkhof. Einerseits mussten die Erzieher, Lehrer und Ausbilder in den Jugendwerkhöfen hohen Anforderungen genügen, schließlich galt es den „neuen Menschen“ zu erziehen, andererseits wurden Pädagogen, die in anderen Einrichtungen der Volksbildung „untragbar“ geworden waren, oft genug in die Jugendwerkhöfe strafversetzt, da hier der größte Mangel an Personal herrschte. Von den im Jahr 1964 in den Jugendwerkhöfen beschäftigten 346 Erziehern hatten 81 keine pädagogische Ausbildung und 100 Erzieher nur eine pädagogische

---

52 Ebenda, S. 3.

53 Ebenda, S. 4.

54 Schreiben des Rates des Bezirkes Potsdam an das Ministerium für Volksbildung vom 13.81.1985, in: BArch DR 2 12110. Ähnlich lautet ein Schreiben des Rates des Bezirkes Erfurt vom 19.8.1985. Probleme bei der „Wahrung der Gesetzlichkeit“ meldeten auch die Bezirke Cottbus und Leipzig. Andere Bezirksschulräte machten trotz Aufforderung keine Aussagen zur beruflichen Wiedereingliederung, wie einem Schreiben der Abteilung Jugendhilfe und Heimerziehung vom 3.10.1985 an Bezirksschulräte zu entnehmen ist (BArch DR 2 12110).

Kurzausbildung.[55] Das bedeutete, dass zu diesem Zeitpunkt ungefähr die Hälfte aller Jugendwerkhoferzieher keine bzw. keine volle Erzieherausbildung hatten und nicht selten in der Arbeit mit schwererziehbaren und sozial auffälligen Jugendlichen überfordert waren, zumal es damals keine spezielle Zusatzausbildung für die Arbeit mit Schwererziehbaren gab. Bis zum Jahre 1956 waren die Heimerzieher aller Schulstufen und Schulformen nach den gleichen Lehrplänen ausgebildet worden. Danach erfolgte eine gemeinsame Ausbildung für Erzieher in Lehrlingswohnheimen, in Jugendwerkhöfen und in Jugendwohnheimen an den Berufsschulinstituten für Berufsschullehrerausbildung in Leipzig und Jüterbog, die aus einer fünfmonatigen theoretischen Ausbildung, einer einjährigen praktischen Tätigkeit in einer Einrichtung und einem anschließenden fünfmonatigem Direktstudium bestand. 1964 wurden zwei zusätzliche Ausbildungsmöglichkeiten eingerichtet.[56] Trotz der seit Anfang der siebziger Jahre eingeführten Ausbildung zur Heimerziehung in Spezialklassen parallel zur Ausbildung der Unterstufenlehrer und der Pionierleiter an den Instituten für Lehrerbildung konnten die Qualifizierungsmängel nicht behoben werden.

In einem Bericht über die Lage in den Jugendwerkhöfen von 1964 gesteht das Ministerium sein Versagen bei der „Kaderrekrutierung“ ein:

„Die Arbeit in den Jugendwerkhöfen ist schwierig und erfordert den vollen persönlichen Einsatz. Deshalb sind nicht in jedem Falle erfahrene Pädagogen bereit, die Arbeit im Jugendwerkhof aufzunehmen, zumal für bestimmte Kategorien von Lehrern und für die Lehrerausbildung kein materieller Anreiz besteht.

In Unterschätzung der politischen Zielstellung der Jugendwerkhofarbeit gehen Kreis- und Bezirksfunktionäre den Weg des geringsten Widerstandes und lassen negative Kaderkonzentrationen zu, die nahezu gesetzmäßig zur Verschlechterung der Erziehungssituation führen müssen. So sind z. B. im Jugendwerkhof Neuoberhaus (Kreis Schwarzenberg) von 18 Erziehern und 17 Lehrausbildern sechs in Folge begangener Straftaten in das Heim versetzt worden, fünf Erzieher waren bereits einmal Heimleiter und mussten von dieser Funktion abgelöst werden, 13 Erzieher bzw. Lehrausbilder erhielten Partei- und Diszi-

---

55 Bericht über die Lage in den Jugendwerkhöfen und Spezialkinderheimen mit Schlussfolgerungen zur grundsätzlichen Veränderung der Arbeit in diesen Einrichtungen, 1964, in: BArch DR 2 A 8174. S. 4. Vgl. auch den Gesamtbericht über die Kontrolle von Jugendwerkhöfen vom 27.7.1956, in: BArch DR 2 2602. Dort wird bemängelt, dass der größte Teil der Erzieher in Jugendwerkhöfen, „noch keine pädagogische Ausbildung, zum Teil nicht einmal eine Berufsausbildung“ habe (S. 53).

56 Dreijähriges Direktstudium im Heinerziehungsinstitut in Hohenprießnitz und eine kombinierte Ausbildung aus Direkt- und Fernstudium an den Instituten für Lehrerbildung. Außerdem gab es für Erzieher, die ohne Ausbildung tätig waren, die Möglichkeit eines vierjährigen Fernstudiums für die Spezialheimerziehung.

plinarverfahren. Im Jugendwerkhof Gerswalde (Krs. Templin) gibt es eine Konzentration von ehemaligen Angehörigen der NSDAP.

Diese Lage ist umso alarmierender, als eindeutig festgestellt werden kann, dass die Situation in den Jugendwerkhöfen von der Qualität der Kader, vor allem der leitenden Kader abhängt.“ [57]

Obwohl als Sofortmaßnahme die Abordnung „politisch und fachlich qualifizierter und in der pädagogischen Arbeit erfahrener Kader“ und die Qualifizierung der Heimleiter und Erzieher verfügt wurden, konnte auch in der Folgezeit die Personalfrage nicht zufrieden stellend gelöst werden. Das belegt eine Stellungnahme der Abteilung Jugendhilfe und Heimerziehung zu einem Kontrollbericht der ABI 1981:

„Die Kadersituation in den Jugendwerkhöfen hat sich seit 1979 – bis auf wenige Ausnahmen – nicht stabilisiert, obwohl es große Anstrengungen seitens der Abteilungen Volksbildung der Räte der Kreise gegeben hat, die Kadersituation in den Jugendwerkhöfen stabiler zu gestalten und offene Planstellen mit geeigneten Kadern zu besetzen. Die Forderung, die Planstellen in den Jugendwerkhöfen mit solchen Kadern zu besetzen, die über Lehrerfahrung verfügen, die erfolgreich in anderen Volksbildungseinrichtungen (Schule, Hort, Internat) gearbeitet haben und dadurch besonders geeignet sind, die Umerziehung Schwererziehbarer erfolgreich durchzuführen, konnte nicht realisiert werden. Dafür gibt es im Wesentlichen folgende Gründe:

- Ablehnung der Belastungen, die sich aus dem Früh- und Spät- bzw. Schichtdienst, dem Wochenend- und Feiertagsdienst ergeben,
- Angst vor Schwierigkeiten, die sich in der Umerziehungsarbeit mit schwererziehbaren Jugendlichen ergeben,
- spezielle Qualifizierung für diese spezielle Aufgabe,
- geringer materieller Anreiz,
- eingeschränkte Möglichkeit in der Unterbringung.“ [58]

Die offiziell verkündeten Angaben über Struktur und Qualifizierung des Personals in den Jugendwerkhöfen vermittelten ein geschöntes Bild, das bezüglich der pädagogischen Eignung des Personals für die spezifischen Aufgaben in den Spe-

[57] Bericht über die Lage in den Jugendwerkhöfen und Spezialkinderheimen mit Schlussfolgerungen zur grundsätzlichen Veränderung der Arbeit in diesen Einrichtungen, 1964, in: BArch DR 2 A 8174, S. 4. Vgl. auch Information über die Lage in den Jugendwerkhöfen aus dem Jahr 1964: „Die als Erzieher und Ausbilder eingesetzten Personen bieten in vielen Jugendwerkhöfen nicht die Gewähr für eine sozialistische Erziehung der Jugendlichen. Oftmals werden Erzieher und Lehrer in die Jugendwerkhöfe strafversetzt.“ (BArch DR 2 23477)

[58] Stellungnahme der Abteilung Jugendhilfe und Heimerziehung zur Information über die Kontrolle der Bildungs- und Erziehungsarbeit in den Jugendwerkhöfen, S. 7, in: BArch DR 2 A2293.

zialheimen zudem wenig aussagekräftig ist: Ende der siebziger Jahre waren ca. 700 Erzieherinnen und Erzieher in den Jugendwerkhöfen tätig (Durchschnittsalter knapp 40 Jahre), von denen 56 Prozent Mitglieder der SED waren. Etwa 67 Prozent der Heimerzieher hatten eine Fachschulausbildung, 16 Prozent eine Hochschulausbildung und der Rest keine abgeschlossene pädagogische Ausbildung. Für die berufliche Ausbildung in den Ausbildungs- und Produktionsstätten standen 120 Lehrmeister und Lehrausbilder zur Verfügung. [59]

Angesichts der nicht nachlassenden, häufigen Klagen über die mangelnde Qualifikation der Erzieher wurden auch noch zu Beginn der achtziger Jahre lediglich Zusatzkurse angeboten, statt mit einer qualifizierten Spezialausbildung für Heimerzieher das Problem zu beseitigen. [60] 1985 zog der stellvertretende Minister für Volksbildung Werner Engst eine negative Bilanz der Kadersituation in den Heimen: Da der Beruf für Männer nicht attraktiv sei und deshalb häufig junge Erzieherinnen herangezogen werden müssten, die jedoch nach Heirat und Geburt von Kindern häufig wieder rasch aus der Heimerziehung ausscheiden würden, gebe es eine hohe Fluktuation. Es komme erschwerend hinzu, dass die Arbeitsbedingungen weitaus ungünstiger als im Hort seien. Schwierigkeiten bereite es außerdem, „verdiente Pädagogen“ aus anderen Einrichtungen zu gewinnen, die dann auch meistens nach kurzer Zeit an den Heimbedingungen scheiterten. Wenig attraktiv seien auch die Posten der Heimleiter, da sie nicht besser bezahlt würden als Heimerzieher mit ihren Heim- und Schichtzulagen. [61]

3. Die Einrichtung des Geschlossenen Jugendwerkhofs Torgau

In den Jahren 1963 und 1964 wurde seitens des Ministeriums für Volksbildung massive Kritik an den Zuständen in den Spezialheimen – vor allem in den Jugendwerkhöfen – geäußert. Angesichts der unhaltbaren Zustände in den Jugendwerkhöfen anfangs der sechziger Jahre wurde die Entscheidung über die Einrichtung eines „geschlossenen Jugendwerkhofes für Dauerausreißer“ bis zum 31. Mai 1963 beschlossen. Zugleich sollten in allen Jugendwerkhöfen Isolierzimmer „zum Schutz des Personals und der Jugendlichen vor Angriffen und Körperverletzungen“ eingerichtet werden. [62] Im Bericht über die Lage in den Jugendwerkhöfen

---

59 Aus einer Beschlussvorlage der Abteilung Jugendhilfe und Heimerziehung von 1979, S. 24 f., in BArch DR 2 A2293.

60 Vgl. Zimmermann, Verena (2004): „Den neuen Menschen schaffen“, a.a.O., S. 369 ff.

61 Probleme in Spezialkinderheimen (SKH). Schreiben des stellvertretenden Ministers für Volksbildung Werner Engst vom 29.3.1985, S. 7, in: BArch DR 2 A 2293.

62 Maßnahmeplan zur Verbesserung der politischen und pädagogischen Arbeit in den Jugendwerkhöfen auf der Grundlage des Ministerbriefes vom 25.4.1963, S. 1, in: BArch DR 2 23479.

und Spezialkinderheimen von 1964 forderte das Ministerium für Volksbildung angesichts der festgestellten gravierenden Mängel[63] und des großen Umfangs der „Entweichungen" Jugendlicher aus den Jugendwerkhöfen als Sofortmaßnahme die Einrichtung eines Geschlossenen Jugendwerkhofes: „In diese Einrichtung werden nach Genehmigung durch das zuständige Aufnahmeheim [handschriftliche Korrektur: die Zentralstelle für Spezialheime] Jugendliche im Alter von 14 – 20 Jahren aufgenommen, die in Jugendwerkhöfen und Spezialkinderheimen die Heimordnung vorsätzlich, schwerwiegend und wiederholt verletzen. In Ausnahmefällen können auch Zuweisungen durch das Aufnahmeheim direkt vorgenommen werden. Die Jugendlichen arbeiten produktiv. Die innere Ordnung ist straff und dem spezifischen Aufnahmezweck entsprechend zu gestalten. Die Aufenthaltsdauer ist befristet, aber bedingt festzulegen. Sie soll in der Regel 6 Monate nicht überschreiten."[64]

Horst Kretzschmar, der Erziehungsleiter des Jugendwerkhofs Torgau, kritisierte rückblickend in seiner 1972 der Sektion Pädagogik an der Humboldt-Universität vorgelegten Diplomarbeit „Die Entwicklung des Jugendwerkhofes Torgau und die sozialpädagogische Aufgabenstellung", dass zum Zeitpunkt seiner Eröffnung 1964 in den Jugendwerkhöfen die elementarsten Bedingungen zur erfolgreichen Umerziehung nicht erfüllt waren. Deren Ursachen sah Kretzschmar in der Erziehungsarbeit, „in der nicht gegebenen Führung des sozialpädagogischen Prozesses in Richtung einer sozialpädagogischen Aufgabenstellung. Eine zweite Ursache lag in der mangelhaften Anleitung der Heime durch die staatlichen Organe, eine dritte in den Mängeln bei der vorbeugenden Arbeit und eine vierte, aber nicht die letzte Ursache lag im unzureichenden Aufbau der Jugendwerkhoferziehung."[65]

Als Objekt für den Geschlossenen Jugendwerkhof wurde die Haftanstalt Torgau ausgewählt, in die das Jugendhaus Torgau verlegt wurde. Der Gebäudekomplex war mit einer Mauer gesichert und erfüllte mit einem Verwaltungsgebäude, einem gesicherten Zellenbau und einem Neubau für Werkstätten und Schule die Voraussetzungen für die geplante, strafvollzugsähnliche Einrichtung.[66] Der Rat

63 Siehe Abschnitt 2 in Kap B der Arbeit.

64 Bericht über die Lage in den Jugendwerkhöfen (1964) a.a.O., S. 14.

65 Kretzschmar, Horst (1972): Die Entwicklung des Jugendwerkhofes Torgau und die sozialpädagogische Weichenstellung. Diplomarbeit zur Erlangung der akademischen Grades Diplompädagoge, vorgelegt der Sektion Pädagogik „F.A.W. Diesterweg" der Humboldt-Universität zu Berlin, 1972. S. 5.

66 Siehe: Schreiben des Sektors Jugendhilfe bezüglich „Einrichtung eines geschlossenen Jugendwerkhofes" vom 6.11.1963 an das Ministerium des Innern, Abteilung Strafvollzug, und die Niederschrift vom 3.11.1963 über die geführten Besprechungen zum Zwecke der Einrichtung

des Kreises Torgau übernahm am 26.2.1964 das Jugendhaus Torgau zum Zwecke der Einrichtung eines Geschlossenen Jugendwerkhofes der DDR in Rechtsträgerschaft des Rates des Kreises Torgau.

3.1. Die gesetzlichen Grundlagen

Die Rechtsgrundlage für die Errichtung des Geschlossenen Jugendwerkhofs Torgau bildete die am 22. April 1965 von der Ministerin für Volksbildung erlassene Anordnung über die Spezialheime der Jugendhilfe der DDR:

> „Der geschlossene Jugendwerkhof ist eine Disziplinierungseinrichtung im System der Spezialheime der Jugendhilfe. In diese Einrichtung werden Jugendliche im Alter von 14 bis 20 Jahren aufgenommen, die in Jugendwerkhöfen und Spezialkinderheimen die Heimordnung vorsätzlich schwerwiegend und wiederholt verletzen. Der Aufenthalt darf in der Regel 6 Monate nicht überschreiten. Über die Aufnahme entscheidet auf Antrag des Leiters des Spezialheimes der Leiter der Zentralstelle für Spezialheime der Jugendhilfe.“ [67]

Nach einem Inspektionsbericht vom April 1967 waren die Einweisungsgründe Disziplinarfälle wie grobe Heimordnungsverstöße (27 %), strafbare Handlungen (58 %), verhaltensgestörte Jugendliche (17 %) und renitente Jugendliche, die wegen augenblicklichen Platzmangels nicht in offene Jugendwerkhöfe eingewiesen werden konnten (3 %). [68] Die Zahl der Zweiteinweisungen nach Torgau stieg nach Horst Kretzschmar zwischen 1965 und 1970 von 8,66 auf 15,9 Prozent an. [69] Die Einweisungsgründe änderten sich – u. a. auch bedingt durch ein neues Strafrecht, das die Einweisung straffälliger Jugendlicher erschwerte: Im Zeitraum 1977–1978, in dem 301 Einweisungen untersucht wurden, werden folgende Einweisungsgründe aufgeführt:

- „Entweichungen“ (139 Jugendliche, darunter 49 Mädchen), die mit „kleineren kriminellen Handlungen“ bzw. „sexueller Triebhaftigkeit“ bei Mädchen verbunden waren.
- „Terroristische Handlungen“ (insgesamt 39 Jugendliche), worunter „tätliche Angriffe gegen andere Jugendliche des Heimes und Erwachsene sowie andere Bürger“ verstanden wurden.

---

eines geschlossenen Jugendwerkhofes, in: BArch DR 2 12201.

67 Anordnung über die Spezialheime der Jugendhilfe, GBl. DDR 1965, Teil II, Nr. 53, S. 368.

68 Bericht zur Inspektion im geschlossenen Jugendwerkhof Torgau im April 1967, S. 9, in: BArch DR 2 12201.

69 Kretzschmar, Horst (1972): Die Entwicklung des Jugendwerkhofes Torgau, a.a.O., S. 108 f.

- „Faschistische Provokationen“ (in 19 Fällen): „Beschmutzen von Bildern von unseren Staatsmänner, Beschimpfungen und Bedrohungen von Funktionären, staatlichen gesellschaftlichen Organisationen, Staatsverleumdung und Hetze gegen die DDR“.
- „Verhaltensstörungen“ (in 16 Fällen), die sich darin äußerten, dass die Jugendlichen sich nicht in den Gruppenverband einordnen wollten, sich gegen jegliche disziplinarische Forderungen sperrten, unmotivierte Tobsuchtsanfälle hatten, das Heim gefährdeten oder suizidgefährdet waren. Alle diese Störungen „waren psychologisch nicht erfassbar“.
- „Grobe Verletzungen der Heimordnungen“ (106 Jungen und 41 Mädchen). Darunter wurden Jugendliche erfasst, die Banden mit dem Ziel bildeten, sich der pädagogischen Einflussnahme zu entziehen, ständig die Arbeit verweigerten, keinerlei Umerziehungsbereitschaft zeigten, andere Personen bedrohten, Diebstähle in Heimen begingen, Dienstleistungen von anderen Jugendlichen erpressten, Alkohol im Heim genossen, andere Jugendliche zu sexuellen Handlungen nötigten oder Volks- und privates Eigentum im Heim zerstörten. [70]

Die beiden Auflistungen der Einweisungsgründe veranschaulichen, dass abweichendes Verhalten einerseits kriminalisiert wurde und andererseits soziale Auffälligkeit als ein Relikt des „kapitalistischen Systems“ betrachtet und entsprechend die Befassung mit Schwererziehbarkeit als ein Mittel des Klassenkampfes eingesetzt wurde. [71]

Nach der vorläufigen Arbeitsordnung des Jugendwerkhofes Torgau, die mit Erlass der Zentralstelle für Spezialheime am 1.9.1964 in Kraft trat, sollte die pädagogische Arbeit im Geschlossenen Jugendwerkhof so gestaltet sein, „dass nach Abschluss des Aufenthaltes die weitere Erziehung der Jugendlichen im Jugendwerkhof des Typ I und II gesichert ist.“ [72] Der Direktor des Geschlossenen Jugendwerkhofes Torgau war ausschließlich dem Ministerium für Volksbildung, Referat für Heimerziehung, verantwortlich und rechenschaftspflichtig. Gesetzliche Grundlagen, die die inneren und äußeren Bedingungen dieser Einrichtung regelten, gab es nicht. Anweisungen, Festlegungen, Anordnungen und Durchführungsbestimmungen wurden oftmals in Eigenverantwortung des Direktors erarbeitet und durch die Zentralstelle für Spezialheime im Ministerium für Volksbildung bestätigt. [73]

---

70 Schreiben des Jugendwerkhofes Torgau an das Ministerium für Volksbildung, Abteilung Jugendhilfe, Sektor Heimerziehung vom 4.12.1978, in: BArch DR 2 A2295.

71 Siehe hierzu auch die Darlegungen in Kap. A, Abschnitt 3.2 der Arbeit.

72 Vorläufige Arbeitsordnung des Jugendwerkhofes Torgau vom 1.9.1964, S. 1, in: BArch DR 2 12201.

73 Vgl. dazu die Dokumentation von Klein, Bettina und Rösner, Hagen im Auftrag des Förder-

Das eigenmächtige Handeln der Abteilung für Jugendhilfe führte zu Kompetenzstreitigkeiten mit den Strafverfolgungsbehörden. Das betraf in der zweiten Hälfte der sechziger Jahre die Einweisung von straffälligen Jugendlichen nach Torgau. In einem Schreiben vom 8. Mai 1969 monierte der Generalstaatsanwalt der DDR, dass im Geschlossenen Jugendwerkhof Torgau die Grundsätze des Gesetzes über das einheitliche sozialistische Bildungssystem nicht in jedem Falle verwirklicht würden und forderte den Leiter der Abteilung Jugendhilfe im Ministerium für Volksbildung, Eberhard Mannschatz, eigenverantwortlich die Zustände im Jugendwerkhof zu untersuchen und insbesondere festzustellen, ob

- „Erziehungsstil und -methoden im Jugendwerkhof Torgau den Forderungen des Gesetzes über das einheitliche sozialistische Bildungssystem, insbesondere § 20 [Jugendhilfe und ihre Einrichtungen], entsprechen,
- der geschlossene Jugendwerkhof Torgau als Erziehungseinrichtung des Ministeriums für Volksbildung mit der gleichen Aufgabenstellung bestehen bleiben muss, nachdem das Ministerium für Volksbildung keine Maßnahmen der strafrechtlichen Verantwortlichkeit mehr verwirklicht.“ [74]

Der Generalstaatsanwalt begründet seine Anfrage mit vier Vernehmungsprotokollen, die Angehörige der Untersuchungsorgane mit Jugendlichen geführt hatten, die Anfang 1969 aus dem Jugendwerkhof Torgau mit dem Ziel entwichen waren, nach Westdeutschland zu gelangen. In dem 1. Entwurf eines Antwortschreibens vom 20. Juni 1969 nahm Mannschatz zu dem Vorwurf Stellung, dass es bei der pädagogischen Arbeit einige Probleme gäbe: „Wir möchten dazu bemerken, dass die Aussagen, die wir den Vernehmungsprotokollen der Jugendlichen entnommen haben, sich nicht in jedem Falle bestätigen. Einige Angaben stimmen nicht bzw. werden bestimmte notwendige erzieherische Maßnahmen sehr subjektiv und sehr entstellt interpretiert, während andere geschilderte Ereignisse bereits mehrere Jahre zurückliegen und teilweise, da es sich tatsächlich um Verstöße gegen unsere Erziehungsprinzipien handelte, disziplinarisch geahndet wurden.“ [75]

Auf die Frage, ob der Geschlossene Jugendwerkhof mit der gleichen Aufgabenstellung bestehen bleiben sollte, stellte Mannschatz vor dem Hintergrund des neuen StGB eine Änderung der Erziehungskonzeption in Aussicht. Im Antwortschreiben vom 3. Juli 1969 betonte Mannschatz, dass durch das neue StGB sich „nur bedingt eine neue Situation ergeben“ habe. „In unserer Verantwortung ver-

---

vereins Dokumentations- und Informationszentrum (DIZ) Torgau (1994): Der Geschlossene Jugendwerkhof Torgau, in: Deutschland Archiv, Heft 2/1994, S. 206–211 (S. 210 f.).

[74] Schreiben des Generalstaatsanwalts der DDR vom 8. Mai 1969 an den Leiter der Abteilung Jugendhilfe, in: BArch DR 2 12201.

[75] 1. Entwurf des Antwortschreibens an die Leiterin der Gruppe Jugend beim Generalstaatsanwalt vom 20. Juni 1969, in: BArch DR 2 12201.

bleiben nach wie vor die kriminell belasteten Jugendlichen, die auf Grund des § 66 StGB strafrechtlich nicht verantwortlich gemacht werden können. Es kommen solche Jugendliche hinzu, die ständig entweichen oder die Lebensordnung im Heim gröblich verletzen und dafür keinesfalls strafrechtlich zur Verantwortung gezogen werden können." [76] Im 2. Entwurf eines undatierten Schreibens an den Generalstaatsanwalt grenzt Mannschatz die Aufgaben des Geschlossenen Jugendwerkhofes von Einrichtungen des Strafvollzugs ab. Mannschatz argumentiert folgendermaßen: In den Geschlossenen Jugendwerkhof wurden auch Jugendliche eingeliefert, die sich strafbarer Handlungen schuldig gemacht hatten, ohne dass ein Ermittlungsverfahren bzw. gerichtliches Verfahren eingeleitet wurde. „Die Strafverfolgung wurde in solchen Fällen deshalb nicht eingeleitet, weil die Tatsache des Aufenthaltes in einer Einrichtung der Jugendhilfe als ausreichende Sanktion und als nicht strafbar angesehen wurde. Das ist aber sicher nicht richtig und entspricht keinesfalls den Bestimmungen des neuen Strafgesetzbuches. Jugendliche, die sich in Jugendwerkhöfen befinden, sind in allen Fällen bereits wegen Nichtanerkennung gesellschaftlicher Normen eingewiesen. Sie befinden sich also zwangsweise in einer Bewährungssituation, in der sie dazu erzogen werden, die gesellschaftlichen Normen zu achten und einzuhalten. Besonders in dieser Situation müssen strafbare Handlungen als solche gewertet werden. In Anbetracht der Einführung des neuen sozialistischen Strafrechts, das die Aufgaben der Strafverfolgungsorgane und der Jugendhilfe bei der Verhinderung der Jugendkriminalität eindeutig bestimmt, muss auch in Bezug auf den Geschlossenen Jugendwerkhof betont werden, dass es keine Verwirklichung der strafrechtlichen Verantwortlichkeit durch die Organe der Jugendhilfe geben kann. Demzufolge ist es nicht mehr möglich, auf Grund strafbarer Handlungen Jugendliche in den Geschlossenen Jugendwerkhof einzuweisen." [77] In der Folgezeit wurden keine Jugendliche mehr eingeliefert, die nach dem neuen Strafrecht unbedingt strafrechtlich zu verfolgen waren. Im Untersuchungszeitraum 1977 – 1978 wurden unter der Rubrik „Entweichungen" allerdings auch Jugendliche erfasst, die bei ihrer Entweichung „kleinere kriminelle Handlungen, wie unberechtigtes Benutzen von Kfz, Diebstähle und Einbrüche" begangen hatten. [78]

---

76 Antwortschreiben an die Leiterin der Gruppe Jugend beim Generalstaatsanwalt vom 3. Juli 1969, in: BArch DR 2 12201.

77 Zweiter undatierter Entwurf eines Schreibens an den Generalstaatsanwalt, in: BArch DR 2 12201.(Der Entwurf stammt wahrscheinlich aus dem Jahre 1969.)

78 Schreiben des Jugendwerkhofes Torgau an das Ministerium für Volksbildung, Abteilung Jugendhilfe, Sektor Heimerziehung vom 4.12.1978, in: BArch DR 2 A2295.

3.2. Ausstattung des Geschlossenen Jugendwerkhofes Torgau

Nachdem der Beschluss über die Einrichtung eines Geschlossenen Jugendwerkhofes gefasst war [79], wurde ursprünglich keine berufliche Qualifizierung der Insassen vorgesehen. Die eingewiesenen Jugendlichen sollten lediglich „produktiv arbeiten“. Mit der Anordnung über die Berufsausbildung Jugendlicher in Jugendwerkhöfen vom 5.5.1980 [80] wurde eine Rechtsgrundlage geschaffen, die jedem Jugendlichen den Erwerb eines Abschlusses in einem Teilberuf ermöglichen sollte.

Der Geschlossene Jugendwerkhof Torgau war zunächst auf eine Kapazität von 50 Jugendlichen angelegt: 35 Jungen in zwei Gruppen und 15 Mädchen in einer Gruppe. Die Kapazitäten wurden später auf 60 Plätze erhöht.

Die Ersteinrichtung sowie die anfängliche Arbeit in den Monaten April bis Juni 1964 wurden aus Mitteln von drei aufgelösten Jugendwerkhöfen finanziert. Mannschatz forderte in der Vorlage von 1964 die Bereitstellung von 40 Planstellen für das pädagogische und technische Personal, von denen 23 aus den aufgelösten Jugendwerkhöfen umgesetzt werden sollten. Weiterhin wurde ein bewaffneter Betriebsschutz beantragt. [81]

Nach der „Kaderbesetzung des Jugendwerkhofes Torgau“ – Stand 1.5.1964 – setzte sich das pädagogische Personal aus dem Direktor Günther Lehmann, dem Erziehungsleiter Horst Kretzschmar und vier Erziehern zusammen. Weitere vier Erzieher waren namentlich zur Einstellung vorgesehen. Insgesamt wies der Plan bis Ende 1964 folgende Stellen aus: [82]

1. Pädagogisches Personal:
    - Direktor
    - Erziehungsleiter
    - 3 Lehrer
    - 25 Erzieher
2. Technisches Personal:
    - 22 Personen.

---

[79] Anordnung über die Spezialheime der Jugendhilfe vom 22. April 1965, GBI. der DDR II Nr. 53 von 1965.

[80] GBI. I, Nr. 18 vom 5.5.1980, S. 167; vgl. dazu auch Entscheidung des Kammergerichts Berlin vom 29.12.2004, http://www.kammergericht.de/entscheidungen/Strafsenate/5Ws169\,--\,04REHA.pdf, S. 14

[81] Einrichtung eines geschlossenen Jugendwerkhofes im ehemaligen Jugendhaus Torgau, Vorlage Leiter der Sektion Jugendhilfe, ohne Datum (Anfang 1964), in: BArch DR 2 12201.

[82] Kaderbesetzung des Jugendwerkhofes Torgau, 30. April 1964, in: BArch DR 2 12201. Die Leitung des Jugendwerkhofes wies vorsorglich darauf hin, dass es wegen der „Besonderheit der Arbeit“ Schwierigkeiten bei der planmäßigen Besetzung der Erzieherplanstellen gegeben könne.

Nach einem Inspektionsbericht belief sich die Personalausstattung im Jahr 1967 auf 20 Mitarbeiter im pädagogischen und 23 im technischen Bereich, davon waren zu diesem Zeitpunkt jeweils drei Stellen unbesetzt. [83]

Der Sachmitteletat im Haushaltsplan des Jugendwerkhofes erlaubt interessante Rückschlüsse auf diese Einrichtung. Im Bericht über die ersten drei Quartale des Jahres 1978 beliefen sich die Mittel für Reinigungsmaterial/Toilettenartikel auf 16,1 TM, das entspricht über 40 Prozent aller ausgegebenen Sachmittel. [84] Die niedrigen Ausgaben für Schulmittel erklären sich damit, dass neben den wenigen Unterrichtsmaterialien allenfalls noch Kosten für Zeitungen und Zeitschriften angefallen sind.

Nach Aussagen der Leiterin der Erinnerungs- und Begegnungsstätte im ehemaligen Jugendwerkhof Torgau durchliefen vom 1. Mai 1964 bis zum Herbst 1989 4.046 Jugendliche diese Einrichtung der Jugendhilfe. Stefan L., der Sprecher der ehemaligen Insassen des Jugendwerkhofs Torgau, nannte in dem mit ihm geführten Interview bis zu 6.000 Insassen: „Die Zahlen kommen zustande, weil einige mehrfach in Torgau waren“ [85]

Mit der Errichtung des Geschlossenen Jugendwerkhofs Torgau waren von der institutionellen Seite her betrachtet der Aufbau der Heimerziehung abgeschlossen und die Funktion der Heimerziehung im Rahmen des einheitlichen Bildungswesens von der Staats- und Parteiführung und den von ihr „angeleiteten“ Organe festgelegt. Die Darstellung des Jugendhilfesystems in der DDR und insbesondere der Aufgaben der Heime und Jugendwerkhöfe zeigt, dass auch aus der Sicht der politisch wie pädagogisch Verantwortlichen trotz intensiver Bemühungen die Frage nicht gelöst werden konnte, wie im Rahmen des einheitlich gestalteten Bildungswesens Jugendliche mit abweichendem Verhalten so zu erziehen bzw. um zu erziehen sind, dass sie den Anforderungen der entwickelten sozialistischen Gesellschaft entsprechen, in die Arbeitswelt als „produktive“ Glieder dieser Gesellschaft integriert und zu sozialistischen Persönlichkeiten würden.

Im nächsten Schritt wird untersucht, wie und mit welchen pädagogischen Mitteln die pädagogischen Intentionen im Geschlossenen Jugendwerkhof Torgau umgesetzt wurden.

---

83 Bericht zur Inspektion im geschlossenen Jugendwerkhof Torgau im April 1967, in: BArch DR 2 12201.

84 Analyse über die Erfüllung des Volkswirtschafts- und Haushaltsplanes vom 01.01.-30.09.1978. Schreiben des Jugendwerkhofes Torgau an das Ministerium für Volksbildung vom 11.10.1978, S. 5, in: BArch DR 2 A2295. Für Wäsche und Bekleidung wurden im gleichen Zeitraum 10,8 TM, für den Wirtschaftsbedarf auf 9,1 TM und für Schulmittel auf 1,2 TM ausgegeben.

85 Siehe: Interview Stefan L. in der Anlage der Arbeit.

C. „Pädagogischer Alltag“ im Jugendwerkhof Torgau

Makarenkos Maxime, „man muss den neuen Menschen auf neue Weise schaffen“, wurde ebenso wie seine Konzentration des Erziehungsprozesses ausschließlich auf das Kollektiv bei gleichzeitiger Ablehnung jeder „individualistischen Erziehung“ [1] im Geschlossenen Jugendwerkhof Torgau im wahrsten Sinne des Wortes „exerziert“. Sein in der Gorki-Kolonie an Schwererziehbaren praktiziertes Erziehungskonzept mit den Elementen der Kollektiverziehung, der strengen Disziplin und der Arbeitserziehung unter Anwendung der Explosionsmethode [2] wurde im Geschlossenen Jugendwerkhof Torgau uneingeschränkt übernommen. Wenn auch der erste Direktor des Jugendwerkhofes in seinem Bericht über die Lage in den Spezialheimen ausführte, dass es für den Geschlossenen Jugendwerkhof „keinerlei Vorbild und keine Vergleichsmöglichkeiten“ gegeben habe, [3] ist die Anlehnung an Makarenko und seine Gorki-Kolonie dennoch unverkennbar.

1. Das Erziehungskonzept des Jugendwerkhofs Torgau

Das Erziehungskonzept des Geschlossenen Jugendwerkhofs Torgau folgt den grundlegenden Prinzipien der Umerziehung, die in der DDR-Sonderpädagogik als ein „korrekturorientierter pädagogischer Prozess“ [4] definiert wurden. Umerziehung wurde als ein Prozess der „Durchsetzung von Elementen der Disziplinierung, der Korrektur falscher Verhaltensweisen und der Aufholung von Rückständen“ verstanden. [5] Die Überzeugung, dass auch jede sozial determinierte Fehl-

[1] Makarenko, Anton Semjonowitsch: Pädagogen zucken die Achseln, in: Pädagogische Werke, Bd. 1, Berlin-Ost 1988, S. 217.

[2] Siehe Kap A Abschnitt 1.2 und 3.1 der Arbeit.

[3] Vgl. Bericht über die Verwirklichung des Ministerrats-Beschlusses vom 28.5.1964 und über die Lage in den Spezialheimen 1966, in: BArch DR A 8162. Siehe auch Kap B der Arbeit.

[4] Siehe hierzu ausführlicher die Darlegungen in Kap. 3.2 der Arbeit. Vgl. Köllner, Renate (1984): Probleme der Fehlentwicklung und Umerziehung aus psychologischer und pädagogischer Sicht. Tagungsbericht, in: Jugendhilfe, 1984, Heft 7/8, S. 219; vgl. auch Köllner, Renate (1986): Probleme der Korrektur psychosozialer Fehlentwicklungen bei Kindern und Jugendlichen. Tagungsbericht, in: Jugendhilfe, 1986, Heft 7/8, S. 213 – 215.

[5] Forschungskonzeption für den Zeitraum 1976 – 1980 des Instituts für Jugendhilfe und des Wissenschaftsbereichs Pädagogik der Jugendhilfe/Heimerziehung an der Humboldt-Universität Berlin 1975, in: BArch DR 2 D 1054.

entwicklung mit pädagogischen Mitteln korrigierbar sei,[6] und das Verständnis, dass Erziehung der wichtigste Faktor der Bildung der Persönlichkeit sei, gründeten letztlich auf dem dialektischen und historischen Materialismus, wonach das gesellschaftliche Sein das Bewusstsein bestimmt. Nur die Anwendung der wissenschaftlichen materialistischen Weltanschauung des Marxismus-Leninismus ermögliche es, die Verfahren und Methoden der Pädagogik herauszuarbeiten und zu erproben,[7] die zum Erziehungsziel der sozialistischen Persönlichkeit führten.

Der so verstandene pädagogische Prozess setzte selbstverständlich auch in den Spezialheimen der Jugendhilfe die Kollektiverziehung voraus, die gleichsam den „Mutterboden für die Umerziehung“ (Eberhard Mannschatz) bildete. Umerziehung sollte und konnte nach diesem Selbstverständnis nur durch das Kollektiv erfolgen. Eine erfolgreiche Umerziehung erfordere jedoch auch „eine mitgestaltende Tätigkeit im Kollektiv“ und könne nicht „durch zwangsweise oder organisatorische Einpassung“ erreicht werden.[8] Die Verhaltenskorrekturen im Umerziehungsprozess dürften sich nicht in Einzelmaßnahmen erschöpfen, weshalb ein System „differenziert aufeinander abgestimmter pädagogisch-psychologischer Maßnahmen mit hoher korrektiver Effizienz“ zugrunde gelegt wurde.[9] Langfristig gelte es, die „Handlungen der Jugendlichen nach den sozialen Normen und Werten der sozialistischen Gesellschaft von innen heraus zu steuern“.[10] Das Ziel der Umerziehung müsse die „Umstrukturierung der subjektiven Handlungsposition in der Richtung sein, dass eigene Entscheidungen an gesellschaftlich wertvollen Normen orientiert werden.“[11] Dafür sei die pädagogisch bewusste Führung von Vertrauen, Kontrollen und Zwang erforderlich, um Selbstentscheidungen zu bewirken.[12]

Die Besonderheiten der sozialpädagogischen Aufgabenstellung des Geschlossenen Jugendwerkhofes Torgau sind neben den Schriften von Eberhard Mann-

---

6 Schütze, Otmar (1969): Zu einigen Problemen der sozialen Fehlentwicklung und der Umerziehung, in: Jugendhilfe 1969, Heft 3, S. 85.

7 Siehe: Kap. A der Arbeit.

8 Siehe: Mannschatz, Eberhard (1976): Theoretische Positionen zur Forschung über Schwererziehbarkeit und Umerziehung. Diskussionsmaterial des Instituts für Jugendhilfe, Ludwigsfelde.

9 Wagenführer, Klaus (1987): Exogene und endogene Bedingungen psycho-sozialer Fehlentwicklungen bei Kindern und Jugendlichen. Tagungsbericht, in: Jugendhilfe, 1969, Heft 9, S. 249.; Mannschatz, Eberhard (1977): Der Beitrag der Jugendhilfe zur kommunistischen Erziehung der Jugend, in: Jugendhilfe Heft 7/8, S. 215.

10 Luther, Horst (1966): Jugendkriminalität und ihre Bekämpfung in der sozialistischen Gesellschaft, hrsg. vom Institut für Strafrecht, in: Jugendhilfe, 1966 Heft 2, Berlin, S. 62.

11 Vgl. Köllner, Renate (1984): Probleme der Fehlentwicklung und Umerziehung aus psychologischer und pädagogischer Sicht, in: Jugendhilfe, 1984, Heft 5, S. 213.

12 Vgl. ebenda, S. 213.

schatz aus den Berichten des ersten Direktors, Günther Lehmann, und aus der Diplomarbeit von Horst Kretzschmar [13] zu erschließen. Günther Lehmann nannte auf dem II. Internationalen Symposium zu Problemen der Jugendkriminalität 1967 in Ost-Berlin als Hauptfunktion des Umerziehungsprozesses im Geschlossenen Jugendwerkhof Torgau „das Herstellen beziehungsweise das Wiederherstellen der elementaren Erziehungsbereitschaft bei einer Reihe schwererziehbarer Jugendlicher, um Voraussetzungen für einen optimalen Umerziehungseffekt in den offenen Jugendwerkhöfen zu schaffen." Durch eine „zielgerichtete Einflußnahme" würden zunächst „negative Lebensgewohnheiten der Jugendlichen zerstört werden; es komme hier zum Prozeß der Konfrontierung mit unabdingbaren gesellschaftlichen Forderungen. Diese kurze Phase werde durch die Orientierung des Jugendlichen abgelöst, sich progressive Lebensgewohnheiten anzueignen." [14] Durch massiven Druck sollten die Jugendlichen zur Einsicht kommen und ihr Verhalten ändern.

Diese ersten Ansätze eines Erziehungskonzepts des Jugendwerkhofs unterschieden sich vom pädagogischen Konzept der Heimerziehung durch die starke Betonung der eisernen Disziplin und das „System der straffen Ordnung". Dieses Ordnungssystem orientierte sich nach einem Bericht von Lehmann anfänglich ausdrücklich an den „Normen der NVA". [15] Aus dem Inspektionsbericht im Geschlossenen Jugendwerkhof Torgau im Mai 1965 ist zu entnehmen, dass die Erzieher glaubten, auf militärische Formen nicht verzichten zu können. [16] Das straffe, militärische Regiment spiegelt sich später auch in der Arbeitsordnung von 1971 wider, die eine „aufrechte, straffe Haltung (Grundeinstellung)" forderte, jeglichen „Versuch der Kontaktaufnahme mit Jugendlichen anderen Geschlechts" verbot und in vielfältigen Ordnungen detailliert alle Bereiche im Jugendwerkhof Torgau regelte. [17]

Inhaltliche Schwerpunkte der autoritären Erziehung im Jugendwerkhof Torgau waren die „zielgerichtete staatsbürgerliche Erziehung", die „produktionsgerechte Arbeitserziehung" und die „systematische Anwendung von anspornenden und Strafmaßnahmen". Der Bericht zur Überprüfung des Geschlossenen Jugendwerkhofes Torgau vom 24.7.1968 bestätigt ausdrücklich, dass der „vorherrschen-

13 Horst Kretzschmar war als Erzieher maßgeblich an der Entwicklung des Geschlossenen Jugendwerkhofs Torgau beteiligt und leitete die Einrichtung bis zu seinem Tode im Frühjahr 1989.

14 Luther, Horst (1968): II. Internationales Symposion zu Problemen der Jugendkriminalität, in: Jugendhilfe, 1968, Heft 2, S. 48.

15 Bericht von Günther Lehmann 1965 über den Jugendwerkhof Torgau, in: BArch DR 2 A 8162.

16 Bericht über die Inspektion im Jugendwerkhof Torgau vom 5.5.-7.5.1965, in: BArch DR 2 A.2264.

17 Arbeitsordnung des Jugendwerkhofes Torgau, in: BArch DR 2 A 2295. Siehe hierzu Abschnitt 2.3 der Arbeit.

de autoritäre Erziehungsstil zur Durchsetzung der straffen Lebensordnung notwendig“ sei.[18] Der „straff durchorganisierte und fließende Tagesablauf“ und das „System von Ansporn und Strafe“ werden in dem Bericht als Grund dafür angegeben, dass es nur wenige Fälle von „Aufsässigkeit“ gebe. Weiterhin bezeichnet der Bericht Sauberkeit, Ordnung und Disziplin als „Eckpfeiler der Erziehung“.

Abweichend von dem oben erwähnten Bericht Lehmanns lehnte Horst Kretzschmar ein System nach dem Vorbild der NVA ebenso ab wie die Übertragung der Erziehungskonzeption des Jugendstrafvollzugs. Er stellte jedoch die pädagogische Konzeption nicht in Frage, die auf der Verbindung von politisch-ideologischer Bildungs- und Erziehungsarbeit mit Kollektiv- und Arbeitserziehung sowie Erziehung zur Disziplin beruhte. Der pädagogische Prozess der Umerziehung müsse „auf der Grundlage einer zweckentsprechenden inneren Ordnung geführt werden.“[19]

Das Hauptziel des Aufenthaltes im Jugendwerkhof Torgau bestand – wie in allen Heimen – darin, „die Erziehungsbereitschaft der Jugendlichen zu wecken und zu entwickeln.“ Dabei sollten nach Kretzschmar die vom Ministerium für Volksbildung, Abteilung Jugendhilfe und Sonderschule, Sektor Heimerziehung am 25.6.1970 vorgegebenen Grundsätze mit den Schwerpunkten politisch-ideologische Erziehung, Erziehungsprinzipien für die Gestaltung der Lebensordnung, Erziehungsorganisation, Rolle und Gestaltung der Produktion, Unterricht und Freizeitverhalten zur Geltung gebracht werden. Im Mittelpunkt der pädagogischen Tätigkeit stand nach der Arbeitsordnung „die politisch-ideologische Bildung und Erziehung“,[20] die den Jugendlichen „die sozialistischen Normen der zwischenmenschlichen Beziehungen als wichtige Voraussetzung für eine dauerhafte Einordnungsbereitschaft nahe bringen“ sollten.[21] Damit unterschied sich das Erziehungskonzept des Jugendwerkhofes nicht vom Ziel der Pädagogik insgesamt, nämlich der Erziehung zur sozialistischen Persönlichkeit.

Unter den von Kretzschmar genannten „Erziehungsprinzipien für die Gestaltung der Lebensordnung“, die entsprechend der Zielrichtung von Makarenkos Explosionsmethode unabdingbar seien, wurden in erster Linie die Einhaltung traditioneller Werte wie Sauberkeit und Ordnung, Körperpflege, gegenseitige Rücksichtnahme, Höflichkeit, Pünktlichkeit oder gewissenhafte Erfüllung übertragener Aufgaben verstanden.[22] „Die Erziehungsarbeit war so zu gestalten, dass sich

---

[18] In: BArch DR 2 A 2295.

[19] Kretzschmar, Horst (1972): Die Entwicklung des Jugendwerkhofs, a.a.O., S. 6.

[20] Ebenda, S. 7.

[21] Ebenda, S. 24.

[22] Diese Übernahme „bürgerlicher“ Wertvorstellungen findet sich bereits in den von Walter Ulbricht 1956 aufgestellten „10 Geboten der sozialistischen Moral und Ethik“. Die Bemühungen

diese Forderungen zu dauerhaften Gewohnheiten, ja zu Bedürfnissen der Jugendlichen entwickeln.“ [23] Hierzu diente vor allem die strikte Einhaltung der Arbeitsordnung des Jugendwerkhofs Torgau. Die hierin aufgeführten „Erziehungsprinzipien für die Gestaltung der Lebensordnung“, die vorrangig auf die Erziehung zur Disziplin ausgerichtet waren, bildeten den zentralen Bestandteil des pädagogischen Programms. Dabei wurde jedoch der Zusammenhang zwischen und Disziplin und Erziehung im und durch das Kollektiv insofern missdeutet, als die Disziplin nicht – wie im Jugendwerkhof Torgau praktiziert – nur über Methoden und Aktionen erreicht werden kann, die der Disziplinierung dienen, sondern letztlich das Ergebnis erzieherischer Arbeit sein muss. [24]

In die Kollektiverziehung waren die Jugendlichen einzubeziehen: „Die Erzieher haben in ihrer Bildungs- und Erziehungsarbeit im Jugendwerkhof Torgau durch die Entwicklung einer offenen Meinungsäußerung, die Entwicklung von Kritik und Selbstkritik, durch Funktionsverteilung, die den Wechsel von Über- und Unterordnung sichert, sowie durch eine individuelle angepasste Aufgabenstellung den Erziehungsprozess zur Sache aller Gruppenmitglieder zu machen.“ [25]Der damit verbundene Anspruch, dass die Jugendlichen auch Subjekt des Geschehens sein und bei der Erziehung selbst eine aktive Rolle einnehmen sollten, pervertierte in der praktischen Anwendung jedoch die Ziele der Kollektiverziehung in ihr Gegenteil. So waren die Gruppenleiter verpflichtet „besondere positive und negative Erscheinungen dem Erzieher“ zu melden, [26] damit sie ihre Privilegien aufrechterhalten konnten. Für den Erhalt von Privilegien innerhalb der hierarchischen Struktur des Jugendwerkhofes denunzierten die Gruppenleiter andere Jugendliche, führten Aufträge in vorauseilendem Gehorsam durch und verrieten damit Kameradschaft und Solidarität innerhalb der Gruppe. Häufig kam es auch zu Fällen der Selbstjustiz, indem Gruppenleiter selbst dafür sorgten, dass Jugendliche, durch deren Verschulden alle Mitglieder der Gruppe bestraft worden waren, von ihren Kameraden verprügelt wurden. Auf den Druck, der auf sie auch

---

um Erziehung nach Normen „sozialistischer Moral“ verfolgten von Anfang an das Ziel, die Bürger zur aktiven Gestaltung der marxistisch-leninistischen Gesellschaft hinzuführen. Vgl. Ahrbeck, Rosemarie (1984): Die allseitig entwickelte Persönlichkeit. Studien zur Geschichte des humanistischen Bildungsideals, Berlin- Ost, 2. Aufl.

23 Kretzschmar, Horst (1972): Die Entwicklung des Jugendwerkhofs, a.a.O., S. 25.

24 Auf die Nichtbeachtung des „unlösbaren Zusammenhangs zwischen Disziplin und Kollektiverziehung“ hatte bereits Anfang der siebziger Jahre der DDR-Pädagoge Bernhard Heuchler hingewiesen. Siehe: Heuchler, Bernhard: Ein Beitrag zur Frage der Erziehung zur bewussten Disziplin, in: BArch DR 470.

25 Ebenda, S. 27 f.

26 Siehe: Dokumentation des DIZ, Dokument 13.

durch die Mitglieder ihres Kollektivs ausgeübt wurde, reagierten Jugendliche mit Entweichungen und sogar mit Suiziden.

Unter „Rolle und Gestaltung der Produktion“ wurde verstanden, dass die Erzieher dazu beizutragen hatten, „dass Bestandteile sozialistischer Produktion, wie Kooperation, sozialistische Hilfe, Wettbewerb, Brigadearbeit zu Wesensmerkmalen der Arbeit im Jugendwerkhof Torgau werden und als Methode und Ziel die Umerziehung im Produktionsbereich durchdringen.“ [27] Durch Entlohnung nach dem Leistungsprinzip sollte das ökonomische Denken der Jugendlichen entwickelt werden. [28]

Die schulische Bildungsarbeit im Jugendwerkhof Torgau war nach dem pädagogischen Konzept, das auf der Verbindung von politisch-ideologischer Bildungs- und Erziehungsarbeit mit Kollektiv- und Arbeitserziehung sowie Erziehung zur Disziplin beruhte, auf die Erfüllung der Berufsschulpflicht ausgerichtet und dem Bereich der produktiven Arbeit zugeordnet. Sie beinhaltete die Unterrichtsfächer Staatsbürgerkunde, Mathematik, Deutsch und das Fach „Lehrunterweisung“, in dem die theoretische Fundierung der praktischen Arbeit vermittelt wurde. Leistungsschwache Schüler sollten zwar individuell gefördert werden, aber die Ausrichtung der pädagogischen Arbeit ausschließlich an den Leistungen der Gruppe, des Kollektivs, stand der individuellen Förderung im Wege. Die Jugendlichen wurden vielmehr in Erziehungsgruppen unterrichtet, in denen weder auf den unterschiedlichen schulischen Leistungsstand noch auf das Alter der Jugendlichen Rücksicht genommen wurde. Die Gruppe wurde wöchentlich nach ihrem Gesamtverhalten bewertet. Einem Überprüfungsbericht aus dem Jahre 1965 ist zu entnehmen, dass das Leistungsniveau „sehr differenziert“ und die Lerneinstellung „zum überwiegenden Teil negativ“ sei. [29] Nach einem Bericht aus dem Jahre 1968 äußerten Erzieher, „dass das Hauptanliegen des Unterrichts im geschlossenen Jugendwerkhof die Disziplin wäre. Dabei spiele der Prozess der Bildung eine untergeordnete Rolle.“ [30] Auch aus den Interviews mit Zöglingen

[27] Ebenda, S. 28.

[28] Nach den Richtlinien für die tägliche Bewertung der Arbeitsleistungen der Jugendlichen in der Produktion vom Juni 1977 wurden Jugendliche in die Lohngruppe 5 (0,90 M) eingruppiert, wenn sie u. a. die Norm über 140 %, einwandfreie Qualität lieferten, sich durch sehr gute Ordnung und Sauberkeit am Arbeitsplatz und durch sehr gute Disziplin auszeichneten. Die anderen Lohngruppen waren nach gleichen Kriterien abgestuft. (BArch DR 2 A 2295).

[29] Bericht zur Überprüfung des geschlossenen Jugendwerkhofes Torgau vom 5.5. -7.5.1965, in: BArch DR 2 A 2264.

[30] Bericht zur Überprüfung des geschlossenen Jugendwerkhofes Torgau vom 24.7.1968, in: BArch DR 2 A 2295.

des Geschlossenen Jugendwerkhofs Torgau ist zu schließen, dass die schulische Bildung vernachlässigt wurde.[31]

Bei der beruflichen Ausbildung stand die spätere Eingliederung der Jugendlichen in den Produktionsprozess im Vordergrund. Da sich nach marxistischer Auffassung in der produktiven Arbeit wesentliche Beziehungen des Menschen zur Gesellschaft prägten, sollten „Bestandteile sozialistischer Produktion, wie Kooperation, sozialistische Hilfe, Wettbewerb, Brigadearbeit zu Wesensmerkmalen der Arbeit im Jugendwerkhof Torgau werden".[32] Hinter diesem Anliegen trat die inhaltliche Ausfüllung der Berufsschulpflicht in den Hintergrund. Im Jugendwerkhof Torgau hatten die männlichen Jugendlichen lediglich die Möglichkeit, in der Montageabteilung den Umgang mit einfachen Werkzeugen zu erlernen und nach Erlernen dieser Vorkenntnisse in der Abteilung Maschinenräume vorgefertigte Teile in der Montage zusammenzusetzen. Die weiblichen Jugendlichen waren in der Abteilung Elektromontage tätig, in welcher Kleinteile für die Elektroindustrie mit einfachen Maschinen bearbeitet und zu Teilaggregaten zusammengesetzt wurden. Nach Angaben von Kretzschmar bestand lediglich die Möglichkeit, im Rahmen eines Teillehrvertrags zu Teilabschlüssen als Schlosserhelfer oder Elektromonteur zu kommen. Das bedeutete, dass in der Regel eine Ausbildung, die in der Stammeinrichtung vor der Einlieferung nach Torgau begonnen worden war, nicht weitergeführt werden konnte.[33]

Die Freizeit war als Freizeiterziehung gestaltet, d. h. sie war nach der Arbeitsordnung des Jugendwerkhofes Torgau „gelenkt".[34] Sie wurde als pädagogisch verstandenes Mittel zur Einflussnahme auf das Denken und Handeln der Jugendlichen genutzt:

„Grundsätzlich gibt es da nur einen Weg, den des Freizeitlernens, das heißt, alle uns zur Verfügung stehende Zeit ist dem Grundgedanken des Lernens unterzuordnen. [...] Hauptinhalt der Freizeitgestaltung muss vor allem auch die ideologische Beeinflussung unserer Jugendlichen sein, denn auch auf diesem Gebiet ist ein großer Nachholbedarf vorhanden. Der Oberbegriff für die Freizeitgestaltung im Jugendwerkhof Torgau heißt also eine Atmosphäre des Lernens zu schaffen. Lernen im Sinne des Erwerbs von politischem Wissen, Lernen im Sinne des Erwerbs von sozialen Grundregeln des gemeinschaftlichen Zusammenlebens in einer sozialistischen Gesellschaft."[35]

---

31 Siehe Kap. D und Anhang der Arbeit.

32 Kretzschmar, Horst (1972): Die Entwicklung des Jugendwerkhofes, a.a.O., S. 27.

33 Siehe: Kap. B, Abschnitt 2.2 der Arbeit.

34 „Lenkung" bedeutete in der Terminologie des SED-Staates, dass Arbeitsabläufe, Dienstanweisungen, Aufgabenstellungen oder jedwede Ausführung von Anweisungen strikt zu befolgen waren.

35 Kretzschmar, Horst (1972): Die Entwicklung des Jugendwerkhofes, a.a.O., S. 76 f.

Im Sinne dieser „ideologischen Beeinflussung“ sollten die Jugendlichen in die Lage versetzt werden, „mit der Diskussion von aktuellen Problemen, wie Parteitagsbeschlüssen u. ä. zu beginnen sowie eine offensive Diskussion zu Fragen des Marxismus-Leninismus, zur Herausbildung von sozialistischen Überzeugungen zu führen.“ [36] Unter solcher „Freizeiterziehung“ war die Behandlung folgender Themen „im pädagogischen Bereich mit unseren Jugendlichen“ subsumiert: Zeitungsschau der Jugendlichen, Unterricht in den schulischen Fächern, Nutzung des Fernsehens (Aktuelle Kamera), Durchführung von Foren und diverse Zusammenkünfte und Gruppenversammlungen.

Der pädagogische Prozess war strukturiert in die Grundbereiche Gruppenarbeit, Berufsausbildung in der Produktion, jugendfürsorgerischer Bereich, Schule und zusätzlich in die Bereiche Ökonomie und Sicherheit. Eine Besonderheit war im Jugendwerkhof Torgau, dass dem ständigen Wechsel der Gruppenzusammensetzung (durch Entlassung von Jugendlichen und fortwährendes Hinzukommen von neuen Zöglingen) Rechnung getragen werden musste. Die Probleme, die in dem komplizierten pädagogisch-sozialen Beziehungsgefüge mit permanent wechselnden gruppendynamischen Prozessen auftraten, sollten in Torgau durch „das einheitliche pädagogische Handeln aller Erzieher“ bewältigt werden: „Dazu ist es wichtig, dass es inhaltliche und organisatorische Handlungskonzeptionen gibt, dass der Kommunikationsprozess auch für neu hinzukommende Kollegen erfassbar ist. Dazu ist im Jugendwerkhof Torgau ein System von Arbeitsordnungen geschaffen worden.“ [37] In letzter Konsequenz bestimmte also die unbedingte Unterordnung aller am Erziehungsprozess Beteiligten das pädagogische Handeln.

Ende der siebziger Jahre wurde ein Bericht oder Rede über den Entwicklungsstand und den Inhalt der Arbeit im Jugendwerkhof Torgau konzipiert, der als Entwurf vorliegt und sehr wahrscheinlich von dem Direktor Horst Kretzschmar verfasst wurde: „Grundsätzlich ist die politisch-ideologische Arbeit mit den Jugendlichen im wesentlichen so angelegt, wie in den offenen Jugendwerkhöfen: Der grundsätzliche Unterschied besteht nur in der ‚Geschlossenheit‘ des Jugendwerkhofes, also in der relativen Unmöglichkeit, dass sich ein Jugendlicher der pädagogischen Einflussnahme entziehen kann. Eine besondere Pädagogik gibt es bei uns nicht! Hinzu kommt aber die Kurzlebigkeit unserer Gruppenkollektive, das heißt ein fast täglich stattfindender Wechsel der Sozialrollenkonstellation durch Neueinweisungen und Entlassungen. Wir halten uns an die Grundregeln der Makarenkoischen Kollektiverziehung und pflegen ebenso, im modifizierten Maße nämlich, die Arbeit mit Mitverantwortungsorganen [. . .]. Auch bei uns wird

[36] Ebenda, S. 77 f.

[37] Ebenda, S. 51.

die Freizeitgestaltung, vielleicht in einem sehr straffen Maße als sonst, durch ein Freizeitkurssystem gestaltet. Ein guter Teil dieses Freizeitprogramms gehört der ideologischen Erziehung der Jugendlichen. [...]

Ich fasse jetzt noch einmal die Grundgedanken der pädagogischen Arbeit im Jugendwerkhof Torgau zusammen.

1. Der pädagogische Prozess der Umerziehung wird auf der Grundlage einer zweckentsprechenden inneren Ordnung geführt, die auf der Grundlage der sozialistischen Pädagogik, der Kollektiverziehung basiert, dabei sind auch die Belange der Sicherheit zu berücksichtigen, denn die Jugendlichen sollen sich ja nicht durch Entweichen dem Umerziehungsprozess entziehen.
2. Starke politisch-ideologische Bildungs- und Erziehungsarbeit, wir streben die Herausbildung einer regelrechten politischen Atmosphäre an.
3. Erziehung zur Arbeit durch die produktive Tätigkeit in Verbindung mit der staatsbürgerlichen Erziehung und einer zweckentsprechenden Qualifizierung.
4. Interessante, kulturelle Freizeitgestaltung bei einem strengen Regime.
5. Keine Fehlhaltung bleibt ohne pädagogische Reaktion.“ [38]

Weiter betont Horst Kretzschmar, dass alle an die Jugendlichen gestellten Forderungen den Normen des sozialistischen Zusammenlebens entsprechen. „Die Orientierung auf Normen erfolgt entsprechend dem Nachholbedarf der Jugendlichen auf diesem Gebiete im besonderen Maße auf Sauberkeit und Ordnung, Körperpflege, gegenseitige Rücksichtnahme und Hilfe, Höflichkeit und Pünktlichkeit, gewissenhafte Erfüllung übertragener Aufgaben“. [39] In dem Beitrag wird betont, dass die Jugendlichen in den Erziehungsprozess einzubeziehen und dass eine offene Meinungsäußerung und Kritik und Selbstkritik zu „entwickeln“ seien wie eine „individuelle Aufgabenstellung“. Von diesem theoretischen Anspruch wich jedoch die Praxis der Umerziehung weit ab. [40]

2. Die Umsetzung des Erziehungskonzepts im Geschlossenen Jugendwerkhof Torgau

Dieser „sozialpädagogischen Aufgabenstellung“ des Jugendwerkhofs wurde jedoch die praktische Anwendung nicht gerecht. Abweichend von Mannschatz [41]

[38] Entwurf ohne Titel und Datum, S. 13, in: BArch DR 2 A 2295.

[39] Ebenda, S. 3.

[40] Sie hierzu ausführlich Kap. D der Arbeit.

[41] Mannschatz, Eberhard (1970): Entwurf einer Methodik der Kollektiverziehung, Berlin-Ost, S. 118: „Nicht alle Regeln der Lebensordnung haben die Bedeutung von Kommunikationsstrukturen. Man kann das beispielsweise nicht behaupten von Regeln, die in einem Heim für

wurden auch die Regeln der täglichen Verrichtung von Kretzschmar als Kommunikationsstrukturen verstanden. Die Arbeitsordnung regelte dezidiert alle Tätigkeiten und Abläufe im Jugendwerkhof. [42] Die hierin enthaltenen vielfältigen Ordnungen und die fast minuziöse Planung aller Abläufe ließen weder inhaltlich noch zeitlich Handlungsspielräume für Eigeninitiativen im pädagogischen Prozess zu und widersprachen damit den selbst gestellten pädagogischen Ansprüchen. Die Reglementierungen und Planungen aller Abläufe ließen die „Erziehungsprinzipien für die Gestaltung der Lebensordnung“ nicht zur Geltung gelangen, zu denen Horst Kretzschmar ausdrücklich auch die Einbeziehung der Jugendlichen in den Erziehungsprozess durch die Entwicklung einer offenen Meinungsäußerung und einer individuell angepassten Aufgabenstellung zählt. [43] Das galt gleichermaßen für die Erzieher, die ihre individuellen pädagogischen Fähigkeiten dem Kollektivgedanken vollständig unterordnen mussten.

2.1. Einweisung nach Torgau: Anwendung der Explosionsmethode Makarenkos

Kretzschmar spricht ausdrücklich davon, dass „durch eine im Gegensatz zu dem offenen Jugendwerkhof stark veränderte Lebensform eine explosive Veränderung der bisher negativen Einstellung der Jugendlichen zum Umerziehungsvorhaben im Stammjugendwerkhof erreicht werden“ sollte.“ [44] „Der Schock der Einweisung in den Jugendwerkhof Torgau, der einmal aus der eingeengten persönlichen Bewegungsfreiheit, den relativ unausweichlichen Sanktionen bei Abweichungen von den vorgegebenen Lebensordnungen und den ziemlich radikal veränderten Lebensgewohnheiten besteht, hat einen zum Positiven hin tendierenden Umdenkungsprozess bei fast allen in der Erziehungsgruppe befindlichen Jugendlichen ausgelöst.“ [45] Die sozialpädagogischen Intentionen dieses „heilsamen Schocks“ und der Ablauf des Einweisungsverfahrens werden in den folgenden Abschnitten näher beleuchtet. [46]

---

das Herrichten der Betten, für den Wäschewechsel, für Bekleidungsvorschriften usw. Gültigkeit haben.“

42 Siehe Kap. C, Abschnitt 2.3 der Arbeit.

43 Kretzschmar, Horst (1972): Die Entwicklung des Jugendwerkhofs, a.a.O. S. 25 f.

44 Ebenda, S. 3.

45 Ebenda, S. 52.

46 Zum „heilsamen Schock“ aus der Sicht der Betroffenen, siehe ausführlich Kap. D der Arbeit.

2.1.1.Pädagogische Intentionen der Einweisung

Die dreitägige Phase der Einweisung und Aufnahme in den Geschlossenen Jugendwerkhof ist nach Kretzschmar der „strategische Teil der Explosionsmethode". „Entscheidend ist die Kenntnisaneignung über das im Jugendwerkhof bestehende Normengefüge. Es besteht deshalb die Forderung, dass die Jugendlichen klare Vorstellungen darüber haben müssen, was an Normen gefordert wird und wie sie diese Normenforderung verwirklichen sollen. Disziplinschwierigkeiten, hervorgerufen durch Normenunkenntnis, werden dadurch vermindert."[47] Diesem Zweck diente als erster Schritt das Aufnahmegespräch, in dem unter „aktiver Mithilfe" des Jugendlichen dessen bisherige Entwicklung analysiert und den Jugendlichen die Arbeitsordnungen mitgeteilt wurden. Im Anschluss daran musste der Jugendliche einen Brief an seine Eltern schreiben, dessen Inhalt (jetziger Aufenthaltsort, Grund des Aufenthalts und beabsichtige Entwicklung des Jugendlichen) „im groben Rahmen" vom Gesprächsführenden des Aufnahmegesprächs vorgegeben wurde. Der Bericht musste im Beisein des Gesprächsführenden geschrieben und ausgewertet werden. Der sozialpädagogische Zweck dieser Maßnahme sollte ein Rückkoppelungseffekt sein, um zu überprüfen, „wie das Gespräch „angekommen' ist und „in welchem Maße der Jugendliche Klarheit über seine bisherige Entwicklung hat."[48] Die anschließende erste „medizinisch hygienische Betreuung" wurde als ein Aspekt der sozialpädagogischen Aufgabenstellung verstanden, da die Jugendlichen auch auf diesem Gebiet der Betreuung und Fürsorge bedürften. Die Gesundheit der Jugendlichen wird von Kretzschmar als ein Bestreben definiert, „das unmittelbar zur sozialistischen Pädagogik gehört."[49] Die „organisatorischen Belange" des Haarschnitts und der Ausgabe der Bekleidung, die das Aufnahmeverfahren abschließen, werden gleichfalls pädagogisch begründet: „Es werden sehr oft Jugendliche mit einem Haarschnitt eingewiesen, der unseren sozialistischen Lebensgewohnheiten widerspricht."[50]

Die Ergebnisse des Aufnahmegesprächs wurden nach Bereichen (Einweisungsgrundlage, Ursachen der Fehlentwicklung, derzeitiges Erscheinungsbild im Leistungs- und Verhaltensbereich, politische Grundhaltung, Forderungen im Bereich der Produktion und zur Erhöhung des Bildungsniveaus sowie Besonderheiten bei der Erziehungsarbeit mit dem Jugendlichen) zusammengefasst und waren verbindliche Vorgaben für den Jugendlichen und die Erzieher seiner Gruppe. Diese Vorgaben waren nicht nur für die Erzieher in der Gruppe, sondern auch für

---

47 Ebenda, S. 42.
48 Ebenda, S. 43.
49 Ebenda, S. 44.
50 Ebenda, S. 45.

diejenigen in der Produktion und in der Schule verbindlich. Dem Gruppenerzieher fiel dabei die wichtigste Aufgabe zu, denn er war die wichtigste Bezugsperson und hatte dafür zu sorgen, dass alle im Aufnahmegespräch niedergelegten Forderungen verwirklicht werden. Dabei durfte die „beharrliche und feste Führung“ durch den Erzieher nicht „verwischt“ werden: „Der Erzieher der Gruppe muss den Mittelpunkt im Umerziehungsprozess darstellen, selbstverständlich unter Berücksichtigung seiner sozialen Rolle in der Gruppe. Das bedeutet, dass sich der Erzieher auch der persönlichen Interessen und Wünsche der Jugendlichen annimmt. [....] Diese Rolle verstärkt sich im Jugendwerkhof Torgau noch dadurch, dass der Erzieher jedem einzelnen Jugendlichen gegenüber besonders in der Einweisungsphase und auch noch später als unmittelbarer Vermittler der Lebensnormen auftritt und diese gegebenenfalls auch mit Sanktionen positiver oder negativer Art durchsetzen muss“. [51] Daneben sei der Anteil der Erziehungsgruppe in der Aufnahmephase gleichwertig dem Anteil des Erziehers, denn die Gruppenmitglieder vermittelten konkrete Verhaltensmuster und selbst gemachte Erfahrungen und stimmten den Jugendlichen auf die Forderungen der Lebensordnung in Torgau ein.

2.1.2. Der formale Ablauf des Einweisungsverfahrens

Die aus Spezialkinderheimen, offenen Jugendwerkhöfen und anderen Einrichtungen der Jugendhilfe in Torgau eingewiesenen Jugendlichen wurden von ihrer Begleitperson, die selbst den Jugendwerkhof nicht betreten durfte, an der Annahme abgeliefert. In der Praxis wurden auch minderjährige Jugendliche aus Kinderheimen eingeliefert. Das widersprach § 2 der Anordnung über die Spezialheime der Jugendhilfe, wonach Minderjährige aus normalen Kinderheimen, die nicht in das System der Spezialheime eingegliedert waren, überhaupt nicht dem Geschlossenen Jugendwerkhof zugeführt werden durften. Nach Berichten von Betroffenen wurden auch Jugendliche eingewiesen, die das vorgeschriebene Mindestalter von 14 Jahren nicht erreicht hatten. [52] Neben diesen Gesetzesverstößen erfolgten auch Einweisungen, bevor ein Einweisungsbeschluss überhaupt erst beim Ministerium eingegangen war oder ohne rechtliche Grundlage durch die Volkspolizei. [53] Vor der Einweisung nach Torgau erhielten weder die betroffenen Jugendlichen noch

[51] Ebenda, S. 48 f.

[52] Vgl. Oleschinski, Brigitte/Haase, Norbert/Klein, Bettina/Rösner, Hagen (1997): Der Geschlossene Jugendwerkhof Torgau, in: Einweisungen nach Torgau. Texte und Dokumente zur autoritären Jugendfürsorge in der DDR, Berlin, S. 108.

[53] Siehe: „Abschlussbericht des Unabhängigen Untersuchungsausschusses zum ehemaligen Jugendwerkhof Torgau“ vom 18. November 1990.

ihre Erziehungsberechtigten eine Gelegenheit, sich zu den beabsichtigten Maßnahmen zu äußern. Die Erziehungsberechtigten wurden erst nach der Einweisung verständigt. Das Einweisungsverfahren ist nicht nur sozialpädagogisch nicht zu rechtfertigen, sondern verletzt auch eklatant die Menschenrechte der Jugendlichen. [54]

Ähnliches gilt für das Aufnahmeverfahren. Nach dem Betreten des Jugendwerkhofs wurden zunächst eine Leibesvisitation durchgeführt, die Privatkleidung und alle persönlichen Gegenstände abgenommen und die Haare rasiert. Danach wurde der Jugendliche in der „Zuführungszelle“, die mit einer Holzpritsche und einem Kübel ausgestattet war, mindestens drei Tage – bei wiederholter Einweisung bis zu zwölf Tagen – isoliert, damit er die Hausordnung auswendig lernen sollte. Die Einweisung in die paramilitärischen Umgangsregelungen zwischen Erzieher und Jugendlichem [55] sowie in die diversen Ordnungen, die der Zögling zu beachten hatte, waren weitere Bestandteile der Explosionsmethode. Der Neuankömmling wurde über den Bettenbau und das Meldesystem informiert. Außerdem wurde ihm mitgeteilt, dass er sich im Jugendwerkhof Torgau im Laufschritt zu bewegen habe.

Spätestens drei Tage nach der Ankunft führte der Jugendfürsorger ein Einweisungsgespräch mit dem Jugendlichen, der ihn über die Ordnungen des Jugendwerkhofs belehrte und seine Aufträge festlegte. Der Jugendliche wurde in die Gruppe aufgenommen und entsprechend den Vorgaben des Aufnahmegesprächs von den Erziehern beobachtet. Nach vier Wochen erfolgte eine Prüfung seines staatsbürgerlichen Wissens und seines Ausbildungsstandes. Nach dem Abschluss dieser Aufnahmephase führte der Direktor ein „Festlegungsgespräch“, in dem er die voraussichtliche Zeitdauer des Aufenthaltes bestimmte, einen Teillehrvertrag mit dem Jugendlichen über zwölf Wochen abschloss und die erwarteten Ergebnisse des Umerziehungsprogramms formulierte.

2.2. Die Arbeitsordnung des Geschlossenen Jugendwerkhofs Torgau

Grundsätzlich wird der Geschlossene Jugendwerkhof Torgau als eine Disziplinareinrichtung im System der Spezialheime verstanden, in den Jugendliche über 14 Jahren eingewiesen werden, die sich insbesondere „gegen die von den Jugendhilfeorganen festgesetzten Erziehungsmaßnahmen auflehnten“ und sich „durch stän-

[54] Siehe hierzu Kap. E, Abschnitt 2 der Arbeit.

[55] Vgl. Kretzschmar, Horst (1972): Die Entwicklung des Jugendwerkhofs, a.a.O. S., 41 f. Kretzschmar bezeichnet die Umgangsregelung, die u. a. „Meldeform, straffe Körperhaltung und Kleiderordnung beinhaltete, selbst als „gewisse militärische Formen“.

dige Flucht der erzieherischen Einwirkung entzogen haben.“ [56] „Der Aufenthalt im geschlossenen Jugendwerkhof hat zum Ziel, die Erziehungsbereitschaft der Jugendlichen zu sichern und Grundlagen zu einer Motivationsbereitschaft für ihr Verhalten. Dabei steht die politisch-ideologische Bildung und Erziehung im Mittelpunkt der pädagogischen Tätigkeit der Erzieher.“ [57]

Die umfangreichen Arbeitsordnungen regelten dezidiert alle im Jugendwerkhof zu erledigenden Aufgaben. Sie umfassen die Tätigkeiten des gesamten Personals (begründet mit der Realisierung des einheitlichen pädagogischen Vorgehens), die Hausordnung mit Aufnahmeverfahren, die Hausordnung für die Jugendlichen, den Tagesablaufplan, die Kleiderordnung, die Besucherordnung und Entlassungsordnung, die Maßnahmen im System der Erziehungsmethoden (anspornende Maßnahmen, Strafmaßnahmen und Arrestordnung), den Gruppenbereich (pädagogische Tätigkeit, Planung der Arbeit, allgemeine Ordnung zum Tagesablauf, Zimmerordnung, Speisesaalordnung, Revierreinigungsordnung, Ordnung der medizinischen Betreuung), die Produktion (pädagogische Tätigkeit und Planung der Arbeit in dem Bereich sowie Werkstattordnung), den Unterricht (pädagogische Tätigkeit, Planung und Vorbereitung der Lehrer, Unterrichtsordnung), die Ökonomie (Aufgaben, Planung, Haushalt, Wirtschaftsführung, Grundmittel) und die Sicherheitsordnung (Wach-, Schlüssel-, Alarm-. Brandschutz-, Feueralarm- und Evakuierungsordnung). Die Vielfalt an Ordnungen und die Angst vor dem Zusammenbruch des Ordnungsgefüges haben zwangsneurotischen Charakter. So heißt es z.B. in der „Alarmordnung“, dass sich die Erzieher „bei tätlicher Bedrohung, Meuterei usw., also wenn ein Einschluss [. . .] nicht mehr möglich“ wäre, „unter Aufbietung aller persönlichen Kräfte unter Nutzung der zur Verfügung stehenden Abwehrmittel in den hinteren Küchenraum oder in den Dienstraum des Produktionsleiters“ zurückziehen sollten. [58] Solche Formulierungen entsprechen eher dem Geschlossenen Strafvollzug als einer Einrichtung, deren Ziel die Erziehung bzw. Umerziehung von Jugendlichen sein sollte.

Die Hausordnung konfrontierte den Jugendlichen mit seinen Verfehlungen: „Sie haben die Gelegenheit, Fehler in Ihrem Verhalten zu korrigieren, im Jugendwerkhof nicht genutzt. Hier im geschlossenen Jugendwerkhof müssen Ihnen deshalb Ihre Pflichten gegenüber der Gesellschaft nachdrücklich bewusst gemacht werden und es wird Ihnen geholfen, Ihr Leben in Zukunft gefestigt und sinnvoll zu gestalten.“ [59] Deshalb wird von dem Jugendlich verlangt, durch gute produk-

[56] Arbeitsordnung Torgau, 1971, a.a.O., S. 1.

[57] Ebenda, S. 1.

[58] Ebenda, S. 82.

[59] Ebenda, S. 24.

tive Arbeit, gutes Lernen und einwandfreie Disziplin sein „gesellschaftswidriges Verhalten“ zu beenden. Unbedingt muss er alle ihm übertragenen Aufgaben nach bestem Können lösen, sich gegenüber anderen Jugendlichen kameradschaftlich verhalten, den Körper sauber halten, den Anweisungen folgen und jeden Versuch der Kontaktaufnahme mit Jugendlichen anderen Geschlechts unterlassen.

In der Hausordnung finden auch die militärischen Umgangsformen ihren Niederschlag: „Wenn Sie allein, also ohne direkte Begleitung durch einen Erzieher, einem Erwachsenen begegnen, nehmen Sie aufrechte, straffe Haltung (Grundstellung) ein. Nur bei einer entsprechenden Aufforderung melden Sie ihren Namen und die derzeitige Tätigkeit.“ [60]

Bis ins kleinste Detail legte die Kleiderordnung fest, welche Bekleidung und Ausrüstung die Jungen und Mädchen erhalten und wann sie diese tragen sollten. Den Jugendlichen wurde nur das unbedingt notwendige Minimum an Kleidung zugewiesen: Sie erhielten eine Garnitur Unterwäsche, die jeweils freitags getauscht werden musste. Der Tausch der Bettwäsche erfolgte alle drei Wochen und derjenige der Nachthemden alle zwei Wochen. [61] Die Tragevorschriften für die Arbeitskleidung, für die Sportbekleidung und für den Hausanzug gehen bis ins kleinste Detail. So waren der Hausanzug nur zusammen mit Halbschuhen, Strümpfen, Haushemd und Gürteln bzw. Hosenträgern zu tragen und der Kragen des Hausanzughemdes über den Kragen des Jacketts zur schlagen. Und: „Das Ablegen einzelner Bekleidungsstücke des Hausanzuges ist auch an warmen Tagen nicht gestattet.“ [62]

Genau so rigide wurde auch die Besucherordnung gehandhabt. Nach den Richtlinien für Besucher konnten die Eltern ihr Kind für 60 Minuten im Besucherzimmer nur im Beisein eines Erziehers besuchen. Es war den Eltern untersagt, ihrem Kind jedwede Gegenstände – einschließlich Nahrungsmitteln – zu übergeben. Aus „pädagogischen Gründen“ konnte der Besuch vor Ablauf der Besuchszeit abgebrochen werden.

2.3. „Maßnahmen im System der Erziehungsmethoden“

Die mit dem Tag der Einlieferung nach Torgau praktizierte Methode der absoluten Unterordnung und Disziplinierung der Zöglinge, welche die Befriedigung aller individuellen Bedürfnisse hinter gesellschaftliche Belange zurückstellte, findet auch in den „Maßnahmen im System der Erziehungsmethoden“ seinen Niederschlag.

[60] Ebenda, S. 24.
[61] Ebenda, S. 28 – 30.
[62] Ebenda, S. 32.

Dieser Maßnahmenkatalog spiegelt das in der DDR offiziell verkündete Prinzip der „Erziehung durch Strafen“ wider: „Unsere Konzeption lautet nicht Erziehung statt Strafe, sondern in der Strafe selbst liegt auf Grund unserer gesellschaftlichen Verhältnisse und unter Nutzung der Kraft der Kollektive und anderer gesellschaftlicher Erziehungsträger die Möglichkeit einer erzieherischen Wirkung, um damit zugleich auch die Forderung nach Schutz und Vorbeugung zu realisieren.“ [63]

Der umfangreiche Katalog der Strafmaßnahmen und Belobigungen im Jugendwerkhof Torgau, in dem die Strafmaßnahmen gegenüber den „anspornenden Maßnahmen“ vorherrschten, wird „pädagogisch“ damit begründet, dass persönlichkeits- und gruppenwirksam eingesetzte Maßnahmen das Verhalten der Jugendlichen motivieren. Dabei mussten die Verfahrensweisen zu den einzelnen Maßnahmen „im Interesse der optimalen Wirksamkeit genau“ eingehalten werden. [64]

Die so genannten anspornenden Maßnahmen folgen dem Grundgedanken des sozialistischen Wettbewerbs [65], der zur Stimulierung der Betriebe und der Beschäftigten in der Planwirtschaft der DDR mit dem Ziel eingeführt wurde, die zentralen Planvorgaben zu überbieten und die verbindlichen Jahrespläne in zeitlicher, quantitativer und qualitativer Hinsicht zu erfüllen. Hierzu wurden materielle Anreize geschaffen und Ehrentitel verliehen. Die Beteiligung am sozialistischen Wettbewerb war eine politisch-ideologische Verpflichtung und galt als Ausdruck für den Entwicklungsstand des sozialistischen Bewusstseins. Entsprechend dem Gedanken des sozialistischen Wettbewerbs betraf die „anspornende Maßnahme“ im Jugendwerkhof auch „nur die Tätigkeit des Jugendlichen in der Produktion“. [66] Die „Wochenbesten“ der Produktion in den verschiedenen Bereichen wurden ausgezeichnet und wöchentlich veröffentlicht. Eine „gute produktive Arbeit“ wirkte sich auf die Lohnstufenfestlegung aus, konnte zur Löschung einer Hausstrafe und zum „aktenkundigen Direktorenlob“ führen. Letzteres konnte mit Freizeitvergünstigungen und vorzeitiger Entlassung verknüpft werden. „Die Freizeitvergünstigung kann angewendet werden, wenn ein Jugendlicher in seinen Gesamtleistungen und seinem Gesamtverhalten beispielhaft hervorgetreten ist. [...] Während der Freizeitvergünstigung wird der Jugendliche aus dem allgemeinen Tagesablauf

63 Buchholz, Irmgard (1980): Die strafrechtliche Verantwortlichkeit Jugendlicher und ihre Verwirklichung in der DDR, Berlin-Ost, S. 28.

64 Ebenda, S. 37.

65 Erdmann, Kurt (1985): Sozialistischer Wettbewerb, in: DDR-Handbuch, hrsg. vom Bundesministerium für innerdeutsche Beziehungen, Köln (3. Aufl.), Bd. 2, S. 1192 – 1208.

66 Arbeitsordnung Torgau, a.a.O., S. 38.

an Sonnabenden nach dem Mittagessen bis 20.00 Uhr und an Sonntagen nach der Mittagspause bis 20.00 Uhr [...] herausgenommen.“ [67]

Die Gründe für Strafmaßnahmen waren vielfältig. Sie reichten von der Missachtung der Hausordnung, über „Angriffe“ auf Erzieher, Nichterfüllen von Aufträgen, Kontaktaufnahme zum anderen Geschlecht, Zeitungs- bzw. Briefschmuggel, Störung des Unterrichts, Arbeitsverweigerung bis zur Fluchtplanung. [68] Nach der Isolieranordnung von 1967 [69] – und nach der Arbeitsordnung des Jugendwerkhofs [70] – durften Arreststrafen nur bei besonders schwerwiegenden und wiederholten Verstößen gegen die Ordnungen des Jugendwerkhofs verhängt werden. Da aber bereits für Verfehlungen von geringem Gewicht wie kleinere Störungen der Arbeit, des Unterrichts und der Nachtstunden oder so genannten gruppenzersetzendem [71] Verhalten Verwarnungen ausgesprochen wurden und die dritte Verwar-

---

67 Ebenda, S. 40.

68 Siehe: „Abschlussbericht des Unabhängigen Untersuchungsausschusses zu Vorgängen im geschlossenen Jugendwerkhof Torgau“, Untersuchungsbericht, Torgau 1990, Anlage IX: Ordner „Strafen und Belobigungen“ aus dem Jahr 1989.

69 „Ordnung über die zeitweilige Isolierung von Minderjährigen aus disziplinarischen Gründen in den Spezialheimen der Jugendhilfe“ vom 1. Dezember 1967, in: Abschlussbericht des Unabhängigen Untersuchungsausschusses, a.a.O., Anlage IV. Danach konnte bei besonders schwerwiegenden und wiederholten Verstößen zur Sicherung des Minderjährigen selbst sowie zur Beseitigung einer akuten Gefahr“ eine „zeitweilige Isolierung“ veranlasst werden. Diese durfte nur durch den Leiter des Jugendwerkhofs entweder während der Freizeit für die Dauer bis zu sechs Tagen oder als Arrest bis zu drei Tagen angeordnet werden. In Ausnahmefällen konnte der Arrest aber auch bis zu 12 Tagen andauern, dann musste die Genehmigung des Bezirksreferats für Jugendhilfe eingeholt werden.

70 Die Arbeitsordnung des Jugendwerkhofs Torgau, a.a.O., S. 44 – 46 f., nennt als Gründe für bedingte Arreststrafen „schwerwiegender Verstoß gegen die Werkhofordnung“, für Freizeitarrest bzw. Gruppenabsonderung „gruppenzersetzende Verfehlungen oder wiederholte Verstöße gegen die Lebensordnung“ und für den Arrest „schwerwiegende, vor allem gruppengefährdende Verstöße gegen die Werkhofordnung“.

71 Der Terminus „Zersetzung“ stammt aus dem Vokabular des Ministeriums für Staatssicherheit (MfS) und war eine Methode des MfS zur Bekämpfung vermeintlicher und tatsächlicher Gegner vor, während, nach oder an Stelle einer Inhaftierung. Dazu gehörten offene oder verdeckte Bespitzelung, Brief- oder Telefonkontrolle als Voraussetzung oder Drohung, vor allem aber die „Organisierung beruflicher Misserfolge“, Rufmordaktionen, Säen von Misstrauen, Eindringen und Manipulation in Ehe- und Familienbeziehungen, Zerstörung von Gruppen, etc. Zersetzung setzte die Allmacht des Staates über Gesellschaft und Individuum voraus; alle Zweige des Staatsapparates – so auch der Geschlossene Jugendwerkhof Torgau – waren prinzipiell zur Zusammenarbeit mit dem MfS verpflichtet. Vgl. dazu Fricke, Karl-Wilhelm (1995): Die DDR-Staatssicherheit. Entwicklung, Strukturen, Aktionsfelder, Köln, S. 118 f.; Suckut, Siegfried (Hrsg.) (1993): Das Wörterbuch der Staatssicherheit: Definitionen zur „politisch-operativen Arbeit“. Analysen und Dokumente: Wissenschaftliche Reihe des Bundesbeauftragten für die Unterlagen des Staatssicherheitsdienstes der ehemaligen Deutschen Demokratischen Republik; vgl. dazu insbesondere die Richtlinie 1/76 des MfS zur Entwicklung und Bearbeitung Operati-

nung zum Arrest führte, kam fast jeder Jugendliche während seines Aufenthaltes in Torgau in den Arrest. Die Behandlung der Arrestanten war äußerst rigide und verletzte die Menschenrechte. [72]

Diesen Rückschluss erlaubt die Arrestbelehrung in der Anlage zur Arrestordnung: [73]

„Da Sie die Hausordnung des Jugendwerkhofes Torgau nicht eingehalten haben, werden Sie mit Arrest bestraft. Sie haben sich im Arrest entsprechend der nachfolgenden Ordnung zu verhalten:

a) Ihnen ist im Arrest verboten:
   1. Das Singen und Pfeifen
   2. Das Lärmen
   3. Das Herausschauen aus dem Fenster
   4. Das Benutzen der Lagerstätte außerhalb der Nachtruhe
   5. Das Besitzen von Büchern, Zeitungen, Bleistiften und dergleichen außer den vom diensthabenden Leiter übergebenen Gegenstände
   6. Das Beschmieren oder Beschriften der Wände und Türen
   7. Jede Art der Unterhaltung mit anderen Jugendlichen
b) Weiterhin haben Sie folgende Anordnungen zu befolgen:
   1. Wird die Arrestzelle geöffnet, haben Sie Grundstellung einzunehmen und Meldung zu machen.
      Inhalt der Meldung ist
      Name – Dauer des Arrests – Grund des Arrests – die schon verbüßte Zeit
   2. Der Hocker hat in der Mitte der Zelle zu stehen
   3. Die Lagerstätte steht in der Zelle links an der Wand
   4. Der Kübel steht in der Zelle rechts neben der Tür
      Dinge des persönlichen Bedarfs, wie Zahnbecher, Seife, Kamm werden außerhalb des Arrests aufbewahrt
   5. Alle in der Zelle vorhandenen Einrichtungsgegenstände sind schonend zu behandeln.
c) Sollten Sie gegen die Arrestordnung verstoßen, werden notwendige erzieherische Maßnahmen – Arrest-Verlängerung oder Aufenthaltsverlängerung – angewandt.“

Weitere Strafen neben dem Arrest waren Gruppenabsonderung, Nachtisolierung, Zwangssport und Aufenthaltsverlängerung. Der Zwangssport, der als Gruppen- und als Einzelbestrafung angewendet wurde, führte teilweise bis zur körperlichen Erschöpfung. So mussten Jugendliche bis zu 500 Mal den so genannten „Torgauer

---

ver Vorgänge.

[72] Siehe Kap. E, Abschnitt 2.

[73] In: BArch DR 2 A 2295.

Dreier“ aus Liegestütz, Hocke und Hockstrecksprung durchführen oder mehrmals die Treppen – oft auch in der Hocke im „Entengang“ auf – und ablaufen.[74] Auch wenn einzelne Jugendliche die sportlichen Leistungen nicht erbrachte, wurde häufig die gesamte Gruppe bestraft.

Eine Strafmaßnahme, die militärischen Vorbildern entnommen wurde, war das Säubern der Toiletten und Waschräume, was oftmals mit Schikanen der Erzieher verbunden war.[75] Die Strafmaßnahmen im schulischen Bereich spiegeln die autoritäre Erziehung wider. Sie reichten von dem „In-der-Ecke-Stehen“ oder „Vor-der-Tür-Stehen“ bis zum hundertfachen Abschreiben von Sätzen, in denen die „Verfehlungen“ der Jugendlichen niedergeschrieben werden mussten.[76] Gleiches gilt auch für das Schreiben von seitenlangen Aufsätzen zu sinnlosen Themen („Wie ich meinen Schnürsenkel auf und zu mache“ oder „Warum ich genau weiß, wer die Zeitung zerrissen hat“).

Eine Bestrafung, für die es keine Vorschriften in der Arbeitsordnung gab, war eine Handhabung der Essenseinnahme, wonach der Teller immer leer gegessen werden musste. War das nicht der Fall, erhielt der Jugendliche derart viel Nachschlag, dass er die Portion nicht aufessen konnte und die Reste bei der nächsten Mahlzeit erhielt. Bei geringen Verstößen gegen die Ordnung im Speisesaal und bei der Forderung nach Nachschlag wurde Essensentzug verordnet. Teilweise mussten Jugendliche auf Mahlzeiten verzichten, wenn sie zu den Essenszeiten ihre Strafen noch nicht beendet hatten.[77]

2.4. Tagesablauf im Geschlossenen Jugendwerkhof Torgau

Die allgemeine Grundlage zur Sicherung eines „reibungslosen Dienstablaufes“ gab ein in der Arbeitsordnung des Jugendwerkhofs festgelegter Tagesablaufplan vor, der den Alltag straff organisierte und minutiös vorschrieb:[78]

1. Öffnungszeiten: wochentags von 5.30 bis 21.00 Uhr
   feiertags, sonnabends, sonntags von 7.00 bis 21.00 Uhr
2. Tagesablauf – Montag bis Freitag

---

74 Beim „Stuhlgang“ musste der Jugendliche „mit einem Stuhl in den Flur treten, über den Stuhl springen und anschließend mit dem Stuhl in den Händen 10 Kniebeugen absolvieren“ (Einweisung nach Torgau, a.a.O., S. 122).

75 Siehe hierzu die Interviews in Kap. D und im Anhang der Arbeit.

76 Z.B. „In der Nachtruhe hat man zu Schlafen nicht zu Quatschen“, in: Einweisung nach Torgau, a. a. O, S. 170.

77 Abschlussbericht des Unabhängigen Untersuchungsausschusses, a.a.O., S. 6.

78 Arbeitsordnung des Jugendwerkhofs Torgau, a.a.O., S. 26 f.

a) Wecken
   5.30 bis 7.15 Uhr in der Ablauffolge:
   Wecken – Frühsport – Waschen – Bettenbau – Ämtererledigung – Frühstück – Abhören der Nachrichten – Übergabe zur Arbeit bzw. Schule
b) 2. Frühstück

8.45 bis 9.00 Uhr	die Jugendlichen der Montage
9.00 bis 9.15 Uhr	die Jugendlichen des Maschinenraumes
9.15 bis 9.30 Uhr	die Jugendlichen der Mädchengruppe

c) Mittag

12.00 bis 12.30 Uhr	die Jugendlichen der Montage
12.30 bis 13.00 Uhr	die Jugendlichen des Maschinenraumes
12.00 bis 12.30 Uhr	die Jugendlichen der Mädchengruppe

   Jeweils in der Reihenfolge:
   Waschen — Essen — Übergabe für Arbeit bzw. Schule
d) Abend
   16.15 Uhr bis 20.40 Uhr
   Waschen bzw. Duschen – Umkleiden – Arbeit entsprechend den Wochenplänen

16.30 Uhr	freitags Wäschetausch aller Gruppen
16.30 bis 17.00 Uhr	die Jugendlichen der Mädchengruppe
17.00 bis 17.30 Uhr	die Jugendlichen der Gruppe I
18.00 bis 18.30 Uhr	die Jugendlichen der Gruppe II
20.00 bis 21.00 Uhr	Ämtererledigung – Waschen
20.40 Uhr	Tagesabschlussappell
20.50 Uhr	Einschluss zur Nachtruhe
21.00 Uhr	Nachtruhe

3. Tagesablauf – sonnabends

7.00 bis 8.20 Uhr	wie sonn- bzw. feiertags
8.30 bis 11.30 Uhr	Haus- und Außenrevierreinigung laut Revierreinigungsordnung
12.00 bis 13.00 Uhr	Mittagszeiten wie werktags
13.00 bis 20.00 Uhr	Entsprechend der Planung des FKS [79]

4. Tagesablauf – sonn- und feiertags

7.00 bis 8.20 Uhr	Wecken – Frühsport – Waschen – Bettenbau – Ämtererledigung – Frühstück
8.20 bis 11.30 Uhr	Entsprechend der Planung des FKS
11.30 bis 12.30 Uhr	Mittagszeiten
12.30 bis 13.30 Uhr	Mittagsruhe
13.30 bis 20.30 Uhr	Entsprechend der Planung des FKS

Die zeitlichen Verschiebungen einzelner Abläufe wurden eingerichtet, um Jungen und Mädchen möglichst getrennt zu halten. Die detaillierte Planung der Tages-

[79] FKS = Freizeitkurssystem.

abläufe ließ den Jugendlichen keine Zeit für individuelle Beschäftigungen. In der allgemeinen Ordnung zum Tagesablauf war genau aufgeführt, welche Arbeiten und Handgriffe die Jugendlichen beim Wecken zu verrichten hatten: Öffnen der Fenster, Ablage des Bettzeugs, des Lakens und des Nachthemds in einer bestimmten Reihenfolge, Entleerung des Kübels für die Notdurft, Versehen des Kübels mit Chlor, Lüften des Raumes, Ausfegen, Bohnern, Staubwischen, Wischen der Toilette und des Waschraums und Blumenpflege nach Anordnung des Erziehers.[80] Zusätzlich waren jeden Sonntag die Fenster zu putzen, die Rahmen abzuwaschen, die Fußböden zu wischen, die Zellentür abzuwaschen und die Lampen zu säubern. Nach Arbeitsschluss war genauer geregelt, wann die Schuhe geputzt werden mussten und wie die Arbeitskleidung im Umkleideraum zu verstauen war. Vor der Nachtruhe mussten sich die Jugendlichen mit kaltem Wasser waschen, die Tageskleidung in den Umkleideraum bringen und das Nachthemd anziehen. Jeden Sonntag überprüften die Erzieher die Finger- und Fußnägel der Jugendlichen.

Die Schulausbildung sollte nach einem zwölf Wochen laufenden Lehrplan in einem festgelegten Schema erfolgen, das aber in der Praxis nach Aussagen der Zöglinge nicht vollständig umgesetzt wurde:

1. Staatsbürgerkunde 7.00 – 8.30 Uhr
2. Mathematik 8.45 – 10.15 Uhr
3. Deutsch 10.30 – 12.00 Uhr
4. Lehrunterweisung 13.00 – 14.30 Uhr

Die Schulausbildung war ideologisch verengt: „Schwerpunkte der Bildungs- und Erziehungsarbeit sind die staatsbürgerliche Erziehung und Festigung des Grundwissens in den Unterrichtsfächern. [...] Besondere Bedeutung gilt der Forderung nach guter Mitarbeit, Disziplin und Ordnung.“[81] Die Jugendlichen mussten während des Unterrichts die ihnen zugewiesenen Plätze einnehmen. Wurde ein Jugendlicher vom Lehrer angesprochen, hatte er aufzustehen und gerade Haltung einzunehmen. Auch die Gestaltung der Pausen war organisiert.

Der Vorrang des Kollektivs dominierte auch in der Schul- und Berufsausbildung. Die schulischen Leistungen und das Verhalten jedes Zöglings bestimmten die Gesamtbeurteilung der Gruppe; denn die Gruppe wurde für leistungsschwache Schüler und jedes Fehlverhalten eines Einzelnen bestraft. Die Maßregelung

---

[80] Arbeitsordnung des Jugendwerkhofs Torgau, a.a.O., S. 54.

[81] Arbeitsordnung des Jugendwerkhofs Torgau, a.a.O., S. 65. Nach einem Inspektionsbericht aus dem Jahr 1968 sahen die Erzieher „das Hauptanliegen“ des Unterrichts in der Disziplin, während sie der Bildungs- und Erziehungsarbeit eine untergeordnete Rolle einräumten. Siehe: Bericht zur Überprüfung des geschlossenen Jugendwerkhofes Torgau vom 24.7.1968, in: BArch DR 2 A 2295.

einzelner Zöglinge hatte zur Folge, dass die Gruppe keinerlei Vergünstigungen erhalten konnte.

Der Arbeitstag begann für die Jugendlichen um 7.10 Uhr mit der Gruppenübergabe des Erziehers an den Produktionsleiter. Gearbeitet wurde in den Bereichen Montage, Maschinenraum und Arbeitsbereich der Mädchen nach Normvorgaben. Die Arbeitsleistung jedes Jugendlichen wurde täglich durch den Arbeitserzieher eingeschätzt und benotet. Die geleisteten Arbeitsstunden wurden in der Arbeitskarte vermerkt. Regelmäßig wurde außerdem das Verhalten der Jugendlichen eingeschätzt und auf Beobachtungsbögen festgehalten.

Die gelenkte „Freizeitgestaltung“ im Gruppenbereich, die als pädagogisches Mittel verbrämt wurde, diente vorrangig der politisch-ideologischen Erziehung: „Die sozialistische Bewusstseinsbildung ist eine wichtige Voraussetzung zur Integration der Jugendlichen in alle Bereiche des gesellschaftlichen Lebens unserer Republik. Die Umerziehung schließt eine systematische und qualifizierte politische Bildung und Erziehung ein. Ein Teil dieser Bildung und Erziehung bildet die staatsbürgerliche Erziehung in der Gruppe. Erziehung in der Gruppe ist Erziehung im Freizeitbereich. Die Freizeit ist im Geschlossenen Jugendwerkhof vorwiegend gelenkte Freizeit. Deren Inhalt wird durch das Freizeitkurssystem festgelegt.“ [82] Besondere Aufmerksamkeit sollte dabei der „politisch-moralischen Erziehung“ und der „Wehrerziehung“ der Jugendlichen geschenkt werden. Die Verantwortung für die Gestaltung der Freizeit trug der Gruppenerzieher. Die Freizeitkurssysteme beinhalteten die Bereiche Lernen (Hausaufgaben, „Fragen der Lebensgestaltung“), „Befriedigung kultureller Bedürfnisse der Jugendlichen individueller Art“ (Buch, Zeitung, Gesellschaftsspiele), „Befriedigung kultureller Bedürfnisse der Jugendlicher kollektiver Art (Hörspiele, Gesang, Bastelstunden, Dia-Reihen) und „körperliche Betätigung (vormilitärische Ausbildung, Sport, Arbeitseinsätze). Auch bei der „Befriedigung kultureller Bedürfnisse der Jugendlicher individueller Art“ waren die Inhalte im Sinne der politisch-ideologischen Erziehung vorgeben. Außerdem ist einer Überprüfung des Jugendwerkhofs vom 20.-22. November 1973 zu entnehmen, dass Bücher weggesperrt und nicht allgemein zugänglich seien. Der „musische Bereich“ spiele keine Rolle im Erziehungsprogramm, da dafür „absolut kein Raum“ sei. [83]

Das Sportprogramm im Freizeitbereich, das der „körperlichen Grundausbildung“ diente, fand zu unterschiedlichen Zeiten und an verschiedenen Orten statt. Auch unmittelbar nach dem Wecken waren nach einem vorgeschriebenen Programm sportliche Übungen angeordnet, ebenso in den Arbeits- und Unterrichts-

[82] Arbeitsordnung des Jugendwerkhofs Torgau, a.a.O., S. 52.

[83] In: BArch DR 2 A 2295.

pausen. In Überprüfungs- und Inspektionsberichten wurde moniert, dass die Jugendlichen hierbei häufig überfordert würden. [84]

Zum Freizeitbereich zählte auch die Wehrerziehung. Die vormilitärische Ausbildung beinhaltete jedoch in Torgau nicht die in Allgemeinbildenden Schulen übliche Ausbildung im Gelände und an der Waffe. Sie galt vorwiegend dem körperlichen Training, um die „physische Wehrtüchtigkeit“ herzustellen. Die „allgemeinen Ordnungsübungen“ umfassten Antrete- und Marschübungen und das Überwinden der militärischen Sturmbahn mit ihren Hindernissen (Eskaladierwand, Stolperdraht). In erster Linie ging es bei der „unmittelbaren Vorbereitung der männlichen Jugendlichen auf den Wehrdienst“ um die Vermittlung und Anerziehung militärischer Grundelemente“ wie Disziplin, Ordnung und Einsatzbereitschaft und um die Herausbildung eines „hohen physischen Leistungsvermögens“.

3. „Vorkommnisse“ und „Fehlentwicklungen“ nach Überprüfungsberichten

Der Geschlossene Jugendwerkhof Torgau wurde – auch zwecks Überprüfung von Beschwerden dort einsitzender Jugendlicher – mehrfach inspiziert. Im April 1967 wurden der Tagesablauf, die Arbeitsplanung und die „Methode der Erarbeitung von Festlegungen“ überprüft. Der durchweg positiv gehaltene Bericht weist auf einige Probleme hin:

1. „Umwelteinflüsse fehlen (Isolierung)
2. Zwang wird nicht immer als begründet motiviert erlebt
3. Motivationen rufen meist keine Bewusstseinsveränderungen, sondern Heuchelei hervor (Entlassung nicht verzögern) [...]
4. Differenzierung nach geist. Niveau, körperl. Beschaffenheit, Alter, Einweisungsgründen nicht [...]“ [85] erfolgt.

Am 5. Juni 1969 kontrollierten Angehörige des Sektors Heimerziehung bei der Abteilung Jugendhilfe des Ministeriums für Volksbildung, der Direktor des Kombinats der Sonderheime und der Leiter der psychologischen Hauptberatungsstelle

84 Vgl. „Bericht zur Überprüfung des geschlossenen Jugendwerkhofes Torgau“ vom 24.7.1968 und „Überprüfung des JWH Torgau“ vom 20.-22.11.1973, beide in: BArch DR 2 A 2295. Siehe auch: Abschlussbericht des Unabhängigen Untersuchungsausschusses, a.a.O., S. 5.

85 Bericht zur Inspektion im geschlossenen Jugendwerkhof Torgau im April 1967. Zusammenfassung, Probleme und Schlussfolgerungen, Berlin, den 17.5.1967, S. 2, in: BArch DR 2 12201.

den Jugendwerkhof und befragten neben dem Leiter, Horst Kretzschmar, einen Jugendfürsorger und mehrere Erzieherinnen und Erzieher sowie im Rahmen einer psychologischen Reihenuntersuchung die Jugendlichen. Bei der Befragung ging es um Essensentzug und Essenskürzung, den Sport im Jugendwerkhof, Strafen, Tagesabläufe und Hygiene.

Die Kontrollkommission stellte fest, dass es zwar keinen Essensentzug gäbe, aber stillschweigend geduldet wurde, dass „Jugendliche mit der Arbeitsleistungsnote 4 oder 5 abends auf ‚Grundverpflegung‘ gesetzt wurden. Diese Verpflegung besteht aus der vollen Butter- und Wurstration und 4 bis 5 Scheiben Brot. Wenn diese Menge auch ausreichend erscheint, bedeutet sie dennoch für die Jugendlichen eine Einschränkung, da es üblich ist, 10 bis 15 Schnitten zu essen. (!) In der gleichen Weise werden Arrestanten verpflegt. Diese erhalten mittags eine volle Portion ohne ‚Nachschlag‘. Von den Jugendlichen wird bestätigt, dass das Essen im Geschlossenen Jugendwerkhof gut ist.“ [86]

Zu Ausmaß und Intensität des Sports im Jugendwerkhof folgerte die Überprüfungskommission – auch unter Berufung auf eine Überprüfung im Juli 1968: „Der Sport wird als Ausgleich zur bewegungsarmen bzw. bewegungseinförmigen Arbeit und zum Unterricht sowie als Freizeitbeschäftigung betrieben. Dabei werden körperliche und charakterliche Eigenschaften entwickelt und das Selbstwertgefühl der Jugendlichen durch das Erlebnis eigener Leistungsfähigkeit gestärkt. [...] Erzieher wie auch Jugendliche stimmen darin überein, dass der Sport relativ hohe Anforderungen stellt, die zu Beginn des Aufenthaltes im Geschlossenen Jugendwerkhof als Belastung, später als Bedürfnis erlebt werden. [...] Der Direktor des Geschlossenen Jugendwerkhofes hat in einzelnen Fällen Jugendliche bei Aussprachen ‚an die Binde‘ gefasst, was seiner Meinung nach nicht als körperliche Züchtigung aufzufassen ist. Auf keinen Fall ist beim Sport von den Schlagstöcken Gebrauch gemacht worden.“ [87]

Der Überprüfungsbericht räumt extreme körperliche Belastungen ein. Vorwürfe jugendlicher Insassen des Jugendwerkhofs, beim Sport „Zusammenbrechende müssten mitgeschleppt werden“, werden als falsche Aussagen bezeichnet. Laufhöchstleistungen von 50 Runden sind nach dem Bericht freiwillig geleistete Ausnahmen. Mehrfach wird der Eindruck erweckt, dass sich die Jugendlichen gerne und bereitwillig Extrembelastungen unterworfen hätten: „Die von den Jugendlichen selbstgebaute Kampfbahn (etwa 30 m lang) wird, unserer ausdrücklichen

[86] Bericht zur Überprüfung von Aussagen Jugendlicher über Vorkommnisse im Geschlossenen Jugendwerkhof Torgau vom 10.6.1969, S. 1, in: BArch DR 2 12201.

[87] Ebenda, S. 2 f.

Anweisung entsprechend, nur zu der im Wochenplan vorgesehenen Wehrerziehung benutzt.“ [88]

Alle vorgebrachten Einzelbeschwerden wurden bagatellisiert oder als seltene Ausnahmen bezeichnet: „In sehr seltenen Ausnahmefällen ist es vorgekommen, dass Erzieher mit körperlichem Einsatz Gefahr von sich oder anderen abwehren mussten. [...] Es stimmt nicht, dass Erzieher betrunken zum Dienst kommen. Zutreffend ist, dass der Erzieher Malz nach einer Polterabendfeier am nächsten Morgen Alkoholdunst verbreitete. Die übereinander gelegte Wäsche und die Betten der Jugendlichen werden eingerissen, wenn sie nicht ordentlich gebaut sind. Der Erzieher Kühne geht dabei zu weit, indem er Regale umkippt. Der Erzieher Henze hat einmal die Richtung beim Antreten korrigiert, indem er durch leichtes Klopfen mit dem Schlüssel auf den Kopf einen Jugendlichen zum Vorrücken veranlasst hat. In die Zimmer wird kein Wasser geschüttet. Der Erzieher S. hat einmal zwei beim Flurreinigen stehen gelassene Eimer mit Wasser umgekippt.“ [89] Der Untersuchungsbericht weist jedoch auch Ungereimtheiten aus. So steht die Aussage, die Jugendlichen hätten ständig zweimal Unterwäsche in Benutzung, im Widerspruch zur Kleiderordnung, die lediglich eine Garnitur Unterwäsche vorsah.

Zu in weiten Teilen völlig anderen Feststellungen kommt der Direktor des Kombinats der Sonderheime für Psychodiagnostik und pädagogisch-psychologische Therapie Berlin in seinem Schreiben an das Ministerium für Volksbildung Sektor Heimerziehung vom 13. Juni 1969 nach einer Untersuchung sämtlicher männlicher Jugendlichen. Er sieht im Sport, wie er in Torgau praktiziert wurde, keinen wesentlichen, positiven Faktor der Erziehungsarbeit: „Er wird jedoch als Methode, unabhängig von den Einweisungsursachen und der individuellen psychophysischen Leistungsfähigkeit der Jugendlichen angewandt. Die sportlichen Leistungsanforderungen sind ihrer Qualität nach zu wenig individuumsangepasst, ihrer Quantität nach für den größten Teil der Jugendlichen mit Sicherheit überzogen.“ [90]

Der Direktor des Kombinats der Sonderheime übt weiterhin Kritik an willkürlichen Maßnahmen einzelner Erzieher bei Strafmaßnahmen wie der Festlegung von „Minimalrationen“ bei Störungen im Sozialverhalten und beim Arrest, der „sehr willkürlich“ angeordnet werde. „Die Jugendlichen verlieren durch solche willkürlich über sie verhängten Strafen alles Gefühl für den Zusammenhang zwi-

[88] Ebenda, S. 2.

[89] Ebenda, S. 4 f.

[90] Schreiben des Kombinats der Sonderheime für Psychodiagnostik und pädagogisch-psychologische Therapie Berlin an das Ministerium für Volksbildung Sektor Heimerziehung vom 13. Juni 1969, S. 3, in: BArch DR 2 12201, S. 3.

schen ihren Verfehlungen und deren differenzierter pädagogischer Bewertung.“ [91] Weiter heißt es in dem Schreiben: „Die Jugendlichen haben viel zu wenig persönliche Freizeit. Selbst die ihnen in sehr beschränktem Maße zur Verfügung stehende Freizeit wird ‚organisiert‘. Es scheint jedoch keine scharfe Grenzen zwischen ‚Organisierung der Freizeit‘ und ‚Schikanierung‘ der Jugendlichen zu bestehen.“ [92]

Die Untersuchung stellte außerdem „einige ernstzunehmende organische Schädigungen“ fest, „über die die Jugendlichen ihren Erziehern wenig berichteten, weil sie Angst hatten, als Simulanten abgestempelt zu werden und dann erst recht deren Schikanen ausgeliefert zu sein.“ [93] Die hier angesprochenen gesundheitlichen Fragen lassen zusammen mit einer Analyse des Haushaltsplans aus dem Jahr 1978 auch Rückschlüsse auf eine mangelhafte medizinische Versorgung zu. In dem Haushaltsplan war nämlich ausgewiesen, dass die Honorarkosten „aufgrund teilweise ausgefallener Arztstunden nur mit 56,1 % ausgeschöpft“ waren. [94]

Wiederholt kam es in Torgau auch zu Suizidfällen. Aktenkundig sind zwei solche „besonderen Vorkommnisse“ aus den achtziger Jahren, die hätten verhindert werden können, wenn die anlässlich der Überführung in den Jugendwerkhof Torgau erstellten psychologischen Gutachten beachtet worden wären. Im Falle des Jugendlichen Rainer F., der am 27. Februar 1982 bei einem selbst gelegten Brand im Krankenzimmer ums Leben gekommen war, hatte das psychologische Gutachten ausdrücklich auf dessen labile psychische Situation hingewiesen: „Es wird dringend empfohlen, den Jugendlichen nicht zu isolieren, da er zu starken Depressionen als Folge seiner Raum-Angst neigt.“ Außerdem war der Jugendliche im Vorfeld bereits psychiatrisch behandelt, mit Psychopharmaka zeitweise sediert worden und habe mehrere Selbstmordversuche unternommen. [95] Ein ähnlicher Sachverhalt lag bei Steve B. vor, der sich am 29. April 1988 erhängt hatte. [96] Die beiden Vorfälle belegen ebenso wie das erwähnte Schreiben des Direktors der Sonderheime für Psychodiagnostik und pädagogisch-psychologische Therapie Berlin vom 13. Juni 1969, dass es so gut wie keine psychologische Betreuung

---

[91] Ebenda, S. 3.

[92] Ebenda, S. 4.

[93] Ebenda, S. 4 f.

[94] Analyse über die Erfüllung des Volkswirtschafts- und Haushaltsplanes vom 01.01.-30.1978. Mitteilung des Jugendwerkhofes Torgau vom 11.10.1978 an das Ministerium für Volksbildung, S. 4, in: BArch DR 2 A 2295.

[95] Meldung des Jugendwerkhofes vom 27.2.1982 und Schreiben der Jugendfürsorgerin vom 28.1.1982, in: BArch DR 2 K 882.

[96] Meldung des Jugendwerkhofs Torgau vom 29.4.2988 und Kontrolle der Abteilung Jugendhilfe/Heimerziehung im Jugendwerkhof Torgau vom 3.5.1988, in: BArch DR 2 A 2295.

der Jugendlichen in Torgau gab und dass die medizinische Betreuung unzureichend war.

Die enormen Repressionen des in Torgau praktizierten Erziehungssystems brachten die Jugendlichen oft in ausweglose Situationen, der sie sich durch Suizidversuche, Flucht oder Misshandlungen anderer Insassen zu entziehen suchten. Diesbezügliche Meldungen des Jugendwerkhofs an das Ministerium für Volksbildung suchten solche Vorfälle als Einzel- oder Ausnahmefälle herunterzuspielen. Konsequenzen wie die Änderung des Erziehungssystems wurden lange Zeit nicht gezogen. Zwar wurde in den achtziger Jahren ein eigenes pädagogisches Konzept ausgearbeitet, aber nicht in die Praxis umgesetzt. [97]

[97] Entwurf einer pädagogischen Konzeption zur Arbeit mit verhaltensgestörten Jugendlichen, in: BArch DR 2 A 8162.

D. Der „Heilsame Schock“ aus Sicht der Betroffenen – Biografien und Interviews mit ehemaligen Insassen, Erziehern und Zeitzeugen

Horst Kretzschmar charakterisierte die Einlieferung nach Torgau als „heilsamen Schock“, der in der eingeengten persönlichen Bewegungsfreiheit, den relativ unausweichlichen Sanktionen bei Abweichungen von den vorgegebenen Lebensordnungen und den radikal veränderten Lebensgewohnheiten bestehe, aber einen zum Positiven hin tendierenden Umdenkungsprozess bei fast allen in der Erziehungsgruppe befindlichen Jugendlichen auslöse. Mittels der Biografieforschung soll im Folgenden über Interviews mit ehemaligen Insassen, Erziehern und Zeitzeugen des Geschlossenen Jugendwerkhofs Torgau der pädagogische Alltag aus der Sicht der Betroffenen rekonstruiert werden.

1. Forschungsablauf der biografischen Untersuchung von Betroffenen aus dem Jugendwerkhof Torgau.

Die nachfolgenden Interviews mit ehemaligen Insassen und Erziehern des Geschlossenen Jugendwerkhofes Torgau zeigen die Perspektive der Betroffenen im Sinne der „Betrachtung von unten“ auf. In Form von narrativen Interviews werden einzelne Erlebnisse, selbst verspürte Belastungen, Einschätzungen jeweiliger Situationen im Tagesablauf und deren Verarbeitung für den Einzelnen herausgearbeitet. Belastungs-, Verarbeitungs-, und Bewältigungsverläufe werden durch biografische Erfahrungen rekonstruiert. In den Mittelpunkt dieses biografischen Forschungsansatzes sind Einzelfallstudien gestellt. Durch eine Typenbildung wurden Ursachen und Bedingungen eines gesellschaftlichen Phänomens, der Erziehungsohnmacht in der DDR, erarbeitet. In den Interviews ging es vor allem darum, aufzuzeigen wie und in welchem Umfang im Erziehungssystem der DDR durch Maßnahmen der Kollektiverziehung und der Disziplinierung Instrumente der Gewalt eingesetzt wurden und welche Auswirkungen diese autoritären Erziehungsmethoden hatten.

Mit diesem Forschungsansatz treten erstmals Insassen und Erzieher als Akteure in Erscheinung. Die soziologische Biografieforschung, die sich mit gesellschaftlich determinierten Lebensläufen und deren Veränderungen beschäftigt, vermittelt klare Deutungsmuster der Lebenswelt aus Sicht der Betroffenen. Sie setzt sich u. a. mit sozialen Veränderungen im Lebenslauf und neuen Modellen im Interaktionsprozess zwischen Individuum und Gesellschaft auseinander. Gesellschaftliche Entwicklungen spiegeln sich in individuellen Biografien wider. Wolfram Fischer stellt fest, dass „erzählte Lebensgeschichten alltagsweltliche Deutungssysteme darstellen, in denen Wissens- und Handlungselemente situationsflexibel zum Zwecke sozialer Orientierung verbunden werden.“ [1] Ein gewisser Nachweis von Individualität gehöre zur „sozialen Basiskompetenz“. [2] Der Erzähler selbst „sieht sich durch seine besondere Geschichte als einen Menschen, dessen Leben durch ein sonst nie da gewesenes Erlebnis ausgezeichnet ist“. [3] In der vorliegenden Analyse ist die biografische Erzählung ehemaliger Insassen und Erzieher der Hauptgegenstand biografischer Kommunikation. Die Interviews wurden in der Zeit von Mai bis November 2005 in der Regel in der ungezwungenen Atmosphäre der gewohnten und vertrauten Umgebung der Interviewten durchgeführt. Die jeweils bis zu zweieinhalb Stunden dauernden narrativen Interviews fanden mit einer Ausnahme (Anwesenheit der Lebensgefährtin) nur zwischen dem Befragenden und dem Interviewpartner statt. Da die Befragten Tonbandaufnahmen ablehnten, wurde ein lückenloses Protokoll geführt. Neben ehemaligen Insassen wurden auch Zeitzeugen befragt wie Bernd H., der 1974 bis 1979 im größten Jugendwerkhof der DDR in Burg als Erzieher tätig war und über die Einweisung in den Geschlossenen Jugendwerkhof Torgau berichtete.

Mit den narrativen Interviews wurde eine qualitative Untersuchungsmethode angelegt, die den direkten Zugang zu den Betroffenen sucht und die es ermöglicht, in das Bedingungsgefüge des sozialen Handelns eindringen. Diese qualitative Methode, welche sich insbesondere biografischer Daten bedient, bietet die Möglichkeit, Daten zu erlangen, die über diejenigen der quantitativen Methoden hinausgehen. Ned Polsky hat 1973 kritisch festgestellt: „Die Soziologie ist nicht viel wert, wenn sie sich nicht letztlich mit richtigen, lebendigen Menschen befasst, Menschen in ihrer normalen Lebenssituation“. [4] Aus erziehungswissenschaftlicher Sicht sollten die Befragten in ihren sozialen und gesellschaftlichen Bezügen zur alltäglichen Lebenswelt verstanden werden. Erziehungswissenschaftliche Biografieforschung als qualitative Forschung hat ihre Ziele in der Offenlegung in-

---

[1] Vgl. Fischer, Wolfram (1978): Struktur und Funktion erzählter Lebensgeschichten. in: Kohli, Martin (hrsg. 1978): Soziologie des Lebenslaufes. Darmstadt und Neuwied, S. 322 – 336.

[2] Vgl. Fuchs, Werner (1984): Biografische Forschung. Eine Einführung in Praxis und Methoden, Opladen, 1984, S. 84

[3] vgl. Lehmann, Albrecht (1983): Erzählstruktur und Lebenslauf. Autobiografische Untersuchungen, Frankfurt/Main, S. 208.

[4] Polsky, Ned (1973): Forschungsmethode, Moral und Kriminologie. In: Teilnehmende Beobachtung abweichenden Verhaltens, hrsg. von Jürgen Friedrichs, Stuttgart, S. 71.

dividueller Lebens-, Bildungs-, und Lernprozesse. Prinzipien wie Offenheit und Kommunikation, welche charakteristisch für die qualitative Methode sind, wurden hierbei strukturell mit der biografischen Methode verknüpft. In der Untersuchung fanden narrative Interviews Anwendung, wobei darauf geachtet wurde, dem Interviewten nicht den Kommunikationsstil des Interviewers aufzuzwingen.

Narrative Interviews dienen der Erlangung biografischer Daten. Sie sind im vorliegenden Falle auf das Umfeld Jugendwerkhof bezogen, in dem der Jugendliche lebte und handelte. Die zentralen narrativen Interviews wurden völlig „offen" in der Strukturiertheit belassen. Die Erinnerung an die Ereignisse bildete den selbst gewählten „roten Faden". Trotz emotionaler Belastungen und Überwindung psychischer Barrieren berichteten die Betroffenen relativ gut zusammenhängend, so dass der Interviewer durch Abschnittsfragen kaum einzuwirken brauchte. Die parasprachlichen Äußerungen wurden anschließend in der Inhaltsanalyse des Interviewmaterials generalisiert, selektiert und in Kategoriensystemen zusammengefasst. Das Interviewmaterial wurde deskriptiv strukturiert nach den Aussagen zu Gewalt als Erziehungsinstrument, zur Disziplinierung im Tagesablauf, zur Berufs- und Schulausbildung sowie zur politisch-ideologischen Erziehung, zu Menschenrechtsverletzungen und zu psychischen Auswirkungen (einschließlich Suizidversuchen).

„Ziel der Analyse ist es, das Material so zu reduzieren, dass die wesentlichen Inhalte erhalten bleiben, durch Abstraktion einen überschaubaren Corpus zu schaffen, der immer noch Abbild des Grundmaterials ist". [5] Die Abstraktion der Zusammenfassung musste genau festgelegt werden, damit sie dann kontinuierlich verallgemeinert werden konnte. Die Aussagen zu den genannten Kategorien wurden jeweils in einem Reduktionsdurchlauf zusammengefasst. Bei der Bestimmung dieser Analyseeinheiten konnte es vorkommen, dass Auswertungs- und Kontexteinheiten zusammenfielen. Die Kodiereinheit legte zuerst die Paraphrasen der Zusammenfassung fest, d. h. jede Aussage über Erlebnisse, Wirkungen und Erfahrungen im Jugendwerkhof Torgau. In den Reduktionsdurchgängen wurden spezifische Äußerungen der Interviewten zusammengefasst. Anschließend wurden die einzelnen Paraphrasen auf das Abstraktionsniveau generalisiert (unwichtige Äußerungen gestrichen) und zum Schluss „die übrig gebliebenen Äußerungen durch Bündelung, Integration und Konstruktion zu neuen Äußerungen fallspezifisch zusammengestellt". [6]

Beispiel:

Person/Fall	Nr.	Paraphrase	Generalisierung	Reduktion

Nach der Reduktion und der Heraussetzung des Abstraktionsniveaus wurden Kategorientafeln erstellt.

---

5 Mayring, Philipp (1995): Qualitative Inhaltsanalyse. Grundlagen und Techniken. Weinheim, S. 54.

6 Ebenda, S. 59.

2. Rekonstruktion der Biografien und Interviews

Die auf den Forschungsgegenstand übertragene Methode der soziologischen Biographieforschung in Form narrativer Interviews kann nur dann verwertbare Ergebnisse erbringen, wenn es gelingt, einen geeigneten Kontakt herzustellen. Das ist die Voraussetzung dafür, dass die innovative Stärke der Arbeit, nämlich die Personalisierung und die Sicht von „unten“, zum Tragen kommen kann. Die Kontaktaufnahme mit den Betroffenen ist die wesentliche Voraussetzung jeglicher Interviews und der Erkennbarkeit biografischer Daten. In der einschlägigen Forschungsliteratur wird „die Phase des Zugangs“ [7] zu Menschen mit abweichendem Verhalten als besonders problematisch bezeichnet: „Es ist nicht leicht, Menschen mit abweichendem Verhalten zu studieren. Weil sie von der übrigen Gesellschaft als Außenseiter betrachtet werden und weil sie selbst dazu neigen, die übrige Gesellschaft als Außenseiter zu betrachten, hat der Untersucher eine große Barriere zu überwinden, ehe es ihm erlaubt wird, die Dinge zu betrachten, die er beobachten will. Wer abweichendes Verhalten untersucht, muss diejenigen, welche er untersucht, überzeugen, dass er ihnen nicht gefährlich wird. Der Untersucher muss daher mit den abweichenden Menschen, die er untersuchen will, intensiv und kontinuierlich zusammen sein, so dass sie ihn gut genug kennen, um einschätzen zu können, ob seine Tätigkeit die ihre nachteilig berühren wird.“ [8]

2.1. Kontaktaufnahme mit ehemaligen Insassen und Erziehern

Die erste Kontaktaufnahme gelang über das Internet. Im Adressbuch für Ehemalige waren im Frühjahr 2005 zwar 73 Einträge registriert, aber keine Anschriften angegeben. Über die deutschlandweite Auskunft konnten 15 Telefonnummern ermittelt werden. Entweder meldeten sich Verwandte, die den Verbleib ihrer Angehörigen nicht kannten. Einige Personen leugneten die Vergangenheit im Jugendwerkhof und stellten sich unwissend. Nach vielen Anrufen bei Verwandten konnten u. a. mit René B. aus Jena, Manfred E. aus Gebersdorf und Lutz M. aus Brandenburg eine Vertrauensbasis aufgebaut und Interviewtermine vereinbart werden. Mit Steffan L., dem Sprecher ehemaliger Insassen des Jugendwerkhofes Torgau, konnte ebenfalls ein Termin vereinbart werden. Die von Dietrich Sengbusch übermittelten 50 Anschriften und Telefonnummern von Insassen und Er-

---

7 Girtler, Roland (1987): Die biografische Methode bei der Untersuchung devianter Karrieren und Lebenswelten, in: Voges, Wolfgang (1987): Methoden der Biografie- und Lebensforschung. Opladen, S. 321 – 339.

8 Becker, Howard S. (1981): Außenseiter. Studien über die Soziologie von abweichendem Verhalten, Frankfurt/Main, S. 151.

ziehern, mit denen er 1994/95 im Rahmen der Erstellung des Gutachtens für die Enquete-Kommission Kontakt hatte, waren leider wenig ergiebig, da die Mehrzahl der Betroffenen zwischenzeitlich verzogen und nicht mehr erreichbar waren.

Mehrere ehemalige Insassen sind zwischenzeitlich nach Angaben von Verwandten ins Ausland gezogen,[9] um die schrecklichen Erlebnisse in Torgau zu vergessen.

Die Eltern von Rainer F., der 1985 im Geschlossenen Jugendwerkhof Torgau Selbstmord verübte und sich angeblich in der Zelle verbrannt hatte, sind nach Angaben des Bruders verstorben; der Bruder lehnte zusammen mit seiner Frau ein Interview zu den Vorgängen ab. Seine Frau gab zu verstehen, dass die Eltern aus Gram und Kummer über den Verlust ihres Sohnes einen frühen Tod fanden. Auch ihr Mann hat schreckliche Erinnerungen und lebt mit dem ständigen Verdrängen. Ein Interview aus dem Jahre 1995 mit den Eltern Ruth und Willi F. zu den Todesumständen ihres Sohnes ist im Folgenden ausgewiesen, neben Dokumenten zu seinen Todesumständen. Ramona M., die zur gleichen Zeit in Torgau war, und zum Selbstmord von Rainer F. nach der Wende durch das LKA Sachsen befragt wurde, war leider nicht mehr zu erreichen. Verwandte verschwiegen ihre jetzige Anschrift. Mit Claudia D., die 1986 in Torgau weilte, war im Jahr 1994 ein Interview geführt worden. Nach damaligen Aussagen lebte sie nach der Wende von Gelegenheitsjobs und bezog Sozialhilfe. Sie verneint jedoch heute, jemals in Torgau gewesen zu sein und verweist auf eine Verwechslung. Die hier geschilderten Abweisungen waren nicht selten. Gerade Ehe- oder Lebenspartner verwiesen auf Verwechslungen und bestritten die Vergangenheit ihrer Partner. Diese Probleme bei der versuchten Kontaktaufnahme belegen nachdrücklich die Notwendigkeit, wenn Betroffene den Mut aufbringen, über ihre schrecklichen Erlebnisse in Interviews zu sprechen, unbedingt die persönliche Anonymität zu wahren.

Äußerst schwierig war die Kontaktaufnahme mit ehemaligen Erziehern. Nach dem Untersuchungsausschuss des Landkreises Torgau zu den Vorgängen im Jugendwerkhof 1990 waren Ermittlungsverfahren gegen ehemalige Erzieher eingeleitet worden, die allerdings in den folgenden Jahren durch die Staatsanwaltschaft eingestellt wurden. Lediglich mit Bernd H. konnte im Mai 2005 ein Interview auf Grund persönlicher Bekanntschaft zustande kommen. Bernd H. wohnt im Nachbarkreis und arbeitet dort heute als Lehrer. Er war früher Erzieher im größten Jugendwerkhof der DDR, in Burg. Anlässlich des Interviewtermins in seiner Wohnung übermittelte er mir umfangreiche Informationen zu den Einweisungsvorgängen in Torgau sowie Anschriften und Telefonnummern. Jedoch war von diesen ehemaligen Erziehern niemand mehr zu erreichen. Die aus biografischen

[9] So wanderten z.B. Henriette B. nach Südafrika oder Janet H. in die Schweiz aus.

Unterlagen entnommenen Namen ehemaliger Erzieher führten trotz ausgiebiger Recherchen in Torgau Ende des Jahres 2004 zu keiner neuen Kontaktaufnahme. Immer noch befürchten ehemalige Erzieher und Angestellte – wie auch die Leiterin der Begegnungsstätte in Torgau bestätigte – Nachforschungen ehemaliger Insassen und juristische Untersuchungen. Aus Angst vor Verfolgungen leugnen sie ihre Vergangenheit oder vertuschen Ereignisse. Einige Erzieher und Angestellte, die heute noch in Torgau wohnen, waren leider nicht bereit, über ihre Vergangenheit zu sprechen. Den Versuch telefonischer Kontaktaufnahme mit Reinhard F., dem ehemaligen Leiter der Staatssicherheit in Torgau, wehrte seine Frau in sehr barschem Ton ab. Sie erklärte, ihr Mann habe von gewissen Vorgängen im Jugendwerkhof keine Kenntnis. Ähnlich waren die Reaktionen der Angehörigen von Horst S. und Manfred Q... Ein direkter Kontakt mit dem nach Aussagen der Insassen gefürchteten Erzieher Ralf S., der nach Informationen von Stefan L. zurzeit sozialschwache Kinder in Süddeutschland betreut, kam ebenfalls nicht zustande. Auch Manfred Q. soll wieder als Erzieher in einem paritätischen Wohlfahrtsverein arbeiten.

Der Zugang zu den Erziehern war deshalb nur indirekt über das Privatarchiv von Dietrich Sengbusch möglich, das Interviews mit Insassen, Erziehern und Angestellten enthält, die im Rahmen der Untersuchungen der Enquete-Kommission des Deutschen Bundestages durchgeführt wurden. Darunter befinden sich u. a. Interviews mit Manfred Q., Horst S. (Vater von Ralf S.), Reinhard F. und Heinz M., dem ehemaligen Heizer des Jugendwerkhofs.

2.2. Zusammenfassende qualitative Inhaltsanalyse der Aussagen zum Umerziehungsprozess im Jugendwerkhof Torgau

Die Interviews mit ehemaligen Insassen, Erziehern und Zeitzeugen fanden in dem Zeitraum von 1993 bis 2005 statt. Die narrativen Interviews aus dem Jahr 2005 wurden vom Autor geführt.

In acht Reduktionsdurchläufen zu den Hauptaussagen

A – Einweisungsgründe (Ewg.)

B – Disziplinierung im Tagesablauf (DiT)

C – Schul- und Berufsausbildung (SuB)

D – Ideologische Erziehung (IE)

E – Menschenrechtsverletzungen (Mrv.)

F – Gewalt als Erziehungsinstrument (Gewalt)

G – Suizidversuche (Suizid)

H – Psychotraumatische Auswirkungen des Aufenthaltes im JWH (PtA)

werden die Äußerungen der Interviewten (vgl. Anhang) in einer knappen Form zusammengefasst. In den gegliederten Durchgängen sind die eng gefassten Kodiereinheiten für die Paraphrasierung der Zusammenfassung festgelegt. Jede vollständige Aussage über die Ereignisse und Erfahrungen im Jugendwerkhof ist als eine Kodiereinheit gewertet. Tabellarisch sind die Fallnummer und die Seitenzahl der Textstelle der transkribierten Interviews, sowie die Paraphrasen der inhaltsrelevanten Textstellen aufgezeichnet und fortlaufend nummeriert. In der Hauptspalte sind die ausgesuchten Paraphrasen auf ein Abstraktionsniveau generalisiert worden. Mehrmals sich wiederholende Äußerungen der Interviewten zu den Vorgängen in Torgau sind in der Generalisierung gebündelt. Schließlich ist das Abstraktionsniveau in der Spalte Reduktion zusammengefasst. Die Kategorientafel beinhaltet die fallübergreifenden Einschätzungen. [10]

[10] Die Paraphrasen in den nachfolgenden Tabellen beziehen sich auf Ausschnitte aus den Interviews, die im Anhang vollständig abgedruckt sind.

A: Einweisungsgründe (Ewg)

Fall	Nr.	Paraphrase	Generalisierung	Reduktion (Kategorientafel)
Stefan L.	1	… dass ich ein so genannter negativ dekadenter Jugendlicher war, der Westmusik hörte, als Punk gekleidet war, ständig provoziert habe und mich von der DDR-Kultur abgewandt habe. In der zehnten Klasse trat ich aus der FDJ aus. Ich war in der evangelischen Gemeinde aktiv und kritisierte DDR-Politik. Mit meiner Mutter hatte ich ein gespanntes Verhältnis. Sie stellte 1982 einen Antrag auf Heimeinweisung. Ich war aggressiv, klaute Mopeds und lehnte die Schule ab. Ich provozierte so sehr, dass ich regelrechten Widerstand leistete, eine Massenrevolte mit 40 Jugendlichen anzettelte und mit diesen ausbrach (JWH Freital).	Ablehnung der Gesellschaft der DDR aktiv in der evang. Gemeinde gespanntes Verhältnis zum Elternhaus gewaltauffälliges Verhalten und Diebstahl Ablehnung Schule/Austritt aus der FDJ Flucht aus dem offenen JWH Anzettelung von Revolten	**K1** gescheiterte Beziehungen zu den Eltern **K2** sozial belastete Elternhäuser **K3** Schwänzen der Schule und Lehre (Arbeitsbummelei) **K4** Ablehnung von politisch-ideologischen Veranstaltungen / Austritt aus der Pionierorganisation und FDJ **K5** Kritik an den politischen Zuständen in der DDR / Verherrlichung der BRD und USA **K6** aggressives und gewaltauffälliges Verhalten **K7** Diebstahl **K8** Prostitution **K9** übermäßiger Alkoholkonsum
René B.	2	In meiner Schulzeit bin ich ständig bei den Lehrern aufgefallen. Ich schwänzte die Schule, hatte keinen Bock zu lernen und lehnte alles ab, was Lehrer insgesamt sagten. Hinzu kam, dass ich anders aussah als alle anderen. Ich hatte lange Haare und wollte mich nicht den anderen anpassen. Ich hatte ständig Widerworte und kam nicht zu Pionier- und FDJ-Veranstaltungen. Mein Hobby war das Boxen. … ließ mich leicht im Alltag provozieren. Ich ging durch zwei weitere Schwererziehbarenheime und schließlich landete ich im JWH. Anscheinend fiel ich politisch auf, hatte keine Lust mich belehren zu lassen. Ich wurde dann noch aggressiver und haute dann immer öfter ab. Die Polizei und auch die Stasi erwischten mich immer wieder. Ich habe nie eine gerichtliche Einweisung für Torgau gesehen.	Schwänzen der Schule passte sich der DDR-Kultur nicht an Ablehnung von Pionier- und FDJ-Veranstaltungen aggressives Verhalten politisch auffälliges Verhalten Flucht aus dem offenen JWH	
Lutz M.	3	Ich habe geschwänzt und bin schließlich durch die DDR getrampt, da war ich, glaube ich, 13. Ich hatte einfach keine Lust in die Schule zu gehen. Ich war überall, habe in Gartenlauben übernachtet, Mopeds geklaut, Einbrüche gemacht und wollte auch einmal abhauen in Berlin. Danach kam ich sofort in den JWH Wittenberg. Schließlich fand ich es aber mit einigen Freunden draußen besser. Wir hörten coole Musik von den Stones, tranken viel Alkohol, welchen wir klauten, und haben in Wittenberg in Gartenanlagen übernachtet.	Schwänzen der Schule Diebstahl Republikflucht Alkoholkonsum „Hören von Westmusik“	

Fall	Nr.	Paraphrase	Generalisierung	Reduktion (Kategorientafel)
Manfred E.	4	Für die Schule hatte ich nie Interesse. Ich schwänzte Schule, habe eingebrochen und später bin ich auch in meiner Lehre nicht hingegangen. In meinen Einweisungen stand immer wieder was von Arbeitsbummelei und Kriminalität. Zu den Pionier- und FDJ-Stunden hatte ich nie Lust. 1968, nachdem ich viel klaute und die Russen kritisierte, die damals 1968 mit ihren Panzern in die Tschechei einfielen, wurde ich eingewiesen in den Jugendwerkhof Rhüden. 1968 wollte ich gerne hin zu den Russen und mir das angucken. Einen schriftlichen Einweisungsgrund habe ich nie gesehen. Das ging wohl vom Referat für Jugendhilfe aus. Aus dem Werkhof haute ich dann öfters ab. Die versuchten mich zu unterdrücken.	Schwänzen der Lehre und Schule Arbeitsbummelei und Kriminalität Ablehnung von Pionier- und FDJ-Veranstaltungen Kritik an den pol. Zuständen der DDR (Einmarsch der Russen 1968 in Tschechien) Flucht aus dem offenen JWH	
Diedrich S.	5	Sven: Ich war erst im offenen JWH in Gerswalde. Dahin bin ich gekommen, weil ich öfter mal die Lehre geschwänzt habe und außerdem Probleme mit meinen Eltern hatte. Von Gerswalde bin ich mehrmals abgehauen. Ich wollte da einfach raus und wieder nach Berlin, aber die haben mich immer wieder eingefangen. Schon als Kind ist Janet immer wieder von zu Hause weggelaufen und hat bei vorbestraften Männern übernachtet. Sie hat die Schule wochenlang geschwänzt und hat in Kaufhäusern gestohlen. Ihr dortiges „Schuldkonto": die Organisation von Prügeleien, sowie Missachtung des Rauchverbots und gesundheitsschädliche Aktivitäten, womit in diesem Fall das Schnüffeln von Fleckentfernern gemeint ist. In Torgau hat … ihr Verhalten kaum geändert. Mal drei Tage, mal Fünf, mal Sechs und dann natürlich auch zwölf Tage Strafen (Arrest), die bei Zweit- bzw. Dritteinweisung in Torgau üblich waren.	Probleme mit Eltern Schwänzen der Lehre und Schule Diebstahl und Prügeleien Prostitution	

Fall	Nr.	Paraphrase	Generalisierung	Reduktion (Kategorientafel)
Bernd H. (Erz.)	6	Auch wurde ein Vorfall bekannt, wo einer einem anderen mit einer glühenden Klinge Hakenkreuze in den Rücken einbrannte. Das war natürlich ein politischer Vorfall und R. war sogar dreimal ein halbes Jahr im geschlossenen Jugendwerkhof Torgau. Nach Torgau kam man nicht umsonst. Es hatte schon ganz klare Gründe, nach Torgau zu kommen. Diese waren für die Gemeinschaft eine Gefahr. Ich kenne keinen, der nach Torgau kam, der nichts auf dem Kerbholz hatte. Einer, der bei uns im JWH Burg abgehauen war, kam auch dort hin. Er war alle zwei Wochen weg. Störenfriede, die durch Gewalt und Diebstähle auffielen, kamen nach Torgau. Übrigens der Strich war auch Haupteinweisungsgrund für Mädchen.	gewalttätiges und aggressives Verhalten zu Mitschülern Verwendung nationalsozialistischer Symbole Diebstahl und Prostitution	**K10** Ablehnende Kleidung (Punk, lange Haare) **K11** Hinwendung zur westlichen Musikszene **K12** Verwendung nationalsozialistischer Symbole **K13** Aktivitäten in der Kirchengemeinde **K14** versuchte „Republikflucht“ **K15** Fluchtversuche aus dem offenen JWH
Claudia R. (D.)	7	C. zog zu ihrem Freund und ging aus Angst vor dem JWH nicht mehr zur Lehre. Auf Drängen der Mutter wurde Claudia wieder zu Hause aufgenommen (Angst vor ihrem Vater). Dennoch kam sie noch im selben Monat nach Burg in den JWH. Von dort unternahm sie mehrere Fluchtversuche. Dies und ihre Weigerung, bei Pflichtempfang der Aktuellen Kamera, sich Notizen zu machen, waren Gründe für die Einweisung nach Torgau.	Schwänzen der Lehre Angst vor dem Vater Fluchtversuche aus dem offenen JWH Verweigerung des Verfolgens von politischen Sendungen	
Sven E.	8	Dahin (JWH Gerswalde) bin ich gekommen, weil ich öfter mal die Lehre geschwänzt habe und außerdem Probleme mit meinen Eltern hatte. Von Gerswalde habe ich mehrmals versucht abzuhauen, ich wollte einfach raus hier. Aber die haben mich immer wieder eingefangen und so kam ich dann nach Torgau.	Probleme mit Eltern Schwänzen der Lehre Fluchtversuche aus dem offenen JWH	
Mike B.	9	Meine Eltern haben sich Scheiden lassen. Da war ich zwei Jahre. Ich bin zu meiner Oma gekommen. Als ich elf war … kam ich in ein Kinderheim. Mit 14 kam ich wegen staatsfeindlicher Äußerungen in den JWH Dorf Mecklenburg. Dort habe ich einen Massenausbruch organisiert. Ich wurde erst in die Arrestzelle gesteckt und von dort wurde ich in Handschellen nach Torgau gebracht.	Scheidung der Eltern Staatsfeindliche Äußerungen Organisation eines Ausbruchs aus dem offenen JWH	
Hügel – LKA	10	Die strafrechtlich relevanten Hauptvorwürfe waren … Es ist so, dass Jugendliche, die sämtlich ohne Gerichtsbeschluss nach Torgau kamen, …	keinen Gerichtsbeschluss für die Einweisung nach Torgau	
Christine H. – LKA	11	Grund für die Einweisung in Torgau: „Entweicht ständig aus dem offenen JWH, tritt bei Rückführung provozierend auf, verweigert Arbeit.“	Entweichungen aus dem offenen JWH provokantes Verhalten und Verweigerung der Arbeit	

Fall	Nr.	Paraphrase	Generalisierung	Reduktion (Kategorientafel)
Heike F. – LKA	12	Grund für die Einweisung in Torgau: „Ihre vielfältigen Verbindungen zu klerikalen Kreisen sind eine Gefahr für unsere relativ offene Einrichtung.“	Verbindung zu klerikalen Kreisen als Gefahr für den offenen JWH	
Katrin J. – LKA	13	Grund für die Einweisung in Torgau (wo sie als 14-jährige für 4 Wochen in Einzelarrest genommen wurde): „Offenkundig tritt Katrin gegen Staat und Regierung auf, sie verherrlicht die USA und die BRD. Sie lehnt die Teilnahme am FDJ-Studienjahr ab.“	Auftreten gegen Staat und Regierung Verherrlichung der USA und BRD Ablehnung des FDJ-Studienjahres	
Ruth und Willy F.	14	Rainer ist nach Torgau gekommen, weil er aus dem JWH in Bad Köstritz ausgebrochen war und Republikflucht versucht hat.	Ausbruch aus dem offenen JWH versuchte Republikflucht	

B: Disziplinierung im Tagesablauf (DiT)

Fall	Nr.	Paraphrase	Generalisierung	Reduktion (Kategorientafel)
Stefan L.	1	Vorher nahm man mir schon den Gürtel und sämtliche Papiere weg, Rauchverbot war sowieso ... zumindest von der Handlungsweise aller Erzieher waren unmenschliche Erziehungsmethoden an der Tagesordnung. Grundlage des Erziehungskonzeptes war die Diplomarbeit von dem Leiter Kretzschmar.	Abnahme während der Einweisung von Gürtel und Papieren Grundlage der Erziehung: Diplomarbeit des Direktors Horst Kretzschmar – Unmenschliche Erziehungsmethoden bestimmen den Tagesablauf	**K1** Einweisung ohne gerichtlichen Beschluss **K2** Grundlage der Disziplinierung waren Makarenko's Kinderkolonien, um das Einheitsgefühl und den Kollektivgedanken in der Umerziehung zu entwickeln; Grundlage: Diplomarbeit 1972 des langjährigen Direktors Horst Kretzschmar **K3** Abgabe jeglicher persönlicher Sachen und Entgegennahme einer Blaukombi, Kahlscherung des Kopfes **K4** Tagesablauf: 5.30 Uhr Wecken, Entleerung Kübel, Frühsport mit kurzen Hosen – auch im Winter, Toilettengang mit Erziehern, Waschen, Schuhe putzen, Frühstück, Hören von pol. Nachrichten, Reinigen von Wäsche, Schulunterricht, Arbeit in der Produktionsstätte des JWH **K5** Belegung von zwei Gruppen mit jeweils 20 Jungen und einer Gruppe mit 20 Mädchen – strikte Trennung, je Gruppe drei Erzieher
René B.	2	Im sog. damaligen Schleusenbereich musste ich meine Sachen abgeben und ich bekam eine Kombi. Die meiste Zeit trug ich eine Art Fleischerhemd. Wir waren in unserer Gruppe etwa 20 Jungen. Um 5.30 Uhr mussten wir aufstehen. Vor dem Frühstück war Sport. Nach dem Essen wurden politische Nachrichten abgehört. Danach war Schule. Wichtig war die Arbeit im JWH. Wir mussten täglich Listerklemmen zusammenschrauben. Wer die Norm nicht schaffte, hatte ein Problem. Bezahlt wurde nach Lohngruppen, aber nicht mit Geld sondern mit Essen. Wer die Lohngruppe vier erreichte, konnte sich satt essen. Bei Lohngruppe zwei gab es den ganzen Tag nur Tee. Bei Eins bis Null war hungern angesagt, massenhaft Sport und Flure wischen. Wer sich weigerte in der Produktion, kam in den Arrest. Es wurde nicht nur der Einzelne, sondern die ganze Gruppe bestraft. So gab es für die ganze Gruppe zum Beispiel Essensentzug. Zu Mädchen hatten wir keinen Kontakt. Die Gruppen waren streng getrennt.	Abgabe persönlicher Sachen Tragen einer Blaukombi Gruppenstärke 20 Jungen Zur Mädchengruppe strikte Trennung Aufstehen: 5.30 Uhr, Frühsport, Frühstück, hören politischer Nachrichten, Schule, Arbeit Einteilung in Lohngruppen; bei negativer Bewertung der Arbeit durch die Erzieher Bestrafungen, wie Einzelarrest, Essensentzug und Strafsport Bestrafung nicht nur für den Einzelnen sonder für die Gruppe	
Lutz M.	3	Dort waren Mädchen und Jungen strikt getrennt. Meine Gruppe umfasste etwa 20 Jungen. Ich hatte drei Erzieher. Morgens um 5.30 Uhr nach dem wecken, war sofort Frühsport an der Reihe, dann waschen. Wenn einer Mist gemacht hat, wurden alle bestraft. Morgens waren meistens zwei bis drei Stunden Schule. Das aber nicht immer. Dann noch die stundenlange Reinigung der Wäsche. Eins muss man sagen, der Einzelne war gar nichts – nur die Gruppe galt.	strikte Trennung zwischen Jungen und Mädchen Gruppe 20 Jungen – drei Erzieher Wecken: 5.30 Uhr, Frühsport, Waschen Vormittag – zwei bis drei Stunden Schulunterricht Stundenlange Reinigung von Wäsche Bei Fehler eines Einzelnen Bestrafung der Gruppe	

Fall	Nr.	Paraphrase	Generalisierung	Reduktion (Kategorientafel)
Manfred E.	4	Um 5.30 Uhr war wecken. Dann wurden die Türen aufgehauen. Zuerst Kübel runterschaffen, dann Frühsport. Wenn einer nicht zuhörte, wurde die ganze Gruppe bestraft. Z.B. mit Essensentzug oder wenn man etwas nicht aufgegessen hat, wurde das Essen wieder vorgesetzt oder es gab gar nichts. In der Toilette gab es keine Türen, es gab auch keine Brille. Wir mussten gruppenweise zur Toilette gehen und die Erzieher standen unmittelbar dabei.	5.30 Uhr wecken, Kübelentleerung, Frühsport, gruppenweise Gang zur Toilette unter direkter Kontrolle des Erziehers bei Nichtzuhören eines Einzelnen – Gruppenbestrafung	
Diedrich S.	5	Für Jungen gab es zwei Schlafräume, die jeweils mit bis zu 20 Mann belegt waren. Dann Schuhe an, danach antreten zum Frühsport mit kurzen Hosen ... Schuhe putzen, waschen mit kaltem Wasser, dann Frühstück. Um sieben Uhr mussten wir in den U-Raum um die Nachrichten zu hören. Zu den Bestrafungen gehörte das Abfassen von Aufsätzen. Der Reporter findet einen solchen Aufsatz unter der Überschrift „Der Schnürsenkel, wie ich meinen Schnürsenkel auf und zu mache".	zwei Schlafräume in der Jungenetage, mit je 20 Jungen Frühsport mit kurzen Hosen 7.00 Uhr in den Unterrichtsraum – hören von Nachrichten Bestrafung durch Abfassen von Aufsätzen	

Fall	Nr.	Paraphrase	Generalisierung	Reduktion (Kategorientafel)
Bernd H.	6	Durch die Gemeinschaft sollten die Jugendlichen wieder eingegliedert werden. Das Erziehungsprinzip berief sich auf Makarenkos Kinderkolonien. Es sollte das Einheitsgefühl und der Kollektivgedanke gestärkt werden. Man sollte miteinander gemeinsam leben. Die Heime in der DDR waren überfüllt. Tausende waren in den Heimen. Einen gerichtlichen Einweisungsbeschluss für Torgau gab es nie.	Eingliederung durch die Gemeinschaft – nach dem Erziehungsprinzip von Makarenkos Kinderkolonien, um Einheitsgefühl und Kollektivgedanken zu entwickeln Kein gerichtlicher Einweisungsbeschluss	**K6** Im Arbeitsprozess Entlohnung in Lohngruppen – bei negativer Bewertung der Arbeitsergebnisse Einzelarrest, Essensentzug, Strafsport **K7** Bei Nichterreichen der Norm oder Fehler eines Einzelnen in der Produktion Bestrafung der Gruppe, hauptsächlich Hausreinigung **K8** Bestrafung der Gruppe durch die Erzieher und durch die Gruppe in Form von Racheakten **K9** Bestrafungen durch Abschreiben und Verfassung
Claudia R. (D.)	7	Als erstes fiel mir auf, dass die Jugendlichen in Torgau kahl geschoren waren und sich nur im Laufschritt bewegen durften.	bei Einweisung sofortiges scheren der Haare Bewegungen im Laufschritt	
Sven E.	8	Nach der Morgenandacht (Nachrichten) ging es dann in die Arbeitsräume. Wenn nun mal jemand einen Bohrer abgebrochen hatte, wurde der auf Lohngruppe null gesetzt. Wenn mal ein Werkzeug kaputt ging, wurde das natürlich gleich als Sabotage ausgelegt und die ganze Gruppe bekam Minuspunkte. Das führte häufig dazu, dass sich die anderen Gruppenmitglieder an dem Übeltäter gerächt haben.	Hören der Nachrichten morgens Danach Gang in den Arbeitsbereich Bestrafungen für die Gruppe und durch die Gruppe (Racheakte)	

Fall	Nr.	Paraphrase	Generalisierung	Reduktion (Kategorientafel)
Hügel – LKA	9	Schafften einzelne Jugendliche das nicht, so hatte das Auswirkungen auf die ganze Gruppe. Das Scheuern der Flure konnte zur Strafe erhoben werden. Mittels Kernseife und Wasser wurde der Flur eingeseift und dann mit Bürsten ohne Stil gescheuert. Zu den Disziplinierungsmaßnahmen gehörte auch die „24-Stündige“ an ein Gitter vor dem Essensraum. Dabei bekam der Jugendliche weder zu Essen, noch zu Trinken.	Gruppenstrafen: z.B. Scheuern der Flure Eine Disziplinierungsmaßnahme war das 24stündige Anketten von Jugendlichen im Speiseraum	von Aufsätzen **K10** Neben dem Einzelarrest und dem Strafsport war die strengste Disziplinierungsmaßnahme das 24stündige Anketten im Speiseraum, wo derjenige nichts zu essen und zu trinken bekam
Heinz M.	10	Für Jungen gab es zwei Schlafräume, die jeweils mit bis zu 20 Mann belegt waren. Dann Schuhe an, danach antreten zum Frühsport mit kurzen Hosen … Schuhe putzen, waschen mit kaltem Wasser, dann Frühstück. Um sieben Uhr mussten wir in den U-Raum um die Nachrichten zu hören. Zu den Bestrafungen gehörte das Abfassen von Aufsätzen. Der Reporter findet einen solchen Aufsatz unter der Überschrift „Der Schnürsenkel, wie ich meinen Schnürsenkel auf und zu mache“.	zwei Etagen für Jungen, eine für Mädchen jede Etage bis zu 20 Personen Bewegung nur im Laufschritt	**K11** Ständiges Bewegen im Gelände im Laufschritt: „Der langsamste Schritt in Torgau ist der Laufschritt“

C: Schul- und Berufsausbildung (SuB)

Fall	Nr.	Paraphrase	Generalisierung	Reduktion
Stefan L.	1	Wir hatten einmal in der Woche Schule, in einem Raum in der dritten Etage. Vier Stunden Unterricht: Staatsbürgerkunde, Mathe, Deutsch und Lehrunterweisung für die Arbeit. Das Niveau etwa sechste Klasse. Wir waren 17 bis 18 Jahre und das Bildungsniveau sehr unterschiedlich. Ansonsten war jeden Tag von acht bis 16 Uhr Arbeit in der Produktionshalle. In der Gruppe eins stellten wir Lampengehäuse für Marineschiffe her, also für die Rüstung. Die Bewertung war Null bis Vier. Hatte man null Punkte, hieß es ungenügend, drei Tage Einzelarrest, Essensentzug. Eins und zwei Punkte, Essenreduzierung. Brach man z.B. einen Bohrer ab, gab es eine Note tiefer.	einmal in der Woche schulischen Unterricht vier Stunden: Mathe, Deutsch, Staatsbürgerkunde, Lehrunterweisung Arbeit geringes Niveau (6.Klasse) tägliche Arbeit in der Produktion (8 – 16 Uhr) Produktion von Lampengehäusen Negative Bewertungen zogen Bestrafungen in Form von Einzelarrest und Essensentzug nach sich	**K1** ein bzw. zweimal in der Woche oder 14tägiger Unterricht in einem Raum der dritten Etage **K2** zwei bis drei Stunden täglich Mathe, Deutsch, Staatsbürgerkunde **K3** geringes Schulniveau im Vergleich zur Regelschule der DDR **K4** Unterricht in Lehrunterweisung für die Produktion

Fall	Nr.	Paraphrase	Generalisierung	Reduktion
René B.	2	Wir hatte meistens nur zwei Stunden Unterricht am Vormittag. Manchmal nur zwei mal in der Woche, ich glaube Mathe, Deutsch und Staatsbürgerkunde. Man hatte den Eindruck, dass auf Schule nicht viel Wert gelegt wurde. Whg: Wichtig war die Arbeit im Jugendwerkhof. Wir mussten täglich Listerklemmen zusammenschrauben. Wer die Norm nicht schaffte, hatte ein Problem. Wer die Lohngruppe vier erreichte, konnte sich satt essen. Bei Lohngruppe Zwei gab es den ganzen Tag nur Tee und bei der Eins bis Null war hungern angesagt, massenhaft Sport und Flure wischen. Wer sich weigerte in der Produktion, gab entweder in den Arrest oder musste sportliche Belastungen über sich ergehen lassen.	zweimal in der Woche drei Stunden am Vormittag: Mathe, Deutsch, Staatsbürgerkunde Schulbildung geringer Stellenwert Tägliche Arbeit in der Produktion (wichtige Bedeutung im Leben im JWH) Produktion von Listerklemmen Negative Bewertungen zogen Arrest, Strafsport und Essensentzug nach sich	und technisches Zeichen **K5** tägliche Arbeit im Produktionsbereich auf dem Gelände des JWH (8 – 16 Uhr / bei Schule bis 18 Uhr täglich) **K6** tägliche Produktion in der Metallverarbeitung in einer staubigen, veralteten Werkstatt **K7** Arbeit hatte einen hohen Stellenwert im geschlossenen JWH Torgau
Lutz M.	3	Morgens waren meistens zwei bis drei Stunden Schule, das aber nicht immer. Wir hatten Mathe, Deutsch und technisches Zeichnen, allerdings auf primitivem Niveau. In der Werkstatt… Es war damals schwarz und staubig, uralte Maschinen, es wurde gebohrt und gefräst in der Metallverarbeitung. Für Mähdrescher wurden Teile monoton gefertigt.	vormittags zwei bis drei Stunden Unterricht, sehr wechselhaft Mathe, Deutsch, technisches Zeichnen Schulbildung auf geringem Niveau Veraltete Werkstatt Produktion in der Metallverarbeitung, monotone Anfertigung	**K8** Bewertung der Arbeitsergebnisse nach Punkten und Lohngruppen, welche im Negativen in Einzelarrest, Essensentzug oder Strafsport zur Folge hatten
Manfred E.	4	Alle 14 Tage hatten wir Schule. Zwei bis drei Stunden vormittags. Ich glaube zweimal in der Woche Mathe und hauptsächlich Staatsbürgerkunde. Aber mit richtiger Schule war das nicht zu vergleichen. Wir mussten in Torgau für den Landmaschinenbau arbeiten. Jeden Nachmittag, so von 14 bis 18 Uhr mussten wir in den Arbeitsbereich.	14tägiger Schulunterricht am Vormittag Mathe, Staatsbürgerkunde Geringes Niveau Täglich im Arbeitsbereich Produktion für den Landmaschinenbau	

D: Ideologische Erziehung (IE)

Fall	Nr.	Paraphrase	Generalisierung	Reduktion (Kategorientafel)
Stefan L.	1	… dass ich ein so genannter negativ dekadenter Jugendlicher war, der Westmusik hörte, als Punk gekleidet war, ständig provoziert habe und mich von der DDR-Kultur abgewandt habe. In der 10. Klasse trat ich aus der FDJ aus. Ich war in der evangelischen Gemeinde aktiv und kritisierte die DDR-Politik.	Grund der Einweisung: ideologische Abkehr von dem Gesellschaftssystem DDR (Provokationen, Austritt aus der FDJ, Kirche, Kritik Politik)	**K1** Häufige Einweisungsgründe waren die ideologische Abkehr vom gesellschaftlichem System der DDR, Republikflucht, Verweigerung der ideologischen Erziehung und politischer Aktivitäten, wie FDJ-Austritt **K2** Tägliche politische ideologische Einwirkungen auf die Insassen durch das Verfolgen morgendlicher und abendlicher Nachrichten, Zeitungsschau und Gruppendiskussionen **K3** Kontrolle durch Abfragen und ständigen Prüfungen **K4** Bei Unaufmerksamkeit Bestrafungen durch Arrest in Isolierzellen, Gruppenbestrafungen und seitenlangem Abschreiben politischer Artikel **K5** Pflichtfach im schulischen Unterricht: Staatsbürgerkunde **K6** Kontroll- und Beobachtungsfunktion durch Vertreter der Ministeriums der Staatssicherheit
René B.	2	Ich hatte lange Haare und wollte mich den Anderen nicht anpassen. Ich hatte ständig Widerworte und kam nicht zu FDJ und Pionierveranstaltungen. Politische Veranstaltungen widerten mich an. Im Auto war ein Erzieher … und ein Mann in Lederjacke, anscheinend von der Stasi. Im Jugendwerkhof versuchte man Tag für Tag auf uns politisch einzuwirken. Jeden Abend mussten wir um 19.30 Uhr die aktuelle Kamera sehen. Danach eine Zeitungsschau und sonntags Schnitzlers schwarzen Kanal. Wer nicht aufpasste, kam in die Isolierzelle.	tägliche politische Einwirkungen auf die Insassen tägliche Politnachrichten, Zeitungsschau und Politdokumentationen bei Unaufmerksamkeit Bestrafung mit durch Isolierzelle Kontrolle durch die Staatssicherheit	
Lutz M.	3	… und wollte auch einmal abhauen in Berlin. Aber schließlich hat mich die Streife doch festgenommen. Als 1973 Ulbricht gestorben war, damals waren auch Jugendweltfestspiele, mussten wir täglich abends fernsehgucken. Es waren täglich Zeitungsdiskussionen und Gruppenveranstaltungen. Manchmal am Wochenende politische Aktivitäten rund um die Uhr.	tägliches Verfolgen abendlicher Politsendungen, Zeitungsdiskussionen und Gruppenveranstaltungen am Wochenende umfassende politische Aktivitäten Einweisungsgrund: Republikflucht	
Manfred E.	4	1968 nachdem ich viel klaute und die Russen kritisierte, die damals in die Tschechei einfielen mit ihren Panzern, wurde ich eingewiesen. 1968 wollte ich gern hin zu den Russen und mir das angucken. In den Siebziger Jahren mussten wir um sieben Uhr Nachrichten hören, dann wurden wir abgefragt. Wenn einer nicht zuhörte, wurde die ganze Gruppe bestraft. Whg.: Ich glaube, zweimal in der Woche Mathe und hauptsächlich Staatsbürgerkunde.	tägliches morgendliches Verfolgen der Nachrichten mit anschließendem Abfragen bei Nichtzuhören – Bestrafung der Gruppe wöchentlicher Unterricht, u.a. Staatsbürgerkunde	
Diedrich S.	5	Um sieben Uhr mussten wir in den U-Raum, um die Nachrichten des DDR-Rundfunks zu hören. Der Erzieher bestimmte dann einen, der den Inhalt der Nachrichten wiedergeben musste. Frage: Was war, wenn der Betreffende den Inhalt der Nachrichten nicht wiedergeben konnte? – Dann ging es ab in die Zelle. Zur Einweisung … Detailpläne einer geplanten Republikflucht. Zu den Bestrafungen gehörte auch das Abschreiben von seitenlangen Artikeln aus der Zeitung „Neues Deutschland“.	verfolgen im Unterrichtsraum der morgendlichen Nachrichten des DDR-Rundfunks mit anschließender Befragung bei Unaufmerksamkeit Bestrafungen, u.a. Abschreiben von Zeitungsartikeln	

Fall	Nr.	Paraphrase	Generalisierung	Reduktion (Kategorientafel)
Claudia R. (D.)	6	… ihre Weigerung, bei Pflichtempfang der aktuellen Kamera sich Notizen zu machen, waren Gründe für die Einweisung nach Torgau. Nach dem Frühstück war Pflichtempfang von DDR-Nachrichten.	Einweisungsgrund: Verweigerung des Verfolgens von Nachrichten im offenen JWH Täglicher Pflichtempfang von Nachrichten	
Katrin J. – LKA	7	Offenkundig tritt Katrin gegen Staat und Regierung auf. Sie verherrlicht die USA und die BRD. Sie lehnt die Teilnahme am FDJ-Studienjahr ab.	Einweisungsgrund: Auflehnung gegen die DDR und Ablehnung politischer Aktivitäten	
Reinhard F.	8	Aber man weiß doch heute, dass das MfS überall Einfluss genommen hat, z.B. bei der Bekämpfung staatsfeindlicher Bestrebungen.	Einfluss durch die Staatssicherheit in die ideologische Einflussnahme	

E: Menschenrechtsverletzungen (Mrv)

Fall	Nr.	Paraphrase	Generalisierung	Reduktion (Kategorientafel)
Stefan L.	1	Mein Erzieher hieß Jonas. Ein brutaler Typ. Ich kann es nicht beweisen aber zumindest von der Handlungsweise aller Erzieher waren unmenschliche Erziehungsmethoden an der Tagesordnung. Es gab damals von Frau Honecker, die besagte, dass, so glaube ich, 12 – 18jährige nicht länger als 12 Tage am Stück in Einzelhaft sein durften. 6 – 12jährige nur sechs Tage. Die Zahl meiner Arresttage erhöhte sich ständig. So haben wir schon den ersten Verstoß im Recht der DDR. In der Dunkelzelle gab es Sichtblenden vor dem Fenster. Es kam nur spärliches Tageslicht durch Glasbausteine hinein. Ein Gitter war auch innen davor. Als Richtlinie der Uno wird in diesem Fall von Folter in der Haftunterbringung gesprochen. Eine Dunkelzelle zur Inhaftierung von Minderjährigen ist international verboten. In Torgau wurde generell in der Dunkelzelle eingesperrt um den Willen zu brechen und wie man sagte, Erziehungsbereitschaft wieder herzustellen. Ich hatte Angst, dass jeder Zeit willkürlich Strafen verhängt werden konnten und das mich die nächste Schikane wieder in Arrest bringen konnte. Ich habe festgestellt nach der Wende, dass auch hier (Arbeitsentgelt) DDR-Tarifrecht verletzt wurde. Heimkosten für Verpflegung und Unterkunft wurden abgezogen. Viele Details sah ich 1998 in meiner Sonderakte des MfS. Ständig wurden Insassen von Erziehern bedroht. Herr Mann war ausgebildet im Nahkampf und demonstrierte sehr oft . . . Der Untersuchungsausschuss fand 1990 auch den sog. Fuchsbau. Eine Art Jauchengrube, wo man nicht sitzen konnte, kaum Luft bekam. Es gab nur eine Zwangslüftung. Mit einem Vorhängeschloss wurde diese Grube verschlossen. Im Gegensatz zu meinem Aufenthalt in den Jugendgefängnissen, welche dagegen als Hotelaufenthalte anzusehen sind, sollte Torgau Mahnung und Erinnerung in Deutschland sein. Im Jugendhaus Halle wurde meine Menschenwürde, auch meiner Person, geachtet. In Torgau dagegen war ich nichts wert.	unmenschliche Erziehungsmethoden Einzelarrestordnung von Margot Honecker: 12 – 18 J. – 12 Tage 6 – 12 J. – bis 6 Tage Zahl der Arresttage erhöhte sich willkürlich; Verstoß gegen DDR-Recht Existenz einer Dunkelzelle mit Sichtblenden und Gitter Verstoß wegen Folterung und Inhaftierung von Minderjährigen nach Richtlinien der UN-Charta Arrest in der Dunkelzelle, um den Willen zu brechen und Erziehungsbereitschaft herzustellen Kosten für Verpflegung und Unterkunft wurden in Rechnung gestellt und vom Arbeitsentgelt (Arbeit in der Produktion) vollends abgezogen ständige Bedrohung durch Gewalt von Erziehern Untersuchungsausschuss fand 1990 den „Fuchsbau“, eine Jauchengrube, die verschließbar war Vergleich Torgaus mit den normalen Strafvollzugsanstalten der DDR als immenser Unterschied Achtung der Menschenwürde im Jugendhaus im Gegensatz zum JWH Torgau, wo der Mensch „nichts wert war“	**K1** Keine gerichtliche Einweisung für den JWH Torgau **K2** Hochsicherheitsgefängnis für Minderjährige – fünf Meter hohe Gefängnismauern mit Stacheldrahtrollen, scharfe Wachhunde, komplette Vergitterung des Innenbereiches **K3** Einzelarrestordnung von Margot Honecker, wobei sich die Arresttage willkürlich erhöhten; Bei Einweisung in sofortigen Einzelarrest; Verstoß gegen DDR-Recht, Verstoß wegen Inhaftierung Minderjähriger nach UN-Charta **K4** Existenz einer schwarz geteerten Dunkelzelle mit Sichtblenden und Gittern, um den „Willen zu brechen“ und „Erziehungsbereitschaft“ herzustellen **K5** Existenz einer schrankgroßen, kaum luftdurchlässigen Grube, die verschließbar war – den sog. „Fuchsbau“, wo über Tage Jugendliche wie Tiere gehalten wurden und nachts schrien **K6** Existenz einer sog.

Fall	Nr.	Paraphrase	Generalisierung	Reduktion (Kategorientafel)
René B.	2	Ich durfte nicht sprechen. Ich habe nie eine gerichtliche Einweisung für Torgau gesehen. Als ich ankam, wurde das schwere Eisentor geöffnet. Umgeben waren meterhohe Gefängnismauern, vergitterte Fenster, Stacheldraht auf den Mauern, Hunde bellten mich an, die an den Mauern lang liefen. Ohne große Gespräche kam ich drei Tage in die Einzelzelle. Im JWH gab es einen sog. Fuchsbau. Das war eine Kleines Loch, nicht größer als ein Schrank. Dort wurden bei Missachtungen der Ordnung welche hineingesteckt. Nachts schrieen die. Ganz unten im Keller gab es die Wasserzellen. Gott sei Dank war ich nie drin. Dort stand das Wasser bis zu den Knien. Bei Hochwasser stieg das Wasser in der Zelle. Darüber unterhielt man sich. Das war das schlimmste. So erlebte ich oft, dass irgendwelche Leute im Speiseraum angekettet waren, während wir gegessen haben. Der Knast in Torgau war nicht zu vergleichen mit … Hummelshain. Hummelshain war dagegen geradezu lachhaft, ein Sanatorium … Was nützt so eine Erziehung, wenn man hinter Gittern geschlagen wird und der Wille gebrochen wird. Es war doch nur ein wegsperren.	keine gerichtliche Einweisung für den JWH Torgau Hochsicherheitstrakt für Minderjährige, wie meterhohe Gefängnismauern, vergitterte Fenster, Stacheldraht, Wachhunde Bei Einweisung sofort in Einzelarrest Existenz des „Fuchsbaus", ein Erdloch, nicht größer als ein Schrank Schreie in der Nacht aus dem Fuchsbau Das „Schlimmste" – Wasserzelle im Keller (Bei Hochwasser steigt das Wasser in der Zelle) Anketten von Jugendlichen im Speiseraum während des Essens Im Vergleich zum JWH Hummelshain ein Sanatorium Es war ein „Wegsperren"	Wasserzelle im Keller, wo bei Hochwasser das Wasser in die Zelle drang **K7** Arrest in einem, seit dem 2. Weltkrieg, existierendem Lichtschacht **K8** Vier unbeheizte Arrestzellen in der Mädchenetage
Lutz M.	3	In Torgau gab es kein Geld, keine Päckchen, keine Briefe, obwohl mir meine Eltern angeblich geschrieben haben. Auch Besuch gab's nicht, das war verboten.	in Torgau gab es kein Geld, keine Post und keinen Besuch	

Fall	Nr.	Paraphrase	Generalisierung	Reduktion (Kategorientafel)
Manfred E.	4	1990 waren, was ich auf den Bildern gesehen habe, keine Gitter mehr an den Fenstern. Man hat kurz nach der Wende ganz schnell alle Gitter und Zellentüren abmontiert. Der JWH war damals so gesichert, dass es nicht möglich war abzuhauen. Stacheldraht überall. Ich kann mich auch an einen Lichtschacht erinnern im Haus, dieser wurde vor 1945 eingebaut, damit die Flieger das Gebäude nicht bombardieren sollten. Nach Genfer Konventionen durften Gefängnisse nicht bombardiert werden. In diesen Lichtschacht wurden hin und wieder welche eingesperrt. Ich habe gesehen, dass wohl so 12 oder 13jährige Kinder aus Spezialheimen bei uns da waren, die so etwa 14 Tage im JWH waren, um abgeschreckt zu werden. Sie sollten sich anschauen, was sie erwarten könnte. So waren sie im Speiseraum an der Heizung angekettet, haben tagelang nichts Richtiges zu essen bekommen und mussten uns zuschauen. Einmal hat mich ein Schäferhund angefallen auf dem Hof. Ich trug Risswunden . . . Ich erlebte einmal, wie ein anderer durch einen bissigen Hund regelrecht zerrissen wurde. Das schlimmste war für mich die Dunkelzelle. Die gab es in Torgau. Erzieher von damals sagen heute, dass es so was nicht gab. ich habe sie selbst erlebt, es war das schlimmste in meinem Leben. Ich kam in eine Zelle, die schwarz geteert war. Es gab kein Tageslicht, nur einen Schlitz, durch den Essen hineingereicht wurde. Nach drei Tagen ohne zu sehen kam ich raus und war völlig fertig. Gewalt gab es früh bis abends. Kretzschmar sagte immer, in Torgau ist der langsamste Schritt der Laufschritt. N. stand immer an der Seite mit einem Gummiknüppel. Dieser hatte eine Stahlkugel, mit diesem Totschläger wurde viel geschlagen.	Demontage nach der Wende von Zeugnissen der Hochsicherheit Eine Sicherheitsverwahrung mit Stacheldrähten, wo eine Flucht unmöglich erschien Arrest in einem vorherigen Lichtschacht Abschreckung für 12 – 13 j. Kinder aus Spezialheimen, welche zwei Wochen zur Abschreckung in Torgau waren (anketten im Speiseraum an den Heizkörpern, ohne Essen) Bissige Schäferhunde, welche Insassen anfielen Bericht von der Existenz einer Dunkelzelle in Torgau, die schwarz geteert war und kein Tageslicht hatte Erzieher leugneten nach der Wende diese Existenz einer Dunkelzelle, die nach drei Tagen die völlige Erschöpfung der Arrestanten zur Folge hatte Gewalt gab es von „Früh bis Abends“ Erzieher waren ausgerüstet mit Gummiknüppeln, mit deren Stahlkugeln viel geschlagen wurde Der „langsamste Schritt ist der Laufschritt“	**K9** Sexueller Missbrauch und Übergriffe von Erziehern an Mädchen **K10** Aggressive und brutale Gewaltanwendungen von Erziehern an Insassen, ständige Bedrohung, Vergleich der Brutalität der Erzieher mit Tieren **K11** Ausstattung der Erzieher mit Gummiknüppeln, die mit einer Stahlkugel versehen waren und täglich Einsatz fanden, um Jugendliche zu schlagen **K12** Unmenschliche Erziehungsmethoden, wie die Anwendung des Strafsports: Treppenkarussell (Treppenläufe) oder das Laufen auf dem Hofe mit Eisenbahnschwellen auf dem Rücken bis zur Erschöpfung („Der langsamste Schritt ist der Laufschritt“) **K13** Hauptvorwürfe des LKA Dresden: Freiheitsberaubung, Körperverletzung, Verletzung des Briefgeheimnisses, keine Post und Besuchsverbot

Fall	Nr.	Paraphrase	Generalisierung	Reduktion (Kategorientafel)
Diedrich S.	5	Beim Studium der Akten des ehemaligen JWH in der sächsischen Stadt Torgau stößt der Reporter auf ein merkwürdiges Stück Papier: Belehrung über die Anwendung und den Gebrauch von Schlagstöcken. Darin heißt es: „Bei der Anwendung des Schlagstockes ist dieser nur aus dem Handgelenk zu schlagen … dabei ist dieser nur in die Weichteile des Gegners zu schlagen … “. Gitter über Gitter auch innerhalb des riesigen düsteren Gefängniskomplexes. Gitter und Maschendraht entlang der Treppe und zwischen den einzelnen Etagen, wobei die Mädchenetage im zweiten Stock noch einmal besonders abgeschirmt war. Dann die Isolierzellen. Eine Holzpritsche, ein Hocker, ein Kübel sonst nichts. Nach der Wasserzelle fragend: Immerhin, Jugendliche müssen hier unten festgehalten worden sein. Etliche in die Wand gekratzte Inschriften deuten darauf hin: Eine: Lieber Tod als Weihnachten und Silvester hier – heute versuche ich mich umzubringen …	Belehrung über die Anwendung von Schlagstöcken in der Unterweisung für Erzieher im JWH Vergitterung innerhalb des Gefängniskomplexes Treppenhaus und Etagen mit Gittern und Maschendraht versehen Abschirmung der Mädchenetage im zweiten Stock Ausstattung der Isolierzellen mit Holzpritsche, Hocker und Kübel Inschriften in der Wasserzelle im Keller	**K14** Keine finanzielle Entlohnung in der Produktion (Verletzung DDR-Tarifrecht) **K15** Anketten von Jugendlichen im Speiseraum während des Essens **K16** Zweiwöchiger Abschreckungsaufenthalt für 12 – 13 j. Kinder aus Spezialheimen, die im Speiseraum, hungernd, an die Heizung gekettet wurden
Bernd H.	6	Die Jugendlichen mussten unterschreiben, dass sie über die Zeit von Torgau nichts erzählen. In der ersten Zeit nach der Rückkehr von Torgau hatten sie Angst. Das merkte man. Sie waren eingeschüchtert. Erst nach und nach erzählten sie, was abging. Sie wurden so brutal geschlagen, dass diese Zeit für sie ein Horror war. Keiner wollte wieder nach Torgau, obwohl doch viele dort wieder hinkamen.	schriftlicher Verpflichtung der Insassen, über den JWH nach ihrer Entlassung nicht zu sprechen nach dem Aufenthalt waren die Jugendlichen ängstlich und eingeschüchtert Berichte über Brutale Schläge	
Claudia R. (D.)	7	In der Mädchenetage waren vier Arrestzellen. So war es im Winter bitterkalt, zumal auch die Heizung abgedreht war. Manchmal waren es in der Zelle kaum über Null Grad. Heulen durfte man nicht, dann wurde man geschlagen. Ein Erzieher mit Halbglatze, ich glaube der hieß N., kam öfters in den Schlafraum. Er hatte da eine, die hat er immer befummelt. N. hat auch zugesehen, wenn wir uns geduscht haben. Ich weiß, dass er auch zu Mädchen gegangen ist, die allein in der Arrestzelle waren.	vier Arrestzellen in der Mädchenetage, die kalt, ohne Heizung waren sexuelle Übergriffe von Erziehern an Mädchen in Schlafräumen und in Arrestzellen	

Fall	Nr.	Paraphrase	Generalisierung	Reduktion (Kategorientafel)
Sven E.	8	Wie lange durfte ein Jugendlicher in Torgau festgehalten werden? – Eigentlich nur sechs Monate. Aber es kam vor, dass sie einen Typen nach sechs Monaten einmal in ein Auto gesteckt haben, einmal durch die Stadt gefahren sind und dann wurde der … erneut für sechs Monate eingewiesen … Die Brutalität der Erzieher, das sind keine Menschen gewesen, das waren Tiere. Die haben ausgenutzt, dass sie mit uns machen konnten, was sie wollten. Viele von uns haben das nicht durch gestanden. Zum Strafsport: Entweder das Treppenkarussell – da ging es bis zu 100x die drei Etagen rauf und runter oder es gab die große Runde auf dem Hof. Dabei mussten wir mit Eisenbahnschwellen auf dem Rücken rennen, bis die ersten schlapp gemacht haben. Die mussten dann von den anderen mitgeschleppt werden.	gesetzliche Festlegung des Aufenthaltes waren sechs Monate, der willkürlich verlängert wurde Vergleich der Erzieher mit Tieren, wegen ihrer Brutalität Strafsport: Treppenkarussell, Laufen auf dem Hof mit Eisenbahnschwellen auf dem Rücken bis zur Erschöpfung	**K17** Kosten für Unterkunft und Verpflegung wurden in Rechnung gestellt, Entlohnung im Bestrafungssystem; bei unangemessener Arbeitseinstellung und ungenügender Produktionsfähigkeit Essensentzug oder Arrest **K18** In Torgau Missachtung der Menschenwürde durch ständige Todesangst der Strafwillkür von Erziehern im Vergleich zum „normalen Strafvollzug“ in der DDR
Hügel – LKA	9	Die strafrechtlich relevanten Hauptvorwürfe lauten: Freiheitsberaubung, Körperverletzung, Verletzung des Briefgeheimnisses. Durch Aussagen von Jugendlichen wissen wir, dass Schläge in Torgau zu den Erziehungsmethoden gehörten.	Strafrelevante Hauptvorwürfe vom LKA Dresden: Freiheitsberaubung, Körperverletzung, Verletzung des Briefgeheimnisses Schläge gehörten zu den Erziehungsmethoden in Torgau	**K19** Schriftliche Verpflichtung der Insassen am Entlassungstag, über den JWH zu schweigen
Heinz M.	10	Die Anstaltsleitung hatte große Furcht vor Fluchtversuchen. Dementsprechend groß waren die Sicherheitsmaßnahmen. Auf den ca. fünf Meter hohen Gefängnismauern waren Stacheldrahtrollen angebracht. An der Innenseite der Mauer liefen extrem scharfe Schäferhunde. Deren Halsbänder waren mit Stahlseilen verbunden, die entlang der Mauern verliefen. Ich weiß, dass die Hunde mit den Kombis von inhaftierten Jugendlichen scharfgemacht wurden. Bei all den Schlägen – schlimmer ist es wohl noch im Arrest gewesen. Die Arrestanten mussten tagsüber in der Mitte des Raumes mit Blick zur Tür stehen. Das wurde von den Erziehern mit einen Blick durch das Guckloch regelmäßig kontrolliert. Wenn sich zeigte, dass der Arrestant die Anordnung nicht befolgte, gab es Prügel und Essensentzug.	Hochsicherheitsmaßnahmen aus angeblicher Furcht vor Fluchtversuchen Fünf Meter hohe Gefängnismauern mit Stacheldrahtrollen, auf der Innenseite des Hofes scharfe Schäferhunde, deren Halsbänder mit Stahlseilen verbunden waren und welche mit der Kleidung von Insassen scharf gemacht wurden Arrestanten standen tagsüber mit Blick zur Tür inmitten des Raumes, ansonsten gab es Prügel und Essensentzug	**K20** Gesetzlich vorgeschriebener Aufenthalt sechs Monate **K21** Psychotraumatische Auswirkungen bei ehemaligen Insassen, die von Angst und Verzweifelung nach dem Aufenthalt berichteten

F: Gewalt

Fall	Nr.	Paraphrase	Generalisierung	Reduktion (Kategorientafel)
Stefan L.	1	Schließlich nach einer Spirale der Gewalt fuhr mich der stellvertr. Direktor … nach Torgau. Nach Stunden des Stehens bekam ich den ersten Schlüsselbund ins Gesicht.	bei Einweisung stundenlanges Stehen auf dem Flur Schlüsselbund in das Gesicht geworfen	**K1** Bei Einweisung stundenlanges Stillstehen auf dem Flur (bis zu acht Stunden) Stehen auf den Zehenspitzen **K2** Ständige Fausthiebe, Prügel, Nachtreten und Schlagen mit dem Schlüsselbund in das Gesicht durch die Erzieher **K3** Jeder Erzieher war ausgerüstet mit einem Gummiknüppel, der am Ende mit einer Eisenkugel versehen war **K4** Erzieher drohen offen mit Gewaltanwendung, Griffe, Hiebe, Tritte in die Genitalien **K5** Misshandlung der Insassen durch den Missbrauch von Gegenständen, wie Kugelschreiber **K6** Zerschlagen der Gesichter und Prügel bis zur Bewusstlosigkeit nach Fluchtversuchen **K7** Ständiges Hören von Schreien, bis diese verstummten **K8** Bisswunden durch aufgehetzte Wachhunde
René B.	2	Der Erzieher dort hieß Herr M… Das war ein Karatetyp und als erstes gab er mir einen Fausthieb. Jeder Erzieher hatte einen Gummiknüppel. Am Ende dieses Knüppels war eine Eisenkugel. Je nach Laune schlugen die Erzieher auf uns ein. Einmal wollte ein Mitinsasse, dass ich ihm das Bett mache. Ich habe ihn geschlagen, danach passierte mir das gleiche von den Erziehern. In der Nacht musste ich auf dem Gelände der Sturmbahn robben. Zwei sind damals in meiner Zeit abgehauen. Als sie wiedergebracht wurden, lagen sie mindestens einen Tag auf dem Flur. Ich erkannte die Gesichter nicht mehr, es war grauenhaft. … Er machte uns vor, wie man eine Glasscheibe mit bloßer Hand zertrümmerte. Er sagte, er würde das nicht nur mit der Scheibe machen.	Fausthiebe Jeder Erzieher hatte einen Gummiknüppel mit einer Eisenkugel am Ende, mit welchem die Erzieher, je nach Laune, auf die Jugendlichen einschlugen Robben auf der Sturmbahn in der Nacht Zerschlagen der Gesichter nach Fluchtversuch Erzieher drohen mit Gewaltanwendung	
Lutz M.	3	Der leitende Erzieher war ein Herr J., das war der Gewalttätigste. Anfangs hat er mir oft mit dem Schlüsselbund auf den Kopf geschlagen. Wenn wir in Reih und Glied standen und flüsterten, schlug er uns wahllos ins Gesicht. Wurde gequatscht oder Blödsinn gemacht, bekamen wir Prügel mit den Gummiknüppeln.	Schlüsselbund auf den Kopf Bei Flüstern wahllos ins Gesicht schlagen	
Manfred E.	4	Als ich ankam, musste ich mich in den Flur stellen und zwei bis drei Stunden stillstehen. Dann bekam ich auch noch das Schlüsselbund ins Gesicht. Einmal hatte mich ein Schäferhund auf dem Hof angefallen. Ich trug Risswunden… Mit einem Kugelschreiber drehte er immer in den Ohren von uns herum, bis sie fast aufgerissen waren. Schrie man vor Schmerzen, musste man mit Gewichten im Entengang die Treppe hoch laufen. Geprügelt wurde, bis Jungen besinnungslos liegen blieben.	bei Einweisung stundenlang auf dem Flur stillstehen Bisswunden durch Wachhunde Gewaltanwendungen mit Kugelschreiber Mit Gewichten im Entengang Treppenläufe	
Diedrich S.	5	Ich habe mal gesehen, wie ein Erzieher einem Mädchen, Claudia hieß die, mit der Faust so eine geschossen hat, dass die den ganzen Flur lang gerutscht ist und dann liegen blieb. Bei der Angie war die Spezialität Entengang mit Hanteln. Wenn ihr das nicht schnell genug ging, dann hat sie auch schon mal nachgetreten. An den Treppenabsätzen standen Erzieher mit Gummiknüppeln und haben auf die Jungen eingedroschen.	Fausthiebe mit anschließender Bewusstlosigkeit Entengang mit Hanteln Nachtreten durch Erzieher Schlag mit Gummiknüppeln	

Fall	Nr.	Paraphrase	Generalisierung	Reduktion (Kategorientafel)
Claudia R. (D.)	6	Dann kam ein Erzieher auf mich zu und schrie: nehmen sie Haltung an. Während er das sagte, schlug er mir mit der Faust ins Gesicht. Danach kam ich erst einmal für drei Tage in die Arrestzelle. Weil ich dabei nicht die Hausordnung auswendig gelernt hatte, hat mir eine Erzieherin das schwere Schlüsselbund ins Gesicht geworfen. Das musste ich dann aufheben und mit gestrecktem Arm zurückgeben. Von den Erziehern war der junge Spiegel der schlimmste Schläger. Dann hat mich Spiegel den Flur langgescheucht, ich bin dabei hingefallen. Als ich unten lag, hat Spiegel auf mich eingetreten.	Faustschläge ins Gesicht Auswendiglernen der Hausordnung	**K9** Anketten für 24h ohne Trinken und Essen **K10** Täglich Strafsport als Mittel der Gewalt **K11** Laufen bis zur Erschöpfung mit Schubkarren, die mit Eisenbahnschwellen beladen waren **K12** Laufen mit
Sven E.	7	Die Brutalität der Erzieher: Das sind keine Menschen gewesen, das waren Tiere. Die haben ausgenutzt, dass sie mit uns machen konnten, was sie wollten. Ich bin an dem jungen Spiegel vorbei gegangen. Der hat mir dann von hinten die Beine weg geschlagen. ... der fing an, in der Zelle zu singen und hat Glasbausteine gefressen. Der Erzieher Q. hat ihn dann für 24h angekettet.	Vergleich der Brutalität mit Tieren Wegschlagen der Beine Anketten für 24h ohne Trinken und Essen	Eisenbahnschwellen auf dem Rücken **K13** Torgauer Dreier (Liegestütze, Hocke, Hockstrecksprung) bis zur Erschöpfung, 200 – 600x
Mike B.	8	Dann hat er mir voll in das Geschlechtsteil getreten. Der wusste, dass ich mich in der Zelle sowieso nicht wehren kann. Der hätte doch nur einmal rufen brauchen und schon wären zwei, drei Erzieher mit Gummiknüppeln zur Stelle gewesen. Ich habe nur die Schreie gehört. Den hat Q. mit Handschellen so an ein Gitter gekettet, dass er die 12 Stunden auf Zehenspitzen stehen musste.	Tritte ins Geschlechtsteil Hören von Schreien 12h auf Zehenspitzen	**K14** Treppenkarussell – Treppenlaufen im Haus, Entengang mit Gewichten **K15** „Ordnungsgong“ – Schlag mit der geballten Faust gegen den Hinterkopf
Hügel – LKA	9	Aktenkundig belegt ist auch, dass Jugendliche gezwungen wurden, mit Schubkarren, die mit Eisenbahnschwellen beladen waren, um den Hof zu laufen. Das ging bis zur totalen Erschöpfung. Durch Aussagen von Jugendlichen wissen wir, dass Schläge in Torgau zur Erziehungsmethode gehörten.	laufen bis zur Erschöpfung mit Schubkarren, die mit Eisenbahnschwellen beladen waren	des Jugendlichen **K16** Liegestütze über aufgeklapptem Messer, welches der Erzieher unter der Brust des Jungen hielt
Horst S.	10	Die Jungs haben schon mal einen Impuls gekriegt oder auch mal einen Rempler. Ich habe mit Mitteln der einfachen körperlichen Gewalt gearbeitet: Griffe, Hiebe um den Widerstand zu brechen. Ich bin ohne Schlagstock ausgekommen, ich bin ein alter Judokämpfer.	Erzieher: „Griffe, Hiebe ... ich bin Judo-Kämpfer“	**K17** Lange Dauerläufe um die Sturmbahn (bis zu 21 km)

Fall	Nr.	Paraphrase	Generalisierung	Reduktion (Kategorientafel)
Manfred Q.	11	Das Anketten erfolgte auf Anweisung durch Anstaltsdirektor Kretzschmar. Es ging darum jemanden ruhig zu stellen, der getobt hat. Das war die beste Methode, am nächsten Tag war der schön ruhig. Stimmt es, dass sie … den Jugendlichen … für 24h an ein Gitter gekettet haben? Was sie sagen stimmt. Die Jungen wurden bis zum Zusammenbrechen gescheucht und mussten sich dann gegenseitig stützen.	Anketten 24h Scheuchen bis zum Zusammenbruch	**K18** Bei Aufgabe des Laufens Rucksack mit Steinen, Backpfeifen, Ellbogenstöße und Schlüsselbundwürfe – Hinterherziehen einer Kette mit einer sieben bis zehn Kilogramm schweren Eisenkugel
Heinz M.	12	Sie wurden geschlagen und blieben tagelang in der Zelle. Zu den Strafmaßnahmen gehörte das Treppenkarussell. Dabei wurden die Jugendlichen bis zu 100-mal die drei Etagen rauf und runter gejagt. Auf den Treppenabsätzen standen Erzieher, die auf die Jugendlichen eindroschen. Ich erinnere mich wie Q. einen Jungen unmittelbar vor dem Essenraum an ein Gitter gekettet hat. Q. hat sich dann vor dem Jungen auf einen Hocker gesetzt und seelenruhig gegessen und getrunken. Der Junge blieb Stunden angekettet und bekam zu dieser Zeit weder zu essen noch zu trinken. Er hat darum gebettelt, dass man ihn zur Verrichtung der Notdurft losmacht. Auch das wurde ihm nicht gestattet. Geschlagen wurden nicht nur Jungen, sondern auch Mädchen. Ich habe mal gesehen, wie Spiegel einem Mädchen mit der Faust so eine geschossen hat, dass das Mädchen den ganzen Flur langgeschossen ist und dann regungslos liegen blieb. Ralf Spiegel hat ohne erkennbaren Grund zugeschlagen, auf dem Hof, auf der Treppe, im Essenraum, wohl einfach nur, weil ihm das Spaß machte. Ich erinnere mich … weil man die Schreie von dem Tomas durch das ganze Haus gehört hat. Auf einmal war es still.	ständige Schläge von den Erziehern zu den Strafmaßnahmen – Treppenkarussell („… laufen bis zu 100x die drei Etagen rauf und runter.“) Schläge auch für Mädchen, bis diese regungslos liegen blieben Schreie im Haus, bis es still wurde	**K19** Ständige Gewaltanwendungen im Einzelarrest, Schläge in den Arrestzellen, bis die Schreie verstummten **K20** Essensentzug, Hungern als Strafmaßnahmen im Arrest **K21** Arrestzellen ohne Heizung und Decken
Stefan L.	13	… sie waren bei mir unterbrochen durch Strafsport … und dann mussten wir jeden morgen 2000 Meter um die Sturmbahn laufen. Neben den Liegestützen standen die Erzieher lachend. Manchmal mussten wir bis zu 20-mal laufen – bis zur Erschöpfung.	Strafsport – jeden morgen 2000m um die Sturmbahn, dann Liegestütze bis zur Erschöpfung	

Fall	Nr.	Paraphrase	Generalisierung	Reduktion (Kategorientafel)
René B.	14	Wer sich weigerte in der Produktion, musste sportliche Belastungen über sich ergehen lassen. Z.B. wurden Schubkarren mit Eisenbahnschwellen beladen. Rundenweise um die Sturmbahn geschoben. Strafarbeit Nr. 1 im JWH Torgau war der Sport. Der Torgauer Dreier (Liegestütz, Hocke und Hockstrecksprung) war berühmt. Leider sah ich sehr viele, die vor totaler Erschöpfung umfielen. Entengang oder mit Gewichten beschwert, Treppenstufen laufen, war völlig normal. An Ostern 1984 mussten wir einen Ostermarsch im Hof laufen. Das waren immerhin 21 km. Unter Zwang läufst du, wenn du nicht mehr konntest, bekamst du einen Rucksack mit Steinen. Backpfeifen, Ellbogenstöße, Schlüsselbundwürfe waren völlig normal.	bei Verweigerung in der Produktion Strafsport: * Schubkarre mit Eisenbahnschwellen um die Sturmbahn schieben * Torgauer Dreier (Liegestütze, Hocke, Hockstrecksprünge) * Entengang mit Gewichten * 21 km Dauerlauf, bei Aufgabe Rucksack mit Steinen	
Lutz M.	15	Entweder mussten wir im Entengang eine Stunde die Treppen hoch und runterkrauchen. Oder wir bekamen eine Eisenkugel, die an einer Kette war. Vielleicht sieben bis zehn Kilo … die mussten wir während des Laufens nachziehen. Im Winter mussten wir kaum bekleidet morgens, mittags, abends, je nach belieben, um die Sturmbahn laufen. Einmal kam ich nicht über die Eskaladierwand. Ich bin zig mal ausgerutscht und habe mir die Haut auf dem Schotter aufgerissen.	Entengang im Treppenhaus Eisenkugel an einer Kette während des Laufens nachziehen	

Fall	Nr.	Paraphrase	Generalisierung	Reduktion (Kategorientafel)
Manfred E.	16	Dort wo die Sturmbahn war, wo wir auch bei Schnee im Winter bis zur Erschöpfung laufen mussten. Wer nicht mehr konnte, war mit dem Torgauer Dreier dran. Ansonsten im Haus Treppen rauf und runter oder man spürte den Gummiknüppel.	Überwinden der Sturmbahn im Winter bis zur Erschöpfung Torgauer Dreier, Gummiknüppel	
Diedrich S.	17	Dann kam der Erzieher und hat mir eine Schubkarre hingestellt und Eisenbahnschwellen aufgeladen. Damit musste ich dann losrennen … bis ich zusammengeklappt bin.	Schubkarre mit Eisenbahnschwellen	
Bernd H.	18	Sie erzählten unter anderem, dass sie bei Disziplinverstößen Schlusssprünge auf der Treppe bis zur Erschöpfung machen mussten, dass sie mehrmals über die Sturmbahn laufen mussten. Der Torgauer Dreier war bekannt … bis zur totalen Erschöpfung.	Schlusssprünge auf der Treppe Sturmbahn laufen, Torgauer Dreier	
Claudia R. (D.)	19	Wir mussten auch im Winter bei Frost und Schnee in kurzen Hosen raus.		

Fall	Nr.	Paraphrase	Generalisierung	Reduktion (Kategorientafel)
Sven E.	20	Wie lange und wie hart wir da gescheucht wurden, hing von der Laune des Erziehers ab. Hundert bis 200 Dreier waren ganz normal ... die mussten bis zu 600 Dreier machen. Dann gab es meist noch einen Ordnungsgong (Schlag mit der geballten Hand gegen den Hinterkopf des Jugendlichen). Da ging es bis zu 100-mal die drei Etagen rauf und runter, natürlich im Laufschritt – das Treppenkarussell. An den Treppenabsätzen standen Erzieher, die auf uns eingedroschen haben. Dabei mussten wir mit Eisenbahnschwellen auf dem Rücken rennen.	200 – 600x Torgauer Dreier Schlag mit der geballten Faust gegen den Hinterkopf Treppenkarussell Eisenbahnschwellen auf dem Rücken	
Hügel – LKA	21	Der Torgauer Dreier wurde je nach Erzieher bis zu 500-mal durchgeführt, andere Übungen wurden unter Mitnahme von Gewichten durchgeführt. So mussten Eisenbahnschwellen mittels Schubkarren transportiert werden.	Torgauer Dreier 500x	
Heinz M.	22	Beim Hofsport wurden die Jungen gezwungen, im Laufschritt Schubkarren vor sich herzuschieben. Zu den besonderen Schikanen gehörten Liegestütze über aufgeklapptem Messer, das der Erzieher unter der Brust des Jugendlichen hielt.	Liegestütze über aufgeklapptem Messer, welches der Erzieher unter der Brust des Jungen hielt	

Fall	Nr.	Paraphrase	Generalisierung	Reduktion (Kategorientafel)
Stefan L.	23	Ich stand erst einmal acht Stunden auf dem Flur. Schließlich war ich sieben Wochen in Einzelarrest. Die Zahl meiner Arresttage erhöhte sich ständig. Ich hatte immer Hunger, sagte ich etwas, so bekam ich noch weniger. In Torgau wurde generell in der Dunkelzelle eingesperrt, um den Willen zu brechen. Der hat mir oft das Essen auf die Füße gekippt oder gar zwei Tage hintereinander in der Arrestzelle kein Essen gegeben. Ohne Grund kam ich am vorletzten Tag meiner Haft in Arrest.	bei Einweisung acht Stunden auf dem Flur stehen sieben Wochen im Einzelarrest als Strafmaßnahme Einsperren in der Dunkelzelle um den Willen zu brechen Essensentzug	
René B.	24	Ohne große Gespräche kam ich drei Tage in die Einzelzelle. Vorher wurden mir die Haare abgeschoren. Die Zelle bestand aus einem Topf, einer Pritsche und einem vergitterten Fenster.		
Lutz M.	25	Zuerst kam ich drei Tage in Einzelarrest. Erst danach bekam ich Blauzeug und Schnürstiefel. Einmal wusste ich, dass ein Jugendlicher in Einzelhaft gesperrt wurde, weil er sich das Leben nehmen wollte. Wir sahen, wie drei Erzieher in die Zelle zu dem Jungen gingen und ihn wohl deshalb verprügelten. Wir hörten im ganzen Haus die Schreie. Den Jungen sahen wir nie wieder. Bevor ich rauskam, war ich wieder drei Tage in Einzelarrest. Zum Schluss hatte ich reduziertes Essen.	nach Suizidversuchen in Einzelarrest Schläge der Erzieher in den Arrestzellen – Schreie, bis sie verstummten	

Fall	Nr.	Paraphrase	Generalisierung	Reduktion (Kategorientafel)
Manfred E.	26	Dann kam Kretzschmar, der Leiter. Ich sagte, dass ich pinkeln müsste und er meinte: Ziehen sie hoch und spucken sie die Scheiße aus . . . Und kam dann drei Tage in die Einzelarrestzelle . . . . Es gab keine Heizung, es war kalt, hatte keine Decke. Ich musste die Hausordnung auswendig lernen. Gab es beim Appell Blickkontakte, gab es Arrest. Ich war ein paar mal in Arrest.	Arrestzellen ohne Heizung und Decken Auswendiglernen der Hausordnung Bei Blickkontakten zu anderen Insassen Arrest	
Claudia R. (D.)	27	Danach kam eine Erzieherin auf mich zu, die hatte wohl gemerkt, dass ich ein Kaugummi im Mund hatte. Jedenfalls bekam ich auch von der eine geknallt. Danach kam ich erst mal für drei Tage in die Arrestzelle. Am schlimmsten war die Zelle 42. Nachdem sich da ein Jugendlicher am Gitterkreuz erhängt hatte, wurde das Fenster mit Glasbausteinen verschlossen, aber nicht richtig. Ein Glasbaustein fehlte, so war es im Winter bitterkalt.	nach Kaugummikauen drei Tage Arrest	
Mike B.	28	Da war ich auf Arrestzelle gewesen, da war ich gerade eingewiesen worden. Damals hatten wir einen Eimer mit Wasser und Chlor. Der war offen und morgens musste der geleert werden. Ich hatte dann Wasser reingemacht und das Chlor vergessen. Das war ja alles nur in Laufschritt. Da bin ich auf meine Zelle zurück gerannt.und da hat der junge S. hinter der Tür gestanden und die Faust rausgestreckt. Der wusste, dass ich mich in der Zelle sowieso nicht wehren kann. Ich war im Arrest wegen Arbeitsverweigerung . . . hatten aber nicht einmal Schutzhandschuhe. Dann wurden die Zellentüren aufgeschlossen für den Arrestsport.	Schläge und Schikane im Arrest Arrestsport	

G: Suizidversuche (Suizid)

Fall	Nr.	Paraphrase	Generalisierung	Reduktion (Kategorientafel)
Stefan L.	1	Wenn ich Kinder unter Gewalt erziehe, dann werden sie zu Gewalttätern und zu unmündigen, willenlosen Werkzeugen. Die vielen Suizidversuche in Torgau beweisen dieses. Fast jeder wollte aus Torgau raus. Und in unterschiedlicher Art und Weise versuchte man in die Krankenstation zu kommen. Die Zahlen sind nicht bewiesen, Ich persönlich gehe von 2000 Suizidversuchen aus.	häufige Suizidversuche, ca. 2000 ständige Versuche, in die Krankenstation zu kommen	**K1** Hohe Selbstmordrate, nach Aussagen ca. 2000 Suizidversuche im JWH Torgau **K2** Suizide durch Erhängen als häufigste Erscheinung, durch Schlucken von Nägeln,
René B.	2	Hin und wieder bekamen wir mit, dass Leute sich das Leben nehmen wollten. Sie fraßen Nägel, irgendwelches Waschpulver, schlitzten sich die Pulsadern auf.	bewusste Wahrnehmung von Suizidversuchen Suizide durch Schlucken von Nägeln, Waschpulver und Verletzung der Pulsadern	Schrauben, Nadeln, Bohrspänen, Waschpulver oder Farbe, Aufschneiden der Pulsadern als zweithäufigste Erscheinung **K3** Selbstmordversuche durch
Lutz M.	3	Selbstmordversuche direkt habe ich nicht gesehen, aber auch in Torgau hatte ich davon gehört. Einmal wusste ich, dass ein Jugendlicher in Einzelhaft gesperrt wurde, weil er sich das Leben nehmen wollte. Wir sahen, wie drei Erzieher ... in die Zelle zu den Jungen gingen und ihn wohl deshalb verprügelten.	nach Suizid-Fehlversuchen Einweisung in den Arrest bei Suizid-Arrest Drangsalierung des Jugendlichen durch die Erzieher	physische Selbstverstümmelungen, die zum Tode führten **K4** Selbstverbrennung in einem Falle als offizielle Todesursache
Manfred E.	4	Ich hab selbst erlebt, wie andere in Torgau z.B. im Arbeitsbereich Schrauben oder Bohrspäne gefressen haben. Ob die überlebt haben, weis ich nicht. Wer so was machte, wurde meistens eingesperrt in eine Zelle. Ich hab persönlich gesehen, wie einer sich bewusst mit einem Gewindeschneider in die Hand gebohrt hat. Dr. Weber, der damalige Werkhofsarzt für uns, sagte nach der Wende, dass es Selbstmorde nicht gab. Das stimmt nicht.	Suizide durch Schlucken von Schrauben und Bohrspäne, selbst angelegten äußeren Verletzungen Nach Fehlversuchen Sperren in den Arrest Negierung von Suizidvorfällen durch den ehemaligen Werkshofsarzt nach der Wende	**K5** Strafmaßnahmen nach gescheiterten Suizidversuchen, wie z.B. Einzelarrest **K6** im Einzellarrest nach Suizidversuchen Drangsalierung durch Erzieher (Prügel) **K7** Suizide als Antwort auf die Ausweglosigkeit und

Fall	Nr.	Paraphrase	Generalisierung	Reduktion (Kategorientafel)
Diedrich S.	5	Der Reporter fragt den Heizer, ob er bestätigen kann, dass es im JWH Torgau versuchte bzw. vollendete Selbstmorde gegeben hat. „Viele“, sagte Beyer. Er erinnere sich beispielsweise noch gut an den Mai 1986. Da kam der Erzieher Holger Welitz zu mir und gab mir eine Kombi, die ich verbrennen sollte. Ich sagte, dass die Kombi doch noch fast neu ist. Darauf Welitz: Das hat schon seine Richtigkeit, der die Kombi getragen hat, der hat sich gerade erhängt. Er habe aus Gesprächen mit Jugendlichen im Heizungskeller erfahren, dass Selbstmordversuche in diesem Kinder- und Jugendknast geradezu an der Tagesordnung waren. Es wurde Farbe getrunken, manche haben Nägel geschluckt, oder Nadeln, andere haben sich mit scharfen Steinen die Pulsadern aufgerieben, andere haben es mit Chlorsteinen oder Tinte versucht. Wer das überstand, bekam Tagelang nur Sauerkraut zu essen, um das geschluckte Zeug wieder rauszubringen. Sven: Ich weiß, dass sich zwei im Schlafraum umgebracht haben, erhängt. Einer hat es in der Zelle versucht. Der hatte irgendwas und musste dringend Tabletten nehmen. Die Erzieher haben die ihm aber aus Strafe nicht gegeben. Der ist dann mit dem Kopf vorne weg so gegen die Betonwand gerannt, dass sein Kopf nur noch ein Matschklumpen war. Am 29.04.1988 wurde um 17.25 Uhr, dem Zeitpunkt der Essenausgabe, der Jugendliche Steve B. im Raum 16 des JWH in einer Schlinge, die er aus seinem Arbeitshemd gefertigt hatte, am Fensterwinkel, hängend aufgefunden. Um 17.47 Uhr wurde durch die Ärztin der Tod festgestellt.	viele bestätigte Selbstmorde, welche an der „Tagesordnung“ waren häufige Selbstmorde durch Erhängen Selbstmorde durch trinken von Farbe oder Tinte, Schlucken von Chlorsteinen und Nadeln, Aufschneiden von Pulsadern	der physisch/psychischen Erschöpfung

Fall	Nr.	Paraphrase	Generalisierung	Reduktion (Kategorientafel)
Bernd H.	6	Die Selbstmordrate soll in Torgau hoch gewesen sein.	hohe Selbstmordrate in Torgau	**K8** Bewusste und absichtliche Begleiterscheinung der Disziplinierung durch die Erzieher **K9** Äußerung von Selbstmordabsichten als Drohung von Insassen **K10** Negierung von Suizidvorkommnissen nach der Wende durch den ehemaligen Werkhofsarzt K11 Kein Glaube an den Sinn des Lebens
Claudia R. (D.)	7	Am schlimmsten war die Zelle 42. Nachdem sich da ein Jugendlicher am Gitterkreuz erhängt hatte, wurde das Fenster mit Glasbausteinen verschlossen. Manche haben mit einem spitzen Stein solange gescheuert, bis sie die Pulsader aufgerissen hatten, andere haben Nägel oder Nadeln geschluckt, oder sind mit dem Kopf gegen eine Betonwand gerannt. Eine, die hieß Ronny, die hat beim Arzt eine Spritze geklaut und sich dann Luft in die Arme gespritzt. Ronny hat es, glaube ich, geschafft sich umzubringen.	Suizide durch Erhängen, tödliche Spritzen oder Selbstverstümmelungen	
Sven E.	8	Ja, ich weiß das von Daniel A… Der hatte Scheiße gemacht und ist irgendwie durchgedreht. Der fing an, in der Zelle zu singen und hat Glasbausteine gefressen. Der Erzieher Q. hat ihn dann für 24h angekettet…	Suizidversuche als Antwort auf die Ausweglosigkeit der bewussten Drangsalierung von Erziehern und der psychischen Erschöpfung	
Mike B.	9	Wir sind dann raus auf dem Hof zum Sport. Und der Steve B. hat den Sport auch mitgemacht. Das war nichts für den…. Dann habe ich bloß noch gehört, wie die Tür aufgegangen ist und der Q. hat gesagt, dass einer einen Arzt holen soll…. Ich habe dann gehört, wie der Kretzschmar gesagt hat, dass ein Jugendlicher freiwillig aus dem Leben geschieden ist. Später habe ich erfahren, dass der Steve B. tablettenabhängig war. Ganz klar, der hat sich aufgehängt, weil er seine Tabletten nicht gekriegt hat.	Selbstmord durch medizinische Fehlbehandlung	
Hügel – LKA	10	Es hat in Torgau eine ganze Reihe von versuchten und vollendeten Selbstmorden gegeben. Man kann davon ausgehen, dass die Umstände in Torgau dazu geführt haben, wenngleich man nicht sagen kann: Der oder der Erzieher hat den und den in den Tod getrieben.	häufige Selbstmordrate Suizide als Antwort unmenschlicher Disziplinierung und Hilflosigkeit (bewusste Begleiterscheinung für die Erzieher)	
Christine H. – LKA	11	Sie wollte sich im JWH umbringen. Nachdem der Versuch gescheitert war, musste sie einen Bericht schreiben: „Ich habe mich vom Treppengeländer gestürzt, weil ich es nicht mehr ausgehalten habe in der Isolation, weil ich hier durchdrehe."	Strafmaßnahmen nach gescheiterten Selbstmordversuchen Psychische Erschöpfung der Insassen	
Heike F. – LKA	12	Heike versuchte, sich durch Öffnen der Pulsadern umzubringen. Aus Heikes Akte: „Sie brachte zum Ausdruck, dass das Leben für sie keinen Sinn mehr hat und auch weiterhin solche Handlungsweisen plant."	keinen Glaube an den Sinn des Lebens als Voraussetzung für Suizidgefährdung	

Fall	Nr.	Paraphrase	Generalisierung	Reduktion (Kategorientafel)
Rainer F. – LKA	13	Aus den Akten: Am 27.02.1982 kam es im geschlossenen JWH zu einem Brand. In deren Folge verstarb der Jugendliche F… F. war im Besitz von Streichhölzern, die er sich illegal beschafft hat. Er hatte zuvor Selbstmordabsichten geäußert.	Äußern von Selbstmordabsichten als Drohung	
Ruth und Willy F.	14	Offiziell hieß es zur Todesursache, mein Sohn habe Selbstmord begangen und sich dabei selbst angezündet. Die Erzieher wollten helfen, aber sie haben die Tür nicht aufgekriegt. In Torgau wurde R. wie ein Tier gehalten. Ich weiß nicht, was da vorgefallen ist.	Selbstverbrennung in einem Fall als offizielle Todesursache R. wurde gehalten „wie ein Tier“	
Horst S.	15	Der F., der war gefährlich. Der wollte ausbrechen. Deshalb hat er Feuer gelegt. Bei dem Qualm wollte er einem Erzieher die Tür vor den Kopf hauen und türmen.		
Heinz M.	16	Einmal habe ich miterlebt, wie ein Junge versucht hat, sich mit der Schnur seiner Kombi zu erhängen, bei dem Kam schon das Blut aus den Ohren heraus. Ich weiß nicht, ob der Junge gerettet wurde, jedenfalls wurden danach die Schnüre aus den Kombis entfernt. Ein Jugendlicher hat versucht, sich in der Arrestzelle umzubringen, indem er sich den abgebrochenen scharfkantigen Griff des Kübels in den Darm gerammt hat. Danach gab es eine Anweisung, dass von den Kübeln in der Arrestzelle grundsätzlich der Griff zu entfernen sei.	Selbstverstümmelung mit Hilfe des Inventars in der Arrestzelle	

H: Psychotraumatische Auswirkungen (PtA)

Fall	Nr.	Paraphrase	Generalisierung	Reduktion
Stefan L.	1	Mir zittern jetzt schon die Hände – sie sehen Herr Gatzemann, es nimmt mich immer noch mit. Torgau selbst war für mich in erster Linie Todesbedrohung. Mein Leben war Tag für Tag in Gefahr. Selbst heute noch habe ich Depressionen und sogenannte posttraumatische Störungen. Das besagen unabhängige Gutachten. Daher bin ich zu 50% nicht arbeitsfähig.	Zittern der Hände Depressionen und posttraumatische Störungen Teilweise Arbeitsunfähigkeit Todesbedrohung in Torgau	**K1** Ziel der Erziehung im JWH war die Angst des Erlebens von Todesbedrohung und das Brechen des Willens **K2** Immer wiederkehrende Erinnerungen an die „Hölle“, insbesondere in Ruhephasen **K3** „Schlimme Erinnerungen“ an die Brutalität von Erziehern (Totschläger/Gummiknüppel, Dunkelzelle) **K4** Posttraumatische Störungen, wie Depressionen, Zittern der Hände, Angst und Schlafstörungen (dadurch teilweise Arbeitsunfähigkeit) **K5** Erinnerungen durch Narben und Schmerzen am Körper **K6** Versuche der Verdrängung der Erlebnisse, wie u.a. das Verlassen von Deutschland
René B.	2	Wenn ich heute zurücksehe, muss ich sagen, ich war seit dem 14. Lebensjahr hinter Gittern. Erst nach der Armeezeit mit der Wende war ich ein freier Mann. Auch während der Armeezeit hing mir die Zeit in den JWH‘s an. Ich bemühte mich aber, dies zu verdrängen. Ich hasste diesen Staat und hasse ihn bis in alle Ewigkeit. Deshalb verließ ich auch nach der Wende die ehemalige DDR. Ich denke insbesondere nachts daran, komme allerdings besser damit klar, als viele andere. Narben an meinem ganzen Körper erinnern mich an diese schreckliche Zeit.	ein Leben lang hinter Gittern Verdrängung der Erlebnisse Verlassen der ehemaligen DDR Erinnerungen insbesondere nachts Erinnerungen durch Narben am Körper	
Lutz M.	3	Immerhin bin ich heute noch Stolz, dass ich Torgau überlebt habe. Aber dort habe ich gelernt, mich anzupassen. Letzendlich haben sie mir den Willen gebrochen. Bei mir hat meine Vergangenheit schon Spuren hinterlassen. Ich versuche immer vieles zu verdrängen, aber das gelingt natürlich nicht immer. Die Erinnerungen kommen immer wieder hoch, aber man gewöhnt sich, wenn auch nur langsam, daran.	Brechen des Willens in Torgau Freude, überlebt zu haben Immer wiederkehrende Erinnerungen	

Fall	Nr.	Paraphrase	Generalisierung	Reduktion
Manfred E.	4	Das Schlimmste war für mich die Dunkelzelle. Die gab es in Torgau. Erzieher von damals sagen heute, dass es sowas nicht gab. Ich habe die selbst erlebt. Es war das Schlimmste in meinem Leben. Noch heute wache ich nachts auf und denke daran. Noack, eigentlich mit der schlimmste Erzieher, stand immer an der Seite mit einem Gummiknüppel. Dieser hatte eine Stahlkugel und mit diesem Totschläger wurde viel geschlagen. Ich und auch andere hatten uns vorgenommen, nach der Wende nach Torgau zu fahren, und wir wollten N. suchen. Wir haben ihn nicht gefunden. Hätten wir ihn gefunden, dann naja. Torgau hat für mich eigentlich überhaupt nichts gebracht. Nein ich war abgestumpft, ich war verroht, ich war skrupellos, es war schlimmer als Knast. Ich bin ja jetzt Rentner und habe Zeit, die ganzen Erinnerungen von damals zu verarbeiten. Ich bin ja sehr aktiv in der Begegnungsstätte des ehemaligen JWH in Torgau. So organisiere ich auch Begegnungen ehemaliger Insassen. Leider melden sich nach wie vor viel zu wenige, um über ihre Vergangenheit zu sprechen. Die meisten der über 4000 wollen diese schlimme Zeit vergessen. Vergessen darf man aber nicht.	Erinnerungen an die Dunkelzelle als schlimmste Erinnerung Erinnerung an brutale Erzieher, mit Gummiknüppeln und Todschlägern Rachegefühle gegenüber Erziehern Selbsteinschätzung als verroht und skrupellos Verarbeitung der Erinnerungen in der Tätigkeit der Organisation von Begegnungen ehemaliger Insassen	**K7** Rachegefühle gegenüber Erziehern **K8** Gefühle persönlicher Missachtung im Erziehungsprozess der eigenen Kinder und Ausgrenzungen im Arbeitsprozess wegen der „Torgauvergangenheit“ **K9** Versuch der Vergangenheitsbewältigung durch Engagement in der Erinnerungsstätte

Fall	Nr.	Paraphrase	Generalisierung	Reduktion
Bernd H.	5	Torgau war die Hölle, Torgau war eine undurchsichtige Insel in der DDR. Torgau war weniger durchsichtiger als der Strafvollzug. Aber nicht nur ich, viele Erzieher waren nervlich fertig. Immerhin musste man sich in den Jahren als Erzieher behaupten, gegenüber den Insassen und auch unter den Erziehern. Alkoholsucht unter den Erziehern und Insassen war an der Tagesordnung. Jetzt nach den Jahren habe ich noch kaum Kontakt zu anderen Erziehern. Einige sind schon Rentner. Der Begriff JWH klingt in der heutigen Zeit negativ. Er klingt wie die Vorstufe zum Knast. Torgau war schlimmer als der Knast.	Torgau war schlimmer als der Strafvollzug in der DDR Überforderte Erzieher in den Jugendwerkhöfen Alkoholsucht unter Erziehern	**K10** Überforderte Erzieher im JWH, die oft alkoholabhängig waren **K11** Die Disziplinierungsmaßnahmen und das Leben im JWH Torgau waren schlimmer als der Strafvollzug in der DDR
Claudia R. (D.)	6	Nach meiner Entlassung musste ich mich jeden Dienstag bei der Abteilung „Inneres“ melden. Im März 1988 kam mein Sohn – mit Kaiserschnitt. Ich lag eine Woche am Tropf. Dann habe ich mich gewundert, dass die anderen Frauen alle ihr Baby hatten und ich nicht. Ich habe dann nach meinem Kind gefragt und man sagte mir: Sie habe ihr Kind doch zur Adoption freigegeben. Das stimmte natürlich nicht . . . aber ich glaube, wenn mein Vater nicht einen Anwalt eingeschaltet hätte, dann hätte ich meinen Ricky wohl nie wieder gesehen. Ich habe dann noch zwei weitere Kinder bekommen. Gearbeitet habe ich in einer Krippe, dort wurde ich entlassen. Kurzzeitig hatte ich eine Stellung in einem Imbisswagen. Dort hat man mich wegen meiner Torgauvergangenheit von Anfang an schief angesehen. Als ich mal bei der Konkurrenz was gegessen hatte, wurde ich entlassen. Nun lebe ich von Sozialhilfe.	persönliche Auswirkungen ehemaliger Insassen im Leben nach dem Jugendwerkhof: Probleme in der Eingliederung im Arbeitsprozess (arbeitslos) Missachtung wegen Torgauvergangenheit	
Mike B.	7	Der Spiegel hatte dann noch so ein lächeln auf den Lippen. Ich habe dann gesagt, dass wir uns nicht mal draußen begegnen dürfen.	Rachegelüste gegenüber Erziehern	
Heinz M.	8	Es war wohl einkalkuliert, dass in den offenen JWH die Angst vor Torgau allgegenwärtig war. Wer einmal in Torgau war, sollte für immer Furcht vor dieser Hölle haben.	Ziel der Erziehung in Torgau war die Angst unter den Insassen Furcht der Jugend vor dieser „Hölle“	

3. Qualitativ inhaltsanalytische Auswertung der Interviews

Die qualitative Auswertung der Interviews soll die Lebensgeschichten der vom Konzept der Erziehung zum „neuen Menschen“ im Jugendwerkhof Torgau Betroffenen rekonstruieren und die Lebenswelten unter den in Torgau herrschenden Bedingungen erschließen. Diese Sichtweise wird den pädagogischen Intentionen des zugrunde gelegten Erziehungskonzeptes und den Erziehungspraktiken nach dem Selbstverständnis der politischen und pädagogischen Verantwortlichen gegenübergestellt. Neben der qualitativen Analyse, die die Umerziehungspraktiken der DDR-Pädagogik im Umgang mit opponierenden Jugendlichen und deren Wirkungen aus der Sicht der die Betroffenen aufzudecken sucht, soll außerdem rekonstruiert werden, ob und inwiefern die angewandten Methoden der Umerziehung DDR-Recht und Menschenrechte verletzt haben.

Die Daten der biografischen Fallstrukturen vermitteln einen tiefen Einblick in die Stellung der Betroffenen im Geschlossenen Jugendwerkhof und erlauben Rückschlüsse auf die Gesellschaft der DDR. Die subjektiven, biografischen Besonderheiten im Individualisierungsprozess zeigen einerseits eine Objekt-Subjekt-Beziehung zwischen der Gesellschaft, dem Jugendwerkhof und den Zöglingen. Die biografischen Fallstudien belegen andererseits aber auch eine gewisse Emergenz zwischen dem Geschlossenen Jugendwerkhof und der gesellschaftlichen Umwelt. [11]

In der qualitativen Inhaltsanalyse wurde das umfangreiche Material so reduziert, dass aus der Menge parasprachlicher Äußerungen konkrete Aussagen zu Schwerpunkten der Umerziehung im Jugendwerkhof herausgearbeitet werden konnten. Die qualitativ-inhaltliche Auswertung folgt den acht Kategorientafeln:

1. Einweisungsgründe (A)
2. Disziplinierung im Tagesablauf (B)
3. Schul- und Berufsausbildung (C)
4. ideologische Erziehung (D)
5. Menschenrechtsverletzungen (E)
6. Gewalt als Erziehungsinstrument (F)
7. Suizidversuche (G)
8. psychotraumatische Auswirkungen des Aufenthaltes im JWH (H)

Die Interviews spiegeln die dialektische Beziehung zwischen Institution und Biografie wider. Die innere und äußere Ordnung des Geschlossenen Jugendwerk-

[11] Vgl. dazu auch Oevermann, Ulrich (1991): Genetischer Strukturalismus und das sozialwissenschaftliche Problem der Erklärung der Entstehung des Neuen, in: Müller-Doohm, Stefan (1991): Jenseits der Utopie, Frankfurt/Main, S. 267–336.

hofes Torgau und der gesellschaftliche soziale Anspruch der Umerziehung geraten in spannungsreiche Auseinandersetzungen. Diese widerspruchsvolle dialektische Beziehung zeigt exemplarisch am Jugendwerkhof, dass das totalitäre Erziehungssystem der DDR seinem eigenen Anspruch nicht gerecht wurde und letztlich versagt hat. Einweisung in den Geschlossenen Jugendwerkhof Torgau bedeutete die höchste Stufe aller möglichen Disziplinierungsmaßnahmen im Konzept der kollektiven Erziehung und Umerziehung zur sozialistischen Persönlichkeit in der DDR. Da jegliches deviante Verhalten von Kindern und Jugendlichen, das nicht dem kollektiven Denk- und Verhaltensmuster entsprach, in der DDR kriminalisiert wurde, sollte systemkonformes Verhalten in einem Umerziehungsprozess wieder hergestellt werden, dem sich alle Jugendlichen zu unterwerfen hatten. Hierzu wurde als letzte Instanz 1964 der Geschlossene Jugendwerkhof eingerichtet.

3.1. Einweisungsgründe

Neben pädagogischen Aspekten (Anwendung der Explosionsmethode) wurden in der ersten Kategorientafel auch rechtliche Fragen des Einweisungsverfahrens angesprochen.

Der Geschlossene Jugendwerkhof Torgau glich nach den Aussagen der Interviewten einem Hochsicherheitstrakt. Aufgrund der zahlreichen Fluchtversuche aus offenen Jugendwerkhöfen und Heimen, die Mitte der sechziger Jahre mit zum Beschluss zur Einrichtung eines Geschlossenen Jugendwerkhofs beigetragen hatten, wurde Torgau vom Ministerium für Volksbildung zu einem der am besten gesicherten Gefängnisse der DDR umgebaut. Einen plastischen Eindruck vermittelt Dieter Sengbusch, der nach 1990 in Begleitung einer Mitarbeiterin des Torgauer Dokumentationszentrums die Anstalt besichtigte:

> „Überall Gitter, Stacheldraht nicht auf der Gefängnismauer, sondern auch entlang der Dachrinnen und auf dem Dach selbst, an den Innenseiten der Hofmauern verlaufen Stahlseile. Daran, so erklärt die Mitarbeiterin, seien die Leinen von Schäferhunden befestigt worden, die man mit Häftlingskleidung „scharf" gemacht hatte. (...) Gitter über Gitter auch innerhalb des riesigen düsteren Gefängniskomplexes, selbst an den Fenstern der Sporthalle in etwa vier Metern Höhe ist Eisengeflecht angebracht. Gitter und Maschendraht entlang der Treppe und zwischen den einzelnen Etagen, wobei die Mädchenetage im zweiten Stock noch einmal besonders abgeschirmt war." [12]

[12] Auszug aus einem Interview, das am 4. November 2005 mit Dietrich Sengbusch geführt wurde.

Diesen optischen Eindruck bestätigen die Interviews mit den Betroffenen: „Der JWH war damals so gesichert, dass es nicht möglich war, abzuhauen“. [13] „Der Werkhof war umgeben von fünf Meter hohen Gefängnismauern mit Stacheldrahtrollen“ (K2–Mrv.). „An der Innenseite der Mauer liefen extrem scharfe Schäferhunde. Deren Halsbänder waren mit Stahlseilen verbunden, die entlang der Mauern verliefen“. [14] „An den Mauern und im Innenhof waren Suchscheinwerfer befestigt. Der Innenbereich war komplett vergittert“ (K2–Mrv.).

Die Interviews belegen außerdem eindeutig, dass die Einweisungen willkürlich und unter Missachtung geltenden DDR-Rechts erfolgten. Wie in Kap. C im Abschnitt 2.1.2 „Der formale Ablauf des Einweisungsverfahrens“ dargestellt ist, wurde der Antrag auf Einweisung nach Torgau von der Stammeinrichtung, meistens von einem offenen Jugendwerkhof oder einem Spezialkinderheim, gestellt und direkt vom Ministerium für Volksbildung genehmigt. Nach den Angaben im Interview mit René B. wurde ein Jugendlicher begleitet von einem Erzieher der Stammeinrichtung sowie einem Vertreter des Ministeriums für Staatssicherheit in einem Kleinbus, der mit Gitterstäben an den Fenstern gesichert war, nach Torgau überführt: „Erst am Morgen erfuhr ich von einem Erzieher, dass ich in einen anderen JWH versetzt werde. Ich wurde mit einem Barkas (Kleinbus), der vergittert war, nach Torgau gefahren. Im Auto war ein Erzieher von Hummelshaim und ein Mann in Lederjacke, anscheinend von der Stasi“. [15]

Aus eingesehenen Akten des Bundesarchivs geht nicht hervor, ob es jemals gerichtliche Einweisungsbeschlüsse gab, die den Betroffenen zugestellt wurden. Diese Annahme stützen Aussagen der Interviewten, die alle angaben, nie einen gerichtlichen Bescheid bekommen zu haben. Selbst in ihren persönlichen Akten im Ministerium für Staatssicherheit, die ehemaligen Insassen nach 1990 einsehen konnten, fanden sich keine Gerichtsbeschlüsse. „Ich habe nie eine gerichtliche Einweisung für Torgau gesehen“ (vgl. Int. René B.). Das Ministerium für Volksbildung verstieß damit gegen geltendes DDR-Recht [16] und verletzte Menschenrechtskonventionen [17], die auch von der DDR unterzeichnet worden waren.

13 Vgl. Int. Manfred E. im Anhang der Arbeit. Heinz M. (siehe Interview im Anhang der Arbeit) berichtete, „die Anstaltsleitung hatte große Furcht vor Fluchtversuchen“.

14 Vgl. Int. Heinz M. im Anhang der Arbeit.

15 Siehe: Int. René B. im Anhang der Arbeit.

16 Verstoß gegen geltendes DDR-Recht z.B.: Verfassung der Deutschen Demokratischen Republik vom 6. April 1968 (in der Fassung vom 7. Oktober 1974), GBl. I S. 429 ff., Art. 20 (Glaubens- und Gewissensfreiheit), Art. 27 (Meinungsfreiheit), Art. 30 (Freiheit der Persönlichkeit) und Verstoß gegen grundlegende Prinzipien des Straf- und Strafprozessrechts, die in der o.g. Verfassung der DDR in den Art. 99 – 102 aufgeführt sind.

17 Wie alle anderen Staaten des sowjetischen Hegemonialbereichs hat im Januar 1974 auch die DDR den Internationalen Pakt über bürgerliche und politische Rechte vom 16.12.1966 ratifiziert

Mit der Einlieferung wurden lediglich die Personalunterlagen der Abteilung Heimerziehung im Ministerium für Volksbildung nach Torgau weitergeleitet, die Informationen über sozialpädagogisches Verhalten und politische Grundhaltungen vor der Einweisung enthielten. [18] Das Ministerium für Volksbildung verstieß auch gegen die gesetzlichen Bestimmungen über die Aufenthaltsdauer. Obwohl nach der Anordnung über die Spezialheime der Jugendhilfe von 1965 der Aufenthalt in der Regel nicht sechs Monate überschreiten durfte, belegt eines der geführten Interviews, dass es vorgekommen sei, „dass sie einen Typen nach den sechs Monaten in ein Auto gesteckt haben, einmal durch die Stadt gefahren sind und dann wurde der [...] eben erneut für sechs Monate eingewiesen“. [19]

Die häufigsten Einweisungsgründe für den Geschlossenen Jugendwerkhof waren nach Aussagen der Insassen wiederholt versuchte und organisierte Fluchtversuche aus offenen Jugendwerkhöfen (K14-Ewg.), aggressives und provokantes Verhalten gegenüber Erziehern (K6–Ewg.) und Ablehnung von politisch-ideologischen Veranstaltungen (K4–Ewg.). Die offene Ablehnung gegenüber Nachrichtensendungen und Zeitungsdiskussionen in den offenen Einrichtungen bzw. provokante politische Äußerungen gingen einher mit Aggressionen gegenüber Erziehern. So kam es auch vor, dass bei der Verwendung nationalsozialistischer Symbole eine sofortige Einweisung nach Torgau folgte (K12–Ewg.). Die von den Befragten genannten formalen Einweisungsgründe decken sich weitgehend mit den offiziellen Angaben. [20]

Die Kinder und Jugendlichen stammten oft aus sozial belasteten Elternhäusern und hatten gescheiterte Beziehungen zu ihren Eltern (K2-Ewg.). So wie die Eltern waren nicht wenige der Jugendlichen dem Alkohol verfallen (K9–Ewg.) oder schlugen sich mittels Diebstahlsdelikten (K7–Ewg.) durchs Leben. Einige Mädchen bestritten ihren Lebensunterhalt auch mit Prostitution (K8-Ewg.).

Die Ursachen für die Fehlentwicklung dieser schwererziehbaren Jugendlichen, die in letzter Konsequenz zur Einlieferung nach Torgau geführt hatten, sah Mannschatz unter Berufung auf Makarenko in der „Störung der sozialen Beziehungen“ (vgl. 100) im Elternhaus, in der Schule und im Freizeitbereich. Alle Inter-

(GBl. II 1974, S. 58 ff.). Zudem hat sie in Art. 2 des innerdeutschen Grundlagenvertrages vom 21.12.1972 sowie durch Unterzeichnung der KSZE-Schlussakte vom 1.8.1975 die Erklärung abgegeben, die Menschenrechte und Grundfreiheiten achten zu wollen. Vgl. Bulletin des Presse- und Informationsamtes der Bundesregierung vom 15. August 1975, Nr. 102, S. 967 – 990.

[18] Vgl. Einweisung des Jugendlichen Rainer F. vom 28.01.1982 im Anhang der Arbeit.

[19] Siehe: Int. Sven E, im Anhang der Arbeit.

[20] Vgl. Kap. B. Abschnitt 3.1 der Arbeit. Auch in den Ermittlungsakten des Landeskriminalamtes Dresden, welche die Aussagen von rund 150 befragten Zeugen enthalten, werden die gleichen Einweisungsgründe genannt.

viewten berichteten über ihr eigenes Fehlverhalten in der Schule und anschließend in der Lehre, wo sie wegen dauerhaften Schulschwänzens (K3–Ewg.) bzw. wegen „Arbeitsbummelei“ in den Betrieben (K3–Ewg.) auffällig geworden waren. Ihr Fehlverhalten in der Freizeitgestaltung bestand nach der offiziellen Terminologie der DDR in „faschistischen Provokationen“, [21] worunter u. a. Staatsverleumdung und Hetze gegen die DDR“ verstanden wurden. Nach Angaben der interviewten Jugendlichen war ihnen vorgeworfen worden, die BRD und die USA (K5–Ewg.) verherrlicht und bewusst durch Austritte aus den politischen Jugendorganisationen der DDR – Junge Pioniere und FDJ (K4–Ewg.) – die politischen Zustände abgelehnt (K1–Ideologische Erziehung) zu haben. Ihren Protest gegen die gesellschaftlichen und politischen Zustände in der DDR hatten viele Jugendliche auch in ihrer Kleidung (Punk), in ihrer äußeren Erscheinung (lange Haare) oder im Hören westlicher Musik (K10. K11–Ewg.) zum Ausdruck gebracht. Diese äußerlichen Erscheinungsformen abweichenden Verhaltens wurden von der Staats- und Parteiführung in den siebziger Jahren den „Hippies“ und „Gammlern“ [22] und in den achtziger Jahren den „Punks“ und „Skinheads“ zugeordnet. Diese Gruppen verfügten über „keine festen Klassenpositionen“ und seien deshalb „für Einflüsse der bürgerlichen Dekadenz leichter zugänglich als andere Jugendliche“. Ihre Freizeitaktivitäten hätten „wenig gesellschaftlich nützlichen Charakter“, da sie vorrangig westliche Musik hörten und Tanz und Geselligkeit liebten. [23] Nach einer Untersuchung des Ministeriums für Volksbildung aus den achtziger Jahren tendierten die Punks, die sich spontan in Gruppen zusammenfänden und eine negative Einstellung zur Arbeit zeigten, zu „anarchistischen Gedankengut“, „religiösen Elementen“ und alternativen Lebensformen. Sie hätten ein gewisses Interesse an der Politik, „ohne eine klassenmäßige Bewertung der Ereignisse vorzunehmen.“ [24]

Oft suchten solche Jugendliche Zuflucht in Kirchengemeinden (K13–Ewg.), obwohl diese vom Ministerium für Staatssicherheit ständig beobachtet wurden. Der Kontakt auffälliger Jugendlicher zu „klerikalen Kreisen“ wurde als ein Sicherheitsrisiko angesehen. [25] Wurden Jugendliche bei einer versuchten Republikflucht gestellt (K1–IE, K13–Ewg.), folgte die sofortige Einweisung in den Jugendwerk-

---

[21] Vgl. Kap. B. Abschnitt 3.1 der Arbeit.

[22] Als „Gammler“ wurden männliche Jugendliche bezeichnet, die „lange Haarfrisuren“ trugen.

[23] Informationen über Probleme des Verhaltens von Jugendlichen, die lange Haarfrisuren trugen vom 3.1.1969, in: BArch DC 4 854.

[24] Erscheinungen feindlicher Beeinflussung junger Menschen in der DDR, ca. 1987, in: BArch DR A.2330.

[25] In der Akte Heike F. (geb. 1971) aus dem Landeskriminalamt Dresden ist als Einweisungsgrund nach Torgau vermerkt: „Ihre vielfältigen Verbindungen zu klerikalen Kreisen sind eine Gefahr für unsere relativ offene Einrichtung.“

hof,[26] damit diese „typische Erscheinungsform sozialer Fehlentwicklung“ (vgl. 104) mit staatsfeindlichem Verhalten durch Umerziehungsmaßnahmen korrigiert werden konnte.

Die Umerziehungsmaßnahmen begannen gleich in den ersten Stunden nach der Einweisung des Jugendlichen in den Geschlossenen Jugendwerkhof Torgau. Im Sinne Makarenkos wurde „die Korrektur des Charakters“ (vgl. 143) durch Anwendung der „Explosionsmethode“, der „plötzlichen Einwirkung“ durch einen „neuen Komplex von Einflüssen“ (vgl. 142/143), eingeleitet. Die ersten Umerziehungsmaßnahmen waren entsprechend Schockmaßnahmen: Im Schleusenbereich mussten jegliche persönliche Sachen abgegeben werden. Der Kopf wurde kahl geschoren und die Insassen erhielten eine „Blaukombi“ (K3– DiT). Der formale Ablauf des Einweisungsverfahrens[27] war mit Schikanen und Misshandlungen verbunden. Nach Aussagen der Interviewten mussten die Neuankömmlinge stundenlang, bis zu acht Stunden, im Flur auf Zehenspitzen stehen (K1– Gewalt). Schon dort wurden sie bei Missachtung dieser Forderung mit Schlüsselbunden oder Fausthieben ins Gesicht (K2–Gewalt) durch die Erzieher misshandelt. Nach allen Aussagen wurden die Neueinweisungen grundsätzlich in den ersten drei Tagen in den Einzelarrest gesperrt (K3-Mrv.), damit sie die Hausordnung auswendig lernten.[28] Dieses Vorgehen war rechtlich durch die Einzelarrestordnung des Ministeriums für Volksbildung[29] abgedeckt, wonach 6 bis 12jährige sechs Tage und 12 bis 18jährige nicht länger als 12 Tage hintereinander inhaftiert werden konnten. Gegen das DDR-Recht verstießen jedoch die Übergriffe der Erzieher.

Nach dem Aufenthalt im Jugendwerkhof wurden Führungsberichte von den zuständigen Erziehern und dem Direktor Horst Kretzschmar erstellt. Diese sollten die Ergebnisse des Umerziehungsprozesses, insbesondere von „weltanschaulichen und ideologischen Überzeugungen des Jugendlichen, von der Entwicklung im Bereich der produktiven Tätigkeit, dem Leistungs- und Sozialverhalten innerhalb der Gruppe und dem Erscheinungsbild der Persönlichkeit berichten“.[30] Vor ihrer Entlassung mussten die Jugendlichen schriftlich bestätigen, keine Auskünfte über ihren Aufenthalt im Jugendwerkhof Torgau zu geben: „Ich musste unterschreiben, dass ich nicht über die Zeit sprechen werde [...]. Drei Monate danach sollte ich noch eine Selbsteinschätzung [...] schreiben“.[31]

[26] Vgl. Int. Lutz M. im Anhang der Arbeit.

[27] Vgl. Kap. C. Abschnitt 2.1.2.

[28] Zur Wirkung dieser „erzieherischen Maßnahme“, siehe: Int. Manfred E. im Anhang der Arbeit.

[29] Arrestordnung des Ministeriums für Volksbildung, in: BArch DR 2 A 2295a, 1074/ 1964/84, S. 46 – 47.

[30] Vgl. Führungsbericht über Lutz M. vom 24.09.1973 im Anhang der Arbeit.

[31] Siehe: Int. Manfred E. im Anhang der Arbeit; vgl. K19–Mrv.

3.2. Disziplinierung

Die Erziehung zur bewussten Disziplin, die sofort mit der Einweisung begonnen wurde, war eines der zentralen Erziehungsprinzipien Makarenkos [32] und ein wesentlicher Bestandteil des Umerziehungsprozesses in der DDR. [33] Disziplin, ein strikter Tagesablauf und ein umfassendes Kontrollsystem waren die pädagogischen Maßnahmen, die den Umerziehungsprozess mit Beginn der Einweisungsphase absichern sollten. „Dabei ist es oberstes Prinzip, dass alle an die Jugendlichen gestellten Forderungen den Normen des sozialistischen Zusammenlebens entsprechen. Die Orientierung auf Normen erfolgt entsprechend dem Nachholbedarf der Jugendlichen“. [34]

Zur Disziplinierung der Insassen trug bereits die Trennung der Geschlechter bei. Im Geschlossenen Jugendwerkhof Torgau, der bis zu 60 Jugendliche aufnehmen konnte, waren zwei Gruppen mit jeweils 20 Jungen in der ersten Etage und die Mädchengruppe in der zweiten Etage untergebracht. Diese Etagen waren strikt getrennt (K5–DiT./Int. Dietrich S.). Selbst der Blickkontakt zu den Mädchen war nicht gestattet. [35] Bei Missachtung erfolgte Strafsport und Arrest. Jede Gruppe hatte drei Erzieher. Die Jugendlichen durften sich nur im Laufschritt im Haus und im Gelände (K11–DiT) bewegen. „Der langsamste Schritt in Torgau war der Laufschritt“. [36]

Wie das Einlieferungsverfahren und die Disziplinierungsmaßnahmen auf die Betroffenen wirkten, schildert Claudia R., die vermutlich nach einer Anzeige ihres Vaters in den Jugendwerkhof Burg und nach mehreren Fluchtversuchen sowie der Weigerung, sich Notizen zu Sendungen der „Aktuellen Kamera“ zu machen, nach Torgau überwiesen wurde:

> „Als erstes fiel mir auf, dass die Jugendlichen in Torgau kahl geschoren waren und sich nur im Laufschritt bewegen durften. Ich musste meine Sachen abgeben und wartete auf die Übergabe der Anstaltssachen. Dann kam ein Erzieher auf mich zu und schrie: „Nehmen Sie Haltung an!“ Während er das sagte, schlug er mir mit der Faust ins Gesicht. Danach kam eine Erzieherin auf mich zu, die hatte wohl gemerkt, dass ich einen Kaugummi im Mund hatte. Jedenfalls bekam ich auch von der eine geknallt. Danach kam ich erstmal für drei Tage in die Arrestzelle. Weil ich dabei nicht, wie vorgeschrieben, die Haus- und Arrestordnung auswendig gelernt hatte, hat mir eine Erzieherin das schwere Schlüsselbund ins Gesicht geworfen. Das musste ich dann aufheben und mit gestrecktem Arm zurückgeben. [. . .]

---

32 Siehe die Darlegungen in Kap A, Abschnitt 1.2 der Arbeit.

33 Vgl. Kap. C. Abschnitt 1 der Arbeit.

34 Kretzschmar, Horst (1972): Die Entwicklung des Jugendwerkhofs, a.a.O., S. 25.

35 Siehe: Int. René B. im Anhang der Arbeit.

36 Vgl. Int. Stefan L. im Anhang der Arbeit.

Heulen durfte man nicht, dann wurde man geschlagen. [...] Von den Erziehern war der junge S. (Ralf) der schlimmste Schläger. Der hat nicht geschlagen, sondern auch getreten. Einmal ist der nachts in unseren Schlafraum gekommen. S. hat mich rausgeholt, weil ich mit der Zellennachbarin geredet habe. Ich musste mir die Arbeitsschuhe anziehen, in denen nachts keine Schnürsenkel drin waren (wegen der hohen Selbstmordrate). Dann hat mich S. den Flur lang gescheucht, ich bin hingefallen. Als ich unten lag, hat S. auf mich eingetreten.“ [37]

Nach Aussagen der Interviewten ergab sich folgender Tagesablauf (vgl. K4 – DiT), der formal weitgehend mit dem in der Arbeitsordnung festgelegten Tagesablauf übereinstimmte: [38]

5.30 Uhr – Wecken
- Entleeren der Kübel
- Frühsport mit kurzen Hosen [39]
- Toilettengang mit den Erziehern [40]
- Waschen, Schuhe putzen

– 6.00 Uhr
- Frühstück

Nach dem Frühstück erfolgte um sieben Uhr das Hören von politischen Nachrichten mit anschließendem Abhören. Vormittags fanden nach Aussagen der Interviewten unregelmäßig der Schulunterricht (Mathematik, Deutsch, Staatsbürgerkunde) und täglich „produktive Arbeit“ statt.

16.00 Uhr – Arbeitsende mit anschließendem Sport auf dem Gelände
17.30 Uhr – Abendessen
21.00 Uhr – Nachtruhe

Die Methode der absoluten Unterordnung und Disziplinierung der Zöglinge findet in den „Maßnahmen im System der Erziehungsmethoden“ seinen Niederschlag. [41] Der Maßnahmenkatalog spiegelt das in der DDR offiziell verkündete Prinzip der „Erziehung durch Strafen“ wider. Er wurde „pädagogisch“ damit begründet, dass die persönlichkeits- und gruppenwirksam eingesetzten Maßnahmen das Verhalten der Jugendlichen motivierten. Jedoch sollten die Verfahrensweisen zu den einzelnen Maßnahmen „im Interesse der optimalen Wirksamkeit genau“

[37] Der Leidensweg der Claudia R. (Dahlmann). Privatarchiv Dietrich Sengbusch. Siehe Anhang.

[38] Vgl. Kap C, Abschnitt 2.4 der Arbeit.

[39] Auch im Winter mussten kurze Hosen getragen werden.

[40] Die Erzieher waren nach Angaben im Interview mit Manfred E. beim Toilettengang ständig dabei: „Wir mussten gruppenweise zur Toilette gehen und die Erzieher standen unmittelbar dabei“ Vgl. Int. Manfred E. im Anhang der Arbeit.

[41] Vgl. hierzu die Darlegungen in Kap. C, Abschnitt 2.3.

eingehalten werden. Die praktische Anwendung dieser erzieherischen Maßnahmen zeigt jedoch ein anderes Bild. So wurde der Arrest, die schärfste Maßnahme im System der Erziehungsmethoden, während des Aufenthaltes in Torgau häufig und willkürlich angewandt. Das Wegsperren von Jugendlichen in die verschiedenen Arrestzellen diente ausschließlich der Disziplinierung, die einen Erziehungsschock bewirken und den Willen der Zöglinge brechen (K2–DiT) sollte.

Die Atmosphäre in Torgau war in erster Linie durch harte Disziplinierungen und viele Bestrafungen gekennzeichnet,[42] wie das stundenlange Reinigen von Fluren (K7–DiT) oder das Verfassen von Aufsätzen (z. B. „Der Schnürsenkel – Wie ich meinen Schnürsenkel auf und zu mache“, K9–DiT).[43] Das Säubern der Toiletten, Waschräume und Flure wurde häufig als Strafmaßnahme angewandt. Die Flure mussten mit Kernseife und Wasser behandelt und dann mit Bürsten ohne Stiel gescheuert werden. Anschließend mussten die Jugendlichen im „Entengang“ über den Flur laufen, wodurch erneute Striemen auf dem Boden entstanden, die wiederum gescheuert werden mussten (Fall Hü-LKA, Nr. 9).

Sport als Strafmaßnahme oder Essensentzug waren nichts Ungewöhnliches. Beliebt bei den Erziehern war der Strafsport im Hof auf einer Sturmbahn, wie sie die Armee als Hindernisparcours zur Ausbildung von Soldaten benutzte. Die bestraften Zöglinge mussten über und um die Sturmbahn bis zur Erschöpfung – sogar mit Eisenbahnschwellen auf dem Rücken (K12 – Gewalt) – laufen. Eine oft angewandte „erzieherische“ Maßnahme war das Treppenlaufen, auch im Entengang über drei Etagen (K12–Mrv.). „Entweder das Treppenkarussell, da ging es bis zu 100 Mal die drei Etagen rauf und runter – natürlich im Laufschritt. An den Treppenabsätzen standen Erzieher, die auf uns eingedroschen haben.“[44] „Der Torgauer Dreier (Liegestütz, Hocke, Hockstrecksprung) war berühmt. Leider sah ich sehr viele, die vor totaler Erschöpfung umfielen. Im Entengang, mit Gewichten beschwert, Treppen laufen, war völlig normal.“[45]

Strenge Disziplin herrschte im Speiseraum. Das Essen musste immer aufgegessen werden, ansonsten mussten die Insassen die Reste zur nächsten Mahlzeit aufessen. Wer sich negativ über das Essen äußerte, musste an den folgenden Mahl-

---

[42] Vgl. Kap C, Abschnitt 2.3 „Maßnahmen im System der Erziehungsmethoden“.

[43] Vgl. auch Int. Dietrich S. im Anhang der Arbeit.

[44] Siehe: Int. René R. im Anhang der Arbeit und K 12–Mrv.

[45] Int. René R. in Anhang der Arbeit Nr. und K11 bis K17–Gewalt. Diese Angaben decken sich mit den Ermittlungen des Landeskriminalamts Dresden. Danach wurde der „Torgauer Dreier“ je nach Erzieher bis zu 500 Mal durchgeführt. Andere Übungen wurden durch Mitnahme von Gewichten (erschwerte Bedingungen) beim Laufen durchgeführt. Schafften einzelne Jugendliche diesen Strafsport nicht, hatte das Auswirkungen auf die ganze Gruppe. Auf Anweisung der Erzieher wurden deshalb Leistungsschwache bis zur völligen physischen Erschöpfung „mitgeschleift“. Siehe auch: Abschnitt 3.6 in diesem Kapitel.

zeiten ohne Essen zusehen (K20 – Gewalt). Diese Angaben der Interviewten decken sich mit den Darlegungen im Abschlussbericht des unabhängigen Untersuchungsausschusses.[46] „Zu den Disziplinierungsmaßnahmen gehörte auch die „24–stündige“ an einem Gitter vor dem Essenraum. Dort bekam der Jugendliche weder zu essen, noch zu trinken.“[47] Das Anketten im Speiseraum war nach Aussagen der Interviewten eine Maßnahme, die nicht nur bei den Insassen des Jugendwerkhofs Torgau häufig angewandt wurde, sondern auch auf Kinder aus Spezialheimen abschreckend wirken sollte, die 14 Tage in Torgau weilten. Damit sollte bereits bei 12 bis 13 Jährigen Todesangst geweckt werden, um „explosionsartig“ die Umerziehung in Spezialheimen für verhaltensauffällige Kinder zu forcieren. „Ich habe gesehen, dass wohl so 12 oder 13 jährige Kinder aus Spezialheimen bei uns da waren, um abgeschreckt zu werden. Sie sollten sich anschauen, was sie erwarten könnte. So waren sie im Speiseraum an der Heizung angekettet, haben tagelang nichts Richtiges zu essen bekommen und mussten uns zuschauen.“[48] Die Disziplinierungsmaßnahmen und das Leben im geschlossenen Jugendwerkhof wurden von den Insassen menschenverachtender als der normale Strafvollzug in der DDR (K11–PtA) empfunden. „Torgau war schlimmer als der Knast“ äußerte Bernd H. im Interview. „Im Jugendhaus Halle wurde meine Menschenwürde geachtet. In Torgau dagegen war ich nichts wert“.[49] (Das Jugendhaus Halle war eine Jugendstrafvollzugsanstalt).

Diese „Erziehung zur bewussten Disziplin“ fand auf der Grundlage der Kollektiverziehung nach dem Vorbild von Makarenkos statt, in die die Jugendlichen mitverantwortlich einbezogen werden sollten. Margot Honecker, Ministerin für Volksbildung in der damaligen DDR, bemerkte auf dem VII. Pädagogischen Kongress: „In allen Heimen müssen wir noch mehr darauf achten, die Aktivität und Selbständigkeit der Kinder zu fördern, ihnen Mitverantwortung für das Leben im Heim zu übertragen, ihre Freizeit interessanter zu gestalten und beste Bedingungen für das Lernen zu schaffen.“[50] In der Praxis wurden jedoch weder der schulische Leistungsstand noch individuelle Neigungen und Fähigkeiten beachtet.

Das in Torgau praktizierte System der „Mitverantwortung“, die Übertragung von Verantwortung an einzelne Mitglieder des Kollektivs in den Gruppen- und Arbeitsbereichen, führte gerade nicht zur beabsichtigten „prinzipiellen Übereinstimmung der persönlichen mit den gesellschaftlichen Interessen“, nicht „zur kame-

46 Vgl. Abschlussbericht des Untersuchungsausschusses, a.a.O., S. 6; siehe auch: Kap. C, Abschnitt 2.3.

47 Siehe: Int. Hü – LKA und K9–Gewalt/K15- Mrv.

48 Siehe: Int. Manfred E im Anhang der Arbeit und K15–Mrv/K9–Gewalt.

49 Siehe: Int. Stefan L. im Anhang der Arbeit.

50 Honecker, M. (1970): Protokoll des VII. Pädagogischen Kongresses der DDR 1970, S. 89.

radschaftlichen Zusammenarbeit und gegenseitigen Hilfe" und erst recht nicht – wie Mannschatz verharmlosend formuliert – „zur Disziplinierung unter der Absicht der Verfügbarkeit." [51] Die von den Erziehern eingesetzten „Gruppenführer" hatten ein spezifisches informelles Macht- und Sanktionspotential mit dem Ziel, sozialen Druck auszuüben und konformes Verhalten zu erzwingen. Die gruppendynamischen Prozesse, die bewusst von den Erziehern instrumentalisiert wurden, führten zu einer weiteren Demütigung der Zöglinge.

Die Forderungen der Erzieher – das belegen auch die Aussagen der Interviewten – wurden immer bedingungslos durchgesetzt, Willkür und Gewalt gehörten zum Erziehungssystem. Meistens wurden körperlich robuste Jugendliche mit leitenden Funktionen in den Gruppen beauftragt, die sozusagen als Kontrolleure mit Brutalität und Gewalt die Disziplinierungsmaßnahmen durchsetzen sollten und mussten. Wirklich mitbestimmen durften jedoch auch sie nicht. Zu beobachten war im Jugendwerkhof Torgau, wie die Interviewten es ausdrückten, eine „Hackordnung", die von der Leitung des Hauses nicht nur geduldet, sondern sogar gefördert wurde. Die Kräftigsten setzten sich durch: „Der körperlich stärkste war der Leitwolf, alle anderen mussten für den Leitwolf Tätigkeiten ausführen, z.B. Essen holen, saubermachen, kleine Dienstleistungen ausführen oder auch körperliche Perversitäten machen. Ich kann mich erinnern, da war einer, der musste eine Wallnuss in den Hintern stecken und ein anderer musste diese rauslecken." [52] Insbesondere in der Nacht bekamen die schwächsten Gruppenmitglieder diese „Hackordnung" zu spüren.

Bestraft wurden der einzelne Jugendliche und das Kollektiv, auch wenn ein individueller Verstoß gegen die Arbeitsordnung vorlag. Entsprechend der Logik der Kollektiverziehung sollte den Jugendlichen klar gemacht werden, dass sie als Einzelne wenig zählten. Die Gruppendynamik sollte Disziplin und Ordnung steuern (K7, K8 – DiT.): „Wenn mal ein Werkzeug kaputt ging, wurde das natürlich gleich als Sabotage ausgelegt und die ganze Gruppe bekam Minuspunkte. Das führte häufig dazu, dass sich die anderen Gruppenmitglieder an dem Übeltäter gerächt haben." [53] Oder: „Wenn einer nicht zuhörte, wurde die ganze Gruppe bestraft." [54]

Ein weiterer, wesentlicher Bestandteil des vorrangig auf Erziehung zur bewussten Disziplin im und durch das Kollektiv angelegten Konzepts war die „produktionsgerechte Arbeitserziehung". [55] Der erzieherische Erfolg wurde von der

---

[51] Mannschatz, Eberhard (1994): Jugendhilfe als DDR-Nachlass, a.a.O., S. 65.
[52] Siehe: Int. Bernd H. im Anhang der Arbeit.
[53] Siehe: Int. Sven E. im Anhang der Arbeit; vgl. K8–DiT.
[54] Siehe: Int. Manfred E. im Anhang der Arbeit; vgl. K4–IE.
[55] Siehe hierzu: Kap. C, Abschnitte 1 und 2 der Arbeit.

persönlichen Einbindung in den Arbeitsprozess abhängig gemacht (K7 – SuB). Da einer der häufigen Einweisungsgründe die so genannte Arbeitsbummelei (K3 – Ewg.) war, sollten die Jugendlichen zu regelmäßiger Arbeit angehalten werden.

Auf dem Gelände des Jugendwerkhofs war eine eigene interne Produktionsstätte angesiedelt, die aus einem veralteten Maschinenpark bestand. Dort wurde hauptsächlich im Bereich der Metallverarbeitung produziert (K6 – SuB). Die straffe Reglementierung des Tagesablaufs nach der Arbeitsordnung des Jugendwerkhofs galt auch für diesen Bereich: Nahezu täglich von 8.00 Uhr bis 16.00 Uhr musste in der Werkstatt gearbeitet werden. Wenn am Vormittag Schulunterricht auf dem Plan stand, dauerte die Arbeitszeit im Betrieb bis 18.00 Uhr. Nach Aussagen der Interviewten wurden Teile für den Landmaschinenbau montiert oder auch Lampengehäuse für Marineschiffe der Armee.[56] Die Jugendlichen mussten bestimmte Arbeitsnormen erfüllen. Die Arbeitsergebnisse in der Produktionsstätte wurden von den zuständigen Erziehern nach Punkten und Lohngruppen (K8 – SuB) bewertet: „Die Bewertung von null bis vier. Hatte man null Punkte, hieß es ungenügend, drei Tage Einzelarrest, Essensentzug. Eins und zwei Punkte Essenreduzierung. Brach man z. B. einen Bohrer ab, gab es eine Note tiefer.“[57] Konnte einer der Jugendlichen in der Arbeitsgruppe die Norm nicht erbringen, musste die gesamte Gruppe mit diesem Jugendlichen zusammen die Strafe antreten, wie z. B. Flure wischen. „Wer die Norm nicht schaffte, hatte ein Problem. Wer die Lohngruppe vier erreichte, konnte sich satt essen. Bei Lohngruppe zwei gab es den ganzen Tag nur Tee und bei der Eins bis Null war hungern angesagt, massenhaft Sport und Flure wischen. Wer sich weigerte in der Produktion, kam entweder in den Arrest oder musste sportliche Belastungen über sich ergehen lassen.“[58] Die Aussagen hinsichtlich der Auszahlung von Arbeitsentgelten sind unterschiedlich. Stefan L. bekam für seine Arbeit nach dem viermonatigen Aufenthalt 1985 in Torgau 153 Mark ausgezahlt. „Ich habe festgestellt nach der Wende, dass auch hier DDR-Tarifrecht verletzt wurde. Heimkosten für Verpflegung und Unterkunft wurden abgezogen. Viele Details sah ich 1998 in meiner Sonderakte des MfS.“[59] Lutz M., der 1973 im Jugendwerkhof Torgau war, äußerte in seinem Interview, „dass es kein Geld in Torgau gab.“[60] Manfred E., 1970 in Torgau, berichtete: „Angeblich sollten wir Geld bekommen, aber wir haben nie etwas gesehen. Das wurde angeblich für Transport und Aufenthalt ausgegeben.“[61]

---

56 Siehe: Int. Manfred E. und Int. Stefan L. im Anhang der Arbeit.

57 Siehe: Int. Stefan L. in Anhang der Arbeit.

58 Siehe: Int. René B. im Anhang der Arbeit.

59 Siehe: Int. Stefan L. im Anhang der Arbeit.

60 Siehe: Int. Lutz M. im Anhang der Arbeit.

61 Siehe: Int. Manfred M. im Anhang der Arbeit.

3.3. Menschenrechtsverletzungen

Nach der auch von der DDR unterzeichneten UN-Menschenrechtscharta hätten Minderjährige unter diesen Sicherheitsbedingungen nicht inhaftiert werden dürfen. Nach dem Ende der DDR wurden die Vergitterungen und Suchscheinwerfer demontiert. „1990 waren keine Gitter mehr an den Fenstern. Man hat kurz nach der Wende ganz schnell alle Gitter und Zellentüren abmontiert“ (vgl. Int. Manfred E.), um diese äußerlichen Zeichen der vorsätzlichen und bewussten Missachtung von Haftbedingungen Minderjähriger zu vertuschen.

Die Einlieferung in den Jugendwerkhof Torgau verletzte, wie bereits dargelegt, elementare Rechtsgrundsätze, die auch von der DDR anerkannt worden waren. Gleiches gilt für das Anordnen von Arrest. Außerdem wurde die Zahl der Arresttage nach Angaben der Interviewten während des Aufenthaltes in Torgau ständig erhöht. Je nach Willkür und Strafmaß wurden die Kinder und Jugendlichen unter menschenunwürdigen Bedingungen in Zellen gesperrt und dort nach Aussagen der Betroffenen wie Tiere gehalten.[62] Stefan L. gab in seinem Interview an, während seiner Zeit in Torgau vom 8.2.1985 bis 28.05.1985 sieben Wochen in Einzelarrest gesessen zu haben. Das war ein klarer Verstoß nicht nur gegen geltendes DDR-Recht, sondern auch gegen die UN-Menschenrechtscharta.

Dieser Fall war nicht einmalig. Dies veranschaulichen die folgenden Aussagen, deren Bilanz eindeutig belegt, dass in unvorstellbarem Ausmaße Menschenrechte verletzt und Foltermethoden angewandt wurden. Die am meisten gefürchtete Strafe, der Arrest, wurde bereits bei geringfügiger Missachtung der Hausordnung, beim Nichtbefolgen von Anweisungen durch die Erzieher und bei Nachlässigkeiten im Arbeitsprozess verhängt. Bei der Umsetzung dieser Disziplinierungsmaßnahme wurden die Gesetze und Verordnungen der DDR nicht eingehalten. Die äußerst dürftige Ausstattung der Arrestzellen entsprach nicht der Mindestausstattung nach der Arrestordnung des Jugendwerkhofs. Auf jeder Etage gab es Isolierzellen. Die Mädchenetage im zweiten Stock war besonders abgeschirmt; „Gitter und Maschendraht entlang der Treppe und zwischen den einzelnen Etagen“.[63] In der Mädchenetage gab es vier Arrestzellen (K8–Mrv.). Außerdem befand sich im Geschlossenen Jugendwerkhof Torgau eine Dunkelzelle (K4–Mrv.): Sie war schwarz geteert. „Es gab kein Tageslicht, nur einen Schlitz, durch den Essen hinein gereicht wurde“.[64] (vgl. Int. Manfred E.). Jugendliche wurden nach Aussagen der Interviewten bis zu drei Tagen in der Dunkelzelle isoliert eingesperrt: „Nach drei Tagen, ohne zu sehen, kam ich raus und war völlig fertig [. . .].

[62] Siehe: Aussage in Int. Ru/Wi: „In Torgau wurde Rainer wie ein Tier gehalten“.
[63] Siehe: Int. Dietrich S. im Anhang der Arbeit.
[64] Siehe: Int. Manfred E. im Anhang der Arbeit.

Das Schlimmste war für mich die Dunkelzelle. Ich habe sie selbst erlebt, es war das Schlimmste in meinem Leben“[65] „In der Dunkelzelle gab es Sichtblenden vor dem Fenster. Es kam nur spärliches Tageslicht durch Glasbausteine hinein. Ein Gitter war auch innen davor. Gemäß Richtlinie der UNO wird in diesem Fall von Folter in der Haftunterbringung gesprochen. Eine Dunkelzelle zur Inhaftierung von Minderjährigen ist international verboten. In Torgau wurde generell in der Dunkelzelle eingesperrt.

Solche Disziplinierungs- und Strafmaßnahmen wurden – wie es auch die Arbeitsordnung und die pädagogischen Leitlinien zu rechtfertigen suchen – verhängt, um „die Erziehungsbereitschaft wieder herzustellen“.[66] Die ständige Angst, jeden Tag unter „Todesbedrohung“ zu leben (K1–PtA), gipfelte im Wissen um die Todeszellen, gemeint waren der so genannte „Fuchsbau“ (K5–Mrv.) und die „Wasserzelle“ (K6–Mrv.). Keiner der Befragten hatte diese Zellen jemals persönlich erlebt. Unter Zittern und teilweise um Fassung ringend (K4– PtA), wurden derartige Foltermethoden (vgl. Mrv.) beschrieben. Der unabhängige Untersuchungsausschuss des Kreistages und der Stadtverordnetenversammlung Torgau fand 1990 bei der Inspektion des Gebäudes neben den Arrestzellen auch den „Fuchsbau“ (K5–Mrv.). „Eine Art Jauchengrube, wo man nicht sitzen konnte, kaum Luft bekam. Es gab nur eine Zwangslüftung. Mit einem Vorhängeschloss wurde diese Grube verschlossen“.[67] „Das war ein kleines Loch, nicht größer als ein Schrank. Dort wurden bei Missachtungen der Ordnung welche hineingesteckt. Nachts schrieen die“.[68] Bekannt war auch die Foltermethode in der Wasserzelle im Keller (K6–Mrv.). Da das Gebäude in Torgau sich direkt am Elbufer befand, wurden bei Hochwasser die Kellerräume geflutet. Einen Kellerraum nutzten die Erzieher als Arrestzelle. Nach Aussagen der Interviewten stand der Raum immer kniehoch unter Wasser. In die Wand gekratzte Inschriften deuteten im Keller darauf auf die Todesängste der Insassen hin: „Lieber tot, als Weihnachten und Silvester hier [...] heute versuche ich mich umzubringen“.[69] Da in Zeiten voller Belegung die Arrestzellen nicht ausreichten, diente zusätzlich ein ehemaliger Licht- und Luftschacht aus dem Zweiten Weltkrieg als Isolierzelle (K7–Mrv.).

Entgegen der „Arrestordnung mit den Arrestbelehrungen“, wonach als Grund des Arrests die „Nichteinhaltung der Hausordnung“ vermerkt war, sind diese Anordnungen von Erziehern kaum befolgt wurden. Es gab u. a. keine Matratzen zum Schlafen, obwohl dieses in der Arrestordnung des Jugendwerkhofes Torgau vor-

[65] Siehe: Int. Manfred E im Anhang der Arbeit.
[66] Siehe: Int. Stefan L. im Anhang der Arbeit.
[67] Siehe: Int. Stefan L. im Anhang der Arbeit.
[68] Siehe: Int. René B. im Anhang der Arbeit.
[69] Siehe: Int. Dietrich S. im Anhang der Arbeit.

geschrieben war. Die Arrestzellen waren ungeheizt (K21–Gewalt), die Erzieher führten während des Arrests kaum Pflichtgespräche. Sie legten willkürlich fest, ob der Arrestant am Tag stehen oder sitzen sollte.[70] „Die Arrestanten mussten tagsüber in der Mitte des Raumes mit Blick zur Tür stehen. Das wurde von den Erziehern mit einem Blick durch das Guckloch regelmäßig kontrolliert. Wenn sich zeigte, dass der Arrestant die Anordnung nicht befolgte, gab es Prügel und Essensentzug".[71] Die meisten Befragten sagten aus, dass es vorwiegend im Arrest Essensentzug gab und geprügelt wurde (K19, K20–Gewalt). In der Arrestordnung war in Punkt 4.3.4 jedoch festgehalten, dass „der Jugendliche drei Mahlzeiten je Tag" erhalten sollte; ein Widerspruch. „Der hat mir oft das Essen auf die Füße gekippt oder gar zwei Tage hintereinander in der Arrestzelle kein Essen gegeben" (vgl. Int. Stefan L.). „Es gab keine Heizung, es war kalt, hatte keine Decke" (vgl. Int. Manfred E./K21-Gewalt). „Einmal wusste ich, dass ein Jugendlicher in Einzelhaft gesperrt wurde, weil er sich das Leben nehmen wollte. Wir sahen, wie drei Erzieher in die Zelle zu dem Jungen gingen und ihn wohl deshalb verprügelten. Wir hörten im ganzen Haus die Schreie. Den Jungen sahen wir nie wieder" (vgl. Int. Lutz M./K7, K19–Gewalt). Alle Arresteinweisungen mussten vom Direktor bestätigt werden, so auch die Maßnahmen nach evtl. Verstößen gegen die Arrestordnung „Sollten Sie gegen die Arrestordnung verstoßen, werden notwendige erzieherische Maßnahmen – Arrest-Verlängerung oder Aufenthaltsverlängerung – angewandt" (vgl. Arrestordnung – C). Über Arrestierungen wussten im Jugendwerkhof alle Erzieher und der zuständige Direktor Bescheid. Führungsberichte und Einschätzungen über das Arrestverhalten lagen in Abständen dem Sektor Jugendhilfe und dem Ministerium für Volksbildung vor, was das Mitwissen und Mittragen dieser Maßnahmen unterstreicht.

3.4. Schul- und Berufsausbildung

Das pädagogische Konzept, das eine polytechnische Bildung vorsah, in der gleichrangig die politisch-ideologische Bildungserziehungsarbeit neben der Arbeitserziehung stehen sollte, wurde nicht eingehalten.[72] Die Schulausbildung erfolgte – das belegen die Aussagen der Interviewten – nicht in dem festgelegten Schema, das einen zwölf Wochen laufenden Lehrplan vorsah.[73] Insassen aus dem Jahre 1970 berichten über einen 14tägigen Unterricht, während Mitte der achtzi-

[70] Abschlussbericht des unabhängigen Untersuchungsausschusses zu Vorgängen im ehemaligen geschlossenen JWH Torgau, 1990, S. 8.

[71] Siehe: Int. Heinz M. im Anhang der Arbeit.

[72] Vgl. Kap. C, Abschnitt 1 der Arbeit.

[73] Vgl. Kap. C, Abschnitt 2.5 der Arbeit.

ger Jahre ein wöchentlicher Unterricht in einem Raum der dritten Etage (K1 – SuB) stattgefunden hat. Entsprechend der Arbeitsordnung dominierten Disziplinierungsmaßnamen auch den Unterricht. Entsprechende Aussagen von Erziehern, nach denen die schulische Bildung gegenüber Disziplin eine untergeordnete Rolle gespielt habe, [74] finden eine Bestätigung in den Angaben der Interviewten.

Die Bildungs- und Erziehungsarbeit sollte schwerpunktmäßig der staatsbürgerlichen Erziehung und der Festigung des Grundwissens in den Fächern Mathematik und Deutsch dienen. [75] Jedoch genügte die schulische Ausbildung im Geschlossenen Jugendwerkhof Torgau den gesetzlich vorgeschriebenen Mindestanforderungen in keiner Weise. Das beklagen auch die interviewten Jugendlichen (K3–SuB). Hierzu einige Aussagen: „Morgens waren meistens zwei bis drei Stunden Schule, das aber nicht immer. Wir hatten Mathe, Deutsch und Technisches Zeichnen. Allerdings auf primitivem Niveau.“ [76] „Wir hatten einmal in der Wochen Schule [...]. Vier Stunden Unterricht: Staatsbürgerkunde, Mathe, Deutsch und Lehrunterweisung für die Arbeit. Das Niveau etwa sechste Klasse. Wie waren 17 bis 18 Jahre und das Bildungsniveau sehr unterschiedlich.“ [77] „Wir hatten meistens nur zwei Stunden Unterricht am Vormittag. Manchmal nur zweimal in der Woche. Ich glaube, Mathe, Deutsch und Staatsbürgerkunde. Man hatte den Eindruck, dass Schule nicht viel Wert gelegt wurde. Wichtig war die Arbeit im JWH.“ [78] Nach Aussagen der Befragten wurde erst in den siebziger Jahren ein hauptamtlicher Lehrer eingestellt.

Neben den schulischen Fächern Staatsbürgerkunde, Mathematik und Deutsch soll nach den Aussagen der Interviewten auch die berufliche Ausbildung vernachlässigt worden sein. Das Unterrichtsfach „Lehrunterweisung in die Produktion“ bzw. „Einführung in die sozialistische Produktion“ sei nur gelegentlich unterrichtet worden (K4–SuB). Die so genannte „produktionsgerechte Arbeitserziehung“ stand im Zentrum der beruflichen Ausbildung, während die berufliche Qualifizierung vernachlässigt wurde.

3.5. Ideologische Erziehung

Die politisch-ideologische Erziehung war, wie alle Bildungs- und Erziehungskonzepte und entsprechend auch alle Lehrpläne belegen, der wichtigste Bestand-

74 Vgl. Kap. C, Abschnitt1 der Arbeit.
75 Siehe: Kap. C, Abschnitt 2.4 der Arbeit.
76 Siehe: Interview mit Lutz M. im Anhang der Arbeit.
77 Siehe: Interview Stefan L. im Anhang der Arbeit.
78 Siehe: Interview René B. im Anhang der Arbeit.

teil des Umerziehungsprozesses.[79] Im Tagesablauf spielte deshalb die permanente politisch-ideologische Beeinflussung eine zentrale Rolle. Das begann mit der morgendlichen „Zeitungsschau" und dem „Abhören der Nachrichten", die besprochen und „ausgewertet" werden mussten, reichte über den obligatorischen Staatsbürgerkundeunterricht und das Anfertigen von Wandzeitungen zu bestimmten Themen bis hin zur Wehrerziehung.

Den Stellenwert der politisch-ideologischen Erziehung spiegeln in gewisser Weise die Einweisungsgründe wider: ideologische Abkehr vom gesellschaftlichem System der DDR (K1–IE); Weigerung von Jugendlichen, in der Schule an politischen Veranstaltungen teilzunehmen; „provokantes" Austreten aus den politischen Massenorganisationen (K4–Ewg.).

Die im Jugendwerkhof praktizierte politisch-ideologische Erziehung hatte den Charakter einer Indoktrination, die jegliche pädagogische Intentionen vermissen ließ. Der Inhalt der Nachrichten und Zeitungsartikel wurde abgefragt und musste mündlich wiedergegeben werden. Unaufmerksamkeiten (K3–IE) wurden mit Arrest, Gruppenmaßnahmen (z. B Reinigungen der Flure und Toiletten) oder mit seitenlangem Abschreiben politischer Artikel bestraft (K4–IE). Im Pflichtfach Staatsbürgerkunde wurden nach Aussage eines Interviewten die ideologischen Erziehungsinhalte und der persönliche Umerziehungsprozess auch durch Vertreter des MfS kontrolliert (K6–IE). Die Ergebnisse der politisch-ideologischen Erziehung wurden akribisch in den Führungsberichten festgehalten.[80] Der so praktizierte gesellschaftliche Anspruch der Umerziehung zur sozialistischen Persönlichkeit verfehlte jedoch seine Zielstellung. Es wurden keine „Persönlichkeiten" entwickelt, sondern willenlose Menschen, denen sämtlicher Lebensmut und Lebenssinn durch repressive, autoritäre Manipulationen genommen wurden.

3.6. Gewalt als Erziehungsinstrument

Kinder und Jugendliche wurden durch das Erziehungsinstrument Gewalt zu unmündigen, unselbständigen „Werkzeugen" (vgl. Int. Stefan L.) eines Diktates, welche jegliche rationale Urteilsbildung und Toleranz ignorierte. Stefan L. resümiert in seinem Interview: „Für Sie als Pädagoge kann ich sagen, dass die Erziehungsform in Torgau eindeutig gescheitert ist. Gewalt, nur als Erziehungsinstrument, löst keine Erziehungsprobleme. Gewalt erzeugt Gewalt. Viele Insassen

[79] Siehe Kap. A, Abschnitte 2.1 und 2.2 sowie 3.3.2. und Kap. C, Abschnitt 1 der Arbeit.

[80] Siehe: Führungsbericht über Lutz M. im Anhang der Arbeit.

wurden noch aggressiver. Wenn ich Kinder unter Gewalt erziehe, dann werden sie zu Gewalttätern und zu unmündigen, willenlosen Werkzeugen.“ [81]

Neben den ständigen Arresteinweisungen waren nach Aussagen die Insassen täglichen Gewaltandrohungen und Gewaltmaßnahmen durch Erzieher ausgesetzt. [82] Ziel der Erziehung war die Angst des Erlebens von Todesbedrohung (K1–PtA). Die „schlimmen Erinnerungen“ an die Brutalität von Erziehern (K3–PtA) bleiben wohl ewig im Leben der Insassen haften. Gerade die Erzählungen über das Empfinden von Gewalt durch Erzieher, die immer wiederkehrenden Erinnerungen an die „Hölle“ (K2–PtA) bedeuteten für die Interviewten eine psychische Überwindung (K4–PtA). Jeder Erzieher war ausgerüstet mit einem Gummiknüppel, der am Ende mit einer Eisenkugel versehen war (K3 – Gewalt). „Plastegriff, darin eine Spirale aus Stahl, die auf Knopfdruck herausspringt, am Ende der Spirale eine plasteummantelte Eisenkugel [...]. Meines Wissens gab es eine Weisung, mit diesen Geräten nur auf die Körper zu schlagen und nicht auf den Kopf, weil das nicht nur Verletzungsgefahr bedeutet hätte, sondern Lebensgefahr.“ [83] Trotzdem wurde von den Jugendlichen beobachtet, dass u. a. an den Treppenabsätzen Erzieher mit Gummiknüppeln standen und wahllos eingeschlagen haben. Ständige Fausthiebe, Prügel, Nachtreten und Schlagen mit dem Schlüsselbund in das Gesicht durch die Erzieher begleiteten den Tagesablauf (K2–Gewalt). Bei zu erwartender Missachtung der Hausordnung wurde offen mit Gewaltanwendung, mit Griffen, Hieben und Tritten in die Genitalien gedroht (K4–Gewalt). Beliebt war bei einigen Erziehern der sog. „Ordnungsgong“, ein Schlag mit der geballten Faust gegen den Hinterkopf (K15–Gewalt).

René B. berichtet über einen Fluchtversuch von zwei Mitinsassen im Jahr 1986. Fluchtversuche waren aufgrund der Hochsicherheitsanlage im Geschlossenen Jugendwerkhof äußerst selten und nach Aussagen der Interviewten ist wohl keinem eine Flucht gelungen. „Als sie wiedergebracht wurden, lagen sie mindestens einen Tag auf dem Flur. Ich erkannte die Gesichter nicht mehr, es war grauenhaft.“ (vgl. Int. René B., K6-Gewalt). Aufgehetzte Wachhunde fügten den Jugendlichen lebensgefährliche Bisswunden zu, sobald sie sich ihnen näherten (K8–Gewalt). Nachts, insbesondere in den Arrestzellen, wurden die Insassen geprügelt, bis sie besinnungslos liegen blieben (K6–Gewalt) und für die Mitinsassen die lauten Schreie verstummten (K7–Gewalt).

Sport wurde nicht nur, wie oben dargestellt wurde, als Strafmaßnahme angewandt, sondern war auch ein häufig eingesetztes Mittel der Gewalt (K10–Gewalt).

---

81 Siehe: Int. Stefan L. im Anhang der Arbeit.

82 Siehe hierzu ausführlich auch die Abschnitte 3.2 und 3.3 in diesem Kapitel.

83 Siehe: Int. Dietrich S. im Anhang der Arbeit.

Der Sport, der nach Kretzschmar der „körperlichen Ertüchtigung“ und der „Willensformung“ dienen sollte,[84] war in der praktischen Anwendung häufig eine mit Gewaltanwendung verbundene Disziplinierungs- und Strafmaßnahme, die als Einzel- oder Gruppenbestrafung willkürlich von den Erziehern verhängt wurde. Bereits der Test der körperlichen Fitness bei der Einlieferung in den Geschlossenen Jugendwerkhof Torgau war mit Gewalt verbunden, indem die Jugendlichen gezwungen wurden, bis zur körperlichen Erschöpfung zu gehen.[85] So berichteten die ehemaligen Insassen vom Laufen auf dem Innenhof um die Sturmbahn bis zur Erschöpfung; Dauerläufe bis zu 21 km (K17–Gewalt) und Laufen mit Schubkarren, die mit Eisenbahnschwellen beladen waren (K11–Gewalt). Wer vor Erschöpfung zusammenbrach, wurde von seinen Mitinsassen gestützt oder gezwungen, mit Eisenbahnschwellen auf dem Rücken weiter zu laufen (K12–Gewalt). Die Erzieher griffen mit Anwendung von Gewalt ein: Sie „gaben Backpfeifen, Ellbogenstöße und Schlüsselbundwürfe“ (K18–Gewalt). „Oder wir bekamen eine Eisenkugel, die an einer Kette war. Vielleicht sieben bis zehn Kilo [...], die mussten wir während des Laufens nachziehen“.[86] Gefürchtet waren das „Treppenkarussell“, bei dem die Jugendlichen im Treppenhaus hoch und runter laufen mussten, abwechselnd im Entengang (K14–Gewalt) und der bereits erwähnte „Torgauer Dreier“ (K13–Gewalt).

Narben und Schmerzen erinnern noch heute viele der Befragten an die Vergangenheit in Torgau (K5–PtA). Der ehemalige Heizer des Jugendwerkhofs, Heinz M., bemerkte mit zitternder Stimme: „Zu den besonderen Schikanen gehörten Liegestütze über aufgeklapptem Messer, dass der Erzieher unter der Brust des Jugendlichen hielt“ (vgl. K16–Gewalt).[87]

3.7. Suizidversuche

Die Interviewten erinnerten sich an mehrere Mitinsassen, die sich als Folge der Schikanen und Gewaltanwendungen durch die Erzieher aufgaben und ihren Ausweg nur im Suizid sahen. Der ehemalige Heizer, Heinz M, berichtet: „Da hin und wieder Jugendliche für Hilfsarbeiten in dem Heizungskeller eingeteilt wurden, habe ich erfahren, dass Selbstmordversuche häufig vorkamen. Es wurde Farbe getrunken, manche haben Nägel oder Nadeln geschluckt, andere haben es mit Chlorsteinen oder Tinte versucht... Einmal habe ich erlebt, wie ein Junge versucht hat,

[84] Vgl. Kap. C, Abschnitt 3.2 der Arbeit.
[85] Abschlussbericht des unabhängigen Untersuchungsausschusses, a.a.O., S. 5.
[86] Siehe: Int. Lutz M. im Anhang der Arbeit.
[87] Siehe: Int. Heinz M. im Anhang der Arbeit.

sich mit der Schnur seiner ‚Kombi' zu erhängen, bei dem kam schon das Blut aus den Ohren heraus. Ich weiß nicht, ob der Junge gerettet wurde, jedenfalls wurden danach die Schnüre aus den ‚Kombis' entfernt. Ein Jugendlicher hat versucht, sich in der Arrestzelle umzubringen, indem er sich den abgebrochenen, scharfkantigen Griff des Kübels in den Darm gerammt hat" (vgl. K2, K7, K9–Suizid).[88]

In jedem, der von mir geführten Interviews, wurde über Selbstmordversuche während des Aufenthaltes im Jugendwerkhof Torgau berichtet. Die genaue Zahl der Suizidversuche zwischen 1964 und 1989 ist momentan noch nicht nachweisbar. Zwar enthalten die Archive Anhaltspunkte zu den Suizidvorgängen, auch ehemalige Insassen und Zeitzeugen informierten darüber, aber bis heute liegen keine genauen Zahlen vor. Stefan L., der Sprecher der ehemaligen Insassen, folgerte aus den Gräueltaten: „Die vielen Suizidversuche in Torgau beweisen dies. Fast jeder wollte aus Torgau raus. Und in unterschiedlicher Art und Weise versuchte man in die Krankenstation zu kommen. Die Zahlen sind nicht bewiesen, ich persönlich gehe von 2000 Suizidversuchen aus" (vgl. S1, K1–Suizid).[89] Eine gegenteilige Meinung vertritt der ehemalige Anstaltsarzt Dr. Weber. In den Befragungen durch den Untersuchungsausschuss 1990 zu den Vorgängen in Torgau, behauptete er, „dass es Selbstmorde nicht gab" (vgl. Int. Manfred E., K10–Suizid). Die Interviewten bestritten diese Aussage vehement („Das stimmt nicht." – vgl. Int. Manfred E.) und führten erlebte Beispiele von Suiziden als Antwort auf die Ausweglosigkeit, sowie der physisch-psychischen Erschöpfung an (K7–Suizid). Sie beschrieben Suizide durch Erhängen als häufigste Erscheinung, durch Schlucken von Nägeln, Schrauben, Nadeln, Bohrspänen, Waschpulver oder Farbe. Das Aufschneiden der Pulsadern war die zweithäufigste Erscheinung (K2–Suizid). Für die Erzieher und den Direktor waren Äußerungen von Selbstmordabsichten und die Versuche selbst keine Anzeichen von psychischen Grausamkeiten (K9 – Suizid). Vielmehr zog man diese Begleiterscheinungen absichtlich als Disziplinierungsmaßnahme in Betracht (K8 – Suizid). Die Insassen wurden oft kontrolliert oder bei hoher Suizidgefahr in den Einzelarrest gesperrt. Als Strafmaßnahme nach gescheiterten Suizidversuchen wurden die Jugendlichen weggesperrt (K5 – Suizid) und durch Erzieher drangsaliert (K6 – Suizid). „Einmal wusste ich, dass ein Jugendlicher in Einzelhaft gesperrt wurde, weil er sich das Leben nehmen wollte. Wir sahen, wie drei Erzieher [...] in die Zelle zu dem Jungen gingen und ihn wohl deshalb verprügelten" (vgl. L3, K6–Suizid).[90] Selbst in den Arrestzellen kam es zu gelungenen Selbstmordversuchen, durch Erhängen an den Gitter-

[88] Siehe: Int. Heinz M. im Anhang der Arbeit.
[89] Siehe: Int. Stefan L. im Anhang der Arbeit.
[90] Siehe: Int. Lutz M. im Anhang der Arbeit.

fenstern oder durch Selbstverstümmelungen, die zum Tode führten (K3–Suizid). Trotz Schikanen nach missglückten Suiziden, versuchten Jugendliche immer wieder, sich umzubringen: „Sie brachte zum Ausdruck, dass das Leben für sie keinen Sinn mehr hat und auch weiterhin solche Handlungsweisen plant“ [91].

Kurz vor seiner Entlassung erhängte sich Steve B. in seiner Zelle. Über den Vorgang berichtet Mike B. in seinem Interview: „Dann habe ich bloß noch gehört, wie die Tür aufgegangen ist und der Q. hat gesagt, dass man einen Arzt holen soll. Ich wusste gar nicht, worum es geht. Dann mussten wir alle auf dem Flur vor meiner Zelle antreten [...]. Ich habe dann gehört, wie der Kretzschmar gesagt hat, dass ein Jugendlicher freiwillig aus dem Leben geschieden ist. Er hat auch den Namen genannt. [...] Später habe ich erfahren, dass der Steve B. tablettenabhängig war – das hat man dem auch angesehen. Ganz klar, der hat sich aufgehängt, weil er seine Tabletten nicht gekriegt hat“. [92] Das Privatarchiv von Dietrich Sengbusch enthält eine Notiz des Direktors während einer Dienstberatung zum Suizidvorgang von Steve B... Danach war der 17jährige Steve B. am 25.4.1988 in den Jugendwerkhof eingewiesen und sofort isoliert worden. Er sollte vier Tage in der Isolierzelle bleiben sollen. Demnach hätte Steve B. am Tag nach seinem Suizid aus der Isolierzelle entlassen werden sollen. [93]

1982 zündete sich nach Aussagen der Erzieher der 16jährige Rainer F. in der Arrestzelle selbst an. Die Selbstverbrennung wurde als offizielle Todesursache bestätigt (K4–Suizid). In den Akten ist hierzu vermerkt: „Am 27.2.1982 kam es im geschlossenen JWH zu einem Brand. In dessen Folge verstarb der Jugendliche F. F. war im Besitz von Streichhölzern, die er sich illegal beschafft hat. Er hatte zuvor Selbstmordabsichten geäußert“ (vgl. LKA-Akten). In einem Gespräch mit den Eltern von Rainer F. bemerkte der Vater: „Offiziell hieß es zur Todesursache, mein Sohn habe Selbstmord begangen und sich dabei selbst angezündet. Die Erzieher wollten helfen, aber sie haben die Tür nicht aufgekriegt. Nun weiß natürlich jeder, dass Zellentüren grundsätzlich von außen zu öffnen sind und auch nach außen aufgehen. Warum haben die Erzieher dann die Zellentür nicht aufbekommen? Eine Zeugin, Ramona M., hat ausgesagt, dass sie und andere Mädchen auf dem Hof versammelt waren. Sie haben gehört, wie Rainer um Hilfe geschrieen hat, nachdem er zuvor die Fensterscheibe eingeschmissen hatte“ (vgl. Int. Ru/Wi). Rainer F. ist von einer Blinddarmoperation, aus dem Krankenhaus direkt in die vergitterte Krankenzelle des JWH gekommen. „Am 27. Februar ist es passiert, am 28. sollte Rainer entlassen werden. Bringt sich denn jemand um, einen Tag bevor er

[91] Siehe: Int. Heike F. im Anhang der Arbeit.

[92] Siehe: Int. Mike B. im Anhang der Arbeit.

[93] Siehe: Anhang der Arbeit.

aus dem JWH entlassen wird?“ (vgl. Int. Ru/Wi) Die Eltern zweifelten an dem tatsächlichen Selbstmord des Sohnes. Vielmehr behaupteten sie immer wieder, dass Erzieher ihren Sohn in der Zelle zu Tode geprügelt haben. „Ich glaube heute noch nicht, dass der Junge in dem Sarg gelegen hat, den sie anbrachten. Wir durften den Rainer nicht mehr sehen. Begründung: Das sei ein zu schrecklicher Anblick, das wolle man uns nicht zumuten“ (vgl. Int. Ru/Wi). Letztlich mussten die Eltern auf Drängen des damaligen stellvertretenden Direktors von Torgau die Überführungs- und Bestattungskosten selbst übernehmen (vgl. Int. Ru/Wi). Die beiden Eltern Ruth und Willi F. leben heute nicht mehr. Dies teilte mir Gerald F., der Bruder von Willi F. 2005 mit (vgl. 2.1). Die Vorwürfe des vorsätzlichen Mordes an Rainer F. wies in einem Interview der ehemalige Erzieher Horst S. zurück. Er bestätigte jedoch den Selbstmord. [94]

3.8. Psychotraumatische Auswirkungen

Posttraumatische Belastungsstörungen, Depressionen oder Angst- und Schlafstörungen, begleiten das heutige Leben vieler ehemaliger Insassen (K4–PtA). Mit zitternden Händen und teilweise unter Tränen berichteten die Interviewten von ihren Erinnerungen (K4–PtA). Stefan L. ist laut unabhängiger Gutachten zu 50 Prozent nicht arbeitsfähig. [95] Er bemüht sich als Sprecher um die Rehabilitation aller ehemaligen Insassen durch die Bundesrepublik Deutschland und hofft mit diesen Untersuchungen, die Rehabilitation durch das Aufzeigen der Verletzung der Menschenwürde jedes Einzelnen zu unterstützen und der breiten Öffentlichkeit zugänglich zu machen. Viele „Ehemalige“ versuchen die Erlebnisse der „Hölle“ in Torgau zu verdrängen (K6–PtA). Einige verließen Deutschland nach der Wende, um ihr erlebtes „Trauma“ besser verarbeiten zu können (K6–PtA / vgl. 2.1) und um nicht mehr an Rachegefühle gegenüber ehemaligen Erziehern denken zu müssen (K7–PtA). Im wieder vereinigten Deutschland gab es nach den Aussagen der Interviewten immer wieder das Gefühl der persönlichen Missachtung, der Stigmatisierung und Ausgrenzungen im Arbeitsprozess wegen ihrer „Torgauvergangenheit“ (K8–PtA). Ehemalige Insassen, wie Manfred E. oder Stefan L. engagieren sich in der Erinnerungs- und Begegnungsstätte im ehemaligen Geschlossenen JWH Torgau und versuchen durch das Gespräch ihre Vergangenheit aufzuarbeiten (K9–PtA). Leider melden sich nach wie vor zu wenige ehemalige Insassen in der Begegnungsstätte, um über ihre „schlimmen Erinnerungen“ (K3–PtA) zu berichten.

---

[94] Siehe: Int. Horst S. im Anhang der Arbeit.

[95] Siehe: Int. Stefan L. im Anhang der Arbeit.

Abramson, Metalsky und Alloy beschreiben ein negativ wahrgenommenes Lebensereignis als Auslöser von Depressionen.[96] Es kann vermutet werden, dass auch viele ehemalige Zöglinge des Geschlossenen Jugendwerkhofes Torgau heute noch unter markanten depressiven Störungen leiden. Als Symptome nennen Abramson et al. Traurigkeit, Apathie, Suizidgedanken, Konzentrationsprobleme, ein geringes Selbstwertgefühl und Dependenz.

Depression ist nach der Theorie von Beck „durch dysfunktionale kognitive Schemata gekennzeichnet, die durch frühere Verlusterfahrungen erworben wurden und sich auf negative Aspekte der eigenen Persönlichkeit, der Umwelt und der Zukunft beziehen. (...) Diese schemagebundenen Kognitionen kreisen um Erinnerungen an negative Erlebnisse wie erfahrene Ablehnung und eigenes Versagen, wobei Gefühle des Ungeliebtseins und der Wertlosigkeit entstehen.“[97] Antje Mesker verglich 2004 in einer nicht-klinischen Stichprobe depressive mit nicht depressiven Personen hinsichtlich des Zugriffs negativer Ereignisse aus der Vergangenheit und der damit verbundenen Vorstellungen möglicher Zukunftsereignisse. Im Ergebnis generierten depressive Probanden „weniger positive, aber eine ähnliche Anzahl negativer Erinnerungen und Zukunftsvorstellungen als die nicht depressiven Probanden.“[98]

Die depressionstypischen kognitiven Defizite waren durch das Ausmaß an Hoffnungslosigkeit mit bedingt, so dass der erschwerte Zugriff auf positive Ereignisse umso deutlicher wurde, je depressiver, hoffnungsloser, aber ängstlicher die Probanden waren.[99]

Da sich die Interviewten nach ihren Aussagen ständig, auch heute noch, mit den negativen Erlebnissen in Torgau auseinandersetzen, bewerten sie als sehr wahrscheinlich, dass negative Ereignisse auch auf ihre Zukunft einwirken. Viele ehemalige Insassen aus Torgau befinden sich heute in psychiatrischer Therapie, um ihre Depressionen und Ängste abzubauen und Zukunftsvorstellungen positiver gestalten zu können.

---

96 Abramson, Lyon Yvonne/Metalsky, Gerald I./Alloy, Lauren B. (1989): Hopelessness depression: A theory based subtype of depression, in: Psychological Review 96, S. 358 – 372.

97 Mesker, Antje (2004): Depression und die Leichtigkeit des Zugriffs auf affektive Gedächtnisinhalte und Zukunftsvorstellungen. Westfälische Wilhelms-Universität Münster, Fachbereich Psychologie, Diplomarbeit, S. 5.Sie bezieht sich hierbei auf: Beck, Aaron T. (1976):Cognitive therapy and the emotional disorders. New York: New American Library, S. 159

98 Mesker, Antje (2004), a.a.O., S. 84.

99 Ebenda, S. 85.

4. Die Lebenswelt des Jugendwerkhofes Torgau

Die narrativen Interviews vermitteln unter Einbeziehung der ausgewerteten Unterlagen im Bundesarchiv (Dienstbesprechungen, Anordnungen des Ministeriums für Volksbildung über Spezialheime, Berichte über Inspektionen im Geschlossenen Jugendwerkhof Torgau), der Arbeitsordnungen des Jugendwerkhofes Torgau, des Abschlussberichtes des unabhängigen Untersuchungsausschusses zum ehemaligen Jugendwerkhof Torgau und des Urteils des 5. Strafsenats am Landgericht Berlin betr. Rehabilitierungssache ein Bild der Lebenswirklichkeit in Torgau, das geprägt ist durch Angst vor Bestrafungen, Zwang zur Anpassung durch Disziplinierungs- und Strafmaßnahmen, uneingeschränkte Unterwerfung durch umfassende Reglementierungen, Verlust jeglicher individueller Entfaltungsmöglichkeiten, absolute Unterordnung unter ein Kollektiv verbunden mit der Erfüllung vielfältiger Aufgaben ohne für die Zöglinge erkennbaren pädagogischen Sinn, psychische Schädigungen und posttraumatische Störungen; das sind die charakteristischen Merkmale, die das Erleben des Jugendwerkhofs bei den Betroffenen hinterlassen hat.

Besonders nachhaltig war die Lebenswirklichkeit durch vielfältige Disziplinierungs- und Strafmaßnahmen geprägt, die oftmals willkürlich verhängt wurden. Der in Torgau zur Verfügung stehende Disziplinierungsapparat diente der vollständigen Unterwerfung der Insassen, zu jeder Tageszeit einer unaufhörlichen Disziplin unterworfen waren. Der Zögling wurde physisch gleichsam „dressiert". Der straff organisierte Tagesablauf sollte jegliches Ausbrechen aus den Disziplinierungsmaßnahmen ausschließen. Folglich durfte es gar keine individuellen Freiräume geben. Der Zögling im Jugendwerkhof wurde unter Anwendung von physischer wie psychischer Gewalt unterworfen. Er wurde bei Verfehlungen, die oftmals willkürlich von den Erziehern als solche erklärt wurden, sowie auch bei unbeabsichtigten Verletzungen der vielfältigen Ordnungen und Reglementierungen bestraft. Hierzu stand ein vielfältiges Instrumentarium zur Verfügung. Es reichte von sinnlosen schulischen Strafarbeiten über Essensentzug und so genannte sportliche Betätigungen zum Zwecke der Körperertüchtigung bis hin zur Einzelhaft in Dunkelzellen.

Gewalt war ein in Torgau häufig angewandtes Erziehungsinstrument. Nach Einschätzung eines Interviewten diente Gewalt dazu, die Zöglinge zu unmündigen, unselbständigen Werkzeugen zu machen.[100] Angst vor Gewalt oder Androhung schwerster Strafen wie Einweisungen in Dunkelzellen verursachten bei den

[100] Siehe Int. Stefan L. im Anhang.

Betroffenen häufig starke psychische Störungen, die bis zu Suizidversuchen führten. Viele Zöglinge erlitten lang anhaltende psychotraumatische Störungen

Die mit den Umerziehungsmaßnahmen angestrebte Hinführung der Zöglinge zum Idealbild der sozialistischen Persönlichkeit konnte in diesem Umfeld nicht erfolgreich sein. Die Anlagen und die Arbeitseignung des Zöglings wurden nur insofern gefördert, als es unter politisch-ideologischen, aber auch ökonomischen Erwägungen zweckdienlich war. Unter diesen Gesichtspunkten und nicht aus pädagogischem Anliegen sollte der Zögling ein nützliches Mitglied des sozialistischen Kollektivs werden. Seine individuellen Fähigkeiten wurden diesem Zweck untergeordnet und letztlich nicht gefördert. Sein alltägliches Verhalten und seine „moralischen“ Einstellungen wurden kontrolliert. Der Zögling wurde einem ihm aufgezwungenen Kodex unterworfen und gleichsam in ein Korsett gezwängt. Er musste sich notgedrungen anpassen, um Bestrafungen zu vermeiden. Der Zögling gab, da es von ihm unter Androhung von Repressalien gefordert wurde, Bekenntnisse zur sozialistischen Gesellschaft ab, auch dann, wenn er nicht davon überzeugt war.

Die Erzieher hatten eine nahezu uneingeschränkte Macht über ihre Zöglinge, obwohl sie selbst als unterste Vollzugsbeauftragter auch nur reagieren konnten; denn ihre Aufgaben waren genau festgelegt, sie unterlagen gleichfalls der Kontrolle und hatten kaum individuelle Gestaltungsräume. Da der Erzieher für seine speziellen Aufgaben in der Heimerziehung häufig nicht zureichend weitergebildet und damit überfordert war, stützte er sich auf die Disziplinierungsmaßnahmen, statt zu erziehen, und wandte auch Gewalt an. Zöglinge wie Erzieher bemühten sich, unnötige Konflikte zu vermeiden, um das Leben im Jugendwerkhof erträglicher zu gestalten. Jedoch wurde jede Abweichung von der Regel sofort bestraft. Diese Erziehungspraktiken im Jugendwerkhof Torgau ähneln in frappierender Weise den Strafmechanismen in Gefängnissen, wie sie Michel Foucault als Instrumente eines vollkommenen Überwachungs- und Disziplinierungssystems dargestellt hat. [101] Die Mechanismen und Methoden in Strafsystemen der Moderne haben wie die Umerziehungs- und Disziplinierungsmaßnahmen in Torgau eine komplexe gesellschaftliche Funktion. Bestrafungen sind nach Foucault nicht nur als bloße Konsequenzen der Rechtsregeln der Gesellschaft, sondern auch aus der Perspektive der politischen Taktik zu betrachten. Rusche und Kirchheimer suchen in ihrer Studie zu Sozialstruktur und Strafvollzug nachzuweisen, dass die verschiedenen Strafsysteme neben einer Methode zur Unterdrückung von Verbrechen auch gesellschaftliche Erscheinungen sind, die mit dem Produktionssystem

[101] Foucault, Michel (1977): Überwachen und Strafen. Die Geburt des Gefängnisses. Suhrkamp Taschenbuch Wissenschaft 184, Frankfurt/Main.

in Beziehung zu setzen sind.[102] In allen Strafsystemen der verschiedenen gesellschaftlichen Epochen gehe es immer um den Körper, dessen Züchtigung, Einsperrung oder Besserung, seine Kräfte und seine Nützlichkeit und seine Gelehrigkeit. Unter den Bedingungen der industrialisierten Gesellschaft tritt an die Stelle der Zwangsarbeit die Internierung zum Zwecke der Besserung mit dem Ziel, den Körper ökonomisch zu nutzen.[103] Ob diese Funktion von Strafsystemen uneingeschränkt und in gleichem Maße auf alle politischen Systeme zutrifft, sei dahin gestellt. Auf die totalitäre Herrschaft der SED trifft jedoch die Aussage zu, dass Strafmechanismen, die in Gefängnissen oder auch in Erziehungsanstalten wie dem Jugendwerkhof Torgau angewendet wurden, Instrumente eines vollkommenen Überwachungs- und Disziplinierungssystems waren.

Indem Foucault das Selbstverständnis des Gefängnisses als Apparat zur Umformung der Individuen charakterisiert, trifft er mit der Aussage, „das Gefängnis ist eine etwas strenge Kaserne, eine unnachsichtige Schule, eine düstere Werkstatt, letztlich nichts qualitativ Verschiedenes," genau die Intentionen der Umerziehung zur neuen, sozialistischen Persönlichkeit im Jugendwerkhof Torgau[104]

Die Zöglinge wurden aus politischen Erwägungen mehr „dressiert" als erzogen. Sie wurden unter dem Deckmantel der Erziehung zur Erfüllung von Arbeitsnormen unter Androhung von Strafen gezwungen: Wer die Normen nicht erfüllte, wurde bestraft. Damit der ökonomische Nutzen, der die Erziehungsmaßnahmen im Jugendwerkhof dominierte, möglichst effektiv erreicht wurde, mussten die Zöglinge vollständig unterworfen werden. Hierzu diente die Unterordnung unter das Kollektiv durch Disziplinierungen, politisch-ideologische Schulung und sogenannte produktive Arbeit.

Ein Indiz für die Vergleichbarkeit der Lebenswelt im Geschlossenen Jugendwerkhof Torgau mit derjenigen in Gefängnissen liefern auch die Aussagen und Empfindungen der Interviewten, die ihren Aufenthalt in Torgau mit demjenigen

---

[102] Rusche, Georg/Kirchheimer, Otto (1974): Sozialstruktur und Strafvollzug, Frankfurt/Main/Köln.

[103] „Aber der Körper steht auch unmittelbar im Felde des Politischen; die Machtverhältnisse legen ihre Hand an; sie umkleiden ihn, markieren ihn, dressieren ihn, martern ihn, zwingen ihn zu Arbeiten, verpflichten ihn zu Zeremonien, verlangen von ihm Zeichen. Diese politische Besetzung des Körpers ist mittels komplexer und wechselseitiger Beziehungen an seine ökonomische Nutzung gebunden; zu einem Gutteil ist der Körper als Produktionskraft von Macht- und Herrschaftsbeziehungen besetzt; auf der anderen Seite ist seine Konstituierung als Arbeitskraft nur innerhalb eines Unterwerfungssystems möglich (in welchem das Bedürfnis auch ein sorgfältig gepflegtes, kalkuliertes und ausgenütztes politisches Instrument ist); zu einer ausnutzbaren Kraft wird der Körper nur, wenn er sowohl produktiver wie unterworfener Körper ist." Foucault, Michel (1977): Überwachen und Strafen, a.a.O., S. 37.

[104] Foucault, Michel (1977): Überwachen und Strafen, a.a.O., S. 297.

in einem hermetisch nach außen abgeschlossenen Raum, einem Gefängnis, verglichen. Dieser – auch von der Anstaltsleitung gewollte – Eindruck wurde ihnen bereits mit dem Einlieferungsverfahren vermittelt: Leibesvisitation, Abgabe aller persönlichen Gegenstände, Rasur der Haare, Anstaltskleidung, Isolierung zum Zweck des Auswendiglernens der Arbeitsordnung, paramilitärische Umgangsregelungen zwischen Erzieher und Zögling, Bewegen im Laufschritt oder Meldung machen. Im Unterschied zu „normalen“ Strafgefangenen, die auch in der DDR in der Regel auf Grund eines Gerichtsbeschlusses in eine Anstalt eingeliefert wurden, gab es für die Zöglinge in Torgau in der Regel keine gerichtliche Einweisung.

Die Analogie des Jugendwerkhofes Torgau mit einem Gefängnis hat auch der 5. Strafsenat als Beschwerdesenat für Rehabilitierungssachen des Kammergerichts in Berlin in seinem Urteil vom 15. Dezember 2004 gezogen, indem er feststellt, dass „die im Jugendwerkhof untergebrachten Jugendlichen Freiheitsbeschränkungen“ unterlagen, „die den in Haftanstalten üblichen Bedingungen in nichts nachstanden.“ [105]

[105] Landgericht Berlin 5 Ws 169/04 REHA/(551 Rh) 3 Js 322/03 (286/03), Punkt II.2 des Urteils. Vgl. auch Hopfe, Katrin: Schlimmere Zustände als im Gefängnis. Aufsätze aus Jugendstrafrecht und -kriminologie, Jugendhilfe und -sozialarbeit, in: DVJJ-Journal Nr. 153, 3/1996, S. 278 f.

E. Autoritäre, die Würde des Menschen missachtende „Erziehung“ im Jugendwerkhof Torgau – ein Beitrag zum kulturellen Gedächtnis

Mittels der hermeneutischen Methode wissenschaftlicher Auslegung von Texten und des Verstehens von Sinnzusammenhängen wurde in der Arbeit der Versuch unternommen, historische Vorgänge und Erfahrungen aufzuarbeiten und damit einen Beitrag zur historischen Bewusstseinsbildung zu leisten. Die Umerziehung zum neuen, sozialistischen Menschen erklärt sich aus dem geschichtlichen Horizont einer totalitären Herrschaft in der DDR, welche die Pädagogik als ein wichtiges Herrschaftsmittel instrumentalisiert hatte. Die Pädagogik in der DDR war eine im Sinne Nietzsches unzeitgemäße Bildung, die nur der Erreichung politischer und ökonomischer Zwecke diente. [1]

Das historische Bewusstsein sieht, wie es Gadamer ausdrückt, „die eigene Gegenwart immer mit.“ Aus dem Horizont der Gegenwart betrachtet, stellt sich der Untersuchungsgegenstand der Arbeit, die Umerziehung im Geschlossenen Jugendwerkhof Torgau, nicht nur als eine autoritäre Erziehung dar, die jegliche individuelle, pädagogische Zuwendung vermissen lässt und deren pädagogische Intentionen ideologisch und politisch begründeter Indoktrination untergeordnet sind, sondern ist auch geprägt durch Verletzungen geltenden Rechts in der DDR und verfassungsrechtlich garantierter Menschenrechte: Die Missbräuche in Torgau stehen zudem im Widerspruch zum Bildungsanspruch, wie er in den Bildungsgesetzen der DDR verankert war. Diese Behauptungen werden im Schlusskapitel verifiziert.

Weiterhin werden die eklatanten Verstöße gegen die Menschenwürde im Geschlossenen Jugendwerkhof Torgau bei der Umsetzung des propagierten Bildungsziels, den Menschen zu einer neuen, sozialistischen Persönlichkeit zu erziehen, als eine Folge der Defizite im Bildungswesen der DDR verstanden und auch mit den erzieherischen Mitteln begründet, die zur Umsetzung der pädagogischen Intentionen angewendet wurden.

Aus dem Erschließen von Sinnzusammenhängen in der Geschichte, aus dem historischen Bewusstsein, erwächst Bildungswissen, das zur Bewältigung gegenwärtiger Fragen dient. Deshalb soll abschließend die Frage nach der Applikation der Erkenntnisse gestellt werden, die aus der Befassung mit dem Geschlossenen

[1] Vgl. hierzu: Kap A., Abschnitt 4 „Pädagogik im Dienste einer politischen Ideologie“.

Jugendwerkhof Torgau zu ziehen ist. Es soll begründet werden, warum die Intentionen und die Missbräuche bei der Umsetzung des dort angewendeten Umerziehungskonzepts zur neuen, sozialistischen Persönlichkeit ein wichtiger Beitrag zum kulturellen Gedächtnis sind.

1. Erklärungsversuch der Missstände im Jugendwerkhof Torgau: Defizite des Erziehungskonzepts

Dass es im Geschlossenen Jugendwerkhof Torgau zu eklatanten Verletzungen der Würde des Menschen, zu physischen Misshandlungen und psychischen Schädigungen unter Nichtbeachtung der propagierten Erziehungsgrundsätze kam, ist eine Folge der pädagogischen Intentionen, die im Bildungswesen der DDR und seiner Zielsetzung neue, sozialistische Menschen zu bilden, angelegt sind.

Das Bildungswesen der DDR verfolgt, wenn man den selbst gestellten Anspruch zugrunde legt, wie er von der Akademie der Pädagogischen Wissenschaften unter Bezugnahme auf Artikel 19 der Verfassung der DDR von 1974 formulierte wurde, das Ziel, „dass durch das sozialistische Bildungswesen grundlegende Voraussetzungen für alle Bürger geschaffen werden, ihre Fähigkeiten zu entwickeln und ihre Kräfte aus freiem Entschluss zum Wohle der Gesellschaft und zu ihrem eigenen Nutzen ungehindert zu entfalten. Frei von Ausbeutung, Unterdrückung und wirtschaftlicher Abhängigkeit kann jeder Bürger Freiheit und Würde seiner Persönlichkeit verwirklichen.“ [2]

An diesem Anspruch sind alle pädagogischen Maßnahmen zur Erreichung des Zieles zu messen. Die Schwächen und Defizite des Erziehungskonzepts werden offenkundig, wenn man die Wirkungen der erzieherischen Maßnahmen betrachtet. In der Fürbittandacht der Berliner Gethsemane-Kirche am 27. November 1989 setzte sich Jens Reich vor dem Hintergrund der harten Schulstrafen, die gegen Schüler der Carl von Ossietzky Schule wegen „pazifistischer Plattformbildung“ verhängt worden waren, mit dem Zustand der Schule in der DDR auseinander: „Die Schüler haben einen satten Achtstundentag ohne freien Samstag, und ihr Tagesprogramm von sechs bis acht Sitzungen zu stets neuen Themen und bei konzentrierter Mitarbeit erinnert an den Sitzungskalender vor dem Plantermin. In den streng bemessenen Pausen gibt es noch zahlreiche Nebenaufgaben, und auf dem Hof sorgen Aufsicht und Betonboden für weitere Dämpfung des jugendlichen Bewegungsdranges. Mich wundern die ewigen Klagen über Disziplinmangel und fehlende Konzentration und Mitarbeit überhaupt nicht. Ich behaupte, dass 90%

[2] Das Bildungswesen der Deutschen Demokratischen Republik (1979), hrsg. von der Akademie der Pädagogischen Wissenschaften der Deutschen Demokratischen Republik, Berlin-Ost, S. 7.

der Erwachsenen eine solche Arbeitsstelle kündigen würden. Dazu die Diktatur seiner Majestät, des Lehrplanes. Das Schwergewicht auf sitzenden Formen des Wissenserwerbs. Auf Kopfnoten, auf Disziplin und Normenverinnerlichung. Tatsachen erlernen dominiert über Lernen erlernen. Ständiger Leistungsdruck, den man besser als Beschäftigungsdruck bezeichnen sollte. Die Despotie des Zensurendurchschnittes, der jeden über einen Leisten schert und die Zukunft des Schülers entscheidet." [3] Jens Reich äußerte sich dann zu den Defiziten in den Lehrplaninhalten. Zu den Aspekten Weltanschauung, politische Meinungsbildung und Freiheit verweist er auf die Analyse der Lehrbücher: „In Geschichte: ein klappernder Formelapparat, der Jahrtausende, große Reiche, Hochkulturen, alles auf das Schema von Produktionsmitteln und Produktivkräften bringt und auf die Stufenleiter Urgemeinschaft – Sklaverei – Feudalismus – Sie wissen schon, wie weiter. In Literatur: Eintönige, widerspruchsabweisende Interpretationen, die einem die größten Werke auf Lebenszeit vergällen. Als Weltanschauung: ein Gedankengebäude, das als Wissenschaft auftritt und jede Alternative als vorwissenschaftliches Opium abweist. Die Folge: Seelenblindheit gegen andere Kulturen, andere Weltanschauungen, andere Entwürfe, gegen Buntheit, Abwechslung, Probieren, Individualität. [...] Dass mithin keine wirklich schöpferische Aneignung gefragt ist. Dass eine wissenschaftliche Weltanschauung für abweichende Grundfragen offen sein muss. Dass man mit Bewusstseinsinhalten argumentativ und nicht administrativ umgehen muss." [4] Oder: Wie es die Schriftstellerin Christa Wolf im Herbst pointiert zum Ausdruck brachte: In den offenen Diskurs einzutreten, offen und deutlich seine Meinung zu sagen, das haben wir nicht gelernt. [5]

Diese 1989 von Systemkritikern in der DDR geäußerte Kritik charakterisiert zutreffend die Schwächen eines Erziehungssystems, das auf einer Ideologie aufgebaut war, die zwar nicht in Frage gestellt werden durfte, aber von den zu Erziehenden nicht verinnerlicht wurde. [6] Empirische, zumeist jedoch nicht repräsentative Umfragen des Zentralinstituts für Jugendforschung und Untersuchungen bzw. Berichte von Hochschulen über den Stand der Erziehung zur sozialistischen Persönlichkeit zeigen, dass verstärkt in den achtziger Jahren bei den Jugendlichen wachsende Defizite in der marxistischen Bewusstseinsbildung verzeichnet wurden. Die Erhebungen belegen eine Zunahme der Orientierung auf persönliche Be-

3 Reich, Jens (1989): Gedanken zu Schulstrafen, in: Gewerkschaft Erziehung und Wissenschaft (Hrsg.): „Unabhängige" pädagogische Reformdiskussion (Dokument B. – 89/9/3, Frankfurt, 21. September 1989), S. 22 – 24.

4 Ebenda.

5 Wolf, Christa: Das haben wir nicht gelernt. In einem undatierten Zeitungsausschnitt der „Wochenpost" vom Herbst 1989.

6 Vgl. Kap. A. Abschnitt 2.1 der Arbeit.

dürfnisse und Interessen und das Streben nach individueller Selbstbestimmung.[7] Nach Untersuchungen des Zentralinstituts für Jugendforschung hat in diesem Zeitraum die Identifikation mit dem Marxismus-Leninismus ebenso abgenommen wie das Interesse, Mitglied der SED zu werden. Die Zunahme des Strebens nach Befriedigung individueller Bedürfnisse bei gleichzeitigem Zurücktreten des Stellenwerts sozialistischer, gesellschaftlicher Werte[8] werden dabei als Ausdruck tief greifender Veränderungsprozesse im Denken und Verhalten der Jugendlichen oder als Verunsicherung der bereits erreichten Klassenpositionen gewertet.[9]

Auch Berichte der Räte der Bezirke an das Ministerium für Volksbildung oder die Auswertung von Informationsmaterial durch wissenschaftliche Institute lassen eine teilweise deutliche Diskrepanz zu den Erwartungen seitens SED zutage treten. Wie in der Aufbauphase des Sozialismus in der DDR in den fünfziger Jahren suchte die SED-Parteiführung deshalb auch wieder verstärkt in den achtziger Jahren den politisch-ideologischen Ausbildungsstand ihrer wissenschaftlichen und pädagogischen „Kader“ zu verbessern. Zugleich bemängelte sie die Fähigkeit und Bereitschaft der Lehrer und Erzieher, den ihnen aufgetragenen Beitrag zur Erziehung zur sozialistischen Persönlichkeiten zu leisten. Jedoch räumte die SED zu keiner Zeit eigenes Fehlverhalten ein. Vielmehr schob sie bis zuletzt die Verantwortung für Fehlentwicklungen den „verschärften Angriffen des imperialistischen Gegners auf die Jugendpolitik der SED“ zu.[10]

Das von der Pädagogik geforderte „klassenmäßige Parteinehmen“[11] in der

---

7 Friedrich, Walter (1990): Mentalitätswandlungen der Jugendlichen in der DDR, in: Aus Politik und Zeitgeschichte B 16 – 17/1990, S. 25 – 37; Friedrich, Walter/Griese, Hartmut (Hrsg.): Jugend und Jugendforschung in der DDR, Opladen 1991.

8 So musste die Abteilung Propaganda im ZK der SED bei Besuchen von Bezirksparteiorganisationen im Jahr 1989 erfahren, dass in den Lebensvorstellungen der 20- bis 40-Jährigen und der Jugendlichen sozialistische Ziel- und Wertvorstellungen an Antriebskraft und stimulierender Wirkung verlieren. Siehe: SAPMO Dy 30/IV 2/2.039/)3, S. 250 (Akten Büro Krenz).

9 Vgl. u.a. Friedrich Walter: Zum Entwicklungsstand und zu Entwicklungsproblemen unserer Jugend – 1987, in: SAPMO Dy 30/IV 2/2.039/246, S. 54 – 87 mit Anschreiben des Zentralinstituts für Jugendforschung vom 28.7.1987 an das ZK der SED, Egon Krenz; Friedrich, Walter: Expertise zur Lage der Jugend 1988, in: SAPMO Dy 30/IV 2/2.039/246, S. 88 – 111.

10 So in einem Arbeitsmaterial des Zentralinstituts für Jugendforschung und des Forschungsbereiches „Jugendpolitik der SED“ an der Akademie für Gesellschaftswissenschaften“, das am 14.7.1987 dem Büro Egon Krenz im ZK der SED zugeleitet wurde (SAPMO Dy 30/IV 2/2.039/233, S. 1 – 28).

11 Die ideologischen Intentionen schulischer Bildung im Unterricht bringt z. B. Gerhart Neuner (1988): Werte in der kommunistischen Erziehung der Schuljugend, in: Pädagogik 43/3 (1988), S. 204, prägnant zum Ausdruck: „In diesem Prozess bilden sich Werte als auf das Parteinehmen, auf das Handeln hin vorgenommene ‚Verdichtungen‘ unserer Ideologie heraus. Es geht dabei vor allen Dingen um (. . .) das klassenmäßige Parteinehmen.“

Auseinandersetzung mit der gesellschaftlichen Wirklichkeit und in der Konfrontation mit dem Klassenfeind konnte nicht in dem Maße realisiert werden, wie es die Staats- und Parteiführung anstrebte. Nur insofern die im Erziehungsprozess vermittelten Wertorientierungen und Verhaltensweisen mit den Zielen von Partei und Staat übereinstimmten, erfüllten sie ihre Funktion, zur höheren Entwicklung der Persönlichkeit im Sozialismus zu führen. Die sozialistischen Werte wie die immer wieder heraufbeschworene „Überlegenheit des Sozialismus“, sein „humanistischer und demokratischer Charakter“ oder seine „Friedensliebe“, der mit der Parteinahme für den Sozialismus verbundene Patriotismus [12] und das Bewusstsein proletarischer Solidarität beinhalteten letztlich nur die Umsetzung politischer Parolen, die von der SED-Parteileitung vorgegeben und den jeweiligen politischen Gegebenheiten angepasst wurden.

Die sozialistischen Werte des Leitbildes Erziehung zum neuen, sozialistischen Menschen waren gemischt mit tradierten, obrigkeitsstaatlichen Werten des deutschen Sozialstaates wie der Betonung von Ordnung, Disziplin und Sauberkeit. [13] Die Mischung tradierter Werte mit überlieferten Leitbildern durchzog die Zielvorstellungen und Aufgaben der Erziehung in der sozialistischen Gesellschaft und fand seinen Niederschlag in stereotyp verwendeten Begriffen wie Disziplin, Autorität (der Partei und ihrer Gliederung sowie der Herrschaftsträger insgesamt), Kollektivität und in Gegensatzpaaren wie Freund und Feind oder Liebe und Hass. [14]

Die im Sinne einer „enzyclopädischen Wissensvermittlung“ [15] verstandene Allgemeinbildung war nicht nur in den besonders ideologisch behafteten Fächern Geschichte und Staatsbürgerkunde durch das marxistische Weltbild bestimmt. Dieses bestimmte gleichermaßen auch die Auswahl der Texte im Deutschunterricht, in dessen Mittelpunkt nach den Lehrplänen ebenfalls die Festigung des Klassenstandpunktes stand, oder die Vermittlung des sozialistischen Realismus im Kunstunterricht. Selbst in den naturwissenschaftlichen Fächern und in der Mathematik tauchten in den Arbeitsaufträgen klassenkämpferische Parolen auf.

Die Umfänge der Stoffangaben in den Lehrplänen waren sehr umfangreich und die Lehrplanvorgaben bis ins kleinste Detail ausgearbeitet. Vor allem die Un-

---

[12] Exemplarisch hierfür sei auf den Lehrplan Staatsbürgerkunde Klassen 7 bis 10, Berlin-Ost, S. 5, verwiesen: Die Forderung lautete: eine „unverrückbare Klassenposition“ auszubilden und „für die Sache des Sozialismus in jeder Situation Partei zu ergreifen und die ganze Kraft für die begeisternden Aufgaben der sozialistischen Revolution einzusetzen.“

[13] Vgl. Hockerts, Hans Günter (1998): Drei Wege deutscher Sozialstaatlichkeit: NS-Diktatur, Bundesrepublik und DDR im Vergleich, München. S. 9. Siehe auch oben: Kap A, Abschnitt 2.2 Arbeit.

[14] Vgl. oben Kap. A., Abschnitte 2.1 und 2.2 der Arbeit.

[15] Vgl. Fischer, Andreas (1992): Das Bildungssystem der DDR, Darmstadt, S. 81.

terrichtsinhalte in den von der Akademie für Gesellschaftswissenschaften beim ZK der SED herausgegebenen Unterrichtsmaterialien für das Fach „Staatsbürgerkunde“ oder in den von der Parteihochschule „Karl Marx“ beim ZK der SED erarbeiteten Geschichtsbüchern waren durchzogen von ideologischen Floskeln, die dazu dienten, die so genannten sozialistischen Werte zu vermitteln. In diesen Schulbüchern, deren Inhalte dem jeweiligen politischen Kurs der marxistisch-leninistischen Partei angepasst wurden, aber auch in den Unterrichtswerken der anderen schulischen Fächer fanden politische Parolen ihren Niederschlag, die an die Solidarität mit der sozialistischen Staatengemeinschaft appellierten, die Schülerinnen und Schüler zu Patrioten erziehen sollten oder zu Arbeiten für das Kollektiv aufriefen.

Kritisches Arbeiten mit und anhand von kontroversen Quellen und Texten war nicht vorgesehen und wäre mit den vorhandenen Materialien auch nicht möglich gewesen. Die Gestaltungsmöglichkeiten des Lehrers im Unterricht waren eingeengt, zumal über die Pädagogischen Akademien und teilweise auch die Parteihochschule auf die Unterrichtsinhalte und deren Vermittlung massiv Einfluss genommen wurde. Dem Lehrer blieben in den geisteswissenschaftlichen Fächern allenfalls gewisse Freiräume bei der methodischen Gestaltung.

Stereotype und autoritäre Handlungsanweisungen durchzogen die Schulgesetze, die Lehrpläne, die Unterrichtsmaterialien und die Unterrichtshilfen.

Entlarvend wirkten dann Formulierungen wie die „Linienführung“ des Unterrichts entsprechend den politisch-ideologischen Vorgaben. Stofflernen und „Normenverinnerlichung“ (Jens Reich), unkritisches Arbeiten mit Freund-Feind-Bildern – nicht nur in den Fächern Geschichte und Staatsbürgerkunde sondern in allen Unterrichtsfächern [16] – dienten vor allem dem Zweck, zur politischen Stabilität der SED-Herrschaft und zur ideologischen Geschlossenheit der Gesellschaft beizutragen.

Statt zu lernen, Konflikte auszutragen, war die Schule zur Harmonie verpflichtet: „Die Harmonieverpflichtung wurde zur Harmoniesehnsucht und zur Konfliktangst. Die Unmöglichkeit der Konfliktbearbeitung wurde zur prinzipiellen Unfähigkeit, Konflikte als aushandelbare und aushandelnde Interessenunterschiede wahrzunehmen und anders als durch Machtausübung zu bewältigen.“ [17] Freya Klier charakterisiert die Erziehungswirklichkeit in der DDR zutreffend als „Erziehung zur Unmündigkeit in den Mauern einer geschlossenen Gesellschaft“. Der

[16] Vgl. Margedant; Udo (1988): Feindbilder sozialistischer Erziehung in der DDR, in: Aus Politik und Zeitgeschichte B 52 – 53/88; S. 24 – 33.

[17] Fischer, Bernd-Rainer/Schmidt, Norbert (1991): Das zweifache Scheitern der DDR-Schule, in: Aus Politik und Zeitgeschichte B 37 – 38/91, S. 36.

vormundschaftliche SED-Staat habe, wie sie pointiert formulierte, die Menschen zum bloßen Funktionieren erzogen, zu Menschen, „die nichts mehr selbst gestalten, die weder noch versagen durften – deren Aufgabe lediglich darin bestand, auf dem Platz mitzutrotten, auf den die Partei sie stellte.“ [18]

Trotz aller Anstrengungen seitens der SED-Führung konnte das in allen Entwicklungsstufen des Bildungssystems seit dem Beschluss über den Aufbau des Sozialismus von 1952 immer wieder fort geschriebene Erziehungsziel der allseitig gebildeten sozialistischen Persönlichkeit zu keiner Zeit realisiert werden, obwohl die SED alle ihr zur Verfügung stehenden Mittel und Einrichtungen einsetzte.

Das Bildungswesen war ein zentraler Bereich, in dem das Ministerium für Staatssicherheit seine Funktion als Schild und Schwert der Partei wegen der Bedeutung dieses gesellschaftlichen Bereiches für die Herrschaftssicherung der SED wahr zu nehmen hatte. Zuständig für diesen Bereich war die Hauptabteilung XX, die eine Schlüsselstellung bei der flächenmäßigen Bespitzelung der Bevölkerung einnahm. Die Hauptabteilung hatte die Aufgabe, alle staatlichen Organe und Einrichtungen, die Bereiche Justiz, Gesundheitswesen, Kultur und Bildung, Medien und Jugendarbeit, gesellschaftliche Organisationen sowie Kirchen und Religionsgemeinschaften mit geheimdienstlichen Mitteln zu „bearbeiten“. [19] Vor allem sollte sie Bestrebungen erkennen, die im weitesten Sinne auf eine Änderung der bestehenden politischen Verhältnisse gerichtet seien. Dabei wurden alle zur Verfügung stehenden Mittel und Methoden angewandt von der Telefonüberwachung, über die Postkontrolle und das Eindringen in oppositionelle Gruppen bis hin zur „Zersetzung“. Im Sprachgebrauch des MfS handelte es sich bei allen Aktivitäten um die Sicherung zentraler Einrichtungen des Bildungswesens, um „politisch-ideologische Diversion“ [20] zu verhindern bzw. aufzudecken und zu bekämpfen. Da das MfS im „Vorfeld politischer Untergrundtätigkeit“ tätig war, worunter alle Formen „gesellschaftswidriger, oppositioneller sowie feindlich-negativer Verhaltensweisen und Handlungswesen“ verstanden wurden, standen ihm alle Möglichkeiten offen, jedwedes Abweichen von der Norm zu beobachten und zu kontrollieren. Dieser weit reichende Auftrag des MfS führte ab den sechziger Jahren dazu, dass

[18] Klier, Freya (1990): Lüg Vaterland. Erziehung in der DDR, München, S. 10 f.

[19] Vgl. Anatomie der Staatssicherheit. Geschichte – Strukturen – Methoden (1995): MfS-Handbuch, hrsg. von Klaus-Dietmar Henke u. a., Berlin, S. 193 ff.

[20] Unter diesem Terminus verstand das MfS Angriffe „spezieller Organe und Einrichtungen imperialistischer Staaten“ auf ideologischem Gebiet zur angeblichen Zersetzung des sozialistischen Bewusstseins, der Störung und Verhinderung seiner Herausbildung und in der Inspirierung „antisozialistischer“ Verhaltensweisen. Vgl. Bundesbeauftragte für die Unterlagen des Staatssicherheitsdienstes der ehemaligen Deutschen Demokratischen Republik (1993). Dokumente. Das Wörterbuch der Staatssicherheit, Stichwort: politisch-ideologische Diversion, Berlin 1/93, S. 323 ff.

die Überwachung der Jugend und der Bildungseinrichtungen einen Schwerpunkt seiner Tätigkeit ausmachte. Die Dienstanweisung Nr. 4/66 gab dem MfS einen umfangreichen Maßnahmekatalog in die Hand, um die Kontrolle der Jugendlichen zu verstärken. In der Abteilung 2 der Hauptabteilung XX, die sich mit FDJ und Jugendpolitik befasste, hatte das Referat 2 u. a. die Aufgabe der „Aufklärung und Bearbeitung, rowdyhafter, negativ-dekadenter oder operativ interessierender jugendlicher Personen, Gruppen und Gruppierungen“. [21]

Diese Aufgabenstellung des Ministeriums für Staatssicherheit im Bereich der Bildung führte in ihrer Anwendung dazu, dass Mitarbeiter des MfS in allen Bildungseinrichtungen tätig waren, Inoffizielle Mitarbeiter in den Bildungseinrichtungen anwarben – darunter auch Jugendliche im Alter von vierzehn bis fünfzehn Jahren – und jedes auffällige Verhalten beobachteten. Ihr Augenmerk richtete sich auch auf „Vorkommnisse“ in Heimen und Jugendheimen bei Fällen von Fluchtversuchen oder Entweichungen, gravierenden Disziplinarverstößen und Suizidversuchen; das MfS konnte jeder Zeit alle Entscheidungskompetenzen an sich ziehen.

Trotz aller ergriffenen Maßnahmen blieb es letztlich eine Illusion, durch politisch-ideologische Schulung und Indoktrination einen neuen, sozialistischen Menschen erziehen zu können, an der die Staats- und Parteiführung jedoch bis zum Ende der DDR unbeirrt festhielt. [22] Dieser ideologische Starrsinn hat den Weg

---

[21] Anatomie der Staatssicherheit (1995), a.a.O., S. 198.

[22] Dies belegt eine Beschlussvorlage des Zentralrates der FDJ an das Politbüro des ZK der SED zur Vorbereitung des 40. Jahrestages der DDR aus dem Sommer 1989 zur „Einschätzung der Wirksamkeit politisch-ideologischer Arbeit unter der Jugend“: „Die politisch-ideologische Situation unter der Jugend ist davon geprägt, dass ihre übergroße Mehrheit eng verbunden mit der DDR ist, sich staatsbürgerlich verhält und bereit ist, den Sozialismus in der DDR ökonomisch und politisch zu stärken und ihn zu verteidigen. Von diesen Jugendlichen wird das Verhalten derer, die den gegnerischen demagogischen Verführungen erliegen und die DDR verlassen, prinzipiell verurteilt.“ (SAPMO Dy 30/IV 2/2.039/233, S. 96) Nach diesem für solche Vorlagen typischen Bekenntnis zum Sozialismus und der Bekräftigung der politisch-ideologischen Standfestigkeit wird in der Beschlussvorlage dann zu rechtfertigen versucht, warum dennoch die Jugendlichen die Vermittlung der Ideale und Werte des Sozialismus über die schon in der DDR aufgewachsenen Eltern, über die Schule, die FDJ, die Pionierorganisation, die Massenmedien und über „Bildung und Erziehung überhaupt“ nicht in solchem Maße verinnerlicht haben, dass sie zu gefestigten sozialistischen Persönlichkeiten heranwachsen: „Die Bildung und Erziehung der Jugend, ihre Persönlichkeitsformung vollziehen sich vor allem in der Klassenauseinandersetzung zwischen der DDR als Teil des Sozialismus und der BRD als Teil des Imperialismus, die ökonomisch wesentlich stärker als die DDR ist und ihre großdeutschen Hegemonieansprüche nicht aufgegeben hat. Dialogpolitik und internationale Zusammenarbeit, Abrüstungsschritte und Neues Denken, Begegnungen von Menschen (Politiker und Bevölkerung) über die Grenzen, die Betonung der Friedensfähigkeit des Kapitalismus sowie massive ideologische Einwirkungen des Gegners mit allen Mitteln imperialer Gewalt machen es Jugendlichen zunehmend schwerer,

für Reformen des Erziehungssystems verstellt. Selbst Gerhart Neuner, Präsident der Akademie der Pädagogischen Wissenschaften der DDR, musste sich im November 1989 von der „unrealistischen Vorstellung einer monolithischen sozialistischen Gesellschaft“ und von einer „Erziehungsorientierung, die gewissermaßen monolithisch auf kommunistische Ziele ausgerichtet war“, verabschieden. [23]

Das einheitliche, sozialistische Erziehungskonzept mit seinen starren, wenig flexiblen Strukturen, die keine Abweichungen von der gesetzten Norm und keine individuelle Entfaltung duldeten, war nicht geeignet, die an es gestellten Herausforderungen zu bewältigen. Der Widerspruch zwischen Anspruch und Wirklichkeit und das Versagen der Bildungspolitik haben maßgeblich auch zum Untergang der totalitären SED-Herrschaft beigetragen; denn es gelang der SED-Nomenklatura nicht, das von ihr beanspruchte Ziel zu erreichen, alle gesellschaftlichen Bereiche, insbesondere auch das Bildungswesen, zu kontrollieren und zu steuern.

2. Der Jugendwerkhof Torgau – die extremste Form der Erziehung zum „neuen Menschen“

Die Schwächen des Erziehungssystems der DDR traten in der Heimerziehung verstärkt zutage, deren Aufgabe es nach dem Selbstverständnis der DDR-Pädagogik war, schwer erziehbare Kinder und Jugendliche umzuerziehen, bei denen sich durch negative, subjektive und objektive Einwirkungen negative Verhaltensweisen herausgebildet hatten. [24]

Prinzipiell galten auch für die Erziehung dieser Kinder und Jugendliche uneingeschränkt die Grundsätze des einheitlichen, allgemein bildenden Schulsystems, obwohl sich das Ministerium für Volksbildung durchaus bewusst war, dass die schematische Übertragung des einheitlichen Schulwesens auch auf die Heimerziehung problematisch war. [25]

---

die Klassenlinien in der internationalen Entwicklung zu erkennen und die Ereignisse klassenmäßig zu werten. (...) Es ist deshalb eine große Leistung der SED, ihrer Bündnispartner und des sozialistischen Staates, der Schule und der Jugendorganisation, ein Ergebnis der Jugendpolitik der SED, dass die absolute Mehrheit der Jugend fest mit dem Sozialismus verbunden ist (...).“ (a.a.O., S. 100 f.).

[23] So räumte selbst Gerhart Neuner in einem Interview in der Nationalzeitung vom 29. November 1989 ein, dass die kommunistische Erziehung *„für eine Schule, die eine Einrichtung für alle Kinder des Volkes sein muss, nicht realistisch und zu eng“* sei. (ebenda S. 3).

[24] Vgl. Kap. A. Abschnitt 3.2 der Arbeit.

[25] So warf 1985 der stellvertretende Minister für Volksbildung, W. Engst, die Frage auf, ob die allgemeine Schulpflicht von zehn Jahren für die Mehrzahl der Zöglinge in Spezialkinderheimen

Die Heimerziehung unterschied sich von den anderen Schulen hauptsächlich in der schematischen Übernahme der Kollektiverziehung Makarenkos und der damit verbundenen ausgeprägte Disziplinierung durch das Kollektiv. Damit verband sich der pädagogische Optimismus, über Arbeit, Disziplin, Kollektiv und richtige Weltanschauung, den „neuen Menschen“ erziehen zu können. [26] Bei sozial auffälligen Kindern und Jugendlichen griff die Staats- und Parteiführung bei ihren Umerziehungsmaßnahmen auf sozialpädagogisch und strafrechtlich gestaffelte Instrumente zurück, die von der „Erziehungsaufsicht“ durch die Jugendhilfeorgane über Zwangseinweisungen in Heime, Jugendwerkhöfe und den Geschlossenen Jugendwerkhof Torgau bis hin zu Haftstrafen reichten.

Abweichendes Verhalten, das bedeutete im Verständnis der SED Auffälligkeiten im Erscheinungsbild und Besonderheiten in der Persönlichkeitsbildung, die nicht den Vorstellungen einer sozialistischen Gesellschaft entsprachen und deshalb auch als Relikte der „untergehenden kapitalistischen Gesellschaft“ angesehen wurden. Abweichendes Verhalten wurde deshalb kriminalisiert und unter Kategorien wie „Asozialität“, „Arbeitsscheu“ und „Rowdytum“ gefasst. Im Strafgesetzbuch von 1968 wurden mit der Einführung der Paragraphen 215 (Rowdytum) und 249 („asoziale Lebensweise“) neue Strafrechtstatbestände für die Verfolgung solcher Delikte eingeführt. Bis zum Ende der DDR wurden die gesellschaftlichen Ursachen auffälligen Verhaltens tabuisiert; [27] denn sie waren nicht vereinbar mit einer sozialistischen Gesellschaft, die alle Menschen zu allseitig entwickelten sozialistischen Persönlichkeiten bilden wollte. [28]

Sozial Auffällige sollten getreu dem Motto „Keiner darf zurückgelassen werden!“ über Umerziehungsmaßnahmen auch unter Anwendung von Zwang wieder in die sozialistische Gesellschaft eingegliedert werden. Das Umerziehungssystem

(SKH) überhaupt sinnvoll sei, da der Unterricht in den Klassen 9 und 10 für einen Teil der Schüler lediglich „Staffage“ sei. „Das Bestehen der 9. und 10. Klassen in SKH ist aber eine direkte Aufforderung, jeden der Schüler 10 Jahre durchzuschleppen, ohne Rücksicht auf seine Persönlichkeitsentwicklung, auf die gesellschaftlichen Interessen und das Kollektiv, das er mit seiner Anwesenheit belästigt.“ (Probleme der Spezialkinderheime (SKH), Schreiben vom stellvertretenden Minister W. Engst vom 29.3.1985, S. 4, in: BArch DR 2 A 2293) In dem Schreiben heißt es an anderer Stelle: „Die Praxis zeigt, dass der Schulunterricht – obwohl bekannt ist, dass er es mit ganz anderen Problemen zu tun hat – wie an jeder anderen Schule nur für den Vormittag projektiert ist.“ (S. 3)

26 Vgl. Kap. A. Abschnitt 1.2 die Darlegung des Erziehungskonzepts Makarenkos und in den Abschnitten 3.1 – 3.3 dessen Übernahme in die Sonderpädagogik der DDR.

27 Bernhard, Christoph/Kuhn, Gerd (1998): Keiner darf zurückgelassen werden! Aspekte der Jugendhilfepraxis in der DDR 1959 – 1989, Münster, S. 84 und 88 sprechen in diesem Zusammenhang von einem „fundamentalen Defizit“.

28 Vgl. Kap. C. Abschnitt 3 der Arbeit.

wurde in letzter Konsequenz als ein Instrument eingesetzt, um mögliches Auflehnen gegen die totalitäre SED-Herrschaft zu verhindern. „Es ging um die Zerschlagung bestimmter sozialer Beziehungen, die durch ihre schiere Existenz das von der SED beanspruchte Monopol, *alle* sozialen Beziehungen in ihrem Herrschaftsbereich zu begründen, zu kontrollieren und zu steuern, in Frage stellten.“ [29]

Da es sich bei sozial Auffälligen um potenzielle oder wirkliche Feinde der SED-Herrschaft handeln konnte bzw. handelte, wurde in den Einrichtungen der Jugendfürsorge, die seit den fünfziger Jahren in der Volksbildung verankert war, im Unterschied zur allgemein bildenden Schule verstärkt tradierte Werte wie Disziplin, Ordnung und Sauberkeit vermittelt. Zusammen mit „produktiver Arbeit“, politisch-ideologischer Erziehung und militärischem Drill bildeten sie die Erziehungsprinzipien, die in verschärfter Form im Jugendwerkhof Torgau Anwendung fanden. Der nach dem Bildungsgesetz für alle Schulformen vorgeschriebene Fächerkanon und die darin enthaltenen Lerninhalte traten demgegenüber in den Hintergrund. Das pädagogische Konzept der polytechnischen Bildung wurde vernachlässigt. Die schulische Ausbildung in den Kernfächern Mathematik und Deutsch wurde nach Aussagen der Interviewten nicht in vollem Umfang durchgeführt. [30] Das deckt sich mit Aussagen der Erzieher in Torgau, wonach die schulische Bildung gegenüber der Disziplin eine untergeordnete Rolle gespielt habe. Ähnlich unzulänglich war die berufliche Ausbildung in Torgau. Hier tritt in verstärktem Maße ein generelles Defizit der DDR-Pädagogik zu Tage, der es nicht gelang, ihrem Anspruch gerecht zu werden, mittels der polytechnischen Bildung, eine „Schrittmacherfunktion“ auf dem Weg zur kommunistischen Gesellschaft wahrzunehmen. Mehrfach hatte die SED-Führung festgestellt, dass generell die „Erziehung der Jugend zu einer kommunistischen Einstellung zur Arbeit“ erhebliche Mängel aufweise und Probleme bei der Verbindung der Bildung und Ausbildung der Jugend mit der Arbeit und mit dem „praktischen Leben“ aufträten. [31]

Die systemimmanenten Schwächen und Defizite des Erziehungssystems potenzierten sich im Umgang mit sozial Auffälligen, deren Umerziehung primär ideologischen Aspekten und nicht pädagogischen Erziehungsprinzipien folgte. Eine sozial-therapeutische Behandlung fand in diesem Konzept keinen Platz. Statt auf individuelle Lerndefizite einzugehen, wurden leistungsschwache Schüler dop-

---

[29] Lindenberger, Thomas (2003): Das Fremde im Eigenen des Staatssozialismus. Klassendiskurs und Exklusion am Beispiel der Konstruktion des „asozialen Verhaltens“, in: Jan C. Behrends/Thomas Lindenberger/Patrice G. Poutrus (Hrsg.): Fremde und Fremdsein in der DDR. Zu den historischen Ursachen der Fremdenfeindlichkeit in Ostdeutschland, Berlin, S. 189.

[30] Vgl. Kap. D der Arbeit und Kap. C Abschnitt 1.

[31] Vgl. SAPMO, Vorl. SED 27349: Arbeitspapier der Akademie für Gesellschaftswissenschaften beim ZK der SED zur Beratung der Jugendkommission des Politbüros am 27. November 1979.

pelt bestraft: Sie mussten unter den Erziehern und unter der Gruppe leiden. Obwohl die Erzieherinnen und Erzieher einräumten, dass das Leistungsniveau „sehr differenziert“ und die Lerneinstellung „zum überwiegenden Teil negativ“ gewesen sei, wurde auf den unterschiedlichen Leistungsstand und auf das Alter der Jugendlichen keine Rücksicht genommen.

Innerhalb des einheitlichen Erziehungskonzepts der DDR-Pädagogik war die Umerziehung im Geschlossenen Jugendwerkhof die extremste Form, die keinerlei Freiräume für die persönliche, individuelle Entwicklung der Jugendlichen zu ließ und jegliche Form von Kreativität und selbstverantwortlicher Entscheidungen unterdrückte. Das galt sowohl für den schulischen Bereich als auch für die so genannte produktive Arbeit und sogar für den Freizeitbereich. Die Beschäftigung ermöglichte keine berufliche Qualifizierung, sondern wurde vorrangig als Mittel der Disziplinierung eingesetzt. Die Zöglinge wurden in allen Tätigkeiten einschließlich der Freizeitgestaltung, die sie ausüben mussten, diszipliniert zum Zwecke ihrer Verfügbarkeit. Hierzu diente auch das in Torgau praktizierte System der „Mitverantwortung“, das nicht dazu beitrug, soziale Handlungskompetenzen auszubilden. Weder die Erziehungsinhalte noch die praktizierten Erziehungsmaßnahmen waren geeignet, die Jugendlichen zum propagierten Ziel zu führen, einen „neuen Menschen“ zu schaffen, der die Merkmale einer sozialistischen Persönlichkeit erfüllte. Die von vielfältigen Strafen und Disziplinierungsmaßnahmen beherrschte Lebenswelt der Jugendlichen in Torgau hat aus der Sicht der Betroffenen keinerlei positive pädagogische Wirkungen erzielt. Der Geschlossene Jugendwerkhof Torgau verfehlte damit den selbst gestellten pädagogischen Anspruch.

Das spiegelte sich sogar in einem Untersuchungsergebnis aus dem Jahre 1969 wider, das vom Direktor des Kombinats der Sonderheime für Psychodiagnostik und pädagogisch-psychologische Therapie Berlin vorgelegt wurde. In dem Gutachten heißt es: „Ganz abgesehen davon, dass das Gesamtsystem der Bildungs- und Erziehungsmethoden in Torgau, was vor einigen Jahren durchaus berechtigt erschien, bereits heute äußerst antiquiert erscheint, finden sich einige wesentliche grundsätzliche Fehler.“ [32] Die Erziehungsmethoden, die vorzugsweise unter dem Aspekt angelegt seien, durch erzieherische Argumentation eine „abschreckende Wirkung auf das Kollektiv zu erzeugen“, führten letztlich dazu, „dass eine Art ‚Kollektivhaftung‘ oder eine Art ‚Kollektivschuld‘ nach dem erzieherischen Versagen Einzelner postuliert wird und daraus die Berechtigung abgleitet wird, sche-

32 Schreiben des Kombinats der Sonderheime für Psychodiagnostik und pädagogisch-psychologische Therapie Berlin an das Ministerium für Volksbildung Sektor Heimerziehung vom 13. Juni 1969, S 3, in: BArch DR 2 12201. Vgl. auch den Bericht zur Überprüfung des geschlossenen Jugendwerkhofes Torgau vom 24.7.1968, in: BArch DR 2 A.2295, in dem „einige übertriebene (sinnlose?) Disziplinarmaßnahmen“ moniert werden.

matische Strafen über alle Mitglieder der Gruppe zu verhängen.“ [33] Schematische Strafmaßnahmen würden aber Fronten zwischen der Gruppe und den Erziehern errichten, „die nicht nur die Erziehungsarbeit in Torgau erschweren, sondern die vor allem eine negative Auswirkung auf die Prägung des Selbstbildnisses der Jugendlichen, insbesondere auf ihr Verhältnis zum Staat und seinen Machtorganen, haben dürften.“ [34] Das individuelle Eingehen auf die einzelnen Zöglinge werde zudem „nur in Andeutungen“ verwirklicht. Diese für das SED-Regime außergewöhnliche Feststellungen stützen sich, wie in dem Gutachten ausdrücklich betont wird, nur auf Gespräche mit Jugendlichen, „die ohne nachweisbare Aggression gegen die Leitung oder gegen bestimmte Erzieher und Lehrer des Heimes angetroffen wurden und die Unterzeichnetem daher als glaubwürdig erschienen.“ [35]

Das sozialpädagogische Umerziehungskonzept von Torgau verbrämt einen autoritären Erziehungsstil, der auf die individuellen Bedürfnisse der Jugendlichen keine Rücksicht nimmt.

Im Unterschied zu allen anderen Bildungseinrichtungen einschließlich der Heime und sonstigen Jugendwerkhöfe wurden in Torgau eklatant Rechtsgrundsätze der DDR und Menschenrechte verletzt. Die Behandlung der Jugendlichen vor allem unter den Arrestbedingungen verletzten, wie der Unabhängige Untersuchungsausschuss zum ehemaligen Geschlossenen Jugendwerkhof Torgau in seinem Abschlussbericht vom 18. November 1990 feststellte, die Menschenrechte. So geht aus dem Abschlussbericht nach gleich lautenden Aussagen von Jugendlichen und Mitarbeitern des Jugendwerkhofs hervor, dass „Insassen auch geschlagen“ wurden, obwohl dies offiziell nach einer internen Belehrung des Jugendwerkhofs verboten war, und dass die Arrestbedingungen teilweise willkürlich festgelegt wurden – so z. B., „ob der Arrestant am Tage sitzen oder stehen durfte“. [36]

---

[33] Ebenda, S. 4.

[34] Ebenda, S. 4.

[35] Ebenda, S. 5.

[36] Siehe Abschlussbericht, a.a.O., S. 8. Vgl. zu den Arrestbedingungen die Begründung des Urteils des 5. Strafsenats am Landgericht Berlin betr. Rehabilitierungssache Aktenzeichen 5 Ws 169/04 REHA (551 Reha) 3 Js 322/03 (286/03), S. 6: „Der Arrest dauerte bis zu zwölf Tagen. Die Arrestzelle war, wie bereits erwähnt, mit einer Holzpritsche, einem Hocker und einem Notdurftkübel ausgestattet, der nur einmal täglich geleert werden durfte. Der Jugendliche verbrachte die Arrestzeit in völliger Isolierung. An Beschäftigungen waren lediglich das Waschen des Körpers, die Reinigung der Zelle und der Arrestsport erlaubt. Im Übrigen war dem Jugendlichen durch die Arrestordnung nicht nur das Benutzen der Lagerstätte außerhalb der Nachtruhe, der Besitz von Büchern, Zeitungen, Bleistiften und desgleichen und jede Art der Unterhaltung mit anderen Jugendlichen, sondern ausdrücklich auch das Herausschauen aus dem Fenster verboten. Auf dem Hocker durfte der Jugendliche nur sitzen, sofern sein Erzieher ihm dies erlaubte. Sonst hatte er daneben zu stehen. Zuwiderhandlungen führten zur nochmaligen Verschärfung der Arrestbedingungen.“

Die Ausstattung der Arrestzellen entsprach nicht den rechtlichen Vorschriften. [37] Die Menschenrechte verletzende Behandlung der Arrestanten dokumentiert die Arrestbelehrung in der Anlage zur Arrestordnung. [38]

Eine Verletzung geltenden Rechts stellte die Durchführung des Zwangssports dar, der nicht vereinbar mit den in der Arbeitsordnung vorgesehenen „Auflagen zu geistiger und körperlicher Tätigkeit“ vereinbar war, wonach „die entsprechende Auflage [...] in der richtigen Relation zur Verfehlung und im ursächlichen Zusammenhang zum Vorkommnis“ [39] stehen musste. Der Sport diente damit häufig nicht der von Kretzschmar propagierten „körperlichen Ertüchtigung“ und „Willensformung“, sondern in erster Linie der Demütigung und Bestrafung.

Gegen geltendes Recht verstießen weiterhin als Strafmaßnahmen verhängte körperliche Züchtigungen, die nicht in den diversen Ordnungen des Jugendwerkhofs verankert waren und nach einer internen Belehrung des Jugendwerkhofs verboten waren. Dass Zöglinge geschlagen wurden, geht sowohl aus dem Abschlussbericht des Unabhängigen Untersuchungsausschusses zum ehemaligen Jugendwerkhof Torgau [40] als auch aus den Interviews eindeutig hervor. [41] Gewalt wurde danach in Torgau durchgängig als Erziehungsinstrument angewendet, um den Willen der Zöglinge zu brechen, um sie „zu unmündigen, willenlosen Werkzeugen“ zu machen. [42]

Diese Rechtsverletzungen waren keine vereinzelt aufgetretenen Vergehen einzelner Erzieher, sondern gehörten zum „pädagogischen Alltag“ in Torgau. Die Staats- und Parteiführung war hierüber informiert. Das belegen u.a. Schreiben des Generalstaatsanwalts der DDR an den Leiter der Abteilung Jugendhilfe im Ministerium für Volksbildung [43] und Berichte von Überprüfungskommissionen an das Ministerium. [44] Das heißt, die Staats- und Parteiführung duldete wissentlich die Missstände in Torgau. Sie war dafür verantwortlich. Bei „besonderen Vorkommnissen“ wie Fluchtversuch, erheblichen Disziplinverstößen oder Suizidversuchen im Geschlossenen Jugendwerkhof schaltete sich das Ministerium für Staatssicherheit in Verbindung mit der Volkspolizei ein und zog alle Entscheidungskompeten-

37 Nach der Isolieranordnung von 1967 mussten die Arrestzellen mit einem an der Wand „verschraubbaren“ Bett mit Matratze, einem Wandklapptisch, einem Hocker mit einem Toiletteneimer bzw. Spülklosett ausgestattet sein. Häufig bekamen jedoch Arrestanten keine Matratze sondern nur zwei Decken für die Nachtruhe.

38 In: BArch DR 2 A 2295. Siehe: Kap. C, Abschnitt 2.3.

39 Arbeitsordnung des Jugendwerkhofs Torgau, a. a. O., S. 42.

40 Vgl. Kap. C, Abschnitt 2.3.

41 Vgl. Kap. D, Abschnitt 3.6.

42 Vgl. Interview mit Stefan L. und mit Dietrich S. im Anhang.

43 Vgl. Kap. B. Abschnitt 3.1 der Arbeit.

44 Vgl. Kap. C. Abschnitt 2.3

zen an sich.[45] Insbesondere dienten Aktionen der Staatssicherheit der Abschreckung anderer Insassen im Geschlossenen Jugendwerkhof und der Verschleierung der menschenrechtsverletzenden Maßnahmen. Über den Tod von Insassen wurde durch die Staatssicherheit ein Schweigeverbot – auch für die Angehörigen – verhängt.

3. Der Missbrauch der Pädagogik im Geschlossenen Jugendwerkhof Torgau – ein Baustein zum kulturellen Gedächtnis

Die Untersuchung der Grundlagen, Intentionen und Wirkungen der Erziehung zum „neuen Menschen“ in der DDR anhand der Umsetzung dieses Konzeptes im Geschlossenen Jugendwerkhof Torgau versteht sich als ein Baustein zum kulturellen Gedächtnis.

Wir handeln nicht ohne Erinnerung. In allem, was wir tun, gehen Erinnerungen an Früheres und damit auch Urteile über das Verhalten in der Vergangenheit ein. Dies bewusst zu machen, ist eine Aufgabe des kulturellen Gedächtnisses. Inhaltlich bestimmte, sprachlich artikulierte und befestigte Traditionen konstituieren jede Gegenwart. Aus ihnen ist jedes Verständnis gespeist. Ohne Erinnerung gibt es kein Verstehen, kein Dasein ohne Tradition. Das kulturelle Gedächtnis erschließt langjährige Erinnerungsräume. Das kulturelle Gedächtnis hat die Funktion, Erfahrungen und Wissen über die Generationenschwellen hinweg zu transportieren. Es bewahrt als oberste Ebene des Gedächtnisses[46] umfassend Wissen, Erinnerungen und Erfahrungen einer Gesellschaft. Hans-Georg Gadamer hebt dabei insbesondere die entscheidende Rolle der Schrift hervor. Im Medium Schrift sprengen die Erinnerungsbestände den Horizont des unmittelbar gebrauchten Vergangenheitswissens und prägen ein Bildungsgedächtnis.

Das kulturelle Gedächtnis ist komplex, pluralistisch, umgreift eine Menge von Raum und Zeit verschiedener Bindungsgedächtnisse und Wir-Identitäten und bezieht aus dieser Spannung und Widersprüchen seine Dynamik.[47]

Winfried Becker setzt sich mit der „Kritik der großen Geschichts-Erzählung“ der „postmodernen Geschichtstheorie“ (u.a. Michel Foucault, Jean Baudrillard) auseinander und kommt zu dem Ergebnis: „Was nur die Geschichtswissenschaft betrifft, so sind die Vorwürfe der Linearität oder der totalitätsverdächtigen Kau-

---

[45] Vgl. Kap. D und Interviews im Anhang.

[46] Vgl. Assmann, Aleida (2001): Vier Formen von Gedächtnis. Von individuellen zu kulturellen Konstruktionen der Vergangenheit, in: Wirtschaft & Wissenschaft 9 (2001), Heft 4, S. 34 – 45.

[47] Gadamer, Hans-Georg (1965): Wahrheit und Methode. Grundzüge einer philosophischen Hermeneutik, Kapitel III. 3 „Sprache als Horizont einer hermeneutischen Ontologie“, Tübingen.

salgesetzlichkeit, die gegen die Narrativität erhoben werden, schwerlich überzeugend. Historische Erzählungen sind nicht nur linear angelegt, sondern wollen gerade die Komplexität eines meist schwer ergründbaren Geschehens einholen. [...] Die Menschheit und ihre Kulturen leben mit ihren großen Erzählungen, mit ihrer Geschichte und ihren Geschichten, sonst hätten sie kein Bewusstsein, keine Vorstellung von Dekadenz, Fortschritt oder Bewahrung; die Kulturen zerfielen tatsächlich in konfuse Wolkengebilde delirierender Atome.“ [48] Gerade bei der Auseinandersetzung mit dem kulturellen Gedächtnis gilt es in das Bewusstsein zu bringen, so Winfried Becker, wie sehr das Metier der Historiker mit der „humanistischen und christlichen kulturellen Prägung der europäisch beeinflussten Kulturkreise zusammenhängt“. [49]

Die Umerziehung im Geschlossenen Jugendwerkhof Torgau gehört in zweifacher Hinsicht zu den Erfahrungen und zu dem Wissen, die über die Generationenschwelle hinweg im kulturellen Gedächtnis zu verankern sind. Einerseits ist die Umerziehung zur neuen, sozialistischen Persönlichkeit aus dem Blickwinkel der Bildungsforschung oder historischen Pädagogik betrachtet, eines der wenigen Beispiele des in der Praxis erprobten Versuchs, „neue Menschen“ zu bilden. Es ist aber nicht die Aufgabe der Schule, „neue Menschen“ hervorzubringen, sondern vielmehr Bildung und christliche Werte – wie Menschenwürde, Freiheit, Gleichheit, Nächstenliebe und Solidarität – zu vermitteln. Im Zentrum der Schule steht natürlich auch die Kenntnisvermittlung.

Ihre Funktion kann auch nicht darin bestehen, Menschen im Sinne einer Ideologie zu bestimmten Persönlichkeiten zu erziehen, sondern lediglich darin, bestimmte für das Unterrichtsgeschehen notwenige Tugenden und Verhaltensweisen wie Kooperations- und Artikulationsfähigkeit, Aufmerksamkeit oder Selbstdisziplin zu trainieren. Alle weiteren, darüber hinausgehenden Erziehungsmaßnahmen können dazu führen, dass die Schule politisiert und von politischen Macht- und Herrschaftsverhältnissen abhängig wird. Torgau, das die extremste Ausprägung des sozialistischen Erziehungskonzepts darstellt, ist ein Anschauungsobjekt dafür, dass im Namen eines pädagogisch verbrämten, seiner wahren Natur nach aber eines ideologisch-politischen Erziehungsziels Pädagogik missbraucht und instrumentalisiert wurde. Die Umerziehungsmaßnahmen in Torgau haben den Charakter von Menschen zerstört und ihre Handlungsweisen auf physiologisches Agieren und Reagieren reduziert. Diese Wirkungen waren das beabsichtigte Ziel des so ge-

[48] Becker, Winfried (2003): Die postmoderne Geschichtstheorie und die Dokumente, Eröffnungsvortrag des 73. Deutschen Archivtags 2002 in Trier, in: Der Archivar. Mitteilungsblatt für deutsches Archivwesen, Beiband 8, Siegburg, S. 31 – 53, S. 42.

[49] Ebenda, S. 53.

nannten korrekturorientierten pädagogischen Prozesses. Das belegen sowohl das pädagogische Konzept von Mannschatz, das die subjektive Handlungsdisposition in Richtung auf Unterordnung der eigenen Entscheidungen unter „gesellschaftlich wertvolle Normen“ umstrukturieren wollte und hierzu eine „pädagogisch“ bewusste Führung von Kontrolle und Zwang einsetzte, als auch die rigiden „Maßnahmen im System der Erziehungsmethoden“, die ihren Niederschlag in einem umfassenden, willkürlich angewendeten Katalog von Strafmaßnahmen fanden sowie die bewusste Tolerierung von Missbräuchen durch die Staats- und Parteiführung.

Der Geschlossene Jugendwerkhof Torgau trägt andererseits maßgeblich dazu bei, die SED-Herrschaft als eine totalitäre Herrschaft zu kennzeichnen. Die Verletzung der menschlichen Würde, die Entindividualisierung und damit die Aufgabe jeglicher Entfaltungsmöglichkeit des Individuums sowie die Verhinderung der Spontaneität als menschlicher Verhaltensweise im Geschlossenen Jugendwerkhof Torgau geben dieser Einrichtung den Charakter eines Umerziehungslagers, wie es Alexander Solschenizyn aus eigener Erfahrung im „Archipel GULAG“[50] beschrieben hat. Alexander Solschenizyn und Hannah Arendt[51] haben ausgeführt, dass Umerziehungslager und die dort ablaufenden Prozesse der Entindividualisierung modellhaft für totalitäre Herrschaft stehen. Eine Gesellschaft, in der es der Intention nach keine staatsfreien Räume gibt, in der jegliches von der Norm abweichende Verhalten und mithin der Pluralismus kriminalisiert werden, ist totalitär bzw. wird durch den Staat totalitär gemacht. Das wichtigste Kriterium totalitärer Herrschaft – das als Streben nach geistiger und politischer Homogenität, die Pluralität als Anerkennung von Differenz und Abweichung strikt ablehnt und mit allen Mitteln bekämpft, findet in Torgau seinen anschaulichen Niederschlag. Insofern steht der Geschlossene Jugendwerkhof Torgau als Mikrokosmos für die totalitäre Herrschaft der SED.

Fragen von Gedächtnis, Erinnerung und deren Konstruktion sowohl im Bereich einer alltagsgeschichtlich orientierten „oral history“ wie auch in der wieder stärker auf Individuen und auch auf Individualisierungsprozesse gerichteten Selbstzeugnisforschung nehmen auch in der geschichtlichen Aufarbeitung der SED-Diktatur einen wichtigen Platz ein.

Anliegen dieser Arbeit ist es, einen Beitrag zur Gedächtnis- und Erinnerungskultur über die totalitäre Herrschaft der SED und ihrer Opfer im Allgemeinen und des Geschlossenen Jugendwerkhofs im Besonderen zu leisten.

---

[50] Solschenizyn, Alexander (1973): Archipel GULAG, Bern

[51] Arendt, Hannah (1958): Elemente totaler Herrschaft, Frankfurt Main

Abkürzungsverzeichnis

ABI	Arbeiter- und Bauerninspektion
AGB	Arbeitsgesetzbuch der DDR
BArch	Bundesarchiv, Berlin
Bildungsgesetz	Gesetz über das einheitliche sozialistische Bildungssystem vom 25. Februar 1965
DIZ	Dokumentations- und Informationszentrum Torgau
GBl.	Gesetzblatt der DDR
EGSS	Entwickeltes Gesellschaftliches System des Sozialismus
FDJ	Freie Deutsche Jugend
FGB	Familiengesetzbuch
IJL	Institut für Jugendhilfe Ludwigsfelde
JHVO	Verordnung über die Aufgaben und die Arbeitsweise der Organe der Jugendhilfe (Jugendhilfeverordnung) vom 3.3.1966
JWH	Jugendwerkhof
KJSchVO	Verordnung zum Schutz der Kinder und Jugendlichen
MEW	Marx-Engels-Werkausgabe
MfS	Ministerium für Staatssicherheit
MfV	Ministerium für Volksbildung
NVA	Nationale Volksarmee
POS	Polytechnische Oberschule
SAPMO	Stiftung Archive der Parteien und Massenorganisationen der DDR im Bundesarchiv, Berlin
SBZ	Sowjetische Besatzungszone
SED	Sozialistische Einheitspartei Deutschlands
SKH	Spezialkinderheime
StGB	Strafgesetzbuch
STM	Staatsminister
VuM	Verfügungen und Mitteilungen
ZGB	Zivilgesetzbuch
ZK	Zentralkomitee der SED

Anhang: Interviews mit ehemaligen Insassen, Erziehern und Zeitzeugen des Jugendwerkhofes Torgau

Interview mit Stefan L.

geboren am 29.05.1967 in Berlin, 1985 3 Monate im JWH Torgau, momentan wohnhaft in Berlin

Biografie:

- geboren 29. Mai 1967 in Berlin
- 1968 Scheidung der Eltern
- in der Schulzeit aufgefallen durch Verstöße gegen die Schulordnung und aggressives Verhalten
- kleidete sich als Punk
- lehnte die DDR-Kultur in allem ab, hörte Westmusik
- 1981 schloss er sich einer evangelischen Gemeinde in Berlin an
- in der 10. Klasse trat er aus der FDJ aus
- Abbruch der Lehre zum Zerspanungsfacharbeiter
- 1982 wegen Diebstahls eines Mopeds zu gemeinnütziger Arbeit verurteilt, kurz darauf Einweisung in die Jugendhaftanstalt Berlin-Rummelsburg, danach Jugendgefängnis Wriezen wegen KFZ-Diebstahls
- 1982 stellt seine Mutter einen Antrag auf Heimeinweisung, die Mutter weigerte sich ihn zu Hause aufzunehmen
- 1983 Verurteilung zu acht Monaten Jugendhaft wegen Vandalismus und Körperverletzung im Jugendhaus Halle
- 1984 Einweisung in den JWH Freital bei Dresden
- 8. Februar 1985 – 28. Mai 1985 JWH Torgau, davon sieben Wochen in Einzelarrest
- 1986 – 88 Aushilfsjobs
- seit 1988 arbeitet er in einer Kaufhalle
- 1994 bis 1999 Leiter eines Supermarktes
- studiert Wirtschaftswissenschaften an einer Fachhochschule in Berlin
- ist seit 1998 als Referent in B. tätig
- ist zu 50% berufsunfähig, Teilzeitarbeit

Interview: 25.11. 2005

Zeit: 11.00 – 13.30 Uhr im Büroraum seiner Arbeitsstätte

Herr L., Sie fungieren momentan als Sprecher der ehemaligen Insassen des Jugendwerkhofes Torgau. Berichten Sie bitte über die Geschehnisse in Torgau, Ihre Erfahrungen und Ihr Engagement von heute.

Wenn ich einmal zu meinen Einweisungsgründen komme, war der Vorwurf damals in der DDR, bevor ich nach Freital in den JWH kam, dass ich ein sog. negativdekadenter Jugendlicher war, der Westmusik hörte, als Punk gekleidet war ständig provoziert habe und mich von der DDR-Kultur abgewandt habe. In der zehnten Klasse trat ich aus der FDJ aus. Ich war in der evangelischen Gemeinde aktiv und kritisierte die DDR-Politik. Zu meiner Mutter hatte ich ein gespanntes Verhältnis, sie stellte 1982 einen Antrag auf Heimeinweisung. Ich war aggressiv, klaute Mopeds und lehnte die Schule ab. Im JWH Freital, wo ich Ende November 1984 hinkam, versuchte man mich umzuerziehen. So wurde es mir gesagt. Darüber lachte ich nur und machte mich über die Erzieher lustig. Ich provozierte so sehr, dass ich regelrechten Widerstand leistete, eine Massenrevolte mit 40 Jugendlichen anzettelte und mit diesen ausbrach. Wir kamen allerdings alle freiwillig zurück. Daraufhin kam ich in Einzelarrest in Freital. Schließlich nach einer Spirale der Gewalt fuhr mich der stellvertretende Direktor von Freital mit einem PKW nach Torgau. Während der Fahrt wurde mir gesagt, dass die Zeit meiner Aggressionen vorbei ist und das man mich in Torgau in den Griff bekommt. Ich sah in Torgau, ich kann mich gut erinnern, vier Meter hohe Tore. Ich stand erst einmal acht Stunden auf dem Flur in der Gefangenenschleuse. Vorher nahm man mir schon den Gürtel und sämtliche Papiere weg. Rauchverbot war sowieso. Nach Stunden des Stehens bekam ich den ersten Schlüsselbund ins Gesicht und musste einen der berühmten Sätze hören: Du hast hier nicht unaufgefordert Fragen zu stellen. Mein Erzieher hieß J... Ein brutaler Typ, ein Nazi. Ich kann es nicht beweisen, aber zumindest von der Handlungsweise aller Erzieher, waren unmenschliche Erziehungsmethoden an der Tagesordnung. Grundlage des Erziehungskonzeptes in Torgau war die Diplomarbeit von dem Leiter Kretzschmar. Ich bin mir sicher, er starb ja am 9. November 1989, dass er sich selbst umbrachte. Das hat nichts unbedingt mit dem Mauerfall zu tun, sondern zwei Tage zuvor bekam er von der Hauptabteilung des Ministeriums für Volksbildung die Nachricht, den JWH zu schließen, sämtliche Beweise zu vernichten und innerhalb kürzester Zeit die Anlage umzugestalten, d.h. die Gitter von den Fenstern zu entfernen, Eisentüren und Suchscheinwerfer zu demontieren usw. Es sollte nichts an einen Knast erinnern. Er war zwar zu dieser Zeit nicht mehr im Dienst, denn er war krank, aber er hatte noch als Anstaltsleiter alle Fäden in der Hand. Wir ehemaligen Insassen sagen immer: Kretzschmar hatte nur ein Baby und das war sein Jugendwerkhof.

Als er dieses Baby verlor, verlor er sein Lebenswerk. Am 17.11.1989 wurde der letzte Insasse entlassen. Kretzschmar adoptierte zwei Jungen. Ehemalige von seinem JWH. Man sagte ihm nach, er wäre pädophil. Allerdings hatte ein Sohn von ihm auch ein Mädchen im JWH dann vergewaltigt. Dafür ging sein Junge ins Zuchthaus.

Mir zittern jetzt schon die Hände – sie sehen, Herr Gatzemann, es nimmt mich immer noch mit. Gut, weiter...

Schließlich war ich sieben Wochen in Einzelarrest. Die ersten sechs Wochen habe ich funktioniert – aus Angst. Als Gruppenfunktionär stellte ich mich dann schützend vor meine Gruppe, als sich Jugendliche untereinander in meiner Gruppe anschwärzen wollten. Einer hat dann eine auf die Fresse bekommen. Dafür wurde ich verantwortlich gemacht – zehn Tage Einzelarrest. Es gab damals von Frau Honecker eine Einzelarrestverordnung, die besagte, dass, so glaube ich, 12 – 18jährige nicht länger als 12 Tage am Stück in Einzelhaft sein durften. 6 – 12jährige nur sechs Tage. Die Zahl meiner Arresttage erhöhte sich ständig. So haben wir schon den ersten Verstoß gegen das Recht der DDR. Die Tage im Arrest waren langweilig. Sie waren bei mir unterbrochen durch Strafsport, Flurreinigen, Waschen und dem dürftigen Essen. Ich hatte immer Hunger. Sagte ich etwas, so bekam ich noch weniger. In der Dunkelzelle gab es Sichtblenden vor dem Fenster. Es kam nur spärliches Tageslicht durch Glasbausteine hinein. Ein Gitter war auch innen davor. Als Richtlinie der UNO wird in diesem Fall von Folter in der Haftunterbringung gesprochen. Eine Dunkelzelle zur Inhaftierung von Minderjährigen ist international verboten. In Torgau wurde generell in die Dunkelzelle eingesperrt, um den Willen zu brechen und, wie man sagte, Erziehungsbereitschaft herzustellen.

Mein Erzieher war, wie gesagt, Herr J... Auch einen Herrn M. hatten wir. Der hat mir oft das Essen auf die Füße gekippt, oder gar zwei Tage hintereinander in der Arrestzelle kein Essen gegeben. Morgens nach dem Aufstehen um 5.30 Uhr war mit den Erziehern Toilettengang und dann mussten wir jeden Morgen 2000 Meter um die Sturmbahn laufen. Neben den Liegestützen standen die Erzieher lachend. Manchmal mussten wir 20 Mal über die Sturmbahn laufen – bis zur Erschöpfung. Ich hatte Angst, dass jederzeit willkürlich Strafen verhängt werden konnten und dass mich die nächste Schikane wieder in Arrest bringen konnte.

Wir hatten einmal in der Woche Schule, in einem Raum in der dritten Etage. Vier Stunden Unterricht: Staatsbürgerkunde, Mathe, Deutsch und Lehrunterweisung für die Arbeit. Das Niveau etwa sechste Klasse. Wir waren 17 bis 18 Jahre und das Bildungsniveau sehr unterschiedlich. Ansonsten war jeden Tag von 8 bis 16 Uhr Arbeit in der Produktionshalle. In der Gruppe I stellten wir Lampengehäuse für Marineschiffe her, also für die Rüstung. Ich war ein guter Techniker und meine Lehrausbildung befähigte mich dazu, verschiedene technische Geräte zu warten. Das konnte nicht jeder. Die Bewertung war 0 bis 4. Hatte man 0 Punkte hieß es ungenügend, 3 Tage Einzelarrest, Essensentzug. 1 und 2 Punkte Essensreduzierung. Brach man z.B. einen Bohrer ab, gab es eine Note tiefer. Dort wurde einem dann Sabotage unterstellt.

Ich bekam nach meinen Aufenthalt Arbeitsentgelt ausgezahlt. Es waren 153 Mark, das für die viele Arbeit. Ich habe festgestellt nach der Wende, dass auch hier DDR-Tarifrecht verletzt wurde. Heimkosten für Verpflegung und Unterkunft wurden abgezogen. Viele Details sah ich 1998 in meiner Sonderakte des MfS. Ständig wurden Insassen von Erziehern bedroht. Ich denke da an den Herrn M., den alten S. (verstorben) und den alten Herrn S. (verstorben). Herr M. war ausgebildet im Nahkampf und demonstrierte sehr oft, wie er einen Ziegelstein mit der bloßen Hand zertrümmerte. Nach der Wende zeigte ich die Erzieher an. Man solle nicht glauben, aber der junge Herr S. soll immer noch mit sozialschwachen Kindern an einer Universitätsklinik in Süddeutschland tätig sein. Frau P., eine Erzieherin, leitet heute noch ein Altenheim. Herr Q. arbeitet auch heute noch als Betreuer für sozialschwache Kinder. So stellte ich auch eine Strafanzeige gegen den Anstaltsarzt Dr. W... Das Verfahren wurde eingestellt. Gründe waren: Mangelnder Schuldnachweis, geringes öffentliches Interesse. Außerdem soll es schon zu lange her gewesen sein. Der Untersuchungsausschuss fand 1990 auch den sog. Fuchsbau. Eine Art Jauchengrube, wo man nicht sitzen konnte, kaum Luft bekam. Es gab nur eine Zwangslüftung. Mit einem Vorhängeschloss wurde diese Grube verschlossen. Gott sei Dank wurde ich dort nie eingesperrt. Nach meiner Kenntnis gab es in Torgau mehrere Fluchtversuche, die teilweise auch erfolgreich waren. Daraufhin wurden die Sicherheitsvorkehrungen verstärkt. Ohne Grund kam ich am vorletzten Tag meiner Haft in Arrest. In der Nacht holte mich Frau P. aus der Zelle und fragte mich, ob ich gerne den Jugendwerkhof von außen sehen möchte. Was für ein Zynismus. Morgen, sagte sie, werde ich entlassen. Ich war dann nur einen Tag in Freital und zu meinem 18. Geburtstag wurde ich entlassen. Obwohl ich nichts sagen sollte, habe ich die ganze Nacht meinen Kumpeln in Freital von Torgau erzählt. Ich bekam Berufsverbot. In der Stasiakte habe ich nach der Wende gelesen, dass ich aufgrund meiner politischen Einstellung keine verantwortliche Tätigkeit übernehmen sollte. Den Grundwehrdienst der NVA und den Zivildienst verweigerte ich. Zu meinem Glück kam die Wende. 1988 habe ich die Lehre als Facharbeiter für Lagertechnik mit Auszeichnung bestanden. 1989/90 kandidierte ich für die Vereinigte Linke in Berlin. Es dauerte nicht lange, da verließ ich diese Gruppierung, weil mir zu viele ehemalige Strippenzieher aus dem SED-Apparat dort mitwirkten. Unter anderem arbeitete dort ein gewisser Eberhard Mannschatz mit. Dieser war Hauptabteilungsleiter Heimerziehung beim Volksbildungsministerium. Er war noch nach der Wende in internationalen Verbänden und fordert heute immer noch als Rentner die Wiedereinführung von Jugendwerkhöfen. Er wurde nicht, wie auch Frau Honecker, zur Verantwortung gezogen. Prof. Dr. Mannschatz war nicht nur Dozent an der Humboldt-Universität, sondern auch Vizepräsident der Landesliga für Kinder und Jugendrechte. Wo bleibt da die Gerechtigkeit. Nach den Ergebnissen des Untersuchungsausschusses flog er aus den Ämtern raus, mehr nicht. Rainer Eppelmann, der damalige Vorsitzende der Enquete-Kommission, hat nach der Wende schnell reagiert und dieses Tabuthema, JWH Torgau, versucht zu untersuchen. Ihm haben wir viel zu verdanken. Leider ist nach der Enquete-Kommission vieles eingeschlafen. Die Politik scheint hilflos zu sein und das Thema Jugendwerkhof wird nicht aufgearbeitet. Für sie als Pädagoge kann ich sagen, dass die Erziehungsform in Torgau eindeutig gescheitert ist. Gewalt, nur als Erziehungsinstrument, löst keine Erziehungsprobleme. Gewalt erzeugt Gewalt. Viele Insassen wurden noch aggressiver. Wenn ich Kinder unter Gewalt erziehe, dann werden sie zu Gewalttätern und zu unmündigen, willenlosen Werkzeugen.

Die vielen Suizidversuche in Torgau beweisen dieses. Fast jeder wollte aus Torgau raus. Und in unterschiedlicher Art und Weise versuchte man in die Krankenstation zu kommen. Die Zahlen sind nicht bewiesen, ich persönlich gehe von 2000 Suizidversuchen aus. Knapp über 4000 Insassen wurden in Torgau angeblich registriert. Dem gegenüber stehen Zahlen bis zu 6000. Diese Zahlen kommen zustande, weil einige mehrfach in Torgau waren. Torgau selbst war für mich in erster Linie Todesbedrohung. Mein Leben war Tag für Tag in Gefahr. Im Gegensatz zu meinem Aufenthalt in den Jugendgefängnissen, welche dagegen als Hotelaufenthalte anzusehen sind, sollte Torgau Mahnung und Erinnerung in Deutschland sein. Das ist bisher nicht der Fall. Im Jugendhaus Halle wurde meine Menschenwürde, auch meine Person, geachtet. In Torgau dagegen war ich nichts wert.

Herr Gatzemann ich würde mich freuen, wenn sie mit ihrer Arbeit u.a. dazu beitragen können.

Als Sprecher der ehemaligen Insassen bemühe ich mich um Rehabilitation. Bisher hat man 300,00 Euro Entschädigung pro Haftmonat zuerkannt.

Selbst heute noch habe ich Depressionen und so genannte posttraumatische Störungen. Das besagen unabhängige Gutachten. Daher bin ich zu 50% nicht arbeitsfähig.

Interview mit René B.

geb. 14.11.1968, in Jena, 1984 vier Monate im JWH Torgau, momentan wohnhaft in J.

Biografie:

- geb. 14.11.1968 in Jena
- Schulabschluss achte Klasse POS Jena, DDR-Jugendmeister im Boxen
- Einweisung nach der achten Klasse in ein Heim in Gera (sechs Monate), danach Durchgang in zwei weiteren Heimen, Schließlich JWH Hummelshaim
- Februar 1985 Einweisung nach Torgau
- 1986 Rückkehr nach Hummelshaim, Entlassung aus dem JWH, Ausbildung zum Bauklempner
- 1987 Einberufung in die NVA
- 1989 (Wende) Umzug an den Bodensee nach Baden-Württemberg
- bis 1994 Arbeit als Bauklempner, danach Rückkehr nach J. schließlich weitere neun Jahre in Erlangen Arbeit als Bauklempner und Ausbildung zum Bauzeichner
- 2003 Rückkehr nach J., arbeitslos
- Eltern: Vater bis 1984 stellvertretender Direktor der Gebäudewirtschaft, Mutter Konditor
- Heute ledig, keine Kinder, Lebenspartnerin

Interview : 10.09.2005
Zeit: 15.00 – 17.30 Uhr in der Wohnung von René B.

Herr B., Sie wurden für vier Monate in den JWH Torgau 1986 eingewiesen.
Berichten Sie bitte über die Gründe der Einweisung in die Jugendwerkhöfe und über Ihre Erinnerungen von Torgau.

In meiner Schulzeit bin ich ständig bei den Lehrern aufgefallen. Ich schwänzte die Schule, hatte keinen Bock zu lernen und lehnte alles ab, was Lehrer insgesamt sagten. Hinzu kam, dass ich anders aussah als alle anderen. Ich hatte lange Haare und wollte mich nicht den anderen anpassen. Ich hatte ständig Widerworte und kam nicht zu Pionier- und FDJ-Veranstaltungen. Politische Veranstaltungen widerten mich an. Mein Hobby war der Sport, konkret das Boxen. Ich war immerhin DDR-Jugendmeister und ließ mich leicht im Alltag provozieren. Ich wollte zum Sportclub nach Gera, aber dann kam ich ins Heim. Mit meinen Eltern verstand ich mich auch kaum noch. Heute jedoch habe ich ein gutes Verhältnis zu ihnen. Ich kam nach der achten Klasse für ein halbes Jahr in ein Heim nach Gera. Dort haute ich aber ständig ab und legte mich mit den Erziehern an. Ich ging durch zwei weitere Schwer-Erziehbaren-Heime und als schließlich nichts mehr ging, landete ich im JWH Hummelshaim. Anscheinend fiel ich politisch auf, hatte keine Lust mich belehren zu lassen. Ich wurde dann noch aggressiver und haute immer öfter ab. In Hummelshaim flüchtete ich insgesamt dreimal für eine Woche. Die Polizei und auch die Stasi erwischten mich immer wieder. Im Februar 1985 kam ich dann in den JWH Torgau. Erst am frühen Morgen erfuhr ich von einem Erzieher, dass ich in einen anderen JWH versetzt werde. Ich wurde mit einem Barkas, der vergittert war, nach Torgau gefahren. Im Auto war ein Erzieher von Hummelshaim und ein Mann in Lederjacke, anscheinend von der Stasi. Ich durfte nicht sprechen. Ich habe nie eine gerichtliche Einweisung für Torgau gesehen. Als ich ankam, wurde das schwere Eisentor geöffnet. Umgeben waren meterhohe Gefängnismauern, vergitterte Fenster, Stacheldraht auf den Mauern, Hunde bellten mich an, die an den Mauern lang liefen. Im so genannten damaligen Schleusenbereich musste ich meine Sachen abgeben und ich bekam eine Kombi. Die meiste Zeit trug ich eine Art „Fleischerhemd". Ohne große Gespräche kam ich drei Tage in die Einzelzelle. Vorher wurden mir die Haare abgeschoren.

Daran erinnere ich mich ganz genau, weil ich zu dieser Zeit starke Zahnschmerzen hatte. Die Zelle bestand aus einem Topf, einer Pritsche, einem vergitterten Fenster. Ich konnte mich kaum bewegen und wegen meiner Zahnschmerzen hatte ich keinen Hunger. Nach den drei Tagen Isolierzelle kam ein Zahnarzt und zog mir drei Zähne. Dann kam ich in die Gruppe zwei. Der Erzieher dort hieß Herr M... Das war ein Karatetyp und als Erstes gab er mir einen Fausthieb. Ich verkraftete diesen Schlag recht gut, denn ich war ja Boxer. Schließlich unterhielt ich mich mit dem Leiter, Herrn Kretschmar – und eben diesen Herrn M... Sie machten mir klar, dass ich dort „nichts" bin. Wir waren in unserer Gruppe etwa 20 Jungen, einige kannte ich bereits. Um 5.30 Uhr mussten wir aufstehen. Vor dem Frühstück war Sport, was mir nicht weiter schwer fiel, denn ich war durchtrainiert. Nach dem Essen wurden politische Nachrichten abgehört. Danach war Schule. Wir hatten meistens nur zwei Stunden Unterricht am Vormittag. Manchmal nur zweimal in der Woche. Ich glaube, Mathe, Deutsch und Staatsbürgerkunde. Man hatte den Eindruck, dass auf Schule nicht viel Wert gelegt wurde. Wichtig war die Arbeit im JHW. Wir mussten täglich tausend Listerklemmen zusammenschrauben. Wer die Norm nicht schaffte hatte ein Problem. Bezahlt wurde nach Lohngruppen, aber nicht mit Geld, sondern mit Essen. Wer die Lohngruppe vier erreichte, konnte sich satt essen. Bei Lohngruppe zwei gab es den ganzen Tag nur Tee und bei der 1 – 0 war hungern angesagt, massenhaft Sport, Flure wischen. Wer sich weigerte in der Produktion ging entweder in den Arrest oder musste sportliche Belastungen über sich ergehen lassen. Zum Beispiel wurden Schubkarren mit Eisenbahnschwellen beladen. Rundenweise um die Sturmbahn geschoben.

Strafarbeit Nr. 1 im JHW Torgau war der Sport. Der Torgauer Dreier (Liegestütz, Hocke und Hockstrecksprung) war berühmt. Ich schaffte davon 500. Leider sah ich sehr viele die vor totaler Erschöpfung umfielen. Entengang oder mit Gewichten beschwert Treppenstufen laufen, war völlig normal. An Ostern 1985 erinnere ich mich, dort mussten wir einen Ostermarsch im Hof laufen. Das waren immerhin 21 km – unter Zwang läufst Du. Wenn du nicht mehr konntest, bekamst du einen Rucksack mit Steinen. Gewalt war alltäglich bei uns. Backpfeifen, Ellbogenstöße, Schlüsselbundwürfe waren völlig normal. Jeder Erzieher hatte einen Gummiknüppel. Am Ende dieses Knüppels war eine Eisenkugel. Je nach Laune schlugen die Erzieher auf uns ein. Im JWH gab es einen so genannten Fuchsbau. Das war ein kleines Loch, nicht größer als ein Schrank. Dort wurden bei Missachtungen der Ordnung welche hineingesteckt. Nachts schrieen die. Ganz unten im Keller gab es die Wasserzellen. Gott sei Dank war ich nie da drin. Dort stand das Wasser bis zu den Knien. Bei Hochwasser stieg das Wasser in der Zelle. Darüber unterhielt man sich. Das war das Schlimmste. Hin und wieder bekamen wir mit, dass Leute sich das Leben nehmen wollten. Sie fraßen Nägel, irgendwelches Waschpulver, schlitzten sich die Pulsader auf. Einmal, weil ich nicht vom Teller abessen wollte, es gab so einen ekelhaften Fraß, musste ich ein viertel Stück Butter pur essen. Danach ging es mir sau schlecht. Um Suppe zu essen, mussten wir die obersten Knöpfe des Hemdes schließen. Essen sie so einmal Suppe, wenn der Hals zugeschnürt wird. Das waren kleinere Schikanen. So erlebte ich oft, dass irgendwelche Leute im Speiseraum angekettet waren, während wir gegessen haben. Einmal wollte ein fast zwei Meter großer Mitinsasse, das war so ziemlich am Anfang, dass ich ihm das Bett mache. Ich habe ihn geschlagen, danach passierte mir das Gleiche von den Erziehern von dem Herrn M... In der Nacht musste ich auf dem Gelände der Sturmbahn robben. Einmal hat uns einer angeschissen, weil wir Fußball mit einem Medizinball gespielt haben.

Daraufhin wurden wir ständig in der Nacht geweckt und mussten dann über das Gelände laufen. Es wurde nicht nur der Einzelne, sondern die ganze Gruppe bestraft. So gab es für die ganze Gruppe z.B. Essensentzug. Zwei sind damals in meiner Zeit abgehauen. Als sie wieder gebracht wurden, lagen sie mindestens einen Tag auf den Flur. Ich erkannte die Gesichter nicht mehr. Es war grauenhaft. Meine Fluchtversuche hatten sich damit erledigt. Herr M., mein Erzieher, war der „Schärfste". Er machte uns vor, wie man eine Glasscheibe mit bloßer Hand zertrümmerte. Er sagte, er würde das nicht nur mit der Scheibe machen.... Im JWH versuchte man Tag für Tag auf uns politisch einzuwirken. Jeden Abend mussten wir um 19.30 Uhr die Aktuelle Kamera sehen. Danach eine Zeitungsschau und sonntags Schnitzlers Schwarzen Kanal. Wer nicht aufpasste, kam in die Isolierzelle. Zu Mädchen hatten wir keinen Kontakt. Die Gruppen waren streng getrennt. In Hummelshaim sprach ich mit einem Mädchen über die Zeit in Torgau, sie war auch dort. Ihr fehlte ein Ohrläppchen, welches dort abgerissen wurde. Ansonsten sprach man in Hummelshaim nicht viel darüber. In der Zeit in Torgau war zweimal meine Mutter da. Sie hielt zu mir. Die Erzieher waren Militaristen. Der Umgangston war rau und brutal.

Wenn ich heute zurücksehe, muss ich sagen, ich war seit dem 14. Lebensjahr hinter Gittern. Erst nach der Armeezeit mit der Wende war ich ein freier Mann. Auch während der Armeezeit hing mir die Zeit in den Jugendwerkhöfen an. Ich bemühte mich aber dies zu verdrängen. Ich hasste diesen Staat und hasse ihn bis in alle Ewigkeit. Deshalb verließ ich auch nach der Wende die ehemalige DDR. Eines muss ich ihnen ganz klar sagen: Was brachte es damals? Ich kam aggressiv rein und noch aggressiver nach vier Monaten wieder raus. Wir wurden gehalten wie Tiere. Mein Vater wurde damals von seiner leitenden Stellung suspendiert aber sie hielten zu mir und unterstützen mich auch heute noch. Der Knast in Torgau war nicht zu vergleichen mit den zehn Monaten danach in Hummelshaim. Hummelshaim war dagegen geradezu lachhaft, ein Sanatorium oder so was ähnliches. Was nützt so eine Erziehung, wenn man hinter Gittern geschlagen wird und der Wille gebrochen wird? Viele, die ich aus dieser Zeit kenne, saßen danach im Knast, versuchten aus der DDR zu fliehen oder kamen zurück. Es war doch nur ein Wegsperren.

Ich denke insbesondere nachts daran, komme allerdings besser damit klar als viele andere.

Narben an meinem ganzen Körper erinnern mich an diese schreckliche Zeit.

Interview mit Lutz M.

geb. 22.01.1956 in B., 1973 vier Monate im JWH Torgau, momentan wohnhaft in B.

Biografie:

- geb. 22.01.1956 in Brandenburg
- Schulabschluss siebente Klasse POS
- Arbeit als Lok-Schlosser, Lehre abgebrochen
- Durchgang in diversen Heimen
- 1971 – 1974 Einweisung in den JWH Wittenberg (1973 in Torgau)
- 1974 Arbeit im Getriebewerk Brandenburg
- 1975 Heirat
- 1979 Wehrersatzdienst Bereitschaftspolizei

- Arbeit als Schlosser im Getriebewerk
- 1989 Trasse im Ural als Schlosser
- Seit 1991 bis jetzt Straßenbahn- bzw. Busfahrer in den VBB

Interview : 23.09.2005
Zeit: 10.00 – 12.30 Uhr in der Wohnung von Lutz M.

Herr M., Sie waren 1973 im JWH Torgau. Berichten Sie über Ihr Leben vor, während und nach Torgau.

Ich bin in Brandenburg aufgewachsen, wir waren zu Hause vier Kinder. Mein Vater war Polizist und meine Mutter hat lange Zeit in einer Kantine gearbeitet. Fast täglich habe ich von meinem Vater Schläge bekommen. Ich hatte Angst vor ihm, schon wenn ich ihn sah. Man kann sagen, ich hatte zu Hause eine strikte Erziehung. Das war sicherlich mein Vater gewohnt als Polizist. Übrigens, die Eltern von meinen Freunden in den JWH's waren alles irgendwie Leute von hohen Stellen. Lehrer, Richter, Polizisten, Kreisleiter usw. Ja, was soll ich sagen. Ich hatte einfach keine Lust in die Schule zu gehen. Ich habe geschwänzt und bin schließlich durch die DDR getrampt, da war ich glaube ich 13. Ich war überall, habe in Gartenlauben übernachtet, Mopeds geklaut, Einbrüche gemacht und wollte auch einmal abhauen in Berlin. Da kann ich mich noch gut erinnern. Das war in Berlin Glinicke. Da habe ich eine Gartenkolonie gesehen und wollte eigentlich bis zum Grenzstreifen kommen und dann rüberklettern. Aber schließlich hat mich die Streife doch festgenommen, da war ich so 13 – 14.

Ich weiß noch, ich saß auf einem Klo in einem Garten und sah die Polizisten mit den Hunden auf mich zukommen. Danach kam ich sofort in den JWH Wittenberg. Ach in Wittenberg war ich von 71 – 74. Dort bin ich vielleicht 20 Mal abgehauen. Aber ich gedenke gerne an die Zeit zurück. Dort hatte ich sogar viele Freunde und war dort absolut anerkannt. Schließlich fand ich es aber mit einigen Freunden draußen besser. Wir hörten coole Musik von den Stones, tranken viel Alkohol, welchen wir klauten, und haben in Wittenberg in Gartenanlagen übernachtet. Nur einmal, so kann ich mich erinnern, war ich im JWH in Wittenberg in einer Arrestzelle. Wenn mich nicht alles täuscht, glaube für drei Tage. Irgendwann war mir klar, wenn ich so weitermache, komme ich nach Torgau. In Wittenberg selbst wurde oft über Torgau gesprochen als das Schlimmste für diejenigen, die keiner mehr haben wollte.

Dann kam ich am 18. Juni 73 nach Torgau. Ich kenne bis heute nicht die Einweisungsgründe.

Mit einem Kleintransporter und zwei Mann Besatzung wurde ich dann nach Torgau gebracht. Ich hatte schon in der Schleuse mächtig Bammel, was mir bevorstand. Zuerst kam ich drei Tage in Einzelarrest. Erst danach, glaube ich, bekam ich Blauzeug und Schnürstiefel, die bis zum Knöchel gingen. Dort waren Mädchen und Jungen strikt getrennt. Meine Gruppe umfasste etwa so 20 Jungen. Ich hatte drei Erzieher. Der leitende Erzieher war ein Herr J...

Das war der gewalttätigste. Anfangs hat der mir oft mit dem Schlüsselbund auf den Kopf geschlagen.

Wenn wir in Reih und Glied standen und flüsterten, schlug er uns wahllos ins Gesicht. Ich hatte auch einen Erzieher im Sport und in der GST. Zwei Lehrer waren auch in der Werkstatt. Morgens um 5.30 Uhr nach dem Wecken war sofort meistens Frühsport an der Reihe. Dann Waschen. Wurde gequatscht oder Blödsinn, gemacht bekamen wir Prügel mit den Gummiknüppeln. Die waren ausziehbar, hingen am Gürtel und hatten Stahlkugeln. Meistens haben die Erzieher mit den Dingern vor uns gespielt, um uns einzuschüchtern. Wenn einer Mist gemacht, hat wurden alle bestraft. Entweder mussten wir im Entengang eine Stunde die Treppen hoch und runterkrauchen oder wir bekamen eine Eisenkugel, die an einer Kette war, wenn ich schätzen müsste, vielleicht sieben bis zehn Kilo, die mussten wir während des Laufens nachziehen. Im Winter mussten wir kaum bekleidet, morgens, mittags, abends, je nach Belieben um die Sturmbahn laufen. Sport war eine einzige Quälerei und Bestrafung Nummer eins. Einmal, kann ich mich erinnern, kam ich nicht über die Eskaladierwand auf der Sturmbahn. Von morgens bis abends musste ich zur Strafe üben über das Scheißding zu klettern. Ich bin zigmal abgerutscht und habe mir die Haut auf dem Schotter aufgerissen. Aber irgendwie hatte ich es dann doch mit meinen letzten Kräften geschafft. Eines muss ich sagen, ich bin dann später nicht zu viel aufgefallen, denn ich wollte schnellstens wieder raus. Also habe ich das gemacht, was man von mir wollte. Morgens war meistens zwei bis drei Stunden Schule, das aber nicht immer. Wir hatten Mathe, Deutsch und Technisches Zeichnen. Allerdings auf primitivem Niveau. Als 1973 Ulbricht gestorben war, damals waren auch Jugend-Weltfestspiele, mussten wir täglich abends Fernsehen gucken. Es waren täglich Zeitungsdiskussionen und Gruppenveranstaltungen. Manchmal am Wochenende politische Aktivitäten rund um die Uhr. Das nervte jeden. Dann noch die stundenlange Reinigung der Wäsche. In der Werkstatt war ich ein Musterschüler. Es war damals schwarz und staubig, uralte Maschinen, es wurde gebohrt und gefräst in der Metallverarbeitung. Für Mähdrescher wurden Teile monoton gefertigt. Allerdings muss ich sagen, dass ich gehört habe, dass es zumindest in den siebziger Jahren keinen Essensentzug nach schlechter Arbeit gab. Das muss erst später gewesen sein. Klar, ich habe Kippen aus dem Mülleimer gesammelt, mit dem Tauchsieder Kippen angezündet oder mit dem Bohrer zum Glühen gebracht. In Torgau hatte ich nie die Absicht zu fliehen. Das hatte ich irgendwie nie in Betracht gezogen. Der Hof war hell erleuchtet, Stacheldraht war überall. Nur Hunde gab es nicht. Einmal hatte ich die Chance gehabt, aber dazu muss ich sagen, dass ab und zu mein Arm blau anlief und ich in die Polyklinik von Torgau gefahren wurde. Aber wie gesagt, ich wollte lieber nichts riskieren. Selbstmordversuche direkt habe ich nicht gesehen aber auch in Torgau hatte ich davon gehört. Einmal wusste ich, dass ein Jugendlicher in Einzelhaft gesperrt wurde, weil er sich das Leben nehmen wollte. Wir sahen wie drei Erzieher unter anderem der J. in die Zelle zu dem Jungen gingen und ihn wohl deshalb verprügelten. Wir hörten im ganzen Haus die Schreie. Den Jungen sahen wir nie wieder. Bevor ich raus kam und das kam mir komisch vor, war ich wieder drei Tage in Einzelarrest.

Ich wurde als so genannter Gruppenleiter eingeteilt. Beim Wäschemachen gab es eine Prügelei von zwei Mitgliedern meiner Gruppe. Weil ich angeblich nicht einschritt, wurde ich dafür verantwortlich gemacht. In der Einzelhaft kam eine junge Erzieherin zu mir, die sah richtig gut aus. Sie flüsterte mir leise zu, dass ich morgen entlassen werde. Zum Schluss hatte ich reduziertes Essen. Eins muss man sagen, der Einzelne war gar nichts, nur die Gruppe galt. Das sagte mir auch damals der Leiter, Kretzschmar hieß der, glaube ich. Den habe ich nur zweimal gesehen. Zum Schluss sagte er mir, dass ich wohl gelernt habe mich jetzt anzupassen, dass es absolut nichts bringt, wenn man seinen eigenen Willen hat. In Wittenberg war ich dann der King. Ich war nicht nur sportlich und muskulös, sondern die Mädchen lagen mir zu Füßen. Immerhin, und das war allgemein bekannt, habe ich Torgau überlebt. Von der Erziehung her, hat mir das sicherlich nichts gebracht, kann mir auch nicht vorstellen, dass man mit Gewalt erziehen kann. Immerhin bin ich heute noch stolz, dass ich Torgau überlebt habe. Aber dort habe ich gelernt, mich anzupassen. Letztendlich haben sie mir den Willen gebrochen.

Wenn ich mal Wittenberg und Torgau vergleiche, finde ich, dass es in Wittenberg wunderbar war. Dort bekam ich sogar Taschengeld. Zwei Mark Fünfzig im Monat. In Torgau gab es kein Geld, keine Päckchen, keine Briefe obwohl mir meine Eltern angeblich geschrieben haben. Auch Besuch gab‘s nicht, das war verboten.

Bei mir hat meine Vergangenheit schon Spuren hinterlassen. Ich versuche immer vieles zu verdrängen, aber das gelingt natürlich nicht immer. Die Erinnerungen kommen immer wieder hoch, aber man gewöhnt sich, wenn auch nur langsam, daran.

Interview mit Manfred E.

geb. 30.04.1953, in G., 1970 fünf Monate im JWH Torgau, momentan wohnhaft in G.

Biografie:
- geb. 30.04.1953 in G.
- Schulabschluss achte Klasse POS, danach Maurerlehre
- 1968 JWH Rhüden
- 20.02.1970 – 10.07.1970 Einweisung Torgau, danach wieder Rhüden
- im selben Jahr Entlassung aus Rhüden
- Arbeit im Tiefbau in Rhüden
- 1973 – 1975 Häftling in der JVA Vorzinna bei Torgau
- bis 1982 Arbeit als Bauarbeiter in Dahme und in Lübben
- bis 1990 Arbeit in der Landtechnik
- nach 1990 Arbeit im Strassen- und Kanalbau
- längere Zeit arbeitslos, jetzt Rentner
- heute ledig, keine Kinder

Interview : 07.10.2005
Zeit: 10.00 – 12.00 Uhr im Haus der Mutter in G.

Herr E., 1970 wurden Sie in den Jugendwerkhof Torgau eingewiesen. Heute sind Sie sehr aktiv im Bereich des Förderkuratoriums Ehemaliger Insassen des Jugendwerkhofes Torgau.

Berichten Sie bitte über die Geschehnisse im JWH Torgau.

Geboren bin ich in G. und in D. bin ich dann auch zur Schule gegangen. Vier Jahre war ich in der Grundschule in G... Für die Schule hatte ich nie Interesse, ich bin schon als Grundschüler aufgefallen. Ich schwänzte die Schule, bin eingebrochen, habe geklaut und später bin ich auch in meiner Lehre nicht hingegangen. Also, in meinen Einweisungen stand immer wieder was von Arbeitsbummelei und Kriminalität. Zu diesen Pionier und FDJ-Stunden hatte ich nie Lust. Das war für viele das Schlimmste. 1968, nachdem ich viel klaute und ich die Russen kritisierte, die damals 1968 in die Tschechei einfielen mit ihren Panzern, wurde ich eingewiesen. In den JWH Rhüden meine ich. 1968 wollte ich gerne hin zu den Russen und mir das angucken. Am 14.11.1968 kam ich dann nach Rhüden. Einen schriftlichen Einweisungsgrund habe ich nie gesehen. Das ging wohl vom Referat für Jugendhilfe aus. Aus dem Werkhof haute ich dann öfters ab, war ja nicht der Einzige. Dort waren viele Berliner. Die versuchten mich dann zu unterdrücken. Ich konnte nie in den Urlaub nach Hause fahren. Da hatte ich dann die Schnauze voll und haute ab.

Ich wurde mit noch einem Mädchen nach Torgau gefahren, ich wusste davon einen Tag vorher noch nichts. Als ich ankam, musste ich mich in den Flur stellen und zwei bis drei Stunden stillstehen. Dann kam Kretzschmar, der Leiter. Ich sagte, dass ich pinkeln musste, und der meinte: ziehen sie hoch und spucken sie die Scheiße aus. Dann bekam ich auch noch das Schlüsselbund ins Gesicht und kam dann drei Tage in die Einzelarrestzelle. Das weiß ich noch, es gab keine Heizung. Es war kalt, es war ja Winter, und hatte keine Decke. Ich musste die Hausordnung auswendig lernen.

Dann kam ich in die Gruppe zwei in der oberen Etage. So 15 – 20 Jungen waren wir in der Gruppe. Herr S. und Herr N. waren meine Erzieher. Ja wie war der Tagesablauf.

Um 5.30 Uhr Wecken. Dann wurden die Türen aufgehauen. Zuerst Kübel runterschaffen, dann Frühsport. Zig Runden auf dem Hof. Dort wo die Sturmbahn war, wo wir auch bei Schnee im Winter bis zur Erschöpfung laufen mussten. Wer nicht mehr konnte, war mit dem „Torgauer Dreier" dran. Ansonsten im Haus Treppen rauf und runter oder man spürte den Gummiknüppel. 1990 waren, wie ich auf den Bildern gesehen habe, keine Gitter mehr an den Fenstern. Die Gitter am Fenster waren alle weg und auch die Zellentüren. Man hat kurz nach der Wende ganz schnell sicherlich alle Gitter und Zellentüren abmontiert.

Der JWH war damals so gesichert, dass es nicht möglich war abzuhauen. Stacheldraht überall. Ich kann mich auch an einen Lichtschacht erinnern im Haus, dieser wurde, so glaube ich, vor ,45 eingebaut, damit die Flieger das Gebäude nicht bombardieren sollten. Nach Genfer Konventionen durften Gefängnisse nicht bombardiert werden. In diesem Lichtschacht wurden hin und wieder welche eingesperrt. Mädchen und Jungen waren streng getrennt. Wir hatten keinen Kontakt zu Mädchen. Gab es beim Appell Blickkontakte, gab es Arrest. Ich war ein paar Mal im Arrest. Zum Beispiel bin ich mal beim Saubermachen an die Alarmanlage gekommen. Da saß ich gleich 14 Tage im Arrest. Ich kann mich erinnern, ich hatte am ersten Mai so eine Art Salmonellenvergiftung. Durchfall fast zwei Wochen. Dann kam ich in die Isolierzelle. Dort hat sich keiner gekümmert. Ich bekam keine Medikamente und sah keinen Arzt. Ich wurde diese Vergiftung nie so richtig los. Und am zehnten Juni wurde ich auch sicherlich deswegen entlassen. Wir mussten in Torgau für den Landmaschinenbau arbeiten. Jeden Nachmittag, so von 14 – 18.00 Uhr, mussten wir in den Arbeitsbereich. Angeblich sollten wir Geld bekommen, aber wir haben nie etwas gesehen. Das wurde angeblich für Transport und Aufenthalt ausgegeben. Alle 14 Tage hatten wir Schule. Zwei bis drei Stunden vormittags. Ich glaube zweimal in der Woche Mathe und hauptsächlich Staatsbürgerkunde.

Aber mit richtiger Schule war das nicht zu vergleichen. In den siebziger Jahren mussten wir um sieben Uhr Nachrichten hören. Dann wurden wir abgefragt. Wenn einer nicht zuhörte, wurde die ganze Gruppe bestraft. Zum Beispiel mit Essensentzug. Oder wenn man etwas nicht aufgegessen hat, wurde das Essen wieder vorgesetzt. Oder es gab gar nichts. Ich habe hin und wieder gehört, dass wohl so 12 oder 13jährige Kinder aus Spezialheimen bei uns da waren, die etwa 14 Tage im JWH waren, um abgeschreckt zu werden. Sie sollten sich anschauen, was sie erwarten könnte. So waren sie im Speiseraum an der Heizung angekettet, haben tagelang nichts Richtiges zu essen bekommen und mussten uns zuschauen. Das war selbst uns Hartgesottenen fast zu viel. In der Toilette gab es keine Türen. Es gab auch keine Brille. Wir mussten gruppenweise zur Toilette gehen und die Erzieher standen unmittelbar dabei. Einmal hat mich ein Schäferhund angefallen auf dem Hof. Ich trug Bisswunden, dabei hatte ich Glück. Ich erlebte einmal, wie ein anderer durch einen noch bissigeren Hund regelrecht zerrissen wurde. Das Schlimmste war für mich die Dunkelzelle. Die gab es in Torgau. Erzieher von damals sagen heute, dass es so was nicht gab. Ich habe sie selbst erlebt. Es war das Schlimmste in meinem Leben. Noch heute wache ich nachts auf und denke daran. In einer der Politikstunden kritisierte ein Erzieher die langhaarigen Jugendlichen im Westen. Und ich sagte darauf hin, dass auch Karl-Marx lange Haare hatte. Das war wohl zuviel. Ich kam sofort in eine Zelle, die schwarz geteert war. Ich hatte kein Tageslicht, nur einen Schlitz, durch den Essen hineingereicht wurde. Nach drei Tagen, ohne zu sehen, kam ich raus und war völlig fertig. Gewalt gab es früh bis abends. Kretzschmar sagte immer „in Torgau ist der langsamste Schritt der Laufschritt“. N., eigentlich mit der schlimmste Erzieher, stand immer an der Seite mit einem Gummiknüppel.

Dieser hatte eine Stahlkugel und mit diesem Totschläger wurde viel geschlagen. Ich und auch andere hatten uns vorgenommen nach der Wende nach Torgau zu fahren und wir wollten N. suchen. Wir haben ihn nicht gefunden. Hätten wir ihn gefunden, dann na ja… Kretzschmar hat sich Jugendliche geholt in sein Zimmer. Er hat immer vorgegeben eine Torte für manche zu haben. Die Jüngeren unter uns haben das erzählt. Vielleicht war der schwul. Aber auch Mädchen soll er sich geholt haben. Mit einem Kugelschreiber drehte er immer in den Ohren von uns herum, bis sie fast aufgerissen waren. Schrie man vor Schmerzen, musste man mit Gewichten im Entengang die Treppe hoch laufen.

Ich hab selbst erlebt, wie andere in Torgau zum Beispiel im Arbeitsbereich Schrauben oder Bohrspäne gefressen haben. Ob die überlebt haben, weiß ich nicht. Wer so was machte, wurde meistens eingesperrt in eine Zelle. Ich hab persönlich gesehen, wie einer sich bewusst mit einem Gewindeschneider in die Hand gebohrt hat. Doktor W., der damalige Werkhofsarzt für uns, sagte nach der Wende, dass es Selbstmorde nicht gab. Das stimmt nicht.

Geprügelt wurde bis Jungen besinnungslos liegen blieben. Dass es Menschen gibt, die so etwas gemacht haben, kann man sich heute nicht mehr vorstellen. Es wird soviel erzählt über KZ's bei den Nazis, aber Torgau war genau so schlimm. Kurz vor der Entlassung war ich in Einzelarrest. Ich bekam andere Klamotten, meinen Blaumann musste ich abgeben, der wurde verbrannt. Dann kam ich sofort nach Rhüden. Ich musste unterschreiben, dass ich nicht über die Zeit hier sprechen werde. Das musste ich bei Kretzschmar und bei so einem Mann in Uniform. Ich glaube, der war von der Stasi. Anfangs in Rhüden erzählte ich nicht, was in Torgau los war. Aber man wusste schließlich Bescheid, auch unter den Insassen, dass ich in Torgau war. Ich fühlte mich stark. Schließlich wurde ich nach einem Monat wieder nach Hause entlassen. Drei Monate danach sollte ich noch eine Selbsteinschätzung für Kretzschmar schreiben. Torgau hat für mich eigentlich überhaupt nichts gebracht. Nein, ich war abgestumpft, ich war verroht, ich war skrupellos, es war schlimmer als Knast. Und ich weiß das. Ich war ja 1973 bis 1975 bei Torgau in Vorzinna in einer Strafvollzugsanstalt. Angeblich wegen Widerstandes gegen die Staatsgewalt. Ich sollte einen Wachtmeister in „Schwarze Pumpe" verprügelt haben, nur stimmte das nicht. Aber der Knast in Vorzinna war eine Erholung im Vergleich zu Torgau. Ich wurde nicht geschlagen, ich erhielt sogar Anerkennung für gute Arbeit und hatte meine Freiheiten. Es war eine schöne Zeit im Gegensatz zu Torgau. Ich bin ja jetzt Rentner und habe Zeit die ganzen Erinnerungen von damals zu verarbeiten. Ich bin ja sehr aktiv in der Begegnungsstätte des ehemaligen Jugendwerkhofes in Torgau. So organisiere ich auch Begegnungen ehemaliger Insassen. Leider melden sich viel zu wenig. Bisher kommen meistens nur 20 – 30 Ehemalige zu Treffen nach Torgau. Neulich sind wir am zweiten September in Torgau mit Kerzen durch die Stadt marschiert zum Landratsamt und haben eine Petition abgegeben, damit die Begegnungsstätte erhalten bleibt. Es melden sich nach wie vor viel zu wenige, um über ihre Vergangenheit zu sprechen. Die meisten der über 4000 wollen diese schlimme Zeit vergessen. Vergessen darf man aber nicht.

Interview mit Bernd H.

geb. 1954, als Erzieher im Jugendwerkhof Burg 1974 bis 1979 tätig, momentan wohnhaft in W.

Interview: 25.05.2005
Zeit: 17.30 – 19.30 Uhr in der Wohnung von Bernd H.

Herr H., ich möchte mich im Vorhinein über Ihre Bereitschaft bedanken, über Ihre Tätigkeit als Erzieher im ehemaligen JWH Burg in der DDR zu berichten.
Herr H., erzählen Sie bitte über ihre Zeit als Erzieher in Burg, über den Tagesablauf in einem JWH, über Gewaltvorkommnisse und vor allem über Ihre Erfahrungen über den Geschlossenen JWH Torgau.

Ja, ich wurde eingestellt damals als Erziehungshelfer, 1974 im damaligen JWH Burg „August-Bebel" in der Parchauer Allee. Der JWH Burg war damals der Größte in der DDR. Zu meiner Zeit saßen über 500 Jugendliche, die zwischen 14 und 18 Jahren waren, dort ein. Die meisten waren bis zu eineinhalb Jahren dort. Meistens bis zum 18. Lebensjahr. Ich weiß noch ganz genau, als ich damals kam, wurden mir die Haare kurz geschnitten. Alle, sowohl Erzieher als auch die Jugendlichen, hatten kurz geschorene Haare. Die Insassen, und das war in allen JWH der DDR so, hatten „Blaumänner" an. So waren die Jugendlichen schon von ihrer Äußerlichkeit gekennzeichnet und erschwerte das Abhauen aus dem Jugendwerkhof. Wir Erzieher hatten normale Kleidung. Der JWH in Burg war ein „Dorf". Ein Zentrum für sich. Dort gab es alles. Die Arbeitsstätten, die Schule, ein Kino, Bäcker, Fleischer, Schreinerei und auch einen Konsum. Es war ein großer Komplex, der für sich stand. Die Beweggründe, warum Jugendliche dahin kamen, waren eindeutig Diebstahl, asoziales Verhalten, zerrüttete Elternhäuser, Schulschwänzen, politikkritisches Verhalten auch Fluchtversuche aus der DDR oder Gewalthandlungen. Wenn sie mich fragen, Herr Gatzemann, warum ich dort als Erzieher anfing, war es eindeutig Interesse. Ich hatte noch Kontakte vom Maschinenbaustudium her und ich wollte schon immer mit schwierigen Jugendlichen direkt umgehen. Damals hatte ich, als ich anfing, eine Gruppe zwischen 20 und 25 Jugendlichen. Zur Gruppe gehörten meistens 2 bis 3 Erzieher.

Von Anfang an habe ich im Objekt gewohnt. Um den Appellplatz herum befand sich in jeder Hauseinheit eine Gruppe. Ja, wie war der Alltag. Um 5.30 Uhr war Wecken, dann Frühstück, Appell, dann Schule ab 7 Uhr oder Arbeit in der Produktion. Um 12 Uhr war Mittag, schließlich dann wieder Arbeit, Hausaufgaben, oder auch Freizeit. Die Schule und auch die Arbeitsstätte befanden sich im Objekt. Man konnte in der Produktion einen Teilfacharbeiterabschluss erlangen. Die Schulausbildung endete meistens nach der achten Klasse. Ausgang gab es nicht für alle. Es kam darauf an, wie sich die Jugendlichen verhielten.

Natürlich musste man sich als Erzieher in erster Linie Respekt verschaffen. Das war auch wichtig, da die Jugendlichen das spüren mussten. Wissen sie, wer als Erzieher weich war, ging unter. Man musste die Jugendlichen hart ran nehmen. Viele in der Gruppe haben provoziert und solche Provokationen mussten von Erzieherseite mit Härte beantwortet werden. Es gab Erzieher, die haben eine schärfere Gangart gehabt. Der Ton war selbstverständlich anders als im normalen Leben. Schon irgendwie militärisch. Ordnung war im Objekt Grundvoraussetzung, das fing schon morgens beim Antreten zum Appell an. Es gab Jugendliche, die haben es darauf angelegt, so zu provozieren, dass man auch dementsprechend mit harter Hand geantwortet hat. Gewalt unter Jugendlichen war an der Tagesordnung. Auch in Burg hatten wir eine Hackordnung – der körperlich Stärkste war der Leitwolf in einer Gruppe. Alle anderen mussten für den Leitwolf Tätigkeiten ausführen, z.B. Essen holen, sauber machen, kleine Dienstleistungen ausführen oder auch körperliche Perversitäten machen. Ich kann mich erinnern, da war einer, der musste eine Wallnuss in den Hintern stecken und ein anderer musste diese rauslecken. Auch wurde ein Vorfall bekannt, wo einer einem anderen mit einer glühenden Klinge Hakenkreuze in den Rücken einbrannte. Wenn ich mich recht erinnere, hieß der, glaube ich, Rütten. Das war natürlich ein politischer Vorfall und Rütten war sogar dreimal ein halbes Jahr im Geschlossenen JWH Torgau. Nach Torgau kam man nicht umsonst. Es hatte schon ganz klare Gründe, nach Torgau zu kommen. Diese waren für die Gemeinschaft eine Gefahr. Ich weiß, dass dort, um aus Torgau herauszukommen, Rasierklingen und Rattengift runtergewürgt wurden. Torgau war die schlimmste Strafe. Auch in Burg gab es 3 Arrestzellen. Maximal kamen Jugendliche 3 Tage in den Arrest. Eine längere Dauer musste der Arzt befürworten. In der Arrestzelle befanden sich ein Hocker, eine Pritsche, das Fenster mit Gittern, ein Kübel und eine Tür mit Klappe. Rein kamen grundsätzlich Gewalttäter, Leute die sich nicht unterordnen konnten. Zurück zu Torgau.

Torgau war die Hölle, Torgau war eine undurchsichtige Insel in der DDR. Torgau war weniger durchsichtiger als der Strafvollzug. Wir hatten als Erzieher über den JWH Torgau keine offiziellen Informationen. Ich habe einmal persönlich einen Jugendlichen dort hingebracht. Ich glaube, das war 1975. Als ich ankam, ging ein Eisentor auf, dann ein zweites Tor und schließlich musste ich in einem angrenzenden Raum den Jugendlichen übergeben. Die Stasi war meistens auch dabei. Ich sah, dass der Jugendliche an der Wand durchsucht wurde; in einem scharfen Ton wurde dem Jugendlichen jeglicher Kommentar verwehrt. Dann wurden die Papiere übergeben, dann musste ich wieder fahren. Ich kenne keinen, der nach Torgau kam, der nichts auf dem Kerbholz hatte. Einer, der bei uns in Burg abgehauen war, kam auch dorthin. Er war alle zwei Wochen weg. Störenfriede, die durch Gewalt und Diebstähle auffielen, kamen nach Torgau. Übrigens, der Strich war auch Haupteinweisungsgrund für Mädchen in den Jugendwerkhof.

Die Jugendlichen mussten unterschreiben, dass sie über die Zeit von Torgau nichts erzählen.

In der ersten Zeit nach der Rückkehr von Torgau hatten sie Angst, das merkte man. Sie waren eingeschüchtert. Erst nach und nach erzählten sie, was abging. Sie wurden so brutal geschlagen, dass diese Zeit für sie ein Horror war. Keiner wollte wieder nach Torgau, obwohl viele doch wieder dort hinkamen. Sie erzählten unter anderem, dass sie bei Disziplinverstößen Schlusssprünge auf der Treppe, bis zur Erschöpfung machen mussten; dass sie mehrmals über die Sturmbahn laufen mussten. Der Torgauer Dreier war bekannt, bestehend aus Liegestütz, Hocke und Hockstrecksprung bis zur totalen Erschöpfung. Auch untereinander schlugen sich die Jugendlichen. Auch in Burg. Manche verhielten sich wie Könige und ließen sich bedienen. Wer nicht mitmachte wurde verprügelt, die Selbstmordrate soll in Torgau hoch gewesen sein. In Burg war ab 22 Uhr Nachtruhe. Dann ging es manchmal richtig los mit Prügeleien unter den Insassen. Mädchen waren meistens gewalttätiger untereinander. Für uns Erzieher war das eine Knochenarbeit. Wir hatten lange Dienstzeiten, viele Nachtkontrollgänge. Es gab auch kaum Erzieher, wer machte diesen Job schon. Auch die private Belastung im Familienleben der Erzieher war extrem. Es gab unter den Erziehern oft Partnertausch. Trotzdem machte ich diesen Job gern, das Grundprinzip der Erziehung fand ich ja eigentlich nicht verkehrt. Durch die Gemeinschaft sollten die Jugendlichen wieder eingegliedert werden. Etliche sind nach ihrer Entlassung rückfällig geworden. Aber auch viele haben die Chance genutzt. Das Erziehungsprinzip berief sich auf Makarenkos Kinderkolonien. Es sollten das Einheitsgefühl und der Kollektivgedanke gestärkt werden. Man sollte miteinander gemeinsam leben. Dazu hatten wir eigene Ferienlager an der Ostsee. Wir mieteten sogar Schiffe an. Wir hatten auch einen Rochus auf die Jugendämter. Die Heime in der DDR waren überfüllt. Tausende waren in den Heimen. Einen gerichtlichen Einweisungsbeschluss gab es ja nie. Die Jugendhilfekommissionen der Kreise beschlossen die Einweisung und das manchmal über Nacht. Pro Insasse gab es im Jahr cirka 1300 Mark für Bekleidung, Weihnachten usw… Aufgrund der Überfüllung in den Heimen war die Kontrolle des Verwaltungsapparates unzureichend. 1979 verließ ich den Jugendwerkhof Burg. Obwohl ich während der Zeit in Burg ein Zusatzstudium als Heimerzieher noch absolvierte, entschied ich mich, den JWH zu verlassen, um in Halberstadt als Heimleiter in einem „normalen“ Heim zu arbeiten. Danach ging ich ins genossenschaftliche Handwerk. In Burg hatte ich zum Schluss Probleme mit dem neuen Leiter. Dieser war Offizier. Er wollte mehr Wehrunterricht und die militärische Ausbildung ausweiten. Das machte ich dann nicht mehr mit. Aber nicht nur ich, viele Erzieher waren nervlich fertig. Immerhin musste man sich in den Jahren dort als Erzieher behaupten, gegenüber den Insassen und auch unter den Erziehern. Alkoholsucht unter den Erziehern und Insassen waren an der Tagesordnung. Jetzt nach den Jahren habe ich kaum noch Kontakt zu anderen

Erziehern vom Jugendwerkhof Burg. Einige sind schon Rentner. Der Begriff Jugendwerkhof klingt in der heutigen Zeit negativ. Er klingt wie die Vorstufe zum Knast. Torgau war schlimmer als der Knast. Aber ich habe auch ein paar gute Erinnerungen von Burg. Das möchte ich auch sagen.

Herr Gatzemann, ich hoffe, dass ich ihnen zur Aufarbeitung weiterhelfen konnte.

Interviews aus dem Privatarchiv von Dietrich Sengbusch

Der Leidensweg der Claudia R. (D.)

– geboren am 07.07.1969
– 1975 eingeschult
– Vater Tischler, Mutter Köchin

Als Claudia mit 15 zur Disco wollte, wurde ihr das vom Vater verboten. Als sie trotzdem ging und gegen 22.00 Uhr nach Hause kam, war die Wohnungstür von innen mit einem Besenstil verbarrikadiert.

Am 01.09.1985 begann Claudia (nach Abschluss der 10. Klasse) ihre Lehrausbildung als Verkäuferin. Man sagte ihr: „Morgen wirst du abgeholt und dann kommst du in den Jugendwerkhof“ (vermutlich nach Anzeige ihres Vaters). Claudia zog zu ihrem Freund und ging aus Angst vor dem Jugendwerkhof nicht mehr zur Lehre.

Dieser wurde am 1. Oktober verhaftet.

Auf Drängen der Mutter wurde Claudia wieder zu Hause aufgenommen. Dennoch kam sie noch im selben Monat nach Burg (bei Magdeburg) in den Jugendwerkhof.

Von dort unternahm sie mehrere Fluchtversuche. Dies und ihre Weigerung bei Pflichtempfang der „Aktuellen Kamera“ sich Notizen zu machen, waren Gründe für die Einweisung nach Torgau im Oktober 1986.

Claudia: Als erstes fiel mir auf, dass die Jugendlichen in Torgau kahl geschoren waren und sich nur im Laufschritt bewegen durften. Ich musste meine Sachen abgeben und wartete auf die Übergabe der Anstaltssachen.

Dann kam ein Erzieher auf mich zu und schrie: „Nehmen Sie Haltung an!“. Während er das sagte, schlug er mir mit der Faust ins Gesicht.

Danach kam eine Erzieherin auf mich zu, die hatte wohl gemerkt, dass ich einen Kaugummi im Mund hatte. Jedenfalls bekam ich auch von der eine geknallt.

Danach kam ich erstmal für drei Tage in die Arrestzelle. Weil ich dabei nicht, wie vorgeschrieben, die Haus- und Arrestordnung auswendig gelernt hatte, hat mir eine Erzieherin das schwere Schlüsselbund ins Gesicht geworfen. Das musste ich dann aufheben und mit gestrecktem Arm zurückgeben.

Claudia zum Tagesablauf: Um 5.30 Uhr war Wecken. Danach war Frühsport. Wir mussten auch im Winter bei Frost und Schnee in kurzen Hosen raus. Nach dem Frühstück war Pflichtempfang von DDR-Nachrichten.

Dann ging es in den Arbeitsraum, wir mussten mit uralten Werkzeugen Schiffslampen montieren. Mir ist mal ein Kasten mit Schrauben heruntergefallen. Das wurde natürlich gleich als Sabotage ausgelegt.

Die Erzieherin E. hat mir das Schlüsselbund so an den Kopf geknallt, dass ich eine stark blutende Platzwunde hatte und zum Arzt sollte.

Während ich vor dem Heizungskeller auf den Abtransport wartete, hörte ich Musik – „Born in the USA“, mein Lieblingslied. Ich machte so einige Tanzbewegungen, trotz der Schmerzen. Das hat die E. mitbekommen und hat mich regelrecht zusammengeschlagen. Ich bin dann in die Zelle gekommen und nicht zum Arzt.

In der Mädchenetage waren vier Arrestzellen (bei 16 bis 18 Mädchen).

Am schlimmsten war die Zelle 42. Nachdem sich da ein Jugendlicher am Gitterkreuz erhängt hatte, wurde das Fenster mit Glasbausteinen verschlossen, aber nicht richtig. Ein Glasbaustein fehlte. So war es im Winter bitterkalt, zumal auch die Heizung abgedreht war. Manchmal waren es in der Zelle kaum über 0 Grad. Ich habe mir eine Hautkrankheit, so genannte Kälteflecken, geholt.

Claudia zum Leben im JWH: Heulen durfte man nicht, dann wurde man geschlagen.

Ein Erzieher mit Halbglatze, ich glaube der hieß N., kam abends öfter zu uns in den Schlafraum. Er hatte da eine, die hat er immer befummelt. N. hat auch zugesehen, wenn wir uns geduscht haben. Ich weiß, dass er auch zu Mädchen gegangen ist, die allein in einer Arrestzelle waren.

Von den Erziehern war der junge S. (Ralf) der schlimmste Schläger. Der hat nicht nur geschlagen, sondern auch getreten. Einmal ist der nachts in unseren Schlafraum gekommen. S. hat mich rausgeholt, weil ich mit einer Zellennachbarin geredet habe. Ich musste mir die Arbeitsschuhe anziehen, in denen nachts keine Schnürsenkel drin waren (wegen der hohen Selbstmordrate). Dann hat mich S. den Flur lang gescheucht, ich bin dabei hingefallen. Als ich unten lag, hat S. auf mich eingetreten.

Zu den Selbstmorden: Manche haben mit einem spitzen Stein so lange gescheuert, bis sie die Pulsader aufgerissen hatten; andere haben Nägel oder Nadeln geschluckt oder sind mit dem Kopf gegen eine Betonwand gerannt.

Eine, die hieß Ronny, die hat beim Arzt eine Spritze geklaut und sich dann Luft in die Arme gespritzt. Ronny hat es, glaube ich, geschafft, sich umzubringen.

Claudia: Ich habe versucht, bei meiner geplanten Entlassung die Haus- und Arrestordnung rauszuschmuggeln. Das haben die Erzieher rausgekriegt und ich bekam „Nachschlag". Dadurch musste ich auch Weihnachten in Torgau verbringen.

Mein Vater hat mich besucht und mir drei Zigaretten zum Rauchen gegeben. Das hat die E. mitbekommen und ich wurde wieder geschlagen.

Nach meiner Entlassung musste ich mich jeden Dienstag bei der Abteilung Inneres melden. 1987 wurde ich schwanger, im Januar 1988 habe ich geheiratet (Dieter D., der ebenfalls in Torgau war).

Im März 1988 kam mein Sohn – mit Kaiserschnitt. Ich lag eine Woche am Tropf.

Dann habe ich mich gewundert, dass die anderen Frauen alle ihr Baby hatten und ich nicht. Ich habe dann nach meinem Kind gefragt und man sagte mir: „Sie haben ihr Kind doch zur Adoption freigegeben." Das stimmte natürlich nicht. Mein Vater hat dann einen Anwalt eingeschaltet. Zu mir kam dann eine Fürsorgerin, die meinte, das Kind sei zur Adoption freigegeben worden, weil ich ja nichts hätte, was man für ein Baby braucht. Ich sagte, das stimmt nicht, ich habe alle Sachen, Windeln, Strampler usw. in der Wohnung. Die Fürsorgerin hat sich davon überzeugt und schließlich bekam ich mein Kind. Aber ich glaube, wenn mein Vater nicht einen Anwalt eingeschaltet hätte, dann hätte ich meinen Ricky wohl nie wieder gesehen.

Ich habe dann noch zwei weitere Kinder bekommen. Gearbeitet habe ich einer Krippe, dort wurde ich entlassen, weil eines meiner Kinder häufig krank war.

Kurzzeitig hatte ich eine Stellung in einem Imbisswagen. Dort hat man mich wegen meiner Torgau-Vergangenheit von Anfang an schief angesehen. Als ich mal bei der Konkurrenz was gegessen hatte, wurde ich entlassen. Nun lebe ich von Sozialhilfe.

Der Kopf war nur noch ein Matschklumpen

Sven E., 1988/89 Insasse im JWH Torgau

Ich war erst im offenen JWH in Gerswalde bei Templin (Uckermark). Dahin bin ich gekommen, weil ich öfter mal die Lehre geschwänzt habe und außerdem Probleme mit meinen Eltern hatte. Von Gerswalde habe ich mehrmals versucht, abzuhauen. Ich wollte einfach raus hier. Aber die haben mich immer wieder eingefangen und so kam ich dann nach Torgau.

Zum Tagesablauf: Um 5.30 Uhr morgens war Wecken, für Jungen gab es zwei Schlafräume, die mit bis zu 20 Mann belegt waren. Schuhe an, danach Antreten zum Frühsport mit kurzen Hosen, bei jedem Wetter, auch im Winter. Wie lange und wie hart wir da gescheucht wurden, hing von der Laune des Erziehers ab.

Danach Schuhe putzen, Waschen (mit kaltem Wasser, das warme wurde nur am Sonntag angestellt), Frühstück.

Um sieben Uhr mussten wir in den Unterrichtsraum, um die „Nachrichten des DDR-Rundfunks" zu hören. Da war der Gruppenführer für die Ordnung zuständig. Der Erzieher bestimmte dann einen von uns, der den Inhalt der Nachrichten wiedergeben musste.

Frage: Ganz genau, jede einzelne Nachricht?

Sven E.: Nein, nur so ungefähr den Inhalt, um zu beweisen, dass man auch zugehört hatte.

Frage: Und wenn der Betreffende den Inhalt nicht wiedergeben konnte?

Sven E.: Dann ging es ab in die Zelle.

Nach der „Morgenandacht" ging es dann in die Arbeitsräume, wir haben Schiffslampen montiert. Wir hatten keine Maschinen, haben nur mit Schraubenzieher und Bohrer gearbeitet.

Zur Bezahlung: Es gab vier Lohngruppen, von zehn Pfennig die Stunde bis zu 40 Pfennige. Wenn nun mal jemand einen Bohrer abgebrochen hatte, der wurde auf Lohngruppe Null gesetzt und das Geld für einen neuen Bohrer wurde von seinem bisherigen Lohn abgezogen. Ich habe jedenfalls in dem halben Jahr nicht einen Pfennig gekriegt. Das war mir aber egal, denn kaufen konnte man im JWH Torgau sowieso nichts. Wenn mal ein Werkzeug kaputt ging, wurde das natürlich gleich als Sabotage ausgelegt und die ganze Gruppe kriegte Minuspunkte. Das führte häufig dazu, dass sich die anderen Gruppenmitglieder an dem Übeltäter gerächt haben. Das passierte meistens im Schlafsaal. Ich weiß, dass die Anstaltsleitung Spitzel in den einzelnen Gruppen hatte, die jeden Fluchtplan natürlich gleich verpetzt haben. Wir wollten mal einen Ausbruch mit Geiselnahme machen, da hat uns auch einer angeschissen.

Strafen gab es im JWH für jede Kleinigkeit, entweder ab in die Zelle oder man musste pumpen wie ein Irrer. 100 bis 200 „Dreier" waren ganz normal.

Frage: Und wenn nun einer die 200 „Dreier" nicht geschafft hat?

Sven E.: Na dann ging es wieder in die Zelle, meistens mit mehreren Tagen Essensentzug. Oder man kriegte 14 Tage lang nur Suppe. Einige Typen, die zur

Zeiteinweisung nach Torgau kamen, die hat sich der alte S. vorgeknöpft. Die mussten bis zu 600 „Dreier" machen. Dann gab es meist noch einen „Ordnungsgong" (Schlag mit der geballten Hand gegen den Hinterkopf des Jugendlichen).

Frage: Wie lange durfte ein Jugendlicher in Torgau festgehalten werden?

Sven E.: Eigentlich nur sechs Monate. Aber es kam vor, dass sie einen Typen nach den sechs Monaten in ein Auto gesteckt haben, einmal durch die Stadt gefahren sind und dann wurde der Typ eben erneut für sechs Monate eingewiesen.

Frage: Was ist für dich in Torgau am schlimmsten gewesen?

Sven E.: Die Brutalität der Erzieher. Das sind keine Menschen gewesen, das waren Tiere. Die haben ausgenutzt, dass sie mit uns machen konnten, was sie wollten. Die hatten nur ein Ziel: die wollten uns fertig machen. Viele von uns haben das nicht durchgestanden.

Von den Erziehern war für mich der junge S. der Schlimmste. Den habe ich gleich in den ersten Tagen kennen gelernt. Ich wusste nicht, dass man Haltung annehmen muss, wenn man einen Erzieher begegnet und dann den Erzieher fragen muss: „Darf ich vorbei?“. Ich bin an den jungen S. vorbeigegangen. Der hat mir dann von hinten die Beine weggeschlagen, so dass ich voll auf die Glasbausteine geknallt bin. Das passierte mir dann noch einmal. Erst dann hat S. mir erklärt, wie ich mich zu verhalten habe.

Frage: Kannst du bestätigen, dass widerspenstige Jugendliche wie Tiere an ein Gitter gekettet worden sind?

Sven E.: Ja. Ich weiß das von dem Daniel A... Der hatte Scheiße gemacht und ist irgendwie durchgedreht. Der fing an, in der Zelle zu singen und hat Glasbausteine gefressen. Der Erzieher Q. hat ihn dann für 24 Stunden angekettet, das war Q.‘s Spezialität.

Sven E. zum Strafsport: Das gab es ständig. Entweder das „Treppenkarussell“. Da ging es bis zu 100mal die drei Etagen rauf und runter – natürlich im Laufschritt. An den Treppenabsätzen standen Erzieher, die auf uns eingedroschen haben. Oder es gab die „große Runde‘“ auf dem Hof. Dabei mussten wir mit Eisenbahnschwellen auf dem Rücken rennen – bis die ersten schlapp gemacht haben. Die mussten dann von den anderen mitgeschleppt werden.

Zur „U-Raum-Disco“: Dabei wurden von den Erziehern zwei Jungen ausgesucht, die ungefähr gleich stark waren. Das ging dann über drei Runden – ohne Boxhandschuhe. Ich hatte es meist mit Marco B. zu tun, der war mal Gewichtheber und kam von da unten, von Sangerhausen. Eigentlich waren wir Kumpel. Aber das nützte nichts. Wir mussten uns gegenseitig fertig machen, sonst hätten das die Erzieher getan.

Zu den Selbstmorden: Zwei haben sich im Schlafraum umgebracht – erhängt. Einer hat sich in der Zelle umgebracht. Der hatte irgendwas und musste dringend Tabletten nehmen. Die Erzieher haben die ihm aber als Strafe nicht gegeben. Der ist dann mit dem Kopf vorne weg so gegen die Betonwand gerannt, dass sein

Schädel nur noch ein Matschklumpen war. Ich habe gesehen, wie sie den abtransportiert haben.

Die Faust raus und dann zugetreten

Gespräch mit Mike B., Torgauinsasse 1988, Berlin

Meine Eltern haben sich scheiden lassen, da war ich zwei Jahre. Ich bin zu meiner Oma gekommen. Als ich elf war, hieß es vom Jugendamt, dass meine Oma die Erziehung nicht mehr übernehmen kann und ich kam nach Lichtenberg in ein Kinderheim. Mit 14 kam ich wegen staatsfeindlicher Äußerungen in den Jugendwerkhof Dorf Mecklenburg.

Dort habe ich einen Massenausbruch organisiert. In Bad Kleinen haben sie uns geschnappt. Ich wurde erst in die Arrestzelle im JWH Dorf Mecklenburg gesteckt und von dort wurde ich in Handschellen nach Torgau gebracht. Ich kann bestätigen, dass wir von den Erziehern geschlagen wurden. Bei dem Erzieher Q. war das so, der hat immer so ein riesiges Schlüsselbund gehabt, und da musste man die Finger ausstrecken und dann hat er mit den Schlüsselbund auf die Fingerkuppen geschlagen.

Was war, wenn nun jemand die Finger nicht ausgestreckt hat? Das war schon so, dass jeder die Finger rausgestreckt hat, sonst wäre das wohl noch schlimmer geworden – wenn man allein auf Zelle war.

Sind Sie auch von anderen Erziehern geschlagen wurden? Ja, zum Beispiel von dem jungen Horst S... Da war ich auf Arrestzelle gewesen, da war ich gerade eingewiesen worden. Damals hatten wir einen Eimer mit Wasser und Chlor, der war offen und morgens musste der geleert werden.

Ich hatte dann Wasser reingemacht und das Chlor vergessen. Da war ja alles nur in Laufschritt. Man hat da nicht normal gehen können in dem Haus, sondern immer nur laufen. Da bin ich auf meine Zelle zurück gerannt und da hat der junge S. hinter der Tür gestanden und die Faust rausgestreckt. Dann hat er mir voll in das Geschlechtsteil getreten. Der wusste, dass ich mich in der Zelle sowieso nicht wehren kann.

Warum nicht?

Der hätte doch nur einmal rufen brauchen und schon wären zwei, drei Erzieher mit Gummiknüppeln zur Stelle gewesen. Der S. hatte dann noch so ein Lächeln auf den Lippen. Ich habe dann gesagt, dass wir uns nicht mal draußen begegnen dürfen. Dafür habe ich drei Tage „Nachschlag" gekriegt.

Und danach?

S. hat mich dann nicht mehr geschlagen. Ich weiß nicht, ob das an meiner reichen Verwandtschaft im Westen lag. Jedenfalls haben die sich bei mir dann nicht mehr so rangetraut.

Aus den Akten geht hervor, dass du zur gleichen Zeit wie Steve B. in einer Arrestzelle warst. Hast du was von dessen Selbstmord mitgekriegt und weshalb bist du drin gewesen?

Na ja. Ich war im Arrest wegen Arbeitsverweigerung. Wir sollten mit uralten Werkzeugen entgraten, hatten aber nicht mal Schutzhandschuhe. Ich habe gesagt, unter diesen Bedingungen stelle ich die Arbeit ein. Daraufhin hat der Arbeitsbetreuer den jungen S. geholt und der hat mich gleich in Arrest gesteckt. Das war am 29. April 1988 so zwischen 12 und ein Uhr. Dann wurden die Zellentüren aufgeschlossen – für den Arrestsport. Mir wurde gesagt, dass ich dem anderen, das war der Steve B., den Sport zeigen sollte – was man da macht. Aber ich sollte nicht mit dem reden – wohl weil der auch in den Westen abhauen wollte. Wir sind dann raus auf den Hof zum Sport und der Steve B. hat den Sport auch mitgemacht. Aber man hat gesehen, dass er ganz schön durchgehangen hat. Das war nichts für den. Die haben dann gesagt, der Sport ist zu Ende und wir sind wieder in die Zellen zurück. Dann habe ich bloß noch gehört, wie die Tür aufgegangen ist und der Q. hat gesagt, dass man einen Arzt holen soll. Ich wusste gar nicht, worum es geht. Dann mussten alle antreten auf dem Flur vor meiner Zelle. Die beiden Jungengruppen und die eine Mädchengruppe, alle in einer Reihe und der Größe nach. Dann wurde durchgezählt. Das ging wohl bis 45. Ich habe dann gehört, wie der Kretzschmar gesagt hat, dass ein Jugendlicher freiwillig aus dem Leben geschieden ist. Er hat auch den Namen genannt. Dann wurden die Gruppen aufgefordert, sich wieder zu ihren Räumen zu begeben. Später habe ich erfahren, dass der Steve B. tablettenabhängig war – und das hat man dem auch angesehen. Ganz klar, der hat sich aufgehängt, weil er seine Tabletten nicht gekriegt hat.

Von dem Erzieher Q. wird gesagt, dass er widerspenstige Jugendliche an ein Gitter gekettet hat. Kannst du das bestätigen?

Ja, ich weiß das von einem, der hieß L... Den hat Q. mit Handschellen so an ein Gitter gekettet, dass er die 12 Stunden auf Zehenspitzen stehen musste. Von Q. weiß ich auch, dass er mit Gummiknüppel in die Arrestzellen gegangen ist. Was da im Einzelnen vor sich gegangen ist, weiß ich nicht. Ich habe nur die Schreie gehört.

Das war wohl so, dass die sich nicht mehr im Zaum halten konnten und deshalb auf die Leute losgegangen sind. Ich möchte sagen, wenn die Wende nicht gekommen wäre, würden die wohl heute noch da arbeiten.

Ich habe das so gesehen, dass die einen auf einem Stand haben wollten: Wenn man da rauskommt, dass man seine Meinung ändert, dass man zum Staat hält, so wie Honecker die Leute haben wollte. Bei mir wussten die von Haus aus, dass das bei mir nicht geht; weil ich von Anfang an gesagt habe, dass ich einen Ausreiseantrag stellen werde, wenn ich rauskomme. Dadurch haben die gewusst, dass bei mir sowieso nichts zu retten ist.

Nach der Wende bin ich nach Torgau gefahren und habe bei dem Q. in der Straße geklingelt. Der hat auch aus dem Fenster geguckt und gefragt, was ich von ihm will. Ich habe gesagt, er soll mal runterkommen, ich möchte mit ihm reden. Q. sagte dann, er hätte nichts mit mir zu bereden. Ich habe dann noch eine ganze Weile vor der Haustür gewartet, aber Q. ist nicht rausgekommen. Dann hat immer nur noch seine Frau aus dem Fenster geguckt. Was sollte ich machen? Wenn ich die Tür eingetreten hätte, wäre ich wohl noch wegen dem in den Knast gegangen.

Material zum Jugendwerkhof Torgau

1. Besuch im LKA Dresden

Gespräch mit Kriminalhauptkommissar Hügel (möchte aus ermittlungstaktischen Gründen nicht genannt werden)

Wir ermitteln gegen Erzieher des JWH Torgau. Etwa ein Dutzend, darunter eine Frau, müssen mit einer Anklage rechnen. Über einen genauen Zeitpunkt möchte ich mich nicht äußern. Das entscheidet der Staatsanwalt.

Die strafrechtlich relevanten Hauptvorwürfe lauten: Freiheitsberaubung, Körperverletzung, Verletzung des Briefgeheimnisses. Es ist so, dass Jugendliche, die sämtlich ohne Gerichtsbeschluss nach Torgau kamen, erstmal für drei Tage in eine Isolierzelle gesteckt wurden. Arreststrafen gab es bereits für Lärmen, Nichterfüllung von Aufträgen, Unaufmerksamkeit beim Nachrichtenempfang usw.

Durch Aussagen von Jugendlichen wissen wir, dass Schläge in Torgau zur Erziehungsmethode gehörten. Zu den Disziplinierungsmaßnahmen gehörte auch die „24-Stündige“ Ankettung an ein Gitter vor dem Essensraum. Dabei bekam der Jugendliche weder zu essen, noch zu trinken.

Aktenkundig belegt ist auch, dass Jugendliche gezwungen wurden, mit Schubkarren, die mit Eisenbahnschwellen beladen waren, um den Hof zu laufen. Das ging bis zur totalen Erschöpfung. Wenn ein Jugendlicher zusammenbrach, mussten die anderen ihn mitschleppen.

Es hat in Torgau eine ganze Reihe von versuchten und vollendeten Selbstmorden gegeben. Man kann davon ausgehen, dass die Umstände in Torgau dazu geführt haben, wenngleich man nicht sagen kann: Der oder der Erzieher hat den und den in den Tod getrieben.

Die vorliegenden Ermittlungsakten enthalten die Aussagen von ca. 150 befragten Zeugen.

Material aus den im LKA lagernden Akten

Christine H. (geb. 19.10.1971)

Grund für die Einweisung in Torgau: Entweicht ständig (aus dem „offenen" JWH), tritt bei Rückführung provozierend auf, verweigert Arbeit.

Christine wurde wie eine Schwerverbrecherin auf die Fahndungsliste gesetzt: Haarfarbe, Haarfülle, scheinbares Alter, Größe, bes. Kennzeichen usw.

Sie wollte sich im JWH umbringen. Nachdem der Versuch gescheitert war, musste sie einen Bericht schreiben: „Ich habe mich vom Treppengeländer gestürzt, weil ich es nicht mehr ausgehalten habe in der Isolation, weil ich hier durchdrehe. Als ich das gemacht habe, habe ich nicht mehr mitgedacht."

Heike F. (geb. 1971)

Grund für die Einweisung in Torgau: „Ihre vielfältigen Verbindungen zu klerikalen Kreisen sind eine Gefahr für unsere relativ offene Einrichtung."

Heike versuchte, sich durch Öffnen der Pulsadern umzubringen.

Aus Heikes Akte: „Sie brachte zum Ausdruck, dass das Leben für sie keinen Sinn mehr hat und auch weiterhin solche Handlungsweisen plant."

Katrin J. (geb. 21.05.1971)

Grund für die Einweisung in Torgau (wo sie als 14-jährige für vier Wochen in Einzelarrest genommen wurde): „Offenkundig tritt Katrin gegen Staat und Regierung auf. Sie verherrlicht die USA und die BRD. Sie lehnt die Teilnahme am FDJ-Studienjahr ab."

Rainer F. (geb. 15.06.1963)

Aus den Akten: „Am 27.02.1982 kam es im Geschlossenen JWH zu einem Brand. In dessen Folge verstarb der Jugendliche F... F. war im Besitz von Streichhölzern, die er sich illegal beschafft hat. Er hatte zuvor Selbstmordabsichten geäußert." (Bericht der Anstaltsleitung, siehe Gespräch mit den Eltern von Rainer F.)

Der Tod des Rainer F.

(Gespräch mit den Eltern Ruth und Willy F.)

W. F.: Offiziell hieß es zur Todesursache, mein Sohn habe Selbstmord begangen und sich dabei selbst angezündet. Die Erzieher wollten helfen, aber sie haben die Tür nicht aufgekriegt. Nun weiß natürlich jeder, dass Zellentüren grundsätzlich von außen zu öffnen sind und auch nach außen aufgehen. Warum haben die Erzieher dann die Zellentür nicht aufbekommen?

Eine Zeugin, Ramona Meier aus Reichenbach/Vogtland, hat ausgesagt, dass sie und andere Mädchen auf dem Hof versammelt waren. Sie haben gehört, wie Rainer um Hilfe geschrieen hat, nachdem er zuvor die Fensterscheibe eingeschmissen hatte.

R. F.: Rainer ist vom Krankenhaus aus, wo er eine Blinddarmoperation hatte, in die vergitterte Krankenzelle gekommen. Am 27. Februar ist es passiert, am 28. sollte Rainer entlassen werden. Bringt sich denn jemand um, einen Tag bevor er aus dem Jugendwerkhof entlassen wird? Rainer hat das Leben und die Freiheit über alles geliebt. Nie und nimmer glaube ich, dass er sich selbst umgebracht hat.

W. F.: Rainer ist nach Torgau gekommen, weil er aus dem Jugendwerkhof in Bad Köstritz ausgebrochen war und Republikflucht versucht hat. In Torgau wurde Reiner wie ein Tier gehalten. Ich weiß nicht, was da vorgefallen ist. Jedenfalls mussten Mithäftlinge das Essen in die Zelle bringen. Möglicherweise ist Reiner mal auf einen Erzieher losgegangen – und die haben sich dann gerächt. Ich kann das nicht beweisen, aber wahrscheinlich ist dabei was passiert und die Sache musste vertuscht werden. Vielleicht sind die Erzieher auch deshalb auf Reiner losgegangen, weil er ihnen immer wieder gedroht hat: „Wenn ich rauskomme, haue ich ab und erzähle im Westen, was hier los ist."

Die haben gesagt, Reiner hat seine Zelle angesteckt, um Chaos auszulösen und dann zu fliehen. Warum sollte Reiner fliehen, einen Tag vor seiner Entlassung? Und woher hatte er die Streichhölzer. Alle Jugendlichen, mit denen wir gesprochen haben, bestätigen: Im JWH Torgau wurde so gefilzt, dass es unmöglich war, an Streichhölzer ranzukommen. Ich glaube heute noch nicht, dass der Junge in dem Sarg gelegen hat, den sie anbrachten. Wir durften den Reiner nicht mehr sehen. Begründung: Das sei ein zu schrecklicher Anblick, das wolle man uns nicht zumuten.

Wir haben dann im Herbst 1982 versucht, das ganze Ding aufzurollen, weil das uns zu widersprüchlich war. Da war dann auch jemand von der Staatsanwaltschaft aus Berlin da, und da müssen wohl irgendwelche Köpfe gerollt sein. Jedenfalls kam drei Tage später der stellvertretende Direktor von Torgau zu uns und wollte die ganzen Überführungskosten und Bestattungskosten zurückhaben. Wir haben bezahlt, wir konnten das natürlich nicht alles auf einmal bezahlen, wir haben das abgestottert.

Zum Strafsport (aus den Akten des LKA)

Der „Torgauer Dreier“ (Liegestütz, Hocke, Hockstrecksprung) wurde je nach Erzieher bis zu 500x durchgeführt. Andere Übungen wurden unter Mitnahme von Gewichten (erschwerte Bedingungen) beim Laufen durchgeführt. So mussten Eisenbahnschwellen mittels Schubkarren transportiert werden. Schafften einzelne Jugendliche das nicht, so hatte das Auswirkungen auf die ganze Gruppe. Deshalb wurden die Jugendlichen auf Anweisung des Erziehers mitgeschleift.

Das Scheuern der Flure konnte zur Strafe erhoben werden. Mittels Kernseife und Wasser wurde der Flur eingeseift und dann mit Bürsten ohne Stil gescheuert. Danach mussten die Jugendlichen im Entengang über den Flur laufen. Dadurch entstanden wieder Striemen und der Flur musste erneut gescheuert werden.

Gespräch mit dem ehemaligen Erzieher Horst S.

Frage: Von den Jugendlichen in Torgau war Ihre „Doppelkombination“ gefürchtet: Faustschlag ins Gesicht, Schlag mit dem Schlüsselbund auf den Kopf. Ist das so richtig?

S.: Ich kenne diesen Ausdruck nicht.

Frage: Aber Sie haben doch geschlagen?

Spiegel: Die Jungs haben schon mal einen „Impuls“ gekriegt oder auch mal einen Rempler.

Frage: Sie sollen von allen Erziehern der schlimmste Schläger gewesen sein. Bestreiten Sie das?

S.: Was heißt hier Schläger? Ich habe mit Mitteln der einfachen körperlichen Gewalt gearbeitet: Griffe, Hiebe, um den Widerstand zu brechen. Ich bin ohne Schlagstock ausgekommen, ich bin ein alter Judokämpfer.

Frage: Was sagen Sie zum Tod des Rainer F.? Meinen Sie auch, dass das Selbstmord war?

S.: Der F., der war gefährlich. Der wollte ausbrechen. Deshalb hat er Feuer gelegt. Bei dem Qualm wollte er einem Erzieher die Tür vor den Kopf hauen und türmen.

Frage: Und warum hat das nicht funktioniert?

S.: Die Tür ging nicht auf und er ist erstickt.

Frage: Wieso? Gefängnistüren lassen sich doch ohne Probleme von außen öffnen.

S.: Die Tür zur Krankenzelle war eine besondere, die war verquollen und deshalb ging sie nicht auf.

Frage: Wollen Sie das wirklich ernsthaft behaupten? Die Eltern von Rainer F. sagen, ihr Sohn wurde fertig gemacht und dann sollte die Sache vertuscht werden.

S.: Quatsch. Rainer F. wollte türmen.

Frage: Einen Tag vor seiner geplanten Entlassung?

S.: Ich weiß nicht, wann der entlassen werden sollte.

Frage: Sie waren zuerst im normalen Strafvollzug in Torgau. Dort sollen Sie so viel geprügelt haben, dass Ihre rechte Hand einen Knacks gekriegt hat, so dass Sie eine Plastemanschette tragen mussten. Stimmt das?

S.: Ach was. Das kam daher, dass ich mal vom Apfelbaum gefallen bin.

Frage: Aber Sie sind doch wegen Ihrer Prügelorgien aus dem normalen Strafvollzug entlassen worden?

S.: Ich wurde entlassen, weil ich mit Manfred Z. (Vorgesetzter von S.) und später Direktor im JWH, von den Strafgefangenen wegen seiner Arroganz „die Diva" genannt) nicht konnte und ich ziemlich viel diesen (Trinkbewegung) gemacht habe. Deshalb bin ich auch in die Psychiatrie gekommen.

Frage: Und dann hat man Sie auf Minderjährige angesetzt?

S.: Wir hatten das beste Verhältnis miteinander.

Frage: Nun mal zu Ihrem Sohn Ralf. Der soll als Erzieher nicht nur geschlagen, sondern auch getreten haben.

S.: Quatsch. Der war ja nur kurze Zeit bei uns, zwei Jahre. Dann ist er zum Pädagogik-Studium nach Berlin gegangen.

Frage: Stimmt es, dass Ihr Sohn jetzt in den alten Bundesländern als Diplompädagoge arbeitet?

S.: Ja das stimmt.

Frage: Der ehemalige Anstaltsdirektor Kretzschmar soll mal Schwierigkeiten gekriegt haben, weil er mal eine aus der Mädchengruppe des JWH gebummst hat. Stimmt das?

S.: Das war nicht nur eine. Manche haben sich wochenlang in seiner Wohnung aufgehalten.

Frage: Herr S., haben Sie im Nachhinein irgendwelche Schuldgefühle gegenüber den von ihnen misshandelten Jugendlichen?

S.: Das war alles richtig, was ich gemacht habe und es entsprach den Vorschriften.

Gespräche in Torgau

Manfred Q., ehemaliger Erzieher, heute im Bausektor tätig

Frage: Stimmt es, dass Sie zum Beispiel dem Jugendlichen Daniel A. in der Nähe des Essenraumes für 24 Stunden an ein Gitter gekettet haben?

Q.: Namen weiß ich nicht mehr so genau aber was Sie sagen, stimmt.

Frage: Sie haben den Jungen angekettet und Sie haben seelenruhig daneben gesessen und Ihre Stullen gegessen, während der Junge weder was zu essen noch zu trinken bekam.

Q.: Das Anketten erfolgte auf Anweisung von Anstaltsdirektor Kretzschmar. Es ging darum, jemanden ruhig zu stellen, der getobt hat.

Frage: Und Sie haben das gemacht, ohne Debatte.

Q.: Natürlich, das war die beste Methode, am nächsten Tag war der schön ruhig.

Frage: Stimmt es, dass in Torgau Jungen mit Schwellen beladene Karren vor sich herschieben mussten, bis sie zusammengebrochen sind?

Q.: Ach Quatsch, die Schwellen waren da zum Heizen und es hat den Jugendlichen Spaß gemacht, sie klein zu machen.

Frage: Wollen Sie mich verkohlen? Diese Geschichte ist aktenkundig. Die Jungen wurden bis zum Zusammenbrechen gescheucht und mussten sich dann, wie man das aus KZ-Filmen kennt, gegenseitig stützen, weil es sonst weitere Strafen gegeben hätte.

Q.: Na gut, aber ich habe das nicht angeordnet.

Frage: Aber geschlagen haben Sie doch auch?

Q.: Ich, wieso, nur wenn ich provoziert wurde.

Frage: Hätten Sie sich als Parteisekretär nicht für mehr Menschlichkeit in dem JWH einsetzen sollen?

Q.: Mehr Menschlichkeit? Ich habe die Jungen doch behandelt wie meine eigenen Kinder.

Was heißt hier Menschenrechte – Verbrecher sind das.

Gespräch mit Heinz M., bis zur Wende im „Jugendwerkhof" Torgau als Heizer tätig

Wer in den JWH Torgau eingeliefert wurde, der kam erstmal in eine Arrestzelle, um klarzumachen, „wo der Hammer hängt". Besonders schlimm erging es Jugendlichen, die zum wiederholten Mal nach Torgau kamen. Sie wurden geschlagen und blieben tagelang in der Zelle, bis sich dann Anstaltsdirektor Kretzschmar Zeit für das „Aufnahmegespräch" nahm.

Sowohl Mädchen als auch Jungen wurden die Köpfe nahezu kahl geschoren.

Anstaltskleidung: Mädchen – blaue Latzhose, graues Hemd, rotes Kopftuch, hohe Schuhe. Jungen – blaue Kombi, Knobelbecher – in der vergitterten Arrestzelle war nichts weiter als ein Hocker, ein Kübel und eine Holzpritsche, die tagsüber hochgeklappt und angeschlossen war.

Im JWH Torgau gab es praktisch keinen Raum, der nicht vergittert war, selbst die Fenster der Turnhalle (in ca. vier Metern Höhe) waren mit einem Eisengeflecht versehen. Zwei Etagen des Gefängnisses waren für Jungen eingerichtet, eine für Mädchen. Auf jeder Etage waren bis zu 20 Personen untergebracht.

Wichtigstes Ziel der „Umerziehung" in Torgau war es wohl, den Willen der jungen Menschen zu brechen. Wer einmal in Torgau war, sollte für immer Furcht vor dieser Hölle haben. Es war wohl einkalkuliert, dass in den „offenen" Jugendwerkhöfen (etwa 50 im gesamten DDR-Gebiet) die Angst vor Torgau allgegenwärtig war. Bewegen durften sich die Jugendlichen fast nur innerhalb der Gruppe und dann nur im Laufschritt. Zu den Strafmaßnahmen gehörte das „Treppenkarussell" – dabei wurden die Jugendlichen bis zu 100x die drei Etagen rauf – und runtergejagt. Auf den Treppenabsätzen standen Erzieher, die auf die Jugendlichen eindroschen. Beim Hofsport wurden die Jungen gezwungen, im Laufschritt Schubkarren vor sich her zu schieben, die mit Eisenbahnschwellen beladen waren. Besonders „beliebt" als Strafmaßnahme war der „Torgauer Dreier": Liegestütz, Hocke, Hockstrecksprung. 200 waren normal. Wer das nicht schaffte, wurde geprügelt und kam in den Arrest. Die insgesamt zehn Arrestzellen (sechs bei den Jungen, vier bei den Mädchen) waren fast immer alle belegt. Zu den besonderen Schikanen gehörten Liegestütze über aufgeklapptem Messer, das der Erzieher unter der Brust des Jugendlichen hielt. Nachts wurden die Jugendlichen in die Verwahrräume eingeschlossen. Es wurde nicht mal geöffnet, wenn jemand vor Schmerzen geschrieen hat. Ich habe mal darauf hingewiesen, dass für die Jugendlichen im JWH ja wohl auch die Menschenrechte gelten müssten. Darauf wurde mir von einem Erzieher geantwortet: „Was heißt hier Menschenrechte – das sind doch alles Verbrecher"

Ich erinnere mich noch gut, wie Parteisekretär Manfred Q. (der nach der Wende weiter als Pädagoge tätig war) mal einen 16jährigen Jungen unmittelbar vor dem Essenraum an ein Gitter gekettet hat. Ich erinnere mich auch, dass der Junge nichts weiter als eine rote Turnhose an hatte. Q. hat sich dann unmittelbar vor dem Jungen auf einen Hocker gesetzt und seelenruhig seine Stulle gegessen und dazu Kaffee getrunken. Der Junge blieb zwei Stunden angekettet und bekam in dieser

Zeit weder zu essen noch zu trinken. Er hat darum gebettelt, dass man ihn wenigstens zur Verrichtung der Notdurft losmacht, doch auch das wurde ihm nicht gestattet.

Da war auch noch der 1. Mai 1986. Da kam Erzieher Helmut D. und der gab mir eine Kombi, die ich verbrennen sollte. Ich sagte: „Na, die Kombi ist doch noch fast neu.“ Darauf D.: „Das hat schon seine Richtigkeit. Der die Kombi getragen hat, der hat sich gerade erhängt.“

Da hin und wieder Jugendliche für Hilfsarbeiten in dem Heizungskeller eingeteilt wurden, habe ich erfahren, dass Selbstmordversuche häufig vorkamen. Es wurde Farbe getrunken, manche haben Nägel geschluckt oder Nadeln, andere haben es mit Chlorsteinen oder Tinte versucht. Wer das überstand, bekam tagelang nur Sauerkraut zu essen, um das geschluckte Zeug irgendwie wieder raus zu bringen.

Einmal habe ich miterlebt, wie ein Junge versucht hat, sich mit der Schnur seiner Kombi zu erhängen, bei dem kam schon das Blut aus den Ohren raus. Ich weiß nicht, ob der Junge gerettet wurde, jedenfalls wurden danach die Schnüre aus den Kombis entfernt. Ein Jugendlicher hat versucht, sich in der Arrestzelle umzubringen, indem er sich den abgebrochenen scharfkantigen Griff des Kübels in den Darm gerammt hat. Danach gab es eine Anweisung, dass von den Kübeln in der Arrestzelle grundsätzlich der Griff zu entfernen sei.

Die Anstaltsleitung hatte große Furcht vor Fluchtversuchen und dementsprechend waren die Sicherheitsmaßnahmen. Auf den ca. fünf Meter hohen Gefängnismauern waren Stacheldrahtrollen angebracht. Stacheldraht war auch entlang der Dachrinnen und auf den Dächern selbst. An der Innenseite der Mauern liefen extrem scharfe Schäferhunde. Deren Halsbänder waren mit Stahlseilen verbunden, die entlang der Mauern verliefen. Ich weiß, dass die Hunde mit den Kombis von den inhaftierten Jugendlichen „scharf“ gemacht wurden. Die Erzieher waren mit Schlagstöcken ausgerüstet, die man wohl eher als Waffen bezeichnen muss: Plastegriff, darin eine Spirale aus Stahl, die auf Knopfdruck hin heraussprang. Am Ende der Spirale war eine plasteummantelte Eisenkugel. Meines Wissens bestand die Weisung, mit diesen Geräten nur auf den Körper zu schlagen und nicht auf den Kopf, weil das sonst nicht nur Verletzungsgefahr bedeutet hätte, sondern Lebensgefahr. Geschlagen wurden nicht nur Jungen, sondern auch Mädchen. Ich habe mal gesehen, wie der Erzieher Horst S. einem Mädchen mit der Faust so eine geschossen hat, dass das Mädchen den ganzen Flur lang gerutscht ist und dann reglos liegen blieb. Horst S. ist 1988 wegen persönlicher Verfehlungen aus der SED ausgeschlossen worden. 1989 hat er dann darum gebettelt, dass er wieder aufgenommen wird. Das klappte nicht, und deshalb konnte er sich nach der Wende als halber Widerstandskämpfer darstellen.

Berüchtigt war Horst S. auch für seine „Doppelkombination“: Faustschlag ins Gesicht, Schlag mit dem Schlüsselbund auf den Kopf. Horst S. war vor seiner Zeit im JWH im normalen Strafvollzug. Dort ist er wegen seiner Prügelorgien entlassen worden. Bei seinen Schlägen hat er sich wohl mal einen komplizierten Handbruch zugezogen. Jedenfalls steckte seine rechte Hand in einer Plastemanschette und war völlig gefühllos. Mit dieser Hand hat S. vor allen geschlagen.

Noch schlimmer als Horst S. ist sein Sohn Ralf gewesen, der ebenfalls im JWH als Erzieher tätig war. Ralf S. hat ohne erkennbaren Grund zugeschlagen, auf dem Hof, auf der Treppe, im Essenraum – wohl einfach nur, weil ihm das Spaß machte. Einmal hat sich ein Junge gewehrt. Der hieß Thomas und war über 1,90 Meter groß. Ralf S. ist dann mit zwei weiteren Erziehern in die Arrestzelle von dem Thomas gegangen. Das war im Jahr 1986. Ich erinnere mich noch so gut an diese Geschichte, weil man die Schreie von dem Thomas durch das ganze Haus gehört hat. Auf einmal war es dann still. Ich habe Thomas danach nicht mehr gesehen. Bei all den Schlägen – schlimmer ist es wohl noch im Arrest gewesen. Die Arrestanten mussten tagsüber in der Mitte des Raumes mit Blick zur Tür stehen. Das wurde von den Erziehern mit einem Blick durch das Guckloch regelmäßig kontrolliert. Wenn sich zeigte, dass der Arrestant die Anordnung nicht befolgte, gab es Prügel und Essentzug. In der Mädchenetage gab es eine Zelle, da war die Fensterscheibe kaputt, die defekte Heizung durfte nicht repariert werden. In diese Zelle kamen die „schwierigen“ Fälle. Im Winter lagen die Temperaturen in der Zelle oft nur knapp über Null Grad.

Dann gab es im Keller eine Zelle, die hieß bei den Jugendlichen nur die „Wasserzelle“. Das war ein ständig dunkler Raum, teilweise knietief mit Wasser gefüllt. Das hing damit zusammen, dass mit dem Ansteigen des Elbe-Pegels Wasser in die Kelleretagen gedrückt wurde. Wer dann beim Ansteigen des Wasser-Spiegels in der Zelle war, musste damit rechnen, regelrecht ersäuft zu werden. Ich kann mir vorstellen, dass hier Jugendliche Schaden für ihr ganzes Leben genommen haben.

Anstaltsdirektor Kretzschmar hat dafür gesorgt, dass von den Verbrechen in diesen Jugendwerkhof so gut wie nichts nach draußen gedrungen ist. Vor ihrer Entlassung mussten die Jugendlichen unterschreiben, dass sie gut behandelt worden sind. Wenn es denn doch mal eine Anzeige gegeben hat, dann schaffte es Kretzschmar, den jeweiligen Erzieher „herauszupauken“, worauf er immer besonders stolz war. Kretzschmar selbst hat mal einen strengen Verweis gekriegt, weil er mit einem Zögling für zwei Wochen in die CSSR gefahren ist – angeblich, um das Mädchen „für die Entlassung einzukleiden“. Kurz darauf ist Kretzschmar aber schon wieder von Margot Honeckers Volksbildungsministerium für angeblich gute Arbeit ausgezeichnet worden. Dazu gehörte wohl auch die von ihm angeordnete Kürzung der Essensrationen. Kretzschmars Begründung: „Wir sind doch keine Mastanstalt für Schweine."

Reinhard F., Verantwortlicher des Ministeriums für Staatssicherheit im Kreis Torgau für den JWH

Frage: Ist es richtig, dass sie als Stasi-Chef in Torgau auch für den Jungendwerkhof zuständig waren?

F.: Das ist richtig.

Frage: Waren sie darüber informiert, was da so abgelaufen ist – die Schläge, die Selbstmorde usw.?

F.: Natürlich wusste ich über besondere Vorkommnisse Bescheid.

Frage: Und haben sie darauf reagiert?

F.: Der JWH unterstand dem Volksbildungsministerium.

Frage: Aber man weiß doch heute, dass das MfS überall Einfluss genommen hat, zum Beispiel bei der Bekämpfung staatsfeindlicher Bestrebungen und neonazistischer Tendenzen. In Torgau wurden Jugendlichen eintätowierte Hakenkreuze aus dem Leib geschnitten. Wussten sie das?

F.: Natürlich wusste ich das.

Frage: Jede Entlassung musste ihnen gemeldet werden. Sie haben dann sicher die entsprechenden Informationen weitergegeben an die zuständigen Dienststellen und auch Instruktionen zu den jeweils einsitzenden Jugendlichen erhalten.

F.: Natürlich, das war meine Aufgabe.

Frage: Sie sind jetzt einer der großen Bauunternehmer in Torgau, woher haben sie das nötige Kapital gehabt?

F.: Ich habe anfangs mit einem Wessi zusammengearbeitet.

Frage: Das Neubauprojekt in der N... -Straße, das ist doch ihr Ding?

F.: Das stimmt, in wenigen Tagen werden etwa 20 Wohnungen übergeben.

Frage: Haben sie noch Probleme mit Ihrer Stasi-Vergangenheit?

F.: Ich, wieso denn? Keine Probleme.

Torgau – Interview mit Dietrich Sengbusch (Jahrgang 1942)

Das erste Interview mit Dietrich Sengbusch fand am 19.05.2005 in seinem Berliner Haus statt. Nach weiteren Gesprächen fasste er seine Eindrücke über die

Recherchen zum Jugendwerkhof Torgau (1991 – 1996) extra für diese Arbeit zusammen. Dietrich Sengbusch ist als freier Journalist tätig. Nach der Wende arbeitete er für die Enquete-Kommission – Aufarbeitung von Geschichte und Folgen der SED-Diktatur in Deutschland – während der 12. Wahlperiode des Deutschen Bundestages und schrieb Gutachten über „Das System der Jugendwerkhöfe in der DDR".

Beim Studium der Akten des ehemaligen „Jugendwerkhofes" in der sächsischen Stadt Torgau stößt der Reporter auf ein merkwürdiges Papier: „Belehrung über die Anwendung und den Gebrauch von Schlagstöcken." Darin heißt es: „Bei der Anwendung des Schlagstockes ist dieser nur aus dem Handgelenk zu schlagen und nicht mit gestreckten Arm. Dabei ist der Schlag nur in die Weichteile des Gegners zu führen ... " Bei der Arrestordnung ist unter der Überschrift Verbote „das Herausschauen aus dem Fenster" angeführt. In einem anderen Papier wird auf ansteigende Zahl von Suizidversuchen hingewiesen.

In den Akten finden sich Adressen ehemaliger Zöglinge dieser Anstalt, doch in Torgau wohnt nun – im Jahr zwei nach der Wende – niemand von ihnen. Im städtischen Dokumentationszentrum erfährt der Reporter Namen und Anschrift des früheren Heizers der Anstalt. Der wohnt ganz in der Nähe des Fischergässchens – hier befindet sich der umfängliche Gefängnisbau, in dem der JWH untergebracht war.

Heinz Weyer hat sich berufsbedingt überall in dem gesamten Komplex bewegen können und müssen. Er sagt, dass alle Erzieher mit Schlagstöcken ausgerüstet waren und man bei diesen Stöcken wohl eher von Waffen sprechen müsse: „Plastegriff, darin eine Spirale aus Stahl, die auf Knopfdruck herausspringt, am Ende der Spirale eine plasteummantelte Eisenkugel ... "

Weyer: „Meines Wissens gab es eine Weisung, mit diesen Geräten nur auf die Körper zu schlagen und nicht auf den Kopf, weil das nicht nur Verletzungsgefahr bedeutet hätte, sondern Lebensgefahr."

Auch Mädchen seien geschlagen worden: „Ich habe mal gesehen, wie ein Erzieher einem Mädchen, Claudia hieß die, mit der Faust so eine geschossen hat, dass die den ganzen Flur lang gerutscht ist und dann liegen blieb."

Der Reporter fragt den Heizer, ob er bestätigen kann, dass es im JWH Torgau versuchte bzw. vollendete Selbstmorde gegeben hat.

„Viele", sagt Weyer. Er erinnere sich beispielsweise noch gut an den 1. Mai 1986. „Da kam der Erzieher Helmut Wehlitz zu mir und gab mir eine Kombi, die ich verbrennen sollte. Ich sagte, dass die Kombi doch noch fast neu ist. Darauf Wehlitz: Das hat schon seine Richtigkeit, der die Kombi getragen hat, der hat sich gerade erhängt."

Er habe aus Gesprächen mit Jugendlichen im Heizungskeller erfahren, dass Selbstmordversuche in diesem Kinder- und Jugendknast geradezu an der Tagesordnung waren. „Es wurde Farbe getrunken, manche haben Nägel geschluckt oder Nadeln, andere haben sich mit scharfen Steinen die Pulsadern aufgerieben, andere haben es mit Chlorsteinen oder Tinte versucht. Wer das überstand, bekam tagelang nur Sauerkraut zu essen, um das geschluckte Zeug wieder raus zu bringen."

Der Reporter hat dann Gelegenheit, in Begleitung einer Mitarbeiterin des Torgauer Dokumentationszentrums die einstige Strafanstalt für 14 bis 18jährige zu besichtigen.

Überall Gitter, Stacheldraht nicht nur auf der Gefängnismauer, sondern auch entlang der Dachrinnen und auf dem Dach selbst, an den Innenseiten der Hofmauern verlaufen Stahlseile.

Daran, so erklärt die Mitarbeiterin, seien die Leinen von Schäferhunden befestigt worden, die man mit Häftlingskleidung „scharf" gemacht hatte.

In einer Ecke des weitläufigen Gefängnishofes sind Schubkarren und Eisenbahnschwellen zu sehen. Nur noch teilweise erhalten ist eine „Sturmbahn", die den Reporter an die eigene Armeezeit erinnert.

Gitter über Gitter auch innerhalb des riesigen düsteren Gefängniskomplexes, selbst an den Fenstern der Sporthalle in etwa vier Metern Höhe ist Eisengeflecht angebracht. Gitter und Maschendraht entlang der Treppe und zwischen den einzelnen Etagen, wobei die Mädchenetage im zweiten Stock noch einmal besonders abgeschirmt war.

Dann die Isolierzellen. Eine Holzpritsche (wurde tagsüber hochgeklappt und abgeschlossen), ein Hocker, ein Kübel. Sonst nichts. In einer der Zellen liegt ein toter Vogel.

Der Reporter sucht im Keller, nach der „Wasserzelle" gefragt, wovon ihm der Heizer erzählt hatte. Einen Raum, der dafür in Frage käme, gibt es. Etwa einen Meter im Quadrat, Höhe weniger als einen Meter, so dass sich hier ein Mensch nur in gebückter Stellung aufhalten konnte. Der Heizer hatte gesagt, dass besonders „schwierige" Zöglinge der Anstalt in diese Zelle gesteckt worden sind, in der es kein Licht, keinen Hocker, keine Pritsche gegeben hat. Im Frühjahr habe das Hochwasser der nahen Elbe in die Kelleretage gedrückt, so dass der dort inhaftierte Jugendliche befürchten musste, regelrecht ersäuft zu werden.

Immerhin, Jugendliche müssen hier unten festgehalten worden sein – etliche in die Wand gekratzte Inschriften deuten darauf hin. Darunter ist eine, die durch Mark und Bein geht: „03. 11. 89 Rene Wessing: Lieber tot als Weihnachten und Sylvester hier – heute versuche ich, mich umzubringen." Ob dieser grausige Versuch – schon zur Zeit der Wende draußen in der DDR – auch „gelungen" ist, kann die Mitarbeiterin nicht sagen.

Beim Studium der Akten hat sich der Reporter eine ganze Reihe von Namen und Adressen notiert. Nun kann er „in die Spur gehen."

Der Sven, das ist ein mittelgroßer kompakter Typ, dem man gleich ansieht, dass er „was in der Weste" hat. Gutmütig beantwortet der kurzhaarig-blonde Junge mit den blauen Augen die Fragen des Reporters, der zunächst von Sven wissen will, wie er nach Torgau gekommen ist.

Sven: „Ich war erst im offenen JWH in Gerswalde bei Templin. Dahin bin ich gekommen, weil ich öfter mal die Lehre geschwänzt habe und außerdem Probleme mit meinen Eltern hatte.

Von Gerswalde bin ich mehrmals abgehauen, ich wollte da einfach raus und wieder nach Berlin. Aber die haben mich immer wieder eingefangen.

Zum Tagesablauf: Um 5,30 Uhr war Wecken, für Jungen gab es zwei Schlafräume, die jeweils mit bis zu 20 Mann belegt waren. Schuhe an, danach Antreten zum Frühsport mit kurzen Hosen, bei jedem Wetter, auch im Winter. Wie lange und wie hart wir dann gescheucht wurden, hing von der Laune des Erziehers ab.

Danach Schuhe putzen, waschen mit kaltem Wasser, das warme wurde nur sonntags angestellt. Dann Frühstück.

Um sieben Uhr mussten wir in den U-Raum, um die Nachrichten des DDR-Rundfunks zu hören. Da war der Gruppenführer für die Ordnung zuständig. Der Erzieher bestimmte dann einen, der den Inhalt der Nachrichten wiedergeben musste."

Frage: „Ganz genau, jede einzelne Nachricht?"

Sven: „Nein, nur so ungefähr, um zu beweisen, dass man auch zugehört hatte."

Frage: „Was war, wenn der Betreffende den Inhalt der Nachrichten nicht wiedergeben konnte?"

Sven: „Na, dann ging es ab in die Zelle.

Frage: „Kannst du bestätigen, dass widerspenstige Jugendliche an ein Gitter gekettet worden sind?"

Sven: „Ja, ich weiß das von Daniel B ... Der hatte Scheiße gemacht und ist irgendwie durchgedreht. Der fing an, in der Zelle zu singen und hat Glasbausteine gefressen. Der Erzieher Quede, das war der Parteisekretär, hat den Daniel für 24 Stunden an ein Gitter gekettet. Das war Quedes Spezialität."

Frage: „Hast du was mitgekriegt von den Selbstmorden?

Sven: „Ich weiß, der hat es in der Zelle versucht. Der hatte irgendwas und musste dringend Tabletten nehmen. Die Erzieher haben die ihm aber aus Strafe nicht gegeben. Der ist dann mit dem Kopf vorneweg so gegen die Betonwand gerannt, dass sein Kopf nur noch ein Matschklumpen war."

Über eine Zeitungsnotiz erfährt der Reporter, dass in der sächsischen Landeshauptstadt Dresden gegen ehemalige Erzieher des Jugendwerkhofes in Torgau ermittelt wird. Der Reporter setzt alle Hebel in Bewegung, verfasst glühende Schreiben. Schließlich wird ihm, unter bestimmten Bedingungen, Einsicht in die Torgau-Akten gewährt.

Der Reporter nimmt sich das Jahr 1988 vor – er sucht nach den Akten von Steve B. – und er findet sie.

Fraglich allerdings, ob die Akte noch vollständig ist. Sie erhält immerhin die Meldung über ein „besonderes Vorkommnis" am 29. 4. 1988. In der Meldung heißt es: „Am 29.4. wurde um 17.25 Uhr, dem Zeitpunkt der Essenausgabe, der Jugendliche Steve B. im Raum 16 des JWH Torgau in einer Schlinge, die er aus seinem Arbeitshemd gefertigt hatte, am Fensterwinkel hängend aufgefunden. Der diensthabende Erzieher löste durch einen Schnitt diese Schlinge und begann sofort mit der Reanimation.

Um 17.47 Uhr wurde durch die Ärztin der Tod festgestellt."

Zur Einweisung des Steve in Torgau hatte u. a. geführt, dass er im „offenen" Jugendwerkhof Bad Köstritz „der Initiator einer gut vorbereiteten Massenentweichung am 14. 4. 1988" gewesen ist, bei der „Detailpläne einer geplanten Republikflucht" mitgeführt worden seien.

Steve wird also erst einmal in die Isolierzelle gesteckt, wie das in Torgau bei Neueinweisungen üblich ist. Vier Tage später hat er erstmals am Arrestsport teilzunehmen und wird von seinem Zellennachbarn eingewiesen. Dieser Nachbar ist Mike B., der wegen Arbeitsverweigerung einsitzt.

Den befragt der Reporter und erfährt, dass Steve stark tablettenabhängig gewesen ist. Mike B.: „Die haben ihm einfach seine Tabletten nicht gegeben, obwohl er danach geschrieen hat. Da ist er eben irre geworden."

Der Reporter blättert in den Torgau-Materialien der verschiedenen Jahrgänge. Schicksale von Kinder und Jugendlichen ziehen an ihm vorüber.

Elterngelöst, Kinderheim, offener JWH, „aufmüpfiges Verhalten" dort, mehrere „Entweichungen" sowie „Verherrlichung westlicher Ideale", Einweisung in den Geschlossenen JWH – diese Etappen finden sich immer wieder.

Schläge, Strafsport und Isolationsfolter – damit waren die „Erzieher" von Torgau offensichtlich noch nicht am Ende ihres Lateins. Zu den Bestrafungen gehörte auch das Abschreiben von seitenlangen Artikeln aus der Zeitung „Neues Deutschland" oder das seitenweise Abfassen von Aufsätzen. Der Reporter findet eine solchen Aufsatz unter der Überschrift: „Der Schnürsenkel – wie ich meinen Schnürsenkel auf und zu mache.“

Auszug: „Da ich meinen Schnürsenkel nicht geöffnet habe, muss ich einen Aufsatz schreiben. Ich störe mit dem Nichtöffnen meiner Schnürsenkel das harmonische Bild im Umkleideraum. Außerdem kann dafür derjenige, der den Umkleideraum säubert, beim Durchgang einen Punkt bekommen, womit der Durchschnitt der Gruppe in Ordnung gedrückt wird. Ich habe zwei Paar Schuhe ...

Das geht noch anderthalb Seiten so weiter. Offensichtlich wurde nicht nur das Thema, sondern auch die genaue Länge bei den Strafaufsätzen vorgeben.

Ein typisches „Torgau-Kind“ ist Janet Höpfner: Eltern geschieden, vom neuen Lebenspartner der Mutter geschlagen, „eine Verbindung zum Vater besteht nicht.“

Schon als Kind ist Janet immer wieder von zu Hause weggelaufen und hat bei vorbestraften Männern übernachtet, sie hat die Schule wochenlang geschwänzt und sie hat in Kaufhäusern gestohlen. Gleich nach Vollendung des 14. Lebensjahres wurde die Schülerin der sechsten Klasse in den Jugendwerkhof eingewiesen. Ihr dortiges „Schuldkonto“: „die Organisation von Prügeleien“ sowie „Missachtung des Rauchverbotes“ und „gesundheitsschädliche Aktivitäten“, womit in diesem Fall das „Schnüffeln“ von Fleckentfernern und damit das Versetzen in einen Rauschzustand gemeint war.

In Torgau hat „Höppi“ ihr Verhalten kaum geändert und so sind ihre Arreststrafen häufig. Mal drei Tage mal, fünf, mal sechs und dann natürlich auch 12-Tage-Strafen, die bei Zweit- bzw. Dritteinweisung in Torgau üblich waren.

Der Reporter hat mit Janet gesprochen. Ihr Bericht:

„Geboren bin ich in Eisenhüttenstadt, meine Mutter war Köchin, mein Vater Berufsoffizier bei der Armee – 25 Jahre. Meine Eltern haben sich scheiden lassen, da war ich so eine Zwecke, sagt Janet und hält ihre Hand mit den sehr langen schlanken Fingern etwa 70 Zentimeter über dem Teppich. „Meine Mutter ist dann wieder zurück nach Dresden, wo sie auch herkam. Mich hat sie mitgenommen, meine ältere Schwester ist bei meinem Vater geblieben, das weiß ich alles nur vom Erzählen her.

Meine Mutter hat in Dresden dann wieder als Köchin gearbeitet und hatte einen Lebenspartner.“

Der Reporter: „In deiner Torgau-Akte steht drin, dass dieser Lebenspartner dich geschlagen hat ... “

„Hauptsächlich hat er meine Mutter zusammengeschlagen. Er ging nach der Arbeit in die Kneipe und wenn er dann besoffen nach Hause kam, hat er randaliert und geschlagen. Mich hat er nur geschlagen, wenn ich meine Mutter verteidigen wollte. Aber ich konnte ja nichts machen.

Irgendwann habe ich das nicht mehr ausgehalten. Ich bin von zu Hause abgehauen und habe die Schule geschwänzt. Dann kam so eins ins andere."

„Du bist auch nachts weggeblieben", sagt der Reporter. „In deiner Akte steht, dass du dich mit vorbestraften Männern rumgetrieben hast. Wie alt warst du da?"

„Als ich von zu Hause weggeblieben bin, war ich 13."

„Wusste deine Mutter, dass du bei weitaus älteren Männern schläfst und dass du nicht zur Schule gehst?"

„Ja, sie wusste es, weil die Polizei mich immer mal wieder aufgegriffen und nach Hause gebracht hat.

Mit 14 war das sowieso vorbei. Da bin ich in den Jugendwerkhof Rödern gekommen. Von da bin ich zwei- oder dreimal abgehauen, einfach nur, weil ich nach Dresden wollte. Die Polizei hat mich dann aufgegriffen, ich kam in ein Durchgangslager und von dort wieder in den JWH nach Rödern. Schließlich kam ich nach Torgau.

Ich bin also beim ersten Mal nach drei oder vier Tagen in die Gruppe gekommen und daran erinnere ich mich noch ganz genau. Da hatte der Wimmer bei uns Vertretung, der war sonst Erzieher bei den Jungen. Wir mussten jedenfalls auf dem Jungshof rennen. Neben mir lief die Conny Lehnemann, mit der ich schon im JWH Rödern zusammen war. Und da war der Hundeführer, ich weiß nicht mehr, wie der hieß, jedenfalls war das so ein Dicker, Fetter.

Der sagte zu uns: Lauft mal ein bisschen schneller. Und ich sagte bloß: Na, da musste erst mal mit rennen. Weil, ich wusste ja nicht, wie das geht. Die Conny gleich: Das kannste nicht machen und so. Wir kamen die nächste Runde rum, da musste ich gleich raus treten und Meldung machen: Jugendliche Höpfner und so und so ...

Dann kam der Erzieher und hat mir eine Schubkarre hingestellt und Eisenbahnschwellen aufgeladen. Damit musste ich dann losrennen, immer noch ne Runde und noch ne Runde. Eine Runde auf dem Jungshof war ungefähr 400 Meter. Die anderen konnten dann rein, aber ich musste weiter rennen ... bis ich zusammengeklappt bin.

War das der normale Sport oder ist das schon der so genannte Strafsport gewesen?

„Nein. Das war was anderes. Das kam auf den Erzieher an. Bei der „Angie", also der Erzieherin Engel, war die Spezialität Entengang mit Hanteln. Wenn ihr das nicht schnell genug ging, dann hat sie auch schon mal nachgetreten. Ich weiß nicht mehr, wie viele Runden das waren, jedenfalls hat es gereicht. Von den Kerlen weiß ich, dass die bis zu 50 Mal die Treppen hoch und runter mussten, also vom Dach bis zum Keller. An den Treppenabsätzen standen Erzieher mit Gummiknüppeln und haben auf die Jungen eingedroschen.

Aktenkundig ist, dass die unglaublich gut aussehende Janet kurz vor ihrer Entlassung mit dem Direktor der Anstalt – wegen seiner Prügelorgien besonders von den Jungen gefürchtet – für einige Tage in der Tschechoslowakei gewesen ist. Auf den Direktor lässt das Mädchen, für das die „Hölle von Torgau“ eine Art zu Hause war, auch im Nachhinein nichts kommen. Der sei für sie ein „Schutzengel“ gewesen.

Janet ist bald nach der Wende Mutter geworden, ohne Beruf und arbeitslos hat sie im sächsischen Pulsnitz von Sozialhilfe gelebt. Dann ist sie nach Auskunft von Nachbarn in die Schweiz übergesiedelt.

Quellen- und Literaturverzeichnis

Archivalische Quellen und Zeitzeugen-Interviews

Bundesarchiv Berlin, Abteilung DDR

Aktenbestand DR2

A12110 Anordnung über die Berufsausbildung im Geschlossenen Jugendwerkhof, Abteilung Jugendhilfe, 1980;
Bericht zur Entwicklung der Berufsausbildung in den Jugendwerkhöfen, 1980;

12201 Berichte des Rates des Kreises Torgau über die Übernahme des Geschlossenen Jugendwerkhofes, 1964;
Bericht über den Besuch im Jugendwerkhof Torgau des Rates des Bezirkes Leipzig, 1964;
Briefe über Berichte und Analysen des Leiters des Jugendwerkhofes, des Abteilungsleiters des Ministerrates; Abteilung Jugendhilfe, 1974 – 1984;
Briefe des Abteilungsleiters Jugendhilfe an das Innenministerium, 1964;
Briefe des Innenministeriums zur Einrichtung eines Geschlossenen Jugendwerkhofes, 1964;
Briefe des Generalstaatsanwaltes der DDR an die Abteilung Jugendhilfe, 1969;
Briefe die Anwendung von Gewalt im Jugendwerkhof Torgau, 1969;
Inspektionsbericht Ministerium für Volksbildung, 1970;
Kaderbesetzung des Jugendwerkhofes Torgau, 1964;

12293 Berichte und Analysen von Spezialkinderheimen und Jugendwerkhöfen, Ministerium für Volksbildung, 1985;

12294 Erlasse des Staatssekretariates für Berufsbildung an den Direktor des Jugendwerkhofes zur Berufsausbildung, 1979;

12329 Berichte zur Weiterentwicklung des Systems der Heime der Jugendhilfe, Ministerium für Volksbildung, 1986;

A2293 Briefe Staatssekretariat an Abteilung Jugendhilfe, 1981;
Briefe der Ministerin für Volksbildung zur Ausbildung von Erziehern im Geschlossenen Jugendwerkhof, 1981;

Brief Rat des Bezirkes Magdeburg zur vormilitärischen Ausbildung im Jugendwerkhof, 1979;
Briefe des Staatssekretärs im Ministerium für Volksbildung über die Kontrolle der sozialen Wiedereingliederung, 1979;
Einweisung in Spezialkinderheime und Jugendwerkhöfe, 1985;
Führung des Unterrichtes und der beruflichen Ausbildung in Jugendwerkhöfen, 1985;
Protokolle von Dienstbesprechungen im Jugendwerkhof Torgau, 1979;

A2295 Arbeitsplan Jugendwerkhof Torgau, 1978 Zimmerskizze Arrestzelle;
Briefe Ministerium für Volksbildung über Einweisungsgründe und faschistische Provokationen, 1978;
Entwurf pädagogische Konzeption, 1977;
Hinweis zur Führung von Kadergesprächen, Ministerium für Volksbildung, 1974;
Plan der politischen Veranstaltungen, 1976;
Sicherheitsordnung des Jugendwerkhofes Torgau, 1984;
Vorschlag Arbeitsplan Jugendwerkhof Torgau, 1978;
Verdacht von Straftaten, Ministerium für Staatssicherheit, 1976;
25 Kurzbiografien von Erzieherinnen und Erziehern, 1976;

A2295a Arbeits-, Besucher- und Entlassungsordnung, 1984;
Grundsätze über die Stellung des Geschlossenen Jugendwerkhofes Torgau in der DDR, erarbeitet durch den Direktor Horst Kretzschmar, 1974/1984;
Hausordnung und Tagesablaufplan Jugendwerkhof, 1980;
Tadel- und Strafmaßnahmen;

23477 Bericht über die Lage in den Jugendwerkhöfen, Staatliche Plankommission DDR, 1964;

23480 Anordnung zur Durchführung der Aufgaben in den Spezialheimen der Jugendhilfe, Ministerium für Volksbildung, 1963;
Richtlinien für das Einweisungsverfahren in Einrichtungen der Jugendhilfe, Ministerium für Volksbildung, 1961;

28176 Bericht über die Berufsbildung in den Jugendwerkhöfen, Minister für Volksbildung, 1968;
Richtlinie zur Durchführung des allgemeinbildenden Unterrichtes im Geschlossenen Jugendwerkhof, Minister für Volksbildung, 1967;

A8174 Bericht über die Lage in den Jugendwerkhöfen, Ministerium für Volksbildung, 1964;

Stiftung Archiv der Parteien und Massenorganisationen der DDR (SAPMO-DDR) im Bundesarchiv Berlin

Aktenbestand

DY30-IV 2/2039

233 Berichte und Mitteilungen des ZK der SED, Bereich Jugend

237 Berichte des Zentralinstitutes für Jugendforschung an das Büro Krenz

246 Berichte an das Büro Margot Honecker

263 Berichte an das Büro Erich Honecker

Erinnerungs- und Begegnungsstätte Torgau, Archiv

Anordnung über die zeitweilige Isolierung von Minderjährigen aus disziplinarischen Gründen in den Spezialheimen der Jugendhöfe vom 1.12.1967

Anweisung zum Verhalten des Nachtdienstes im Falle eines besonderen Vorkommnisses, Leitung Jugendwerkhof Torgau (1970)

Arrestbelehrung, Strafen und Belobigungen, Ministerium für Volksbildung der DDR (1967)

Belehrung für Zugänge, Isolierte und Arrestanten (1967)

Belehrung über die Anwendung und den Gebrauch von Schlagstöcken, Ministerium für Volksbildung, DDR (1970)

Belehrung über Arbeitsschutz und Dienstdurchführungen, Leitung Jugendwerkhof Torgau (1975)

Bericht des Zentralkomitees der Sozialistischen Deutschen Einheitspartei Deutschlands an den X. Parteitag der SED (1981), Berichterstatter Erich Honecker, Berlin-Ost

Dienstanweisung über die Aufgaben des Nachtdienstes im Stationsbereich (1970), Ministerium für Volksbildung, DDR

Durchführungsbestimmung zu der Anordnung über die Isolierung und Arretierung von Jugendlichen im Jugendwerkhof Torgau (1965), Ministerium für Volksbildung, DDR

Fotodokumente über den Jugendwerkhof Torgau (1970 – 1989)

Hausordnung für die Jugendlichen vom Jugendwerkhof Torgau (1970), Ministerium für Volksbildung, DDR

Kretzschmar, Horst (1972): Die Entwicklung des Jugendwerkhofes Torgau und die sozialpädagogische Aufgabenstellung. Humboldt-Universität, Sektion Pädagogik, Diplom-Arbeit, Berlin-Ost

Ordner über Strafen und Belobigungen im Jugendwerkhof Torgau (1989)

Privatarchiv Dietrich Sengbusch (Interviews 1991 – 1995)

Claudia R.
Sven E.
Mike B.
Interviews im Landeskriminalamt Dresden; Material aus den im LKA lagernden Akten über Christine H., Heike F., Katrin J., Rainer F.
Eltern von Rainer F., Ruth und Willy F.
Horst S.
Manfred Q.
Heinz M.
Reinhard F.

Interviews Andreas Gatzemann mit ehemaligen Insassen, Erziehern und Zeitzeugen des Geschlossenen Jugendwerkhofes Torgau und deren persönliche Unterlagen

Stefan L., 25.11.2005
Entscheidung des 5. Strafsenats des Kammergerichts in Berlin vom 15. Dezember 2004 (Landgericht Berlin 5 Ws 169/04 REHA/(551 Rh) 3 Js 322/03 (286/03)
René B., 10.09.2005
Dokument zu den Festlegungen über die Aufenthaltsdauer von René B. im Jugendwerkhof Torgau vom 02.04.1985
Antrag an die Rehabilitierungskammer des Landgerichtes Berlin auf Rehabilitierung vom 05.05.2005, durch Rene'B.
Grundsatzurteil zum Geschlossenen Jugendwerkhof Torgau, hrsg. vom 5. Strafsenat des Kammergerichtes Berlin vom 15.12.2004 („Einweisung in Torgau war rechtstaatswidrig")
Lutz M., 23.09.2005
Führungsbericht über Lutz M. am Ende des Aufenthaltes im Jugendwerkhof Torgau, vom 24.09.1973, Horst Kretzschmar, Direktor
Manfred E., 07.10.2005
Bernd H., 25.05.2005
Arbeitsvertrag für pädagogische Kräfte in den Einrichtungen der Volksbildung, Jugendwerkhöfe, von Bernd H., vom 23.09.1974
Dietrich Sengbusch, 19.05. und 15.11.2005

Gedruckte Quellen

Abschlussbericht des Unabhängigen Untersuchungsausschusses zu Vorgängen in Torgau, Untersuchungsbericht 1990, Torgau, auf Beschluss des Kreistages und der Stadtverordnetenversammlung vom 31.08.1990

Anweisung über die einheitliche Planung der Erziehungsarbeit in allen Heimen vom 16.2.1952, in: Neue Erziehung in Kindergarten und Heim. Beilage: Amtliche Bestimmungen für Jugendhilfe und Heimerziehung 6/1952, Berlin-Ost, S. 2 – 8

Bertram, Hans/Kollmorgen, Raj (2001): Die Transformation Ostdeutschlands: Berichte zum sozialen und politischen Wandel in den neuen Bundesländern, Opladen

Dokumentation: Dokumentations- und Informationszentrum (DIZ) Torgau e.V. Berlin, hrsg. DIZ Torgau 2002

Dokumente zur Bildungspolitik in der sowjetischen Besatzungszone (1966), hrsg. vom Bundesministerium für Gesamtdeutsche Fragen, Bonn und Berlin

Dokumente zur Geschichte des Schulwesens in der Deutschen Demokratischen Republik, hrsg. von der Kommission für deutsche Erziehungs- und Schulgeschichte der Deutschen Akademie der Wissenschaften zu Berlin. Monumenta Paedagogika, Bd. VI, VI/1, VII/2, XVI/1, XV 1 – 2, Berlin-Ost, 1969 – 1975

Gesetzblatt Teil II, Nr. 53 vom 17.05.1965: Anordnung über die Spezialheime der Jugendhöfe, Ministerrat der DDR

Haubenschild, Hans (1966): Zum Persönlichkeitsstatus Jugendlicher in den Jugendwerkhöfen der Deutschen Demokratischen Republik. Berlin, Humboldt-Universität, Juristische Fakultät, Dissertation – Masch.schr.

Institut für Jugendhilfe Ludwigsfelde (1965): Zielstellung und Gestaltung des Heimaufenthaltes im Prozess der Umerziehung schwererziehbarer Kinder und Jugendlicher. Beiträge zur Weiterbildung, H. 1

Lindenberger, Thomas (2003): Das Fremde im Eigenen des Staatssozialismus. Klassendiskurs und Exklusion am Beispiel der Konstruktion des „asozialen Verhaltens“, in: Jan C. Behrends/Thomas Lindenberger/Patrice G. Poutrus (Hrsg.): Fremde und Fremdsein in der DDR. Zu den historischen Ursachen der Fremdenfeindlichkeit in Ostdeutschland, Berlin

Ministerium für Bildung, Jugend und Sport des Landes Brandenburg (1997): Einweisung nach Torgau. Texte und Dokumente zur autoritären Jugendfürsorge in der DDR, Berlin

Neue Erziehung in Kindergarten und Heim (1951), H. 4, 12. Beilage, Berlin/Leipzig

Sengbusch, Dietrich (1994): Expertise zum Thema: Das System der Jugendwerkhöfe in der DDR, Enquete-Kommission „Aufarbeitung von Geschichte und Folgen der SED-Diktatur in Deutschland, Expertise – Masch.schr.

Sengbusch, Dietrich (1995): Das System der Jugendwerkhöfe in der DDR, in: Materialien der Enquete-Kommission „Aufarbeitung von Geschichte und Folgen der SED-Diktatur in Deutschland", in: Bd. III, hrsg. v. Deutschen Bundestag, Baden-Baden, S. 1812 – 1843

Urteil des 5. Strafsenats am Landgericht Berlin betr. Rehabilitierungssache Aktenzeichen 5 Ws 169/04 REHA (551 Reha) 3 Js 322/03 (286/03)

Volksbildung der DDR in Dokumenten (1996), hrsg. vom Ministerium für Bildung, Jugend und Sport des Landes Brandenburg, Berlin

II. Zentrale Konferenz der Jugendhilfe vom 25. und 26.11.1959 in Weimar; in: Sozialistische Erziehung/Zeitschrift für Jugendhilfe, Hort und Heim 6, 1960/1, Beilage

Literatur

Abramson, Lyon Yvonne/Metalski, Gerald I./Alloy, Lauren B. (1989): Hopelessness depression: A theory based subtype of depression, in: Psychological Review 96, S. 358 – 372

Ahrbeck, Rosemarie (1984): Die allseitig entwickelte Persönlichkeit. Studien zur Geschichte des humanistischen Bildungsideals, 2. Aufl., Berlin-Ost

Anweiler, Oskar (1989): Schulpolitik und Schulsystem in der DDR, Opladen

Anweiler, Oskar (1990): Politischer Umbruch und Pädagogik im östlichen Europa, in: Bildung und Erziehung 43/3

Arendt, Hannah (1957): Elemente und Ursprünge totaler Herrschaft, Frankfurt am Main

Aretz, Jürgen/Stock, Wolfgang (1997): Die vergessenen Opfer der DDR, Bergisch-Gladbach

Arnold, Jörg (1985): Jugendkriminalität in der DDR-Erscheinung, Erklärung, Bekämpfung, in: Gisela Helwig (Hrsg.): Jugendkriminalität in beiden deutschen Staaten, Köln, S. 73 – 103

Assmann, Aleida (2001): Vier Formen von Gedächtnis. Von individuellen zu kulturellen Konstruktionen der Vergangenheit, in: Wirtschaft & Wissenschaft 9 (2001), H. 4, S. 34 – 45

Assmann, Aleida/Harth, Diedrich (Hrsg.) (1993): Mnemosyne. Formen und Funktionen der kulturellen Erinnerung, Frankfurt am Main

Assmann, Jan (2005): Das kulturelle Gedächtnis. Schrift, Erinnerung und politische Identität in den frühen Hochkulturen, München

Baske, Siegfried (Hrsg.): Bildungspolitik in der DDR 1963 – 1976, Berlin/Wiesbaden

Baske, Siegfried/Engelbert, Martha (1966): Zwei Jahrzehnte Bildungspolitik in der Sowjetzone Deutschlands, Bd. 1 – 2, Berlin

Baum, Claudia (1996): Der Geschlossene Jugendwerkhof Torgau – die andere Seite einer sozialistischen Erziehung, in: Jörn Mothes u. a.: Beschädigte Seelen. DDR-Jugend und Staatssicherheit, Bremen, S. 255 – 271

Beck, Aaron T. (1976): Cognitive therapy and the emotional disorders, New York

Becker, Howard S. (1981): Außenseiter. Studien über die Soziologie von abweichendem Verhalten, Frankfurt am Main

Becker, Winfried (2003): Die postmoderne Geschichtstheorie und die Dokumente, in: Der Archivar. Archive und Forschung, Referate des 73. Deutschen Archivtags 2002 in Trier, Red. Robert Kretzschmar, Siegburg, S. 31 – 53

Bernhard, Christoph/Kuhn, Gerd (1998): Keiner darf zurückgelassen werden! Aspekte der Jugendhilfepraxis in der DDR 1959 – 1989, Münster

Böhm, Günther/Tenorth, Heinz-Elmar (1990): Einführung in die historische Pädagogik, Darmstadt

Buchholz, Irmgard (1980): Die strafrechtliche Verantwortlichkeit Jugendlicher und ihre Verwirklichung in der DDR. Studienmaterial, Berlin-Ost

Bundesbeauftragte für die Unterlagen des Staatssicherheitsdienstes der ehemaligen Deutschen Demokratischen Republik (1993). Dokumente. Das Wörterbuch der Staatssicherheit, Berlin 1/93

Das Bildungswesen der Deutschen Demokratischen Republik (1979), hrsg. von der Akademie der Pädagogischen Wissenschaften, Berlin-Ost

Dean, John P. (1954): Participant observation and interviewing; in: J. T. Doby: An introduction to social research, Harrisburg

Deja-Lölhöffel, Brigitte (1988): Erziehung nach Plan. Schule und Ausbildung in der DDR, Berlin

Deutscher Bildungsrat (1974): Empfehlungen der Bildungskommission. Aspekte für die Planung der Bildungsforschung, Stuttgart

Die entwickelte sozialistische Gesellschaft. Aufgaben der Gesellschaftswissenschaften nach dem VIII. Parteitag der SED (1972), Berlin-Ost

Dörpinghaus, Andreas/Helmer, Karl (Hrsg.) (1999): Zur Theorie der Argumentation in der Pädagogik, Würzburg

Dörpinghaus, Andreas (2001): Das radikal Böse bei Immanuel Kant. Zu einem Problem der Grundlegung pädagogischer Anthropologie, in ders.: Denken und

Sprechen in Vielfalt. Festschrift für Karl Helmer zum 65. Geburtstag, Würzburg, S. 9 – 23

Dörpinghaus, Andreas/Poenitsch, Andreas/Wigger, Lothar (2006): Einführung in die Theorie der Bildung, Darmstadt

Dorst, Werner: Erziehung, Bildung, Unterricht in der deutschen demokratischen Schule; in: Zwei Jahrzehnte Bildungspolitik (1966), Teil I, S. 224 f.

Ehlers, Anke/Lüer, Gerd (1996): Pathologische Prozesse der Informationsverarbeitung. Kognitionspsychologische Interpretation, in: Anke Ehlers/Kurt Hahlweg (Hrsg.): Enzyklopädie der Psychologie, Grundlagen der klinischen Psychologie, Göttingen, S. 351 – 403

Einweisung nach Torgau. Texte und Dokumente zur autoritären Jugendfürsorge der DDR (1997), hrsg. vom Ministerium für Bildung, Jugend und Sport des Landes Brandenburg, Bd. 4, Berlin

Eppelmann, Rainer (1993): Über den Umgang mit der SED-Diktatur, in: MUT Nr. 307, S. 12 – 29

Erdmann, Kurt (1985): Sozialistischer Wettbewerb, in: DDR-Handbuch, hrsg. vom Bundesministerium für innerdeutsche Beziehungen, Bd. 2, 3. Aufl. Köln, S. 1192 – 1208

Fischer, Bernd-Reiner (1995): Das Bildungs- und Erziehungssystem der DDR – Funktion, Inhalte, Instrumentalisierung, Freiräume, Bd. III, hrsg. v. Deutschen Bundestag, Baden-Baden, S. 852 – 875

Fischer, Bernd-Reiner/Schmidt, Norbert (1991): Das zweifache Scheitern der DDR-Schule, in: Aus Politik und Zeitgeschichte B 37 – 38/91, S. 27 – 36

Fischer. Andreas (1992): Das Bildungssystem der DDR. Entwicklung, Umbruch und Neugestaltung seit 1989, Darmstadt 1992

Fischer, Wolfram (1978): Struktur und Funktion erzählter Lebensgeschichten. in: Martin Kohli (Hrsg.): Soziologie des Lebenslaufes. Darmstadt und Neuwied, S. 322 – 336

Flick, Uwe (2002): Qualitative Sozialforschung. Eine Einführung, 6. verbesserte Auflage, Reinbek bei Hamburg

Foucault, Michel (1977): Überwachen und Strafen. Die Geburt des Gefängnisses. Suhrkamp Taschenbuch Wissenschaft 184, Frankfurt am Main

Fraa, Claudia (2000): Begriffe – Konzepte – kulturelles Gedächtnis. Ansätze zur Beschreibung kollektiver Wissenssysteme, in: Hans Dieter Schlosser (Hrsg.): Sprache und Kultur, Frankfurt am Main, S. 31 – 45

Fricke, Karl-Wilhelm (1995): Die DDR-Staatssicherheit. Entwicklung, Strukturen, Aktionsfelder, Köln

Fuchs, Werner (1984): Biografische Forschung. Eine Einführung in Praxis und Methoden, Opladen, 1984

Furrer, Hans (1988): Mut zur Utopie. Zur Pädagogik A. S. Makarenkos, Frankfurt am Main 1988

Gadamer, Hans-Georg (1965): Wahrheit und Methode. Grundzüge einer philosophischen Hermeneutik, Tübingen.

Gadamer, Hans-Georg (1972): Das Prinzip der Wirkungsgeschichte, in: Hermeneutische Philosophie, hrsg. von Otto Pöggeler, München, S. 123 – 152

Gatzemann, Andreas (2000): Schule und Gewalt, Bamberg 2000

Giesecke, Hermann (1996): Das Ende der Erziehung, Stuttgart

Girtler, Roland (1987): Die biografische Methode bei der Untersuchung devianter Karrieren und Lebenswelten. in: Wolfgang Voges (1987): Methoden der Biografie- und Lebensforschung, Opladen 1987, S. 321 – 339

Günther, Karl-Heinz u.a. (Hrsg.) (1989): Geschichte der Erziehung, 14. Aufl., Berlin Ost

Günther, Karl-Heinz (1989): Gesellschaftliche Bedingungen für Erziehung in der Gegenwart, in: Pädagogik 44/1989, S. 197 – 215

Haase, Norbert/Oleschinski, Brigitte (1993): Das Torgau-Tabu, Leipzig

Hackethal, Martin (1955); Über einige Unklarheiten in der Heimerziehung, in: Zeitschrift für Jugendhilfe und Heimerziehung, H. 2, S. 18 – 22

Hager, Kurt (1988) Zum Schulräteseminar am 28. Oktober 1988 in Ludwigsfelde, in: Neues Deutschland vom 29/30. Okt. 1988, S. 9 –11

Hahn, Erich (1988): Feind- und andere Bilder, in: Geschichtsunterricht und Staatsbürgerkunde 30 (1980), S. 676 – 743

Hannemann, Martin (1995): Heimerziehung in der DDR, in: Materialien der Enquete-Kommission „Aufarbeitung von Geschichte und Folgen der SED-Diktatur in Deutschland“, Bd. III, hrsg. v. Deutscher Bundestag, Baden-Baden, S. 1207 – 1222

Henke, Klaus-Dietmar (Hrsg.) (1995): Anatomie der Staatssicherheit. Geschichte – Strukturen – Methoden. MfS-Handbuch, Berlin

Helwig, Gisela (Hrsg.) (1985): Jugendkriminalität in beiden deutschen Staaten, Köln

Helwig, Gisela (Hrsg.) (1988): Schule in der DDR. Edition Deutschland Archiv, Köln

Hersing, Günter (1974): Aufgaben und Probleme sozialistischer Bildungsplanung; in: Jahrbuch der Akademie der Pädagogischen Wissenschaften der DDR 1973/74, S. 489 – 504

Herzog, Walter (2002): Zeitgemäße Erziehung. Die Konstruktion pädagogischer Wirklichkeit

Hille, Barbara/Jaide, Walter (Hrsg.) (1990): DDR-Jugend. Politisches Bewusstsein und Lebensalltag, Opladen

Hockerts, Hans Günter (1998): Drei Wege deutscher Sozialstaatlichkeit: NS-Diktatur, Bundesrepublik und DDR im Vergleich, München

Hockerts, Hans Günter (1994): Grundlinien und soziale Folgen der Sozialpolitik in der DDR, in: Hartmut Kälble/Hartmut Zwahr/Jürgen Kocka (Hrsg.): Sozialgeschichte der DDR, Stuttgart, S. 519 – 544

Honecker, Margot (1977): Die Jugend auf die Kommunistische Zukunft vorbereiten; in: Einheit 5/1977, S. 538 – 543

Honecker, Margot (1979): Der gesellschaftliche Auftrag unserer Schule, in: VIII. Pädagogischer Kongress der DDR 1978, Protokoll, Berlin-Ost, S. 2

Hopfe, Katrin (1996): Schlimmere Zustände als im Gefängnis. Aufsätze aus Jugendstrafrecht und -kriminologie, Jugendhilfe und Sozialarbeit, in: Zeitschrift für Jugendkriminalrecht und Jugendhilfe Nr. 153, 3/1996, S. 278 – 279

Hoyer, Hans-Dieter (1988): Schöpferische Anwendung von Erkenntnissen und Erfahrungen A. S. Makarenkos, in: Sonderschule 33/4, S. 203 – 211

Hufnagel, Erwin (1988): Kants pädagogische Theorie, in: Kantstudien 79, S. 43 – 56

Illich, Ivan (1972): Entschulung der Gesellschaft, München

Jörns, Gerhard (1995): Der Jugendwerkhof im Jugendhilfesystem der DDR, Göttingen

Kant, Immanuel (1981): Werke, hrsg. von Wilhelm Weischedel, Bd. 10, Darmstadt

Kälble, Hartmut/Zwahr, Hartmut/; Kocker, Jürgen (Hrsg.) (1994): Sozialgeschichte der DDR, Stuttgart

Kauder, Peter (1999): Immanuel Kant über Pädagogik. Sieben Studien, Baltmannsweiler

Klafki, Wolfgang (1996): Neue Studien zur Bildungstheorie und Didaktik, 5. Aufl. Weinheim

Klier, Freya (1990): Lüg Vaterland. Erziehung in der DDR, München

Kobelt, Karl (1996): Anton Makarenko – ein stalinistischer Pädagoge. Interpretation auf dem Hindergrund der russisch-sowjetischen Bildungspolitik, Frankfurt am Main

Köllner, Renate (1984): Probleme der Fehlentwicklung und Umerziehung aus psychologischer und pädagogischer Sicht. Tagungsbericht, in: Jugendhilfe H. 7/8, S. 218 – 220

Köllner, Renate (1986): Probleme der Korrektur psychosozialer Fehlentwicklungen bei Kindern und Jugendlichen. Tagungsbericht, in: Jugendhilfe, H. 7/8, S. 213–215

Kohli, Martin (1978): Soziologie des Lebenslaufs, Neuwied

Kowalczyk, Angela (2002): „Auch dich werden wir in den Griff bekommen...„ – Im Netz der DDR-Jugendhilfeeinrichtungen, London/Berlin

Krebs, Bernhard (1979): Stationen sozialistischer Jugendhilfe. Dokumentation, in: Jugendhilfe, 1979, H. 7/8

Krüger, Heinz-Hermann/ Marotzki, Winfried (1995): Erziehungswissenschaftliche Biografieforschung, Opladen

Küenzlen, Gottfried (1997): Der neue Mensch. Eine Untersuchung zur säkularen Religionsgeschichte der Moderne, Frankfurt am Main

Laabs, Hans-Joachim u. a. (Hrsg.) (1989): Pädagogisches Wörterbuch, Berlin-Ost

Lange, K. (1992): Heimerfahrungen, in: Institut für zeitgeschichtliche Jugendforschung (Hrsg.): Jahresbericht 1992, Berlin, S. 189–191

Lehmann, Albrecht (1983): Erzählstruktur und Lebenslauf. Autobiografische Untersuchungen, Frankfurt am Main

Lenin, Wladimir-Iljitsch (1969): Werke, Bd. 29, Berlin-Ost

Luther, Horst (1966): Jugendkriminalität und ihre Bekämpfung in der sozialistischen Gesellschaft, hrsg. vom Institut für Strafrecht, in: Jugendhilfe 1966, H. 2, S. 60–63

Luther, Horst (1968): II. Internationales Symposion zu Problemen der Jugendkriminalität, in: Jugendhilfe, H. 2, S. 60–63

Makarenko, Anton Semjonowitsch: (1956): Werke, Bd. 5, Berlin-Ost

Makarenko, Anton Semjonowitsch: (1988): Pädagogische Werke, Bd. 1–3, Berlin-Ost

Mampel, Siegfried (2001): Totalitäres Herrschaftssystem. Schriftenreihe der Gesellschaft für Deutschlandforschung, Bd. 78, Berlin

Mannschatz, Eberhard (1953): System der Mitverantwortung, in: Jugendhilfe und Heimerziehung, H. 6, S. 23

Mannschatz, Eberhard (1957): Die sozialistische Erziehung in den Heimen, in: Jugendhilfe und Heimerziehung (Beilage), H. 11, S. 1–20

Mannschatz, Eberhard (1966): Grundfragen der Kollektiverziehung, Berlin-Ost

Mannschatz, Eberhard (1968): Die Lehre Makarenkos und die schöpferische Weiterentwicklung der Kollektiverziehung, in: Jugendhilfe, H. 3, S. 79–84

Mannschatz, Eberhard (1970): Entwurf einer Methodik der Kollektiverziehung, Berlin-Ost

Mannschatz, Eberhard (1976): Theoretische Positionen zur Erforschung über

Schwererziehbarkeit und Umerziehung. Diskussionsmaterial des Instituts für Jugendhilfe, Ludwigsfelde

Mannschatz, Eberhard (1976): Die Umerziehung von Kindern und Jugendlichen in den Heimen der Jugendhilfe. Institut für Jugendhilfe, Ludwigsfelde

Mannschatz, Eberhard (1977): Der Beitrag der Jugendhilfe zur kommunistischen Erziehung der Jugend, in: Jugendhilfe H. 7/8, S. 195 – 222

Mannschatz, Eberhard (1979): Schwererziehbarkeit und Umerziehung. Diskussionsmaterial für das Institut für Jugendhilfe, Ludwigsfelde

Mannschatz, Eberhard (1984): Erziehung in der entwickelten sozialistischen Gesellschaft als Grundlage und Zwecksetzung für die pädagogische Theoriebildung, in: Mannschatz, Eberhard/Salzwedel, Werner: Pädagogische Theoriebildung und Erziehungspraxis. Beiträge zur Pädagogik Nr. 32, Berlin-Ost, S. 46

Mannschatz, Eberhard (1984): „Beispiele und Übungen zur methodischen Gestaltung des Umerziehungsprozesses bei Kindern und Jugendlichen im Heim". Diskussionsmaterial. Institut für Jugendhilfe, Falkensee

Mannschatz, Eberhard u. a. (1986): Heimerziehung, 2. Aufl., Berlin-Ost

Mannschatz, Eberhard (1988): Das Erbe Makarenkos und weitere inhaltliche Ausgestaltung der Heimerziehung, in: Jugendhilfe, H. 7/8. S. 177 – 187

Mannschatz, Eberhard (1994): Jugendhilfe als DDR-Nachlass, Münster

Mannschatz, Eberhard (1997): Erziehung zwischen Anspruch und Wirklichkeit. Plädoyer für Besinnung auf die angestammte Aufgabe der Erziehung, Würzburg

Margedant, Udo (1988): Feindbilder sozialistischer Erziehung in der DDR, in: Aus Politik und Zeitgeschichte B 52 – 53; S. 24 – 33

Margedant, Udo (1995): Bildungs.- und Erziehungssystem der DDR – Funktion, Inhalte, Instrumentalisierung, Freiräume, in: Materialien der Enquete-Kommission „Aufarbeitung von Geschichte und Folgen der SED-Diktatur in Deutschland", Bd. 3, herausgegeben vom Deutschen Bundestag, Baden-Baden, S. 1489 – 1529

Marx, Karl/Engels, Friedrich (1972): Marx-Engels-Werke (MEW), Bd. 13, Berlin-Ost

Marx, Karl/Engels, Friedrich (1977): Marx-Engels-Werke (MEW), Bd. 21 – 24, Berlin-Ost

Marx, Karl/Engels, Friedrich (1978): Marx-Engels-Werke (MEW), Bd. 3, Berlin-Ost

Mayring, Philipp (1995): Qualitative Inhaltsanalyse, Grundlagen und Techniken, Weinheim

Mesker, Antje (2004): Depression und die Leichtigkeit des Zugriffs auf affektive Gedächtnisinhalte und Zukunftsvorstellungen. Westfälische Wilhelms-Universität Münster, Fachbereich Psychologie, Diplomarbeit, Münster

Möthes, Jörn (Hrsg.) (1996): Beschädigte Seelen. DDR-Jugend und Staatssicherheit, Bremen

Müller, Walter (1978): Zur Geschichte radikaler Schulkritik in der jüngeren Vergangenheit, in: Schule als pädagogische Organisation, hrsg. von Wolfgang Fischer, Kastellaun, S. 9 – 24

Müller, Wolfgang (1980): Bedingungen kriminologisch relevanter sozialer Fehlentwicklung im Kindes- und Jugendalter, in: Jugendhilfe H. 6, S. 161 – 166

Neuner, Gerhart (1973): Zur Theorie der sozialistischen Allgemeinbildung, Berlin-Ost

Neuner, Gerhart (1988): Werte in der kommunistischen Erziehung der Schuljugend, in: Pädagogik 43/3, Berlin-Ost, S. 204 – 209

Neuner, Gerhart (1989): Allgemeinbildung, Berlin-Ost

Nicolin, Friedhelm (1975): Die „historische Dimension“ der Pädagogik, in: Winfried Böhm/Jürgen Schriewer (Hrsg.): Geschichte der Pädagogik und systematischen Erziehungswissenschaft. Festschrift zum 65. Geburtstag von Albert Reble, Stuttgart, S. 87 – 108

Nietzsche, Friedrich: Sämtliche Werke. Kritische Studienausgabe in 15 Bänden, Bd. 1 Über die Zukunft unserer Bildungsanstalten, München/New York 1980

Niermann, Johannes (1972): Sozialistische Pädagogik in der DDR. Eine wissenschaftstheoretische Untersuchung. Heidelberg

Oevermann, Ulrich (1991): Genetischer Strukturalismus und das sozialwissenschaftliche Problem der Erklärung der Entstehung des Neuen, in: Stefan Müller-Doohm (Hrsg.): Jenseits der Utopie, Frankfurt am Main, S. 267–336.

Oleschinski, Brigitte/Haase, Norbert/Klein, Bettina/Rösner, Hagen (1997): Der Geschlossene Jugendwerkhof Torgau, in: Einweisung nach Torgau. Texte und Dokumente zur autoritären Jugendfürsorge in der DDR, Berlin, S. 93 – 178

Pädagogik (1989), hrsg. von der Akademie der Pädagogischen Wissenschaften der UdSSR und der Akademie der Pädagogischen Wissenschaften der DDR, 8. Aufl., Berlin-Ost

Pädagogisches Wörterbuch (1987), hrsg. von H.-J. Laabs u. a., Berlin-Ost

Platon: Politeia 514a – 521b, in: Platon. Werke in acht Bänden, Bd. IV, Darmstadt 1971

Polsky, Ned (1973): Forschungsmethode, Moral und Kriminologie, in: Teilnehmende Beobachtung abweichenden Verhaltens, hrsg. von J. Friedrichs, Stuttgart, S. 51 – 82

Programm der Sozialistischen Einheitspartei Deutschlands (1976), Berlin-Ost
Rehabilitationspädagogik (1984), hrsg. von einem Autorenkollektiv unter Leitung von K. H. Becker, Berlin-Ost
Reich, Jens (1989): Gedanken zu Schulstrafen, in: Gewerkschaft Erziehung und Wissenschaft (Hrsg.): „Unabhängige" pädagogische Reformdiskussion (Dokument B. – 89/9/3, Frankfurt, 21. September 1989), S. 22 – 24
Reimer, Everett (1972): Schafft die Schule ab! Reinbek bei Hamburg
Rüting, Thorsten (2002): Pavlov und der Neue Mensch. Diskurse über Disziplinierung in Sowjetrussland, München
Rusche, Georg/Kirchheimer, Otto (1974): Sozialstruktur und Strafvollzug, Frankfurt am Main/Köln
Saage, Richard (1991): Politische Utopien der Neuzeit, Darmstadt
Salzwedel, Werner (1993): Versuch einer allgemeinen Pädagogik in der DDR, in: Wolfgang Steinhöfel (Hrsg.), Spuren der DDR-Pädagogik, Weinheim
Sauermann, Ekkehardt (1987): Makarenko und Marx, Berlin-Ost
Sauermann, Ekkehardt (1993): Das „Hineintragen des sozialistischen Bewusstseins" – eine antimarxistische Position, in: Forum Kritische Psychologie, H. 31, S. 86 – 105
Schmitz, Michael (1995): Wendestress. Die psychosozialen Kosten der deutschen Einheit, Berlin
Schneider, Wolfgang (1989): Zur Wissenschaft und Praxis des Sozialismus; in: Neues Deutschland vom 26./27.8.1989
Schoeps, Hans-Joachim (1960): Was ist der Mensch. Philosophische Anthropologie als Geistesgeschichte der neuesten Zeit, Göttingen
Schroeder, Klaus (1994): Geschichte und Transformation des SED-Staates. Beiträge und Analysen, Berlin
Schroeder, Klaus (1998): Der SED-Staat. Geschichte und Strukturen der DDR, hrsg. von der Bayerischen Landeszentrale für politische Bildungsarbeit, München
Schütze, Fritz (1987): Das narrative Interview in Interaktionsfeldstudien, Hagen: Studienbrief
Schütze, Otmar (1969): Zu einigen Problemen der sozialen Fehlentwicklung und der Umerziehung, in: Jugendhilfe H. 3, S. 83 – 87
Seibert, Norbert (1998): Erziehungsschwierigkeiten in Schule und Unterricht, Bad Heilbrunn
Seibert, Norbert (2000): Anspruch Schulkultur (Perspektive Schulpädagogik), Bad Heilbrunn
Siebert, Hans (1948): Neue Lehrer im Kampf um die Erfüllung des Zweijahrplans.

Rede auf dem Aktivistentag der Lehrer in Leipzig vom 15. bis 17. November 1948, In: Zwei Jahrzehnte Bildungspolitik in der Sowjetzone Deutschlands (1966). Dokumente, Bd. 1, hrsg. von S. Baske u. M. Engelbert, Berlin-Ost, S. 85 – 104

Solschenizyn, Alexander (1973): Archipel GULAG, Bern

Sozialismus und Persönlichkeit (1980), hrsg. von einem Autorenkollektiv unter der Leitung von Leonid Archangelski, Moskau 1979, dt. Ausg., Berlin-Ost

Steinig, Hubert (1973): Das pädagogische Erbe Makarenkos und die Heimerziehung. Bericht über ein wissenschaftliches Seminar, in: Jugendhilfe H. 7/8, S. 227 – 238

Strittmatter-Haubold/Veronika und Häcker, Thomas (Hrsg.) (1998): Das Ende der Erziehung?, Weinheim

Suckut, Siegfried (Hrsg.) (1996): Das Wörterbuch der Staatssicherheit: Definitionen zur „politisch-operativen Arbeit“. Analysen und Dokumente, Wissenschaftliche Reihe des Bundesbeauftragten für die Stasiunterlagen, Bd. 5, Berlin

Szewczyck, Hans: Der fehlentwickelte Jugendliche und seine Kriminalität, Jena 1982

Topel, Wilhelm (1983): Der fehlentwickelte Jugendliche und seine Kriminalität, in: Jugendhilfe H. 2, S. 61

Uhlig, Christa (1990): Erziehung zwischen Engagement und Resignation – Gedanken zur Bildungsgeschichte in der DDR, in: Pädagogische Forschung 31, S. 5 – 6

Voges, Wolfgang (1987): Methoden der Biografie und Lebenslaufforschung, Opladen

Wagenführer, Klaus (1987): Exogene und endogene Bedingungen psycho-sozialer Fehlentwicklungen bei Kindern und Jugendlichen. Tagungsbericht, in: Jugendhilfe H. 9, S. 249 – 251

Waterkamp, Dieter (1987): Handbuch zum Bildungswesen der DDR, Berlin

Weitz, Siegfried(1992): Zum Beispiel Makarenko. Annäherung an eine kontextuelle Pädagogik, Marburg

Welzer, Harald (2004): Gedächtnis und Erinnerung, in: Friedrich Jäger/Jörn Rüsen (Hrsg.): Handbuch der Kulturwissenschaften, Bd. 3, Themen und Tendenzen Stuttgart, S. 155 – 174

Wicht, Horst (1956): Jugendwerkhofleiter halten das Wort, in: Jugendhilfe und Heimerziehung H. 7, S. 279

Wierlink, Dorothee (1994): Die Jugend als innerer Feind. Konflikte in der Erziehungsdiktatur der sechziger Jahre, in: Kälble/Zwar/Kocker (Hrsg.): Sozialgeschichte der DDR, Stuttgart, S. 404 – 425

Wolf, Christa (1989): „Das haben wir nicht gelernt". Denken, Streiten, Handeln! in: Wochenpost, Nr. 43 vom 27. Okt. 1989

Zimmermann, Verena (2004): „Den neuen Menschen schaffen" – Die Umerziehung von schwererziehbaren und straffälligen Jugendlichen in der DDR (1945 – 1990), Köln